D1687763

Reite Dein Pferd vorwärts und nicht es gerade

Das Gymnasium des Pferdes

DAS GYMNASIUM DES PFERDES

GUSTAV STEINBRECHT

CADMOS

4. Auflage 2009
Copyright © 2001
by Cadmos Verlag
Schwarzenbek
Idee, Illustrationen,
Gestaltung und Satz:
Nicola van Ravenstein
Verden
Druck: AV+Astoria
Wien
Alle Rechte vorbehalten. Ausdrucke oder Speicherung in elektronischen Medien nur nach schriftlicher Erlaubnis durch den Verlag. Printed in Austria

ISBN 978-3-86127-357-8

INHALT

GUSTAV STEINBRECHT

VORWORT Bent Branderup — 9

EIN LEBEN FÜR DIE REITKUNST
Eine Biografie von Paul Plinzner — 11

VORWORT Paul Plinzner — 20

DAS GYMNASIUM DES PFERDES — 22

ÜBER DIE MITTEL WELCHE DEM REITER ZUR DRESSUR DES PFERDES ZUR VERFÜGUNG STEHEN — 24

Vom Sitz zu Pferde — 24
Von den Hilfen — 30
    Von den vortreibenden Hilfen — 30
    Von den verhaltenden Hilfen — 36
    Von den unterstützenden Hilfen — 43

ZWECK DER DRESSUR — 51

Allgemeine Bemerkungen über den Zweck der Dressur — 51
Vom Gleichgewichte und den Abweichungen von demselben — 57

DIE SYSTEMATISCHE DRESSUR DES JUNGEN PFERDES — 61

Von der Longenarbeit — 61
Vom Anreiten des jungen Pferdes oder die Entwicklung der Schiebkraft in der natürlichen Richtung derselben — 67
Allgemeine Betrachtungen über die Gewinnung einer künstlichen Richtung — 70
Von den Biegungen des Pferdes — 76
    Von der Biegung des Halses — 78
    Von der Biegung des Genickes — 86
    Von der Rippenbiegung — 96
    Von der Biegung des Rückens — 99
    Von der Biegung der Hinterschenkel — 104
Vom Reiten auf gebogenen Linien auf einem Hufschlage — 112
Von den Lektionen auf zwei Hufschlägen — 128
    Vom Schulterherein oder Plié — 131
    Vom Travers — 142
    Von den Konter-Lektionen — 147
Vom Galopp — 158
Vom Piaffé und der Passage — 187
Von den Schulsprüngen — 216

SCHLUSS — 232

VORWORT

BENT BRANDERUP

Steinbrecht war ein passionierter Verfechter der Reitkunst. Als Schüler von Louis Seeger und Enkelschüler des berühmten Wiener Bereiters Max Ritter von Weyrother, war er Träger kulturellen Erbes der traditionellen Versammlungsschule, die in seiner Zeit als altmodisch und überflüssig betrachtet wurde. Die Ansprüche einer vorwärtsreitenden Kavallerie waren zu erfüllen. Selbst die ursprünglichen Auftraggeber der Schulreiter, die Fürsten, widmeten sich der Kavalleriereitweise. Deswegen waren die Hauptabnehmer der von Steinbrecht ausgebildeten Schulpferde überwiegend Zirkusreiter.

Was Steinbrecht der Nachwelt hinterließ, war die Genialität beider Reitweisen - die Schulreiterei, die Versammlungsschule mit der Kavalleriereiterei, der Vorwärtsschule - zu vereinen. Er integrierte wichtige Gymnastizierungselemente aus der Schulreiterei in der Kavalleriereiterei, so daß die Vorwärtsschule als Basis für die Versammlung dienen konnte. Ein nach seinen Prinzipien ausgebildetes Schulpferd wurde ein unübertroffenes Kavalleriepferd.

Das Steinbrechtsche System wurde Grundlage der „Heeresdienstvorschrift", die wiederum Grundlage der modernen deutschen Reiterei werden sollte.

Deswegen ist dieses Buch ein kulturelles Erbe, gegenüber dem sich jeder deutsch beeinflußte Reiter verpflichtet fühlen sollte. Eine Verpflichtung, die nicht nur dazu führen sollte, sich dieses Buch ins Regal zu stellen, sondern es zu lesen und entsprechend die eigene Reiterei zu gestalten.

EIN LEBEN FÜR DIE REITKUNST

PAUL PLINZNER ÜBER GUSTAV STEINBRECHT

Gustav Steinbrecht

Im Winter 1877/78 erlaubten mir die dienstlichen Verhältnisse beim Königlichen Marstall, bei dem ich bereits seit einigen Jahren angestellt war, meinem lange gehegten Wunsche, mich mit Schulreiterei zu beschäftigen, näherzutreten. Beim Marstall selber war die Gelegenheit dazu nicht vorhanden, da dort nur noch Kampagnereiterei betrieben wurde. Die Schulbahn, welche in früheren Jahren dort in bescheidener Blüte gestanden hatte, lag in den letzten Zügen. Aus glücklicheren Zeiten waren noch zwei oder drei Tiere übriggeblieben, welche ihr Piaffé und ihre Passage nicht vergessen hatten, auch machte in den Pilaren der eine eine Pesade, der andere eine Kapriole; sie zu reiten, war aber weder sehr nützlich, noch sehr angenehm, denn durch langjährigen Gebrauch als Unterrichtspferde hatten sie alle Elastizität und Durchlässigkeit eingebüßt und waren keineswegs geeignet, das Reitergefühl zu verfeinern. Neue Schulpferde wurden nicht ausgebildet, denn den derzeitigen Anschauungen entsprechend, wurde diese Richtung in der Reiterei nicht begünstigt, und der damalige Leiter der sogenannten Königlichen Manege, dem man seit Jahren kein geeignetes Material mehr zur Verfügung stellte, hatte das traurige, aber leider so allgemeine Los, den Idealen völlig entsagend, nur für des Tages poesieloses Bedürfnis arbeiten zu müssen.

Bei dieser Lage der Dinge blieb mir nichts anderes übrig, als außerhalb des ehrwürdigen, grauen Gebäudes in der Breitenstraße das Heil zu suchen, und so wandte ich mich denn eines schönen Tages an den „alten Steinbrecht", von dem ich mir hatte erzählen lassen, daß er einer der wenigen lebenden Stallmeister sei, welche nach der Weise der alten klassischen Reitkunst ein Schulpferd zu arbeiten verständen. Ich hatte den alten Herrn wohl öfters einmal im Tiergarten getroffen, wo man ihn in keineswegs sehr elegantem Kostüm in nachlässigem, losem Sitz mit tanzenden Händen meist in einer halben Schulterhereinstellung in einer Gangart zwischen Schritt und Trab sein Pferd arbeiten sah, wenn er sich nicht in fröhlich-freundlicher, sympathisch anmutender Weise mit anderen Reitern unterhielt. Ich hatte ihn als bekannte Autorität im Fache stets ehrerbietig gegrüßt, hatte aber noch keine Gelegenheit gefunden, ihn kennenzulernen. Ich fand ihn durchaus so, wie ich ihn mir nach den gelegentlichen Eindrücken gedacht hatte, einen schlichten, wahrhaft liebenswürdigen Mann, von dem man nach den ersten zehn Worten wußte: Dies ist ein guter Mensch. Mit der freundlichsten Bereitwilligkeit ging er auf meinen Wunsch ein, und die Bedingungen unseres Verhältnisses waren bald festgestellt; von Honorar durfte nicht die Rede sein, da er es einfach für seine Pflicht halte, einen jungen Fachgenossen, der seine Belehrung wünsche, nach besten Kräften in der Kunst zu fördern; ich hatte lediglich für ein Pferd zu sorgen, welches ich unter seiner Leitung schulmäßig arbeiten sollte. Ein solches war bald gefunden, indem mir mehrere meiner Bekannten mit Vergnügen ihre Pferde, die ja bei der Sache nur gewinnen konnten, zur Verfügung stellten, und der Unterricht konnte beginnen. Der Besitzer des Pferdes, welches ich schließlich gewählt hatte, selber ein sehr passionierter Reiter, benutzte eifrig die Gelegenheit, den Stunden beizuwohnen, und nach gar nicht langer Zeit gefiel ihm die Sache so, daß er Steinbrecht bat, auf einem seiner anderen Pferde an dem Unterricht teilnehmen zu dürfen, was natürlich mit größter Bereitwilligkeit gestattet wurde.

Es waren schöne, genußreiche Stunden, die wir in der kleinen Reitbahn in der Hindersinstraße auf Seegershof - sie ist jetzt längst vom Erdboden verschwunden, und an ihrer Stelle steht ein moderner Prachtbau - verlebten. Steinbrecht war der idealste Lehrer, den man sich denken konnte. Die stets gleichbleibende freundliche Heiterkeit seines harmonischen Wesens teilte sich unwillkürlich seiner Umgebung mit, so daß es fast undenkbar war, daß jemand in seiner Gesellschaft auf die Dauer übellaunig und verdrossen sein konnte. Wenn der alte Herr, der, damals in seinem 70. Lebensjahre stehend, noch sechs Pferde täglich arbeitete, und dem wir, wenn es unsere Zeit irgend erlaubte, bei dem letzten Pferde vor Beginn unserer Unterrichtsstunde stets zusahen, manchmal nach harten Kämpfen schweißtriefend abstieg und dann mit dem heitersten Lächeln sich zu uns wendend sagte: „Ja, ja, es dauert manchmal lange, bis die Hanken recht tätig werden", so war man bezaubert. Man hätte sich ja schämen müssen, in seiner Gegenwart durch die Bekämpfung von Schwierigkeiten sich aus der Laune bringen zu lassen, und so blieben wir mit unseren Pferden, denen wir wahrhaftig nichts schenken durften, bei allem Ernst der Arbeit stets die besten Freunde.

Wir waren ja natürlich beide passionierte und auch wohl nicht ganz talentlose Reiter, immerhin aber hätten wir einem weniger liebenswürdigen Lehrer doch manchen Anlaß zum Tadel gegeben. Einen solchen haben wir nie von ihm zu hören bekommen. Wenn er sagte: „Nun, da müssen wir Geduld haben, es wird schon noch werden", so wirkte das mehr als der schonungsloseste Tadel, und man ruhte nicht eher, als bis man wieder sein fröhliches „Ah, charmant, charmant" zu hören bekam. Seine eigene Passion war dabei geradezu glühend und hätte selbst den Gleichgültigsten mit fortgerissen. Ich sehe ihn noch, den lieben alten Herrn, der sich bis in sein hohes Alter hinein eine wunderbare Elastizität erhalten hatte, wenn er bei der Entwicklung des Piaffés neben dem betreffenden Pferde herging und selber die federnden Tritte mitmachte.

Sein Blick für dasjenige, was dem Pferde in jedem Augenblicke not tat, war erstaunlich. Niemals hat er sich, um durch das Gefühl, einen vorliegenden Zweifel zu erledigen, auf eins unserer Pferde gesetzt, und doch hat er uns stets mit untrüglicher Sicherheit angegeben, was zu tun war. Auch in späteren Zeiten, wo ich ihm oft Pferde, mit denen ich Schwierigkeiten hatte, zu zeigen pflegte, war er stets nach wenigen Minuten im klaren und hat mir jedesmal, ohne sich jemals darauf zu setzen, Ratschläge gegeben, deren Befolgung mich nie im Stich gelassen hat. Ganz besonders erinnere ich mich noch einer sehr empfindlichen Vollblutstute, welche ich mit großer Vorsicht reiten zu müssen geglaubt hatte, und mit der ich daher auch nicht recht zu etwas kam. Diese mußte ich auf seinen Rat ganz gehörig anfassen, so daß sie zuerst völlig in Verzweiflung geriet. Sie entschloß sich dann aber, in die Hand hinein zu gehen, und entwickelte von Stund an den schönsten Gang, den man sehen konnte. Aus Steinbrechts persönlichem Reiten zu lernen, war nicht leicht, denn er war ein Genie, dessen Fluge zu folgen dem gewöhnlichen Sterblichen schwer war. Ich bin überzeugt, daß von den vielen Fachleuten und Liebhabern, welche durch seinen großen Ruf angelockt, kamen, um ihn arbeiten zu sehen, die wenigsten sein Reiten verstanden haben. Ich selber verstand es damals keineswegs immer, und selbst heute, nachdem ich jahrelang den innigsten fachlichen Verkehr mit gepflogen, nachdem ich seine Theorien zu einem umfangreichen Buche verarbeitet und in langjähriger Praxis, ich möchte sagen, keinen Tritt geritten habe, ohne seiner zu gedenken, wage ich kaum mit Sicherheit zu behaupten, daß ich sein Reiten, wie es in der Erinnerung vor mir steht, voll und ganz verstehe. So erinnere ich mich, ihn vielfach mit ziemlich hochgestelltem Halse arbeiten gesehen zu haben, wobei infolge der taktmäßigen Beweglichkeit seiner Arme und Hände das Pferd in jedem Tritt in eine gewisse Beizäumung herunterklappte, und wobei die Hankenschwingungen sichtlich immer schöner und geschmeidiger wurden, während er in seinem Unterricht durchaus auf einen in zweifelloser Beizäumung festgestellten Hals hielt. Bewundernswert war übrigens gerade bei dieser Genialität seiner persönlichen Arbeit seine Fähigkeit, sich in die Bedürfnisse und Gefühle des gewöhnlichen Reiters zu versetzen, so daß er nie Mittel angab, die nicht der Schüler auch anzuwenden in der Lage gewesen wäre. Auch darf man sich unter dem, was ich die Genialität seines Reitens genannt habe, keineswegs etwa Systemlosigkeit vorstellen, vielmehr lag dieselbe nur darin, daß er infolge seines durch eine ans Fabelhafte grenzende Erfahrung außerordentlich verfeinerten Gefühls in der Wahl der Mittel bedeutend unbedenklicher sein konnte, als der gewöhnliche Sterbliche es ungestraft tun darf. So konnte er in gewissem Sinne Schnelldressur betreiben, ohne daß er, wie es meist dabei geschieht, Gefahr lief, sich festzureiten oder sein Material zu schädigen. Das System seiner Arbeit lag dabei in jedem Augenblicke klar vor seinem geistigen Auge.

Leider zwangen mich meine dienstlichen Verhältnisse, die mir so lieb gewordenen täglichen Wanderungen nach der Hindersinstraße früher, als ich gedacht hatte, wieder aufzugeben; doch hatte die kurze Zeit, die ich zu des Meisters Füßen sitzen durfte, genügt, um mich für alle Zeit zu seinem Jünger zu machen. Damals schon hatte ich das sichere Gefühl, daß es mir unmöglich sein würde, jemals wieder andere als Steinbrechtsche Reiterei zu betreiben; und heute, nach beinahe 20 in voller Hingabe an mein Fach seitdem verlebten Jahren, weiß ich, was ich damals nur ahnte, nämlich daß in Steinbrechts Prinzipien ein

Gustav Steinbrecht - Nach einem Ölgemälde von Albert Becker

Kern von Wahrheit liegt, der seine Geltung so lange behalten muß, als man das Pferd zum Reiten benutzen wird. Seit jenem Kursus im Winter 1877/78 ist mir Steinbrecht nicht nur Lehrer, sondern auch väterlicher Freund gewesen. In allen reiterlichen Nöten war und blieb er stets mein Ratgeber, und wenn ich manchmal kleinmütig und verzagt werden wollte, so verfehlte seine milde, freundliche Heiterkeit nie ihren Einfluß, wie ich noch heute in der Erinnerung an ihn und im Anblick seines mir so lieben Bildes mich stets am besten aufrichte und aus dem Staub des täglichen Lebens in die reine Sphäre der klassischen Kunst erhoben fühle.

Im vollen Umfange wurde ich Steinbrechts Jünger erst da, als er mir die hohe Ehre erwies, mich mit der Ausarbeitung und Veröffentlichung der schriftlichen Notizen zu beauftragen, welche er sich in den wenigen Mußestunden seines von praktischer Tätigkeit völlig eingenommenen Lebens gemacht hatte, um darauf ein Werk zu erbauen, welches der Nachwelt seine Grundsätze über die edle Reitkunst überliefern sollte. Er fühlte sich in seinem hohen Alter, nachdem er so lange als nur irgend möglich alle seine Kräfte der Arbeit im Sattel geopfert, einer größeren schriftstellerischen Arbeit nicht mehr gewachsen und glaubte in mir, der ich mich bereits hier und da mit der Feder versucht hatte und von dem er sich völlig verstanden hielt, die Fähigkeit zur Verarbeitung seines geistigen Nachlasses zu finden.

Ich habe bei meiner immerhin auch ziemlich umfangreichen praktischen Tätigkeit Jahre gebraucht, ehe ich den mir von Steinbrecht übergebenen Stoff so weit geordnet und ergänzt hatte, daß ich denselben als ein Lehrbuch der Reitkunst, welchem ich den Titel „Gymnasium des Pferdes" gab, der Öffentlichkeit übergeben konnte. Daß ich auch vor Beginn dieser Arbeit schon ein Verständnis für Steinbrechts Theorien hatte, geht wohl daraus schon hervor, daß er mir in solchem Grade sein Vertrauen schenkte; dennoch weiß ich heute, daß ich erst durch diese Arbeit wirklich voll und ganz in den Geist des Meisters eingedrungen bin.

Diese bei gelegentlicher Muße flüchtig mit Bleistift hingeworfenen Notizen erwiesen sich als eine wahre Schatzkammer reiterlicher Weisheit, so daß ich vor dieser Fülle der Gedanken, die mit schlichtester Klarheit in dem eigentümlich sympathisch anmutenden Ton seines Wesens vorgetragen wurden, immer wieder mich bewundernd und verehrend beugte. Was hätte dieser Mann für Nutzen stiften können, wenn er berufen worden wäre, an einem großen staatlichen Reitinstitut als Lehrer der höheren Reitkunst zu wirken!

Leider hat Steinbrecht die Veröffentlichung des „Gymnasium des Pferdes" nicht mehr erlebt, er lebte aber immerhin lange genug, um dem Fortschritt meiner Arbeit fast bis zum Schluß mit väterlichem Interesse folgen zu können. Es wird mir als Mensch sowohl wie als Fachmann stets ein wahrhaft erhebendes Gefühl sein, das Vertrauen und die Freundschaft meines lieben Lehrers, ich kann wohl sagen bis zu seinem letzten Atemzuge, in vollem Umfange besessen zu haben. In welchem Maße dies der Fall war, geht schon daraus hervor, daß er wenige Tage vor seinem Tode in sein Exemplar des Newcastleschen Reitwerkes, welches er mir oft als eine der Hauptquellen seiner Grundsätze genannt hatte, mit zitternder Hand eine Widmung einschrieb, durch welche er mir dieses Buch vermachte und zu fleißigem Studium empfahl. Ich habe in Erfüllung dieses Vermächtnisses das Newcastlesche Werk wirklich studiert und in der Tat in demselben - wenngleich verschleiert und verbrämt durch die Zutaten altertümlicher Weitschweifigkeit und Ruhmredigkeit - jene unverrückbaren Wahrheiten gefunden, welche die Steinbrechtsche Reiterei charakterisieren, nämlich zunächst die, daß die Gewichte zur Belastung und Biegung der Nachhand nur von der Vorhand entnommen werden können, und daß daher die Feststellung und Durchlässigmachung der letzteren in einer absoluten Beizäumung die unerläßliche Vorbedingung jeder Hankenarbeit ist, sodann aber die, daß die seitliche Biegung der Wirbelsäule bei richtiger Einrichtung der Nachhand und Vorhand aufeinander, also das, was Steinbrecht die gebogen-gerade Richtung des Pferdes nannte, das einzige Mittel ist, um in zwangloser, allmählich sich steigernder Weise die Gewichte der beigezäumten Vorhand durch den elastisch gespannten Körper des Pferdes hindurch auf die Nachhand wirken zu lassen. Das hieraus hervorgehende Prinzip, welches Steinbrechts ganze Arbeit durchzog, nämlich die Notwendigkeit, die Last des beigezäumten und gebogenen Pferdes durch stete Entlastung der auswendigen Schulter vermittelst des auswendigen Zügels und durch stetes Beleben und Herantreiben des inwendigen Hinterfußes an und vor den auswendigen vermittelst des inwendigen Schenkels auf den inwendigen Hinterfuß zu konzentrieren, finden wir von Newcastle immer wieder und bei allen Gelegenheit zum Ausdruck gebracht und dürfen somit in diesem wirklich großen Manne auf dem Gebiete der Reitkunst den Urahn unseres Steinbrechtschen Systems erblicken. Vor Newcastle herrschte Finsternis auf dem Gebiete der Reitkunst. Er war der erste, der durch ein naturgemäßes Aneinanderreihen sich steigernder Übungen die Dressur des Pferdes zu einer systematischen Gymnastik erhob, während vor ihm nur Abrichtung zu Kunststücken betrieben wurde. Nach ihm aber geriet man allmählich immer mehr auf Abwege, indem man in Verfolgung der Theorie, daß die Gewichte zur Belastung der Nachhand von der Vorhand entnommen werden müssen, sich zu unnatürlichen Aufrichtungen der ersteren verleiten ließ, wodurch die Verbindung zwischen beiden gelockert, wenn nicht ganz unterbrochen und somit der Nachhand ihre Tätigkeit erschwert, wenn nicht ganz unmöglich gemacht wurde.

Steinbrecht hatte seine praktische Ausbildung im Reiten unter der Leitung Louis Seegers genossen, der uns unter dem Titel „System der Reitkunst" ein Werk hinterlassen hat, in welchem wir zwar die Theorie der gebogen-geraden Richtung des Pferdes, die also Steinbrecht direkt von seinem Lehrer übernommen und später bei Newcastle wiedergefunden hat, in vortrefflich klarer Weise zum Ausdruck gebracht sehen, während er die erste und wichtigste Grundlage von Newcastles System, die unbedingte Beizäumung, nicht beibehalten, sondern sich dem Beispiel seiner Zeitgenossen und unmittelbaren Vorgänger, unter denen namentlich Hünersdorf genannt sei, anschließend, den Irrtum der hohen Aufrichtung angenommen hatte.

Aus diesen ersten Eindrücken, welche Steinbrecht in seiner reiterlichen Ausbildung empfangen, dürfte sich auch jene bereits erwähnte Erscheinung erklären, daß man

Gustav Steinbrecht war Schüler von Louis Seeger (rechts) und Enkelschüler des berühmten Max Ritter von Weyrother (links).

ihn zeitweise in ziemlich hoher Aufrichtung des Halses, aus welcher derselbe mit den taktmäßigen Hilfen des Reiters trittweise in eine halbe Beizäumung herunterklappte, arbeiten sah. Steinbrecht tat dies zweifellos nur dann, wenn er das Bedürfnis fühlte, einen von Natur oder durch andauernde Arbeit in tiefer Stellung des Halses sehr mächtig gewordenen Rücken durchlässig bzw. harte, gespannte oder zu gewaltige Hankenbewegungen geschmeidig zu machen und zu ordnen, er tat es außerdem nur, wenn er sich die Feststellung des Halses in einer unbedingten Beizäumung und, damit zusammenhängend, die mächtigen Schwingungen der Hanken in die Hand hinein zuvor gesichert, und wußte sehr wohl, wann es Zeit war, den Hals wieder herunter- und festzustellen. Er gebrauchte zeitweise die hochgestellte Vorhand, um die Teile hinter dem Sattel geschmeidig zu machen, mißbrauchte sie aber nie, so daß er die Gefahr, durch Aufrichtung den Schwung zu lähmen, wohl zu vermeiden wußte. Wie groß für den nicht sehr erfahrenen und gefühlvollen Reiter diese Gefahr ist, wußte er sehr wohl zu würdigen, lehrte deshalb die Arbeit mit höher gestellter Vorhand mit großer Mäßigung und Zurückhaltung und gestattete sie nur, insofern es gelang, die aufgerichtete Vorhand absolut durchlässig zu erhalten, und nachdem durch lange Arbeit in tiefer Stellung der Rücken gehörig gekräftigt und Schwingungen der Hanken fest begründet waren. Den Fehler seines Lehrers Louis Seeger, welcher die Hankenschwingungen in hoher Aufrichtung der Vorhand erzwingen wollte und daher, wie sich dessen alle, die ihn kannten, sehr wohl erinnerten, in steten Kämpfen mit seinen Pferden und viel Material zerbrach – ein Schicksal, welches mit ihm alle diejenigen teilen, welche ihre Pferde dauernd in hoher Aufrichtung arbeiten –, hatte er wohl erkannt und dankte dies wahrscheinlich zumeist dem Studium des von ihm so hoch verehrten Herzogs von Newcastle. So konnte Steinbrecht zeitweise mit einem gewissen Anklang an Hünersdorf und Seeger, d. h. in hoher Aufrichtung selbst mit Aufgabe einer steten unbedingten Beizäumung arbeiten, ohne in deren Fehler zu verfallen. Er konnte dies aber nur eben infolge seiner ganz ungewöhnlichen Begabung, der vollkommenen Weichheit und Geschmeidigkeit seines Sitzes und seines untrüglichen Gefühls für die Schwingungen, in deren Erzeugung er ein unerreichter Meister war. In seinem Unterricht hat er die Aufgabe der unbedingten Beizäumung nicht nur nicht gelehrt, sondern überhaupt nicht gestattet. In seinem Unterricht legte Steinbrecht ganz überwiegenden Wert auf die Hervorbringung mächtiger schwingender Hankenbewegungen, wozu er naturgemäß die Vorhand ganz tief stellen und Rücken und Nachhand meist durch leichten Sitz entlasten ließ. Dies war die Grundlage seiner schulmäßigen Arbeit; die Hankenschwingungen bildeten gewissermaßen den Stoff, aus welchem schulmäßige Gänge geformt wurden. Das Wesen der Schullektionen erblickte er ganz vorherrschend im Schwunge und war ein abgesagter Feind davon, die Hanken auf Kosten ihrer Federkraft zusammenzudrücken.

So kam es, daß Steinbrecht, obgleich er von Anfang an sich der hohen Schule zugewendet und wohl nie eine Jagd geritten hat, dennoch sich nie in Künsteleien und Einseitigkeiten verlor und stets ein klares Verständnis für die Bedürfnisse praktischer Reiterei hatte. Mehr als einmal hat es Steinbrecht mir ausgesprochen, daß ihm der Renn- und Jagdreiter, welcher die natürlichen Kräfte des Pferdes, wenn auch in einseitiger Richtung, zur freien Entwicklung kommen lasse und für seine Zwecke naturgemäß ausnutze, ungleich sympathischer sei als die Mehrzahl der sogenannten Stallmeister, welche ohne Kenntnis des Wesens der Reitkunst und ohne Gefühl für Elastizität und Schwunghaftigkeit nichts täten, als das Pferd durch gewaltsames Erzwingen unnatürlicher Stellungen seines natürlichen Schwunges, den sie entwickeln und ordnen sollten, zu berauben und zur unerfreulichen, toten Maschine herabzuwürdigen. Auf Steinbrechts Grundsätzen beruht daher ein System der Dressur, welches allen Richtungen der Reitkunst in gleicher Weise Rechnung trägt, nach dessen Prinzipien der Schulreiter ebensowohl wie der Rennreiter sein Pferd mit Nutzen arbeiten kann, und welches dem Stallmeister ermöglicht, ein und dasselbe Pferd für die Lektionen der hohen Schule ebenso vollkommen auszubilden wie für den Jagdgalopp über Hindernisse. Daß Steinbrecht der Vater eines solchen allumfassenden, das Wesen der Reitkunst im Schwunge und der Elastizität allein erkennenden Dressursystems geworden ist, darin liegt seine unvergängliche Bedeutung. Seine persönlichen Leistungen als Fachmann haben ihm die Anerkennung seiner Zeitgenossen in hohem Grade erworben, sie würden aber allein nicht genügt haben, um ihm einen Platz in der Geschichte der Reitkunst zu sichern. Die Grundsätze, welche er der Reiterwelt hinterlassen hat, sichern ihm diesen Platz für alle Zeiten. Gewiß soll nicht geleugnet werden, daß auch Leute, die nach Prinzipien arbeiten, welche von den Steinbrechtschen wesentlich abweichen, ihre Pferde in Lektionen der hohen Schule ausbilden und dabei auch auf der Jagd gebrauchen können, man kann dann aber wohl meistens mit Recht sagen, daß sie diesen Erfolg nicht durch die Prinzipien ihrer Arbeit erreicht haben, sondern trotz derselben, und daß sie ihn teils der eigenen großen Geschicklichkeit, teils der Vorzüglichkeit ihres Materials verdanken, während Steinbrechts Grundsätze ihn nicht nur dem Talent ersten Ranges, sondern jedem verständnisvollen, nicht geradezu ungeschickten Reiter, dem nur Durchschnittsmaterial zur Verfügung steht, sichern. Der wesentlichste und charakteristischste Unterschied ist aber der, daß jene ihr Pferd in der Schule und auf der Jagd in diametral verschiedener Weise reiten, in der Schule ihm erzwungene, künstliche Stellungen anweisen, auf der Jagd es gänzlich auseinanderfallen lassen, während der nach Steinbrechts Grundsätzen arbeitende Reiter in der Schule wie auf der Jagd sozusagen innerhalb desselben Rahmens reitet.

Zwar werden in der Schule die Hanken mehr tragen, die Vorhand sich dadurch relativ mehr aufrichten, auf der Jagd die ersteren mehr schieben, die letztere sich tiefer stellen, das Pferd bleibt aber stets in demselben Charakter der Zusammenstellung; die Verlegung des Schwerpunktes innerhalb derselben Form charakterisiert das Steinbrechtsche Pferd, das Pferd bleibt dabei sozusagen immer dasselbe, auch der absoluteste Laie würde es erkennen, ob er es in der Schule oder auf der Jagd sieht. Das Pferd jener dagegen, welche, worauf es ja meist hinauskommt, einen willkürlich gewählten Aufrichtungsgrad für die Versammlung unerläßlich halten, ist in der Schule und auf der Jagd ein völlig anderes, der Laie würde es durchaus nicht bei beiden Gelegenheiten mit Sicherheit wiedererkennen. Doch es führt zu weit, noch näher auf diesen Gegenstand einzugehen. Diejenigen, denen ich mich durch das Gesagte nicht verständlich zu machen vermochte, darf ich auf das Studium des „Gymnasium des Pferdes" verweisen, hoffend, daß ihnen daraus der Geist Steinbrechtscher Reiterei entgegenwehen möge. Durch die Notizen, welche diesem Werk zugrunde liegen, ist Steinbrecht der Begründer einer neuen, dabei aber, wie wir gesehen, uralten Schule der Reitkunst geworden. Seine persönliche Tätigkeit als Lehrer hätte vielleicht nicht hingereicht, ihm eine solche Stellung zu sichern, denn selbst ich, der ich ihm von allen seinen Schülern vielleicht am nächsten gestanden habe, weiß nicht, ob ich ohne die Bearbeitung jenes Werkes zu der klaren Erkenntnis des Wesens seiner Grundsätze gelangt wäre, welche mich befähigt hätte, dieselben, zu einem System geordnet, weiter fortzupflanzen. Außer mir wüßte ich aber niemand, der in der Lage gewesen wäre, das Bindeglied zwischen ihm und der Nachwelt zu werden, denn diejenigen seiner Schüler, welche die geistige Befähigung hierzu besaßen, betrieben die Reitkunst nur aus Liebhaberei neben einem ihre Tätigkeit viel zu sehr in Anspruch nehmenden Hauptberuf, und die Berufsreiter, welche ihm näherzutreten Gelegenheit hatten, standen nicht auf der erforderlichen Bildungsstufe. So wäre ohne jene Notizen, die mir Steinbrecht zur Bearbeitung übergab, die Theorie von der Entwicklung der Schwingungen durch Vorwärtsreiten in einer vollen und unbedingten Beizäumung - denn darin erblicke ich schließlich den Kern, um welchen sich das System gruppiert - keinesfalls in dem Maße, wie es jetzt der Fall ist, Allgemeingut der Reiterwelt geworden. Die Tradition vom „alten Steinbrecht" hätte sich vielleicht noch ein paar Generationen in Fachkreisen erhalten, dann wäre sein Name mit denen so vieler anderer zu ihrer Zeit rühmlichst bekannter Reiter der Vergessenheit anheimgefallen.

Hätte Steinbrecht, wozu er nach seinem phänomenalen Lehrtalent so ganz der Mann war, eine amtliche Stellung an einem großen staatlichen Reitinstitut eingenommen, so wäre er zweifellos in der Lage gewesen, durch sein unmittelbares Wirken seine Grundsätze in weitere Kreise zu tragen, doch ist andererseits wieder sehr die Frage, ob er sich, wenn sein Leben eine solche Richtung genommen, so frei hätte entwickeln können.

Jedenfalls steht so viel fest, daß er sich niemals nach einer derartigen Stellung gesehnt, obgleich ihm einmal ein ähnliches Anerbieten gemacht wurde, indem er im Jahre 1848 durch den ihm befreundeten österreichischen General Nadosy, damals Leiter der Hofreitschule in Wien, aufgefordert wurde, eine Stellung als Reitlehrer an der neu zu begründenden Ungarischen Nationalreitbahn zu übernehmen, einem Unternehmen, welches nachher der politischen Wirren wegen nicht zur Ausführung kam. Jedenfalls hat mir Steinbrecht am Abend seines Lebens, wo er dasselbe in seiner ganzen Entwicklung übersah, wiederholentlich erklärt, wie sehr er der Vorsehung für die Gestaltung seines Schicksals dankbar sei. Bei aller Anspruchslosigkeit schätzte Steinbrecht seine Unabhängigkeit doch sehr hoch.

Als Sohn eines Predigers zu Ampfrath bei Seehausen im Magdeburgischen am 22. August 1808 geboren, hatte Gustav Steinbrecht ursprünglich die Absicht gehabt, sich dem tierärztlichen Beruf zu widmen. In der richtigen Erkenntnis, daß der Tierarzt ein weit richtigeres Urteil über das Pferd haben müsse, wenn er auch Reiter sei, beschloß er, die Reitkunst sachmäßig zu erlernen, und trat als junger Mann von etwa 18 Jahren als Bereiterscholar in die Seegersche Reitbahn zu Berlin in der Dorotheenstraße, damals das bedeutendste derartige Institut der Stadt, welches in außerordentlicher Blüte stand und sich unter anderen hohen Protektionen auch derjenigen des nachmaligen Kaisers Wilhelm I. erfreute. Hier kam Steinbrecht in die Hand des bereits erwähnten Louis Seeger, der als Bruder des Inhabers am genannten Institut als Stallmeister und Reitlehrer tätig war und, die außergewöhnliche Begabung des jungen Mannes bald erkennend, denselben leicht bestimmte, sich ganz und gar der Reitkunst zu widmen. Louis Seeger, der an der Spanischen Schule in Wien unter Weyrothers Leitung seine Ausbildung genossen hatte, pflanzte die eigene Begeisterung für die Hohe Schule auch in die Seele seines Schülers, und so ward eine wahrhaft enthusiastische Liebe für das, was ein alter Meister so schön die Poesie der Reitkunst genannt hat, bestimmend für Steinbrechts reiterliches Leben. Niemals hat er es übers Herz gebracht, bei einem der zahllosen Pferde, die ihm durch die Hände gegangen, sich mit gewöhnlichen prosaischen Kampagnegängen zu begnügen, die Entwicklung der Hankenschwingungen und ihre Bewertung zu schulmäßigen Gängen war und blieb das Element, in welchem allein er Befriedigung fand.

Wie oft hat er, wenn in späteren Jahren seine Gattin, besorgt um seine Gesundheit ihn bat, die anstrengende Schularbeit zu lassen oder doch wenigstens auf besondere Fälle zu beschränken, da sie von den meisten ja doch nicht geschätzt würde, aus vollem Herzen erwidert, wenn er die Schularbeit aufgeben müsse, so wolle er überhaupt nicht mehr reiten, denn Reiten ohne die Poesie der Schulgänge war seinem Künstlersinn undenkbar.

Nachdem Steinbrecht unter Louis Seegers Augen an der Seegerschen Reitbahn bis zum Jahre 1834 tätig gewesen, fühlte er das Bedürfnis, in einem selbständigen Wirkungskreise seine Kräfte und Fähigkeiten zu entfalten. Einen solchen fand er in Magdeburg, wo er die Leitung der von dortigen Liebhabern des Reitsports begründeten und unterhaltenen Bahn übernahm. Er verließ jedoch Berlin nicht, ohne dort Beziehungen angeknüpft zu haben, welche für sein ganzes Leben Bedeutung erhielten, indem er das Herz einer Tochter der Familie Seeger gewann, deren Vater, ebenfalls ein Bruder von Louis Seeger, Besitzer jenes bereits erwähnten Grundstückes Seegershof an der nachmaligen Hindersinstraße war, wo er einen Holzhandel betrieb. Dieser in so früher Jugend schon geschlossene Herzensbund wurde im Jahre 1838 durch die Ehe besiegelt und ist für Steinbrecht die Quelle ungetrübten Glückes bis zu seinem Tode gewesen. Seine Gattin hat im gewöhnlichen Sinne des Wortes nicht viel von ihm gehabt, denn sein ganzes Leben war der Arbeit geweiht, und die Stunden, welche er am häuslichen Herde verbrachte, mußten notgedrungen der Ruhe und Erholung gewidmet sein, aber sie kannte und schätzte sein einfaches, schlichtes, liebenswürdiges und dabei so klares, zielbewußtes Wesen und ist ihm in einer beinahe 50-jährigen Ehe eine treue Gefährtin seiner Mühen und Sorgen, eine unermüdliche treue Pflegerin, wenn er nach des Tages Last und Hitze heimkehrte, gewesen.

Sehr bald nach seiner Übersiedlung nach Magdeburg erregte Steinbrecht bedeutendes Aufsehen in Reiterkreisen durch die Dressur eines sehr bösen Hengstes „Siwas", welchen er in der Hohen Schule gründlich durcharbeitete und an die Zirkusbesitzer Tourniaire verkaufte. Dieser Hengst war das erste einer langen Reihe von Schulpferden, welche Steinbrecht im Laufe der Jahre für verschiedene Zirkusfirmen des In- und Auslandes geliefert hat, so daß man wohl sagen kann, daß durch „Siwas" die klassische Hohe Schule auch in den Zirkus ihren Einzug gehalten hat.

Wollte man nun aus der Tatsache, daß Steinbrecht Schulpferde für den Zirkus geliefert hat, den Schluß ziehen, daß er denselben Marschieren, Niederknien und ähnliche Kunststücke gelehrt habe, so würde dies ebenso irrig sein, als wenn man annehmen wollte, daß die Zirkusschulreiter, welche auf Steinbrechtschen Pferden auftraten, dieselben nur in der reinen Hohen Schule produziert hätten. Die Zirkusschulreiter schätzten die reelle Hankenarbeit, die in den Steinbrechtschen Pferden steckte, und die sie zur Freude der Kenner in reinen, schwunghaften Schulgängen zum Ausdruck brachten, während sie jene unnatürlichen Kunststücke, welche das große Publikum beklatscht, wobei aber der Kenner am liebsten die Augen schließt, ihren Pferden mit Leichtigkeit lehrten. Steinbrecht selbst hätte das Ansinnen, sich mit dieser Art von Abrichtung, die er mit dem treffenden Ausdruck „Pudeldressur" bezeichnete, zu befassen mit Entrüstung zurückgewiesen. Er stand unverrückt auf dem Standpunkt, daß die Aufgabe der Kunst lediglich die ist, die natürlichen Bewegungen des Pferdes zu vervollkommnen und das Pferd dahin zu bringen, daß es diese vervollkommneten natürlichen Bewegungen, welche es sich selbst überlassen, nur unter dem Einfluß seelischer Affekte zeigt, nunmehr nach dem Willen des Reiters ausführt. Wer im „Gymnasium des Pferdes" gelesen hat wie sich Steinbrecht gerade über diesen Gegenstand ausspricht, wird nicht daran zweifeln, daß Steinbrecht nie etwas anderes als klassische Schule betrieben hat, obgleich er Zeit seines Lebens für den Zirkus Pferde gearbeitet hat. Es spricht dies ebenso sehr für die Zirkusschulreiter wie für das Zirkuspublikum jener Zeit. In beiden muß doch ein Sinn für wahre Schulreiterei gewesen sein, denn es handelt sich hier nicht um einzelne Pferde, die Steinbrecht an diesen oder jenen Zirkus verkauft hat, sondern er war der dauernde Lieferant der bedeutendsten derartigen Institute. Ich nenne in erster Linie den Zirkus Renz, für den er lange Jahre hindurch ausschließlich die Schulpferde arbeitete, bis späterhin der Schwiegersohn des Inhabers, der leider früh verstorbene rühmlichst bekannte Hager, der zwar Bauchersche Handdressur betrieb, indessen als gefühlvoller, sehr intensiver Reiter das Geheimnis, richtige Hankenschwingungen zu entwickeln, zweifellos besaß, diese Tätigkeit übernahm. Ich nenne ferner die bereits erwähnten Gebrüder Tourniaire, an welche Steinbrecht sogar nach Amerika hin Schulpferde sandte, ich nenne den Zirkus Astly in London, Soulier ebendaselbst, Stockes ebenfalls in Amerika, Carré, Wollschlaeger, Herzog, der damals in Spanien sich aufhielt, den Schulreiter Collombet, die Schulreiterinnen Madame Dumos, Fräulein Voigt, Madame Goldkette, Frau v. Wertour.

In meinem Besitz befindet sich ein rührendes Andenken an Steinbrecht, woraus ich die obigen Angaben entnommen habe. Es ist dies ein Album, bestehend aus sechs Tafeln, auf denen je elf Haarlocken mit roten Schleifen zierlich arrangiert sind, Haarlocken, nicht von schönen Damen, aber von Wesen, an welche sich für ihn ebenso siegreiche Erinnerungen knüpften wie für den Don Juan an die Haarlocken der von ihm eroberten Schönen, nur daß Steinbrechts Erinnerungen nicht durch Reue getrübt, sondern durch die Genugtuung, welche ehrliche Arbeit gewährt, verschönt wurden. Es sind Haarlocken aus den Schweifen seiner Schulpferde, welche die Hand der Gattin so sinnig geordnet zum Andenken an die Erfolge seiner Kunst aufbewahrt hat. Bei jeder Haarlocke ist der Name des Pferdes und darunter Datum des Verkaufs und Name des Käufers angegeben. Dabei befindet sich eine Liste sämtlicher Pferde, welche Steinbrecht vom Jahre 1834, wo er nach Magdeburg ging, bis zum Jahre 1865, wo er nach mehreren dazwischenliegenden Episoden definitiv nach Berlin zurückkehrte und, wenngleich er von da an noch beinahe 20 Jahre in seinem Fache tätig blieb, dennoch aufhörte, dasselbe in der geschäftsmäßigen Weise wie bisher zu betreiben, besessen und gearbeitet hat. Diese Liste erreicht die stattliche Ziffer 240, worunter man 55 fett geschriebene Namen, diejenigen der Schulpferde, bemerkt. Welch ein arbeitsreiches Leben, welcher Schatz von Erfahrungen!

Die mühevollste und dabei wohl vom Standpunkte der Kunst unerfreulichste Zeit seines Lebens waren die zehn Jahre, welche Steinbrecht in Magdeburg verlebte. Hier finden wir auf der Liste die geringste Zahl fett geschriebener Namen, handelte es sich doch für ihn als jungen Anfänger naturgemäß zunächst darum, den Forderungen seines dortigen Publikums gerecht zu werden, wobei es dann galt, nicht nur manche Illusion zu opfern, sondern auch manches geradezu lästige Geschäft auf sich zu nehmen, wie z. B. das in wohlhabenden Kaufmannskreisen so beliebte abendliche Musikreiten, dessen sich in späteren Jahren Steinbrecht und noch mehr seine Gattin oft als besonders unangenehm erinnerte. Natürlich konnte sich unter solchen Verhältnissen ein Mann von Steinbrechts Genialität auf die Dauer nicht wohl fühlen, und so entschloß er sich denn im Jahre 1844, nach Berlin zurückzukehren, wo inzwischen sein Schwiegervater auf seinem Grundstück Seegershof eine Reitbahn und Stallungen erbaut und dieses Etablissement seinem Bruder Louis zur Benutzung übergeben hatte. In diesem Etablissement, welches er, als Louis Seeger sich im Jahre 1849 von seiner praktischen Tätigkeit zurückzog, selbständig übernahm, eröffnete nunmehr Steinbrecht eine seinen Neigungen entsprechende Tätigkeit, indem er sich mehr und mehr der Dressur von Schulpferden widmete, so daß die fett geschriebenen Namen in jener oben erwähnten Liste immer dichter beisammen stehen.

Noch einmal entschloß sich Steinbrecht, Berlin zu verlassen, als sich ihm im Jahre 1859 Gelegenheit bot, ein Reitinstitut in Dessau vorteilhaft zu erwerben, wo er noch ausschließlicher, als es ihm in Berlin persönliche Beziehungen erlaubten, der Kunst leben zu können hoffte. In der Tat gestalteten sich denn auch die sechs Jahre seiner dortigen Tätigkeit zu den vom rein künstlerischen Standpunkte betrachtet weitaus erfolgreichsten seines Lebens, indem er sich dort fast ausschließlich der Dressur von Schulpferden widmen konnte, die er nach fast allen Ländern Europas und bis über den Ozean hin versandte. Auch hatte er in dieser Dessauer Zeit die Freude, ein Talent allererster Klasse zur künstlerischen Reife entwickeln zu können. Es war dies die nachmals so berühmt gewordene Elise Pezold, welche viele Jahre hindurch die nie übertroffene Zierde des Zirkus Renz bildete und Kenner wie Laien durch ihr korrektes und dabei virtuoses Reiten sowie durch die Grazie und die Sittsamkeit ihres Auftretens entzückte. Steinbrecht erzählt oft von der glühenden Passion und großen Energie des jungen Mädchens, welches wie der beste Bereiter in der Bahn gearbeitet habe. Auch schätze er „Elise" nicht nur als Künstlerin, sondern auch wegen ihren menschlichen Eigenschaften sehr hoch, so daß dieselbe mit ihm und seiner Gattin in fortgesetztem freundschaftlichen Verkehr stand und noch heute, wo sie sich längst von der Kunst zurückgezogen hat und in Frankreich verheiratet ist, mit Steinbrechts Witwe korrespondiert.

Ungern und nur seiner Gattin zuliebe, welche sich in den Dessauer Verhältnissen nicht wohl fühlte, entschloß sich Steinbrecht im Jahre 1865, sein Etablissement zu verkaufen und nach Berlin zurückzukehren. Er blieb dort noch beinahe zwanzig Jahre in seinem Berufe tätig, betrieb denselben jedoch fortan mehr aus dem Bedürfnis nach Tätigkeit und aus inniger Liebe zur Kunst, als daß er ein Geschäft daraus gemacht hätte. Er hatte stets eine große Zahl von Freunden und Verehrern, welche sich glücklich schätzten, wenn er Pferde für sie arbeitete und ihnen bei ihren eigenen Reitstudien mit Unterweisung zur Seite stand. Einem eigenen Etablissement hat er nicht mehr vorgestanden, sondern geritten, wo es ihm nach seiner Wohnung und seinen Bekanntschaften am besten paßte, lange Zeit in der Voellnerschen Reitbahn, dann wieder auf dem alten Seegershof, zuletzt im Tattersall. In diesen letzten zwanzig Berliner Jahren wurde er mehr und mehr zu der typischen Figur, als welche er der heutigen Generation noch in lebhaftester Erinnerung steht. Jedermann, der irgend zu Pferd und Reiten in Beziehung stand, kannte den „alten Steinbrecht", und niemand sprach anders von ihm als mit einer ganz besonderen Hochachtung. Obgleich er der anspruchsloseste Mann war, den man sich denken konnte, so war doch ganz selbstverständlich, daß in den Bahnen, in welchen er ritt, ihm jedermann willig die Superiorität zuerkannte. Seine große fachliche Überlegenheit, sein fest begründeter Ruf und vielleicht mehr als alles andere der eigentümliche Zauber seiner Persönlichkeit sicherten ihm die ehrerbietige Höflichkeit aller Fachangehörigen ebensosehr wie es undenkbar war, daß ihm irgendein Liebhaber der Reitkunst, und wenn es der hochgestellteste Mann war, anders als mit ausgezeichneter Achtung begegnete.

Bis ans Ende seiner reiterlichen Tätigkeit war Steinbrecht immer lieber im Sattel, als daß er lehrte. Wenngleich er deshalb seinen Rat niemandem entzog, der ihn suchte, zusammenhängenden Unterricht hat er verhältnismäßig nur wenigen erteilt. Immerhin ist die Zahl derjenigen, welche mit mehr oder weniger Recht sich seine Schüler nennen durften, im Lauf der Jahre und namentlich dieser letzten Berliner Jahre eine beträchtliche geworden. Einmal ließ er sich sogar überreden, in dem Offizierskorps eines der Berliner Kavallerieregimenter einen zusammenhängenden Kursus zu geben, an den gewiß alle, die das Glück hatten, daran teilnehmen zu dürfen, mit größtem Vergnügen zurückdenken werden. Doch hatte er bis zuletzt immer noch so viele Pferde selbst zu arbeiten, daß ihm derartige Unternehmungen - der Unterricht wurde in der Kaserne des betreffenden Regiments erteilt - zu zeitraubend waren.

So arbeitete und wirkte Gustav Steinbrecht bis kurz vor seinem Tode unermüdlich fort im Dienste der von ihm so schwärmerisch geliebten Reitkunst. Immer von neuem hatte die besorgte Gattin den Versuch gemacht, ihn zu bewegen, daß er den Sattel definitiv mit dem Lehnstuhl vertauschte; er konnte und konnte sich nicht dazu verstehen. In der Tat, welch unendlich schwerer Entschluß nach einem solchen Leben! Als er ihn schließlich dennoch faßte, hatte er das Bewußtsein, daß er ihn nicht lange überleben würde. Er wurde nicht eigentlich krank, aber die Kräfte schwanden mehr und mehr. Obgleich bis zu seinem Ende bei völliger Klarheit des Denkens, wurde er doch allmählich teilnahmsloser. Bis zu seinem Ende aber blieb er derselbe ruhig-heitere, freundliche,. mit sich selbst stets völlig einige Mensch, der Typus eines wahrhaft harmonischen Wesens. Normal, wie sein Leben gewesen, war auch sein Ende. Seine Kräfte waren verbraucht; er hörte auf zu leben. Am 8. Februar 1885 drückte die trauernde Witwe ihm die müden Augen zu, und an seinem Grabe stand wohl niemand ohne das Gefühl, daß in dem Verewigten ein Vorbild edler Menschlichkeit von uns genommen wurde.

Sanft ruhe seine Asche!

Vorrede des Herausgebers

Zur ersten Auflage

Was für den griechischen Jüngling das Gymnasium war, die Anstalt, in welcher er die Gaben seines Körpers durch tägliche Übungen zur vollsten und harmonischsten Entwicklung brachte, das ist für das Pferd die Reitbahn. In der Reitbahn treiben wir Pferdegymnastik, indem wir durch ein System stufenweise gesteigerter und in logischer Ordnung aneinander gereihter Übungen die Muskulatur des Pferdes so ausbilden, daß sie imstande ist, mit Leichtigkeit dem Skelette diejenigen Richtungen anzuweisen, welche für den Reitdienst notwendig sind, dasselbe in diesen Richtungen dauernd zwanglos zu erhalten und mit Kraft und Gewandtheit zu bewegen.

Das mathematisch Geordnete, die logische Klarheit, gewissermaßen die unumstößliche Wahrheit der Reitkunst tritt uns in seinem neueren Werke so deutlich entgegen als in dem leider viel zu wenig bekannten und gelesenen Buche von Louis Seeger: „System der Reitkunst". Dieser geniale Meister, der ein Schüler des berühmten Weyrother in Wien war, hatte das Glück, auch seinerseits einen Schüler zu hinterlassen, welcher in einem langen, überaus tätigen Leben unentwegt die Lehren desselben praktisch betätigt und ausgebaut hat, ich meine den in weitesten Kreisen der Reiterwelt bekannten und hochgeschätzten, jetzt leider verewigten Gustav Steinbrecht. Diesem Manne, dessen Ruf so fest begründet dasteht, daß es überflüssig ist, irgendein Wort zu seinem Lobe zu sagen, was auch mit seinem anspruchslosen Sinne durchaus im Widerspruche stehen würde, verdankt der Herausgeber vorliegenden Werkes alles, was ihm in der Reitkunst zu erreichen vergönnt war. Jede glückliche Stunde, welche ich bei der Arbeit im Sattel verlebte, schulde ich seinen gütigen Lehren, die mir seit Jahren uneingeschränkt zu Gebote standen, und nun ist er die Veranlassung geworden, daß ich auch bei der theoretischen Arbeit für unsere Kunst am Schreibtische so manchen genußreichen Abend zubringen durfte. Vor drei Jahren übergab mir mein verehrter Meister eine Sammlung von Gedanken, welche er aus der Fülle seiner reichen Erfahrungen seiner Zeit auf das Papier geworfen hatte, zu beliebiger Verwendung. In diesen Auslassungen nun fand ich einen so köstlichen Schatz überzeugender Wahrheiten, welche das Wesen der Reitkunst in so treffender Weise bloß legten, daß ich glaube, dieselben dem Reiter-Publikum nicht vorenthalten zu dürfen. Leider war damals schon Steinbrechts Gesundheit durch die aufreibende Tätigkeit, der er sich zeit seines Lebens unterworfen hatte, so untergraben, daß er eine einigermaßen anstrengende geistige Tätigkeit vermeiden mußte.

Von meinen Versuchen, ihn zur Vervollständigung jener Fragmente zu veranlassen, mußte ich daher mit schwerem Herzen Abstand nehmen, und stand nun, da er mir uneingeschränkte Vollmacht gab, vor der Wahl, entweder die Fragmente zu veröffentlichen, oder dieselben, so gut ich es vermochte, selbständig zu einem abgeschlossenen Ganzen zu vervollständigen. Da ich das Bewußtsein hatte, in den Geist meines Lehrers eingedrungen zu sein, unternahm ich das Letztere, um, so gut es unter diesen Umständen möglich war, der Nachwelt die Gesamt-Resultate eines Lebens zu überliefern, welches bei ungewöhnlicher Begabung ganz und ausschließlich der edlen Reitkunst gewidmet war. In den Grundgedanken des vorliegenden Werkes wird der freundliche Leser Anklänge an Louis Seeger finden, was bei dem Verhältnisse Steinbrechts zu demselben nur natürlich ist. Wenn auf der anderen Seite auch Verschiedenheiten in den Anschauungen der Meister nicht zu verkennen sind, so darf auch das nicht Wunder nehmen, da ein Mann von Steinbrechts Begabung unmöglich durchs Leben gehen konnte, ohne seiner Arbeit den Stempel einer gewissen Eigenart aufzuprägen. Ich bin nicht parteilos, und muß es daher dem Urteile des Lesers überlassen, wenn ich meine Ansicht dahin ausspreche, daß ich Steinbrechts Methode überall als die praktischste gefunden habe. Er zeigt uns stets erreichbare Ziele und einen nicht zu verfehlenden Weg zu denselben. Während ferner Seeger sein Buch in kaltem, streng wissenschaftlichem Stile gehalten hat, wodurch dasselbe weit weniger als es verdient, bekannt geworden ist, berührte mich der warme, aus der vollen Passion für die Sache hervorgegangene und dabei so recht aus dem praktischen Leben genommene Ton der Steinbrechtschen Aufzeichnungen ganz besonders sympathisch, und habe ich mich bemüht, denselben, soweit es mir möglich war, festzuhalten. Wenn daher das vorstehende Werk zwar durchweg in populärer, leicht faßlicher Weise geschrieben ist, so daß der freundliche Leser es wie jedes Unterhaltungsbuch sorglos in die Hand nehmen kann, so ist es doch immerhin nicht für den Laien bestimmt. Es ist nicht eigentlich das, was man unter einem Leitfaden der Pferdedressur versteht, der gewissermaßen einen Stundenplan für die Bearbeitung des Pferdes entwirft, sondern es bemüht sich, die Ziele der Reitkunst unverrückbar festzustellen, zu zeigen, welche Mittel zur Erreichung derselben die Natur des Pferdes uns in die Hand gibt und zu erörtern, wie sich aus der zweckentsprechenden Benutzung dieser Mittel das System gymnastischer Übungen zusammenfügt, welches wir Pferdedressur nennen. Indem somit der Leser stets auf das Wesentliche der Dressur hingeführt wird, das sich durch den Hinblick einerseits auf den Zweck derselben, andererseits auf die Natur des Pferdes jederzeit klar ergibt, wird die Detailanordnung der Arbeit seinem eigenen Ermessen überlassen, in der Überzeugung, daß ihm das wahre Verständnis von der Sache der beste Führer dabei sein wird.

Obgleich der geneigte Leser leider nur zu deutlich herausfühlen wird, welche Teile der vorstehenden Arbeit mir persönlich ihren Ursprung verdanken, so ist es doch meine Pflicht, ausdrücklich zu bekennen, daß die letzten drei Kapitel, vom Galoppe, vom Piaffé und der Passage und von den Schulsprüngen, so wie der Schluß ausschließlich aus meiner Feder geflossen sind, während ich an dem übrigen also hauptsächlichsten Teile des Werkes, der von Steinbrecht herrührt, nur Unwesentliches geändert habe. Indem ich daher für meinen Anteil an der Arbeit, bei dem ich nach bestem Können den Geist meines Meisters festzuhalten bemüht war, die Nachsicht des geneigten Lesers erbitte, kann ich nur wünschen, daß derselbe aus dem Lesen von Steinbrechts eigenen Auslassungen eben den Nutzen ziehen möge, den ich von der Bearbeitung derselben im reichsten Maße gehabt habe.

Potsdam, im Dezember 1884
Paul Plinzner

DAS GYMNASIUM DES PFERDES

Über die Mittel, welche dem Reiter zur Dressur des Pferdes zu Gebote stehen

Vom Sitz zu Pferde

Ehe wir uns dem eigentlichen Thema dieses Werkes, der Bearbeitung des Pferdes, zuwenden, ist es notwendig, daß wir uns über die Mittel einig werden, welche dem Menschen zu dieser Aufgabe zu Gebote stehen. Ich meine damit nicht die äußeren Werkzeuge, deren er sich bei seiner Arbeit bedient, den Zaum, den Sattel, die Sporen, die Peitsche, die Longe, die Pilaren, denen wir kein besonderes Kapitel, sondern nur gelegentliche Bemerkungen widmen wollen, ich meine vielmehr den Gebrauch, welchen zum Zweck der Bearbeitung des Pferdes der Mensch von seinem eigenen Körper macht. Dieser Gebrauch seiner Glieder wird nur dann ein fachmäßiger und zum Ziele führender sein, wenn er in jeder Beziehung auf einem eingehenden Verständnis für die Natur des Pferdes und einer genauen Kenntnis seines Körperbaues basiert ist. In diesem Sinne verstanden, sind die Mittel zur Bearbeitung des Pferdes in erster Linie ein zweckentsprechender, naturgemäßer Sitz auf demselben und sodann von diesem Sitze aus der richtige Gebrauch der Gliedmaßen zu den Einwirkungen auf das Pferd.

Es kann natürlich nicht meine Absicht sein, die allgemein bekannten Regeln für den Sitz des Reiters hier zu wiederholen, sondern ich möchte nur diejenigen Gesichtspunkte neu beleuchten, welche mir für den Sitz als Mittel zur Dressur, wesentlich zu sein scheinen.

Ein eingewurzeltes Vorurteil hat einen sogenannten normalen Sitz des Reiters festgestellt, das heißt, eine Körperform, die der Reiter zu Pferde ein für allemal einzunehmen habe. Ich suche in dem Umstande, daß dieser Normalsitz dem Schüler von Anfang an angewiesen und mit Strenge eingeübt wird, einen hauptsächlichen Grund, weshalb viele junge Leute von der Reitbahn und dem systematischen Studium der Reitkunst abgeschreckt werden und sich lieber dem ungebundenen Jagd- und Steeplechase-Reiten einseitig zuwenden, während sie bei rationeller Anweisung vielleicht für die Höhere Schule gewonnen worden wären.

Einen normalen Sitz zu Pferde, wenn man darunter eine auch nur für die Mehrzahl der Fälle richtige Körperhaltung verstehen will, gibt es gar nicht, denn der Reiter sitzt nur dann richtig zu Pferde, wenn der Schwerpunkt, oder vielmehr die Schwerpunktslinie seines Körpers mit der des Pferdes zusammenfällt. Nur dann ist er mit seinem Pferde in vollkommener Harmonie und gleichsam eins mit ihm geworden. Da aber der Schwerpunkt des Pferdes nach seiner verschiedenen Haltung und Richtung sehr verschieden verlegt werden kann, so muß sich danach auch die Richtung des Reiters jedesmal ändern. Es ist das Privilegium des feinen, durchgebildeten Reiters, dem Pferde sogleich anzufühlen, wo sein Schwerpunkt liegt, sich mit ihm in Harmonie zu bringen und sich nun den Schwerpunkt des Pferdes so zu verlegen, daß durch die Haltung desselben sein schöner, leichter und ungebundener Sitz bedingt wird. Es sind dies die wenigen Reiter, von denen man sagt, daß jedes Pferd unter ihnen um 100 Prozent im Werte steige. Es wird stets eine Karikatur, wenn der Reiter seine Haltung nicht nach der des Pferdes nehmen, oder die Richtung des Pferdes nach der seinigen richtig zu bilden versteht. Der Engländer auf seinem lang dahingehenden Pferde, mit kurzen Bügeln und krummem Rücken ist keine schöne, aber eine naturgemäße und deshalb nicht karikiert zu nennende Erscheinung, während der arme Sonntagsreiter mit gestreckten Schenkeln, durchgebogenem Rücken und festangepreßten Armen auf seinem lebensmüden Philister der lächerlichste Anblick von der Welt und daher auch das Gespött derselben ist. Der sogenannte normale Sitz wird dann erst zum schönen und eleganten, wenn das ins richtige Gleichgewicht gerichtete Pferd seinen Reiter selbst darin versetzt. Ein solches Bild ist dann wahrhaftig harmonisch, und der Mann wird nie im Leben vorteilhafter erscheinen als wenn er sich so zu Pferde zeigen kann. Wer es einsieht, daß die Schönheit und Leichtigkeit des Sitzes nicht von der Körperhaltung des Reiters allein abhängt, sondern ebenso sehr von der guten Haltung und dem geregelten Gange des Pferdes, der wird es natürlich finden, wenn ich rate, den Schüler sowie er einige Sicherheit erworben hat, darauf hinzuführen, daß er auch auf die Richtung seines Pferdes mit einwirke, sollte dies auch ab und zu mit Aufopferung der normalen Haltung geschehen.

Der hauptsächliche Lehrmeister für den Sitz muß dem angehenden Reiter immer das Pferd sein. Bei der unendlichen Wichtigkeit, die ein guter, das heißt, naturmäßiger, schmiegsamer weicher Sitz nicht nur für den Reiter überhaupt, sondern ganz besonders für denjenigen hat, der sich später mit der Dressur des Pferdes befassen will, einer Wichtigkeit, die uns in jedem Kapitel dieses Werkes immer wieder entgegentreten wird, kann es doch kaum etwas Verkehrteres geben als den Schüler auf einen abgetriebenen und struppirten, verbogenen und vertrackten Philister zu setzen, ihn auf dieser Karikatur eines Reitpferdes in die Formen des sogenannten Normalsitzes hineinzuwängen und nun zu verlangen, daß er bei dieser Art Leibesübung Passion oder gar Gefühl fürs Pferd sich aneignen soll. Die alten Meister setzten ihre Schüler auf vollkommen durchgebildete Schulpferde, und zwar zunächst in den Pilaren ohne Bügel und Zügel. Hier bedurfte es keiner anderen Instruktion als der, sich unbefangen gerade, wie man gewachsen ist, hinzusetzen, das Gesäß ordentlich breit zu machen und dann die Beine

Pferd und Reiter in Übereinstimmung des Schwerpunktes

natürlich herabhängen zu lassen, um in der geordneten, taktmäßigen Bewegung des Piaffé den Schüler bald so in Fühlung mit dem Pferde zu bringen, daß man zu den Pesaden und Sprüngen übergehen konnte, in denen der Reiter dann lernte, durch das weiche Mitgehen mit den Bewegungen des Pferdes seinen Sitz zu erhalten. So vorbereitet, wurde alsdann der Schüler, ebenfalls auf einem Schulpferde, an die Longe genommen, und lernte hier, ebenfalls ohne Bügel und Zügel, dasselbe im Vorgehen, was er in den Pilaren auf der Stelle gelernt hatte, das weiche Einschmiegen an alle Bewegungen des Pferdes, oder mit anderen Worten die Balance, worauf der gute und sichere Sitz weit mehr beruht als auf dem so hochgepriesenen festen Schluß. Bei solcher Ausbildung, bei der sich bei gelegentlichen leichten Erinnerungen des Lehrers auch die schönen Formen des Sitzes ganz von selbst finden, fand der Schüler von vornehrein Freude und Genuß an seinen Studien und begründete fürs ganze Leben das, was das Wichtigste fürs Reiten und besonders fürs Zureiten ist, das feine Reitergefühl. Es bedarf keiner Worte, daß in der Armee eine derartige Ausbildung der Rekruten unmöglich ist, der junge Mann aber, der sich der Reitkunst fachgemäß widmen will, dürfte nicht anders erzogen werden. Wenn daher heutzutage die Klage allgemein laut wird, daß wir keine Bereiter mehr haben, denen man ohne die größten Sorgen ein junges Pferd anvertrauen kann, so ist dies nur die natürliche Folge davon, daß es keine akademischen Reitschulen mehr gibt, auf denen Schulpferde ausgebildet werden, die dann die wahren Lehrer des Reiteleven abgeben.

Nachdem nun also der Schüler auf dem normal gerichteten Pferde den normalen Sitz erlernt hat, wird sich's darum handeln, ihn auch die Abweichungen von diesem Sitz kennen zu lehren, wie sie das rohe oder minder durchbildete Pferd erfordert. Man wird ihn zu diesem Zweck nunmehr abwechselnd auch auf solche Pferde setzen und ihn darauf hinweisen, wie er bei richtiger Verteilung seines Gewichts auch mit ihnen in Harmonie zu bleiben, das heißt, seine Balance zu halten vermag, während ihm der Schluß stets zu Gebote stehen muß, um bei besonders heftigen und rüden Bewegungen seinen Sitz durchaus zu sichern. Eine Hauptregel für diesen auf richtiger Schwerpunktsverlegung beruhenden Balancesitz ist die, daß die geradegerichtete Rückenwirbelsäule des Reiters auf der des Pferdes stets senkrecht ruhen also mit derselben zwei rechte Winkel bilden soll. Nach diesem Grundsatz sehen wir den Wettreiter mit seinem Oberkörper ganz vorgeneigt die Schnelligkeit seines Renners vermehren, während er in einer zurückgerichteten oder selbst in der geraden Richtung des Körpers der Bewegung des Pferdes nicht folgen könnte. Wir sehen ferner das durchgebildete Kampagnepferd unter seinem senkrecht gerichteten Reiter die künstlichsten Wendungen und Evolutionen in stets geregelten Gängen mit einer Leichtigkeit, Willigkeit und Ausdauer ausführen, daß der Laie unwillkürlich für diese schöne und scheinbar so leichte Kunst ein Interesse gewinnen muß. Zu dieser Richtung des Pferdes fällt sein Schwerpunkt in die Mitte zwischen Vorder- und Hinterfüßen, und seine Wirbelsäule ist waagerecht gehalten, daher die senkrechte Haltung des Reiters. Endlich sehen wir das Schulpferd mit untergeschobenen Hinterfüßen, gebogener Hanke und gebeugter Kruppe seine ebenso graziösen als kräftigen Schulen auf und über der Erde ausführen. Der Reiter tummelt es darin mit sanft zurückgeneigtem Oberkörper mit einer Sicherheit und Genauigkeit, als wären die vier Füße desselben seine eigenen. In diesen Schulen liegt der Schwerpunkt des Pferdes senkrecht über seinen Hinterfüßen, und seine Wirbelsäule ist schräg von vorne nach hinten geneigt.

Durch Beobachtung dieses schon vorher erwähnten Grundsatzes über das Zusammen- oder genauer Senkrechtübereinander-Fallen der Schwerpunkte von Mann und Pferd kann der Reiter zwar nicht absolut, aber doch in der Wirkung sein Gewicht dem Pferde unendlich erleichtern, und dies ist der Grund, weshalb Pferde unter einem guten Reiter nicht nur doppelt soviel leisten, sondern auch viele Jahre länger brauchbar bleiben als unter einem schlechten, obgleich der Letztere vielleicht das geringere absolute Körpergewicht in den Sattel bringt. Aus diesem Grunde ist auch jedes tote Gewicht bei der Bewegung so hindernd, und wird deshalb beim Rennpferde soviel wie möglich vermieden. Durch denselben Grundsatz ist es auch erklärlich, wie der Equilibrist zwei, selbst drei Männer seiner eigenen Größe und Schwere nicht nur feststehend auf sich balanciert, sondern sich auch noch leicht mit diesem enormen Gewicht bewegen kann, während in leblosem Zustande vielleicht schon einer dieser Männer eine schwere Last für ihn sein würde.

Wenn nun also, wie wir gesehen haben, der Sitz des Reiters in erster Linie von der Richtung des Pferdes abhängig ist und nur dann richtig ist, wenn er sich derselben unbedingt akkommodiert, so ist doch auf die Formen desselben von wesentlichem Einfluß auch der Sattel, welcher ihm zur Unterlage dient. Der steife, schablonenmäßige, sogenannte Normalsitz, dessen Formen ich bei dem Leser als bekannt voraussetzen darf, stammt aus einer Zeit, in welcher die Sättel durch Polsterung des Sitzes, hohe Rückenlehnen und starke Vorderpauschen die gestreckte Haltung des Körpers so sehr erleichterten, daß dieselbe auf den damaligen wohl gerichteten Schulpferden natürlich und graziös erscheinen konnte.

Auch bei unserer Kavallerie ist dieser Sitz der vorschriftsmäßige und kann als solcher durchgeführt werden, da er durch den ungarischen oder Bocksattel gewissermaßen bedingt wird.

Dieser Sattel gewährt bei mangelhaften Reitern zu viele Vorteile, als daß er durch den englischen Sattel beseitigt werden konnte; denn er gibt diesen Tausenden von Reitern in Reih und Glied nicht nur eine einförmige Körperhaltung, sondern auch mehr Sicherheit, so daß es möglich ist, sie in so kurzer Dienstzeit auszubilden. Für die Bearbeitung des Pferdes aber ist er nicht vorteilhaft, da er nur den Spaltsitz zuläßt, also die feineren Hilfen der Balance und Gewichtsverteilung mehr oder weniger hindert, und außerdem durch seine hohe Lage auf dem Rücken des Pferdes den Reiter zu weit von demselben entfernt. Man sollte daher alle Avancierten auf englischen Sätteln in einem recht vollkommenen Balancesitz ausbilden, um sie dann zur Dressur der jungen Pferde zu verwenden. Sie würden dann viel bessere Bereiter für diese sowie bessere Lehrer für ihre Mannschaften werden, und würden zehn bis fünfzehn Jahre länger mit gesundem und gelenkem Körper ihren Dienst tun können. Wie viele andere Körperübungen, wenn regelmäßig und zweckentsprechend gehandhabt, dazu dienen dem Menschen bis ins hohe Alter hinein seine Glieder biegsam, beweglich und kräftig zu erhalten, so muß auch das Reiten als die vollkommenste aller körperlichen Bewegungen, diesen Zweck erfüllen, wie dies auch die Erfahrung in allen denjenigen Fällen, wo es richtig betrieben wird, beweist. Wenn daher Reiter vom Fach oder Leute eines anderen, vieles und anhaltendes Reiten bedingenden Berufes oft vor der Zeit steif und struppiert erscheinen, so ist dies entweder Folge anderweitiger nachteiliger Einwirkungen, oder ein gezwungener unnatürlicher Sitz hat die Kräfte unnütz aufgerieben. Zum richtigen, natürlichen Gleichgewicht kann man die größere Hälfte seines Lebens zu Pferde verbringen, und wird bis ins hohe Alter hinein noch immer jugendlich frisch erscheinen. Um so nachteiliger muß ein krampfhafter, steifer Sitz auf den Körper des Reiters einwirken als ihm durch unseren heutigen englischen Sattel nicht die geringste Erleichterung in demselben gewährt wird, da derselbe außer der Sitzfläche und dem Bügeltritt dem Reiter keinen bequemen Halt bietet. Der stets praktische Engländer formte sich diesen Sattel nach und nach aus dem schweren deutschen Schulsattel, teils, um seine Pferde bei den anstrengenden Wett- und Jagdritten möglichst wenig zu belasten, teils, um im Fall des Sturzes bei gefährlichen Sprüngen sogleich frei vom Sattel zu sein, und womöglich schon im Falle vom Pferde getrennt zu werden; denn bei solchen Eventualitäten entstehen Knochenbrüche und andere Verletzungen öfter durch Quetschungen von seiten des Pferdes als durch den Kontakt mit dem Erdboden.

Während nun der englische Sattel diese Vorteile, wie beim Jagd- und Steeplechase-Reiten, so auch beim Kampagne- und Schulreiten gewährt, vermehrt er bei letzerem seine Nützlichkeit noch dadurch, daß er den feinen Balancesitz des Reiters erleichtert, aber auch bedingt, und dadurch demselben zwar eine höhere Aufgabe stellt, aber auch gleichzeitig die Kunst auf einen höheren Grad der Vollkommenheit bringen könnte. Während die alten Meister auf ihren Schulsätteln mit größerem Aufwand von Zeit und Kräften, sowohl von seiten des Pferdes als des Reiters mit seinen Hilfstruppen, die Reitkunst auf einen hohen Standpunkt zu bringen wußten, werden wir, wenn wir mit unseren leichteren, beweglicheren und edleren Pferden auch nur denselben Standpunkt wieder erreichen, doch vollkommener in der Kunst dastehen, da wir uns zur Erreichung ihrer Ziele nur einfacher, natürlicher Mittel bedienen.

Selbst auf die Gefahr hin, den Leser zu ermüden, komme ich daher immer wieder darauf zurück, in der Haltung des Reiters alles Steife und Gezwungene zu vermeiden, und sich recht klar zu machen, was eigentlich für dieselbe nötig ist und weshalb.

Ein zu stark angezogener Rücken krümmt die Wirbelsäule nach vorn zu ebenso, wie ein zu sehr nachgelassener dies nach hinten tut, und hat daher auch dieselben Nachteile, nur in umgekehrter Richtung. Es hält bei manchen Schülern sehr schwer, die richtige Mitte zwischen diesen beiden Extremen innezuhalten, und doch hängt hiervon fast alles ab. Die Wirbelsäule ist gleichsam der Stamm, von dem alle Glieder ausgehen und an dem alle Organe ihren Befestigungspunkt finden. Von der Richtung dieses Stammes muß also auch die Funktion der letzteren und die Kraftäußerung der ersteren abhängig sein. Man lasse daher bei den Sitzübungen des Schülers beide Extreme zuweilen künstlich üben, um denselben durch eigenes Gefühl die natürliche, gerade Haltung finden zu lassen. Auch wird ihm dies deshalb um so nützlicher sein als er später bei der Dressur des Pferdes beide extremen Haltungen oft als Hilfen nötig hat, um seinen Schwer-

Nächst der richtigen Haltung der Wirbelsäule ist die flache Lage des Oberschenkels das Hauptmoment der ganzen Lehre vom Sitz. Die richtige Lage dieses Teiles bedingt nicht nur die Stetigkeit der Hüften, sondern erweitert auch die Gesäßfläche, und sichert dem Reiter seine Haltung durch Schlußnehmen in solchen Momenten, wo die Balance dazu nicht ausreichen sollte, in einer Weise, die das Pferd durchaus nicht irritiert.

Der Unterschenkel dagegen ist zwar für den Sitz weniger wesentlich, um so mehr jedoch als Hauptorgan für die vortreibenden Hilfen und das richtige Stützen auf die Bügel. Da er zu diesem Zweck beweglich und im Fußgelenk elastisch sein muß, so ist es sehr falsch, wenn man den Schüler zwingt, durch Strecken des Kniegelenks und übermäßiges Heben der Fußspitze diesen Teil steif und unbeweglich zu gewöhnen. Ein steif gewöhnter Unterschenkel wird späterhin weder mit dem Fuß den Bügel richtig halten, noch mit Wade und Sporn die Hilfen richtig geben können. Das Heben der Fußspitze hat nur den Zweck, den Hacken mit dem Sporn mehr nach unten zu richten, damit der noch ungeübte Schüler sein Pferd durch unabsichtliches Berühren damit nicht beunruhige. Sobald daher seine Haltung durch Balance und Oberschenkelschluß gesichert ist, mag er seinen Unterschenkel ganz weich und natürlich fallenlassen.

Um den starken Einwirkungen, die durch die Bewegungen des Pferdes auf seinen Sitz ausgeübt werden, widerstehen oder vielmehr sie aufheben zu können, muß der Reiter biegsam in den Hüften sein, und aus denselben den Oberkörper leicht und gewandt drehen und wenden können. Um diese Fertigkeit zu erlangen, lasse man den Schüler bei den Sitzübungen ohne Bügel sein Gleichgewicht öfter nach der einen oder anderen Seite hin absichtlich verlieren, um, wenn er dann mit zu großem Gewicht nach dieser Seite hin hängt, nur durch einen Schwung aus den Hüften ohne alle weitere Unterstützung durch Hand oder Schenkel den richtigen Sitz wieder zu gewinnen. Bei dieser Gelegenheit möchte ich auf eine Broschüre des Grafen Denes Szechenyi verweisen, welcher in richtiger Erkenntnis der Wichtigkeit und der Grundbedingungen eines naturgemäßen Balancesitzes ebenfalls

Der normale Sitz (oben) im Vergleich zu dem Stuhlsitz mit hochgezogenen Knien (Mitte) und dem sogenannten Spaltsitz (unten)

punkt mit dem des Pferdes in Übereinstimmung zu bringen. Das Zurückrichten der Schultern ist nötig, teils, um das Brustgewölbe frei zu halten, damit die edlen Organe der Brusthöhle nicht beengt werden, teils, um die Arme dadurch gleichzeitig zurückzubringen, damit die Unterarme die für eine sichere Führung notwendige Anlehnung am Körper finden. Man vermeide dabei aber das Hochziehen der Schultern, da dies nicht nur die Freiheit der Arme beeinträchtigen, sondern auch dem ganzen Oberkörper etwas Gezwungenes geben würde.

Sitzübungen an der Longe ohne Bügel und Zügel und bei diesen sogar das Ballspiel empfiehlt. Es werden dabei jedenfalls passionriertere und gefühlvollere Reiter ausgebildet werden als durch Einzwängen in den steifen Normalsitz. Die schönen Künste erzeugen wahrhaft Schönes nur, wenn sie sich in den Grenzen des Natürlichen halten. Jede Überschreitung dieser Grenzen bestraft sich durch Zerrbilder und Karikaturen, und obgleich die Mode auch solche mitunter schön findet, haben sie doch mit der wahren Kunst nichts gemein. Indem ich dies wichtige Kapitel schließe, verlange ich daher von jedem Reiter, der diesen Namen wirklich verdienen will, daß seine einzelnen Glieder durch den Hang ihres Gewichts den Ruhepunkt und damit die Stetigkeit finden, und daß die Gesamthaltung keinerlei Zwang oder Steifigkeit nötig mache. Jede derartige Anstrengung erfordert einen Aufwand von Kräften, und wirkt dadurch nicht nur sehr ermüdend, sondern raubt auch den Gliedern ihre Elastizität und Beweglichkeit, und übt auf die freien Bewegungen des Pferdes einen hemmenden Einfluß. Künstlich einwirken mit seinen Kraftäußerungen soll der Reiter nur momentan, wenn es die Hilfen erfordern, aber stets, wenn diesen Folge geleistet ist, zur Haltung der Ruhe zurückkehren, und durch entsprechende Richtung des Körpers den Gängen des Pferdes folgen. Betrachten wir die Reitergruppen der alten Griechen aus ihren Olympischen Spielen, so werden wir hingerissen von der Grazie und Anmut, die sich in jeder Stellung des Reiters, wie des Pferdes ausdrückt. Würde es den alten Meistern der Skulptur, denen seit Jahrhunderten nachgestrebt wird, ohne sie erreichen zu können, möglich gewesen sein, derartiges zu gestalten, wenn sie nicht die Modelle verkörpert vor Augen gehabt hätten?

Von den Hilfen

Unter Hilfen versteht man die Einwirkungen des Reiters auf sein Pferd, durch welche er demselben seinen Willen zu erkennen gibt. Es ist also gleichsam die Sprache, durch welche er sich mit seinem Pferd verständigt. Der Gehorsam des Pferdes gegen die Hilfen ist das Resultat der Furcht, die es vor den Schmerzen hat, welche ihm der Reiter im Falle des Ungehorsams durch seine Strafen bereiten würde. Indem es vor dem Sporn flieht, nimmt es auf den leisesten, kaum sichtbaren Druck des Schenkels die künstlichsten Stellungen und Biegungen seines Körpers an, und folgt dem feinsten Druck eines Fingers der Reiterhand willig in den schwierigsten Wendungen, weil es den beim Ungehorsam eintretenden schmerzhaften Druck des Gebisses fürchtet. Je nach dem Grade ihrer Stärke unterscheiden wir nun feinere und stärkere Hilfen; steigern sich aber diese Einwirkungen bis zur Erzeugung von Schmerz, so hören sie auf, Hilfen zu sein und werden zu Strafen. Es ist fast unglaublich, welchen Grad von Empfänglichkeit das vollkommen durchgebildete Pferd für seine Hilfen erhält, so daß es dem Uneingeweihten wunderbar erscheinen muß, wenn er ein solches Pferd unter seinem geschickten Reiter mit der größten Energie und Präzision arbeiten sieht, ohne irgendeine wahrnehmbare Hilfe von Letzterem; als ob das Tier seine Gedanken erraten könnte.

Naturgemäß trennen wir die Hilfen in vortreibende und verhaltende, und sprechen zunächst:

Von den vortreibenden Hilfen

Unter diesen sind diejenigen Einwirkungen die vorzüglichsten, welche der Reiter mit dem Unterschenkel auf sein Pferd auszuüben vermag, weil es die wirksamsten und natürlichsten sind. Wir sehen, wie der Bauer mit baumelnden Beinen sein Pferd im Gange erhält, und wie er die Rippen desselben mit den Hacken bearbeitet, um es in eine schnellere Gangart zu versetzen. Diese Hilfen mit dem Unterschenkel zerfallen nun wiederum in solche mit den Sporen, den Waden und den Knien.

Die richtige und gründliche Arbeit mit den Sporen ist der einzige Weg, ein Pferd durch und durch biegsam und tätig zu machen. Ohne einen unbedingten Gehorsam auf den Sporn ist es nicht möglich, die Haltung des Pferdes zu bestimmen, seinen Schwerpunkt nach Belieben zu verlegen, ihm die Richtung und den Takt seiner Bewegung vorzuschreiben. Dies alles hängt von der Tätigkeit der Hinterbeine ab, ob dieselben die Gewichtsmasse mehr schiebend vorwärts bewegen, oder dieselbe mehr federnd tragen. Von den Hinterbeinen geht jede Vorwärtsbewegung aus, und sie wirklich zu beherrschen vermag nur der Sporn. Wenn einzelne Pferde den Sporn niemals annehmen, weil sie es aus Kitzel nicht können, und dennoch mit Hilfe der Peitsche bearbeitet, auch bei unbespornten Hacken nachher ihre Schulen gehen, so ist dies noch kein Beweis gegen die Unentbehrlichkeit des Sporns, da der Gehorsam solcher Pferde, trotz all ihrer Empfindlichkeit gegen den Schenkel doch sehr fraglich sein wird, sobald die große Bahnpeitsche nicht als drohendes Gespenst in der Nähe ist. - Ein auf die Sporen ganz gehorsames Pferd geht auf den gleichmäßigen Druck beider Schenkel vorwärts. Wird es durch die Hand gleichzeitig daran gehindert, so versammelt es sich, das heißt, es tritt mit den Hinterfüßen mehr vor und, in dem Grade als dies geschieht, belastet es dieselben stärker, was dann biegend auf die Gelenke derselben wirkt, und „auf die Hanke setzen" genannt wird. Wirkt ein Schenkel stärker ein als der andere, so weicht es jenem und nimmt eine Seitenstellung an; wird es hieran durch Gegenwirkung des anderen Schenkels gehindert, so biegt es sich in den Rippen, und ist dadurch zu den schwierigsten Wendungen befähigt. - Dieser Gehorsam ist das Resultat der früheren Einwirkungen der Sporen während der Dressur, und die Furcht vor Wiederholung dieser Einwirkungen erhält es stets aufmerksam und willig.

Der Sporn kann vom Reiter in sehr verschiedenartiger Weise angewendet werden, und wollen wir uns im folgenden den verschiedenen Abstufungen seines Gebrauches zuwenden. Der Spornstoß ist die stärkste und nachdrücklichste Wirkung mit dem Sporn. Er verursacht dem Pferde augenblicklichen heftigen Schmerz und erregt außerdem durch die Verletzung der Haut Entzündung und Anschwellung der getroffenen Teile, wodurch die Empfindlichkeit derselben auf längere Zeit gesteigert wird. Ich spreche natürlich von einem Sporn, der diesen Namen wirklich verdient, und mit einem fünf- bis sechszackigen starken Rade versehen ist. Räder mit vielen feinen und zu spitzen Zacken taugen nichts, da sie verletzen ohne Blutung zu erzeugen, und deshalb leicht ödematöse Geschwülste veranlassen. - Phlegmatische Pferde und solche, die mit ihren Kräften zurückhalten, werden durch den Spornstoß zur Tätigkeit angetrieben; außerdem aber jeder Eigensinn, Widersetzlichkeit und Bosheit damit bestraft. Der Reiter muß den Spornstoß kräftig und entschlossen, jedoch mehr aus dem Fuß- als dem Kniegelenk ausführen. Er muß dabei den Hacken in die Höhe heben und dadurch den Sporn gegen das Pferd richten, so daß im Momente der Berührung des Pferdes der Bügel gegen den Absatz prallt. Es ist sehr fehlerhaft, wenn der Reiter dabei aushebt, das heißt, seine Unterschenkel zuvor nach vorne bewegt, um durch die größere Entfernung der Schwingung des Beines mehr Nachdruck zu geben. Einesteils verrät er dadurch im voraus dem Pferde seine Absicht, und wird sicherlich durch dasselbe mehr oder weniger in der Ausführung gestört werden, andernteils gibt er seine sichere Schenkellage dadurch preis, so daß er vielleicht in einem Augenblick, wo er des festen Knieschlusses bedarf, um den heftigen und ungeregelten Bewegungen des Pferdes widerstehen zu können, denselben nicht vollständig zur Disposition hat. Aber selbst bei den heftigsten und wiederholtesten Spornstößen muß sich die ganze Tätigkeit auf die Bewegung des Unterschenkels bis zum Knie beschränken. Jede sichtbare Mitwirkung der Arme oder des Oberkörpers ist störend und wider allen Anstand. Ehe der Stoß ausgeführt wird, muß der Sporn gegen den Teil gerichtet werden, den er treffen soll, da seine Wirkung danach sehr verschieden ist, ob er auf die Rippen oder mehr nach den Flanken zu angewendet wird. Je mehr er nach vorne zu wirken soll, um so mehr muß der Fuß zuvor nach auswärts gerichtet werden, was vorherrschend aus dem Fußgelenk geschehen muß, wenn nicht die flache Lage von Oberschenkel und Knie, wodurch der Schluß bedingt wird, wesentlich beeinträchtigt werden soll. Dieser Schluß ist aber hier um so notwendiger als gerade im wichtigsten Moment, nachdem der Stoß ausgeführt ist, die Stütze des Bügels, der gegen den Absatz fliegt, entbehrt werden muß.

Der Spornstich ist keine Strafe, sondern eine Hilfe mit dem Sporn und unterscheidet sich vom Stoß wesentlich dadurch, daß der Reiter dabei seine Stütze auf dem Bügel beibehält. Er bedarf dieses Stützpunktes bei der Ausführung ebenso nötig, wie der Maler des Malstockes, um bei der Führung des Pinsels die Hand sicher und doch leicht zu machen. Der Reiter nähert sich zuvor dem Pferde mit dem Unterschenkel, zieht dann, mit der Fußspitze auf den Bügel gestützt, den Hacken in die Höhe, so daß der Sporn etwa ein bis zwei Zoll von dem Teil entfernt ist, auf den er wirken soll, und aus dieser Entfernung wird er stechend gebraucht. Reiter mit langen Schenkeln müssen dabei den Bügel möglichst auf die Fußspitze nehmen, um den Hacken um so höher richten zu können, und müssen oft durch stärkere Biegung des Kniegelenks eine Verkürzung ihrer Schenkel herbeizuführen suchen. Der Spornstich dient dazu, dem Pferde die Spornstöße in lebhafte

Erinnerung zu bringen, wenn es auf die sanften Hilfen der Wade sich unaufmerksam oder nachlässig zeigt.

Das flache Anlegen des Sporns, wobei nicht das Spornrad, sondern die innere Seite des Spornhalses die Seite des Pferdes berührt sowie die noch feinere Annäherung mit demselben, wobei er nur oben das Haar berühren darf, sind nur feinere Abstufungen der vorigen Hilfe und haben daher auch denselben Zweck, je nachdem Temperament, Empfindlichkeit und guter Wille des Pferdes den einen oder anderen Grad erfordern. Je feiner die Hilfe beabsichtigt wird, um so mehr bedarf man der Stütze des Bügels, um dem Fuß einen Ruhepunkt zu geben, von wo aus er den Sporn mit Sicherheit führen kann. Dieser Bügeltritt mit hochgerichteter Hacke ist wiederum ein feinerer Grad der in Rede stehenden Spornhilfen, indem er für ein sehr aufmerksames und gehorsames Pferd Drohung genug ist, um es zu größerer Tätigkeit zu veranlassen. Diese Hilfe, die ich als drohende Schenkellage bezeichnen will, ist als der feinste Grad der Spornhilfen zu betrachten, deren Besprechung wir beschließen mit dem Sporndruck. Derselbe ist als eine Fortsetzung des Schenkeldrucks zu betrachten, und ist bei gleichzeitig gegenhaltender Hand das intensivste Mittel, sich das Pferd vom Zügel loszumachen, indem es, vorne verhalten und dadurch verhindert, vor dem schmerzhaften Kitzel des Sporns nach vorwärts zu fliehen, nicht wohl anders kann als sich in sich zusammenschiebend durch Loslassen des bisher gegenstrebenden Genicks leicht an der Hand zu werden.

Zum Gebrauch des Sporndrucks hat der Reiter, wie zu allen Spornhilfen, den Fuß auf den Bügel gestützt, so zu richten, daß der Sporn die beabsichtigte Stelle trifft und denselben dann in einem nach Temperament und Empfindlichkeit des Pferdes wohl abzumessenden Grade gegen den Leib desselben anzudrücken. Dieser Druck muß in dem Grade vermindert, respektive ganz aufgehoben werden als das Pferd sich nachgiebig zeigt und leicht an der Hand wird. Wie die drohende Schenkellage als die leichteste, so ist der Sporndruck als die kräftigste Spornhilfe zu betrachten, und deshalb mit großer Mäßigkeit anzuwenden, da ein Mißbrauch desselben leicht Widersetzlichkeiten hervorruft, ja vollkommene Stetigkeit erzeugen kann. Vor allem muß die Stärke des Sporndrucks mit der verhaltenden Wirkung der Hand genau im richtigen Verhältnisse stehen, da nur dann der beabsichtigte Erfolg des Abstoßens an der Hand eintreten wird, und müssen genau in dem Moment, wo dieser Erfolg eingetreten ist, beide Einwirkungen aufhören und Hand und Schenkel zu dem vorher beobachteten mehr passiven Verhalten zurückkehren. Bei der nötigen Konsequenz in diesem Verfahren wird der Sporndruck sehr bald entbehrlich werden, und der bloße Druck des Schenkels in der oben beschriebenen drohenden Lage, höchstens aber eine gelegentliche Ermahnung durch den Spornstich schon genügen, um das Pferd leicht an der Hand zu erhalten. Überhaupt sei es das Streben des Reiters beim Gebrauch der Spornhilfen, dieselben stets in möglichst feinem Grade anzuwenden, da ein übertriebener und zu massiver Gebrauch der Sporen im besten Falle das Pferd abstumpft und gefühllos macht.

Während die Spornhilfen hauptsächlich die Tätigkeit der Hinterfüße befördern, überhaupt eine anregende, elektrisierende Wirkung auf das Pferd ausüben sollen, sind die Wadenhilfen gleichsam die steten Barrieren, innerhalb deren die Hinterhand zu arbeiten hat. Der Reiter soll daher seine Unterschenkel stets in Anlehnung mit dem Pferde haben. Er findet diese von selbst, wenn er dieselben natürlich hängen läßt, und soll daher nicht durch künstliche Stellung der Schenkel die Anlehnung suchen. Diese sanfte Anlehnung der Waden durch den natürlichen Hang des Beines dient dem Pferde als Richtschnur für die Folge seiner Hinterschenkel, während sie den Reiter befähigt, den Gang des ersteren sicherer beurteilen zu können. Die Verbindungsfläche des Reiters mit seinem Pferde ist nicht nur die Basis, worauf er das Gewicht seines Oberkörpers im Gleichgewicht zu erhalten hat, sondern auch gleichzeitig das Organ, wodurch er von den Bewegungen des Pferdes unterrichtet wird. Gerade aber die richtige und schnelle Wahrnehmung der Wirkungen, welche die Bewegungen des Pferdes auf uns ausüben, ist die so überaus wichtige Eigenschaft, welche wir mit dem Worte Reitertakt oder feines Gefühl zu Pferde bezeichnen. Je größer aber die Flächen sind, welche Reiter und Pferd verbinden, um so sicherer muß auch diese Wahrnehmung sein. Der Reiter kann mit dem Auge die Fußbewegung seines Pferdes nicht beobachten, wenigstens nicht, ohne seine ganze Haltung preiszugeben. Er ist daher gewissermaßen in dem Fall des Blinden, der durch hohe Ausbildung des Gefühlssinnes das fehlende Augenlicht, so gut es geht, ersetzen muß, und wie weit diese Unglücklichen es darin bringen können, lehren uns ja die merkwürdigsten Beispiele. Wie der Blinde den zu prüfenden Gegenstand ganz sanft und leise mit den Fingerspitzen berührt, um nicht durch zu starken Druck die Tätigkeit der feinen Nerven zu beeinträchtigen, so ist es auch für den Reiter erste Bedingung, die Teile seines Körpers, durch welche er sein Pferd zunächst fühlt, weich und natürlich zu lassen.

Erfüllt sein Sitz diese Bedingung, so wird er bald die Bewegung der Pferdefüße fühlen und einzeln unterscheiden lernen, und dadurch die Mittel gewinnen, so unbedingt über sie zu gebieten als wären es seine eigenen. Wie sehr eine steife und gezwungene Körperhaltung das feine Reitergefühl beeinträchtigt, sehen wir an manchem alten praktischen Reiter, der trotz vierjähriger Arbeit und Übung über die Fußstellung seines Pferdes dennoch im Zweifel bleibt, und sich in lächerlichen Attitüden mit den Augen davon zu überzeugen sucht.

Aus dieser ruhigen mehr passiven Anlehnung der Waden muß nun der Reiter oft zu größerer Tätigkeit derselben übergehen. Es geschieht dies teils durch stärkeres Andrücken teils durch weiteres Zurücklegen derselben nach den Flanken des Pferdes zu. In beiden Fällen wird die Wirkung noch mehr verstärkt, wenn man durch stärkeren Bügeltritt die Waden anspannt, und dadurch ihre Berührung fühlbarer macht. Im allgemeinen wirkt man mit den Waden durch ruhigen anhaltenden Druck, der nach Bedürfnis verstärkt und bald mehr vorn, bald mehr nach den Flanken zu angewendet wird, um das Pferd in seiner Biegung und die Hinterfüße streng auf den ihnen vorgeschriebenen Linien zu erhalten; doch kann man auch anregend auf den Gang damit wirken, indem man sie abwechselnd von vorn nach hinten an den Leib des Pferdes fallen läßt. So einfach diese Hilfen an sich auch erscheinen, so sind sie doch durch ihre vielfachen Abstufungen und die Notwendigkeit, sie rechtzeitig zu geben, sehr schwierig und erfordern namentlich eine vollständige Unabhängigkeit des Unterschenkels vom Oberschenkel. Sie sind daher nur das Privilegium solcher Reiter, die sich einen sicheren Balancesitz angeeignet haben und der Schenkel zu ihrer Sicherheit nicht bedürfen.

Es ist dies der Grund, weshalb schlechte und mittelmäßige Reiter sich auf fein durchgebildeten Pferden nicht zurechtfinden können; sie werden durch ihren schweren Sitz und ihre harte Schenkellage dieselben stets beunruhigen und häufig wider ihren Willen zu Gangarten veranlassen, denen sie nicht gewachsen sind und von denen sie kein Verständnis haben.

Nach den Wadenhilfen ist die nächstleichtere Schenkelhilfe der Kniedruck. Als Endpunkt des Schenkelschlusses soll der Reiter denselben stets zur Verfügung haben, da er ihn in solchen Momenten braucht, wo er starken Widerstand zu leisten hat oder kräftig auf sein Pferd einwirken muß. Als vortreibende Hilfe jedoch ist der Kniedruck eine der feinsten Einwirkungen und daher nur vollkommenen Schulpferden verständlich. Selbst bei dem schon im Gleichgewicht gehenden Pferde wirkt der Kniedruck immer noch auf den vorderen sehr widerstandsfähigen Teil des Rippengewölbes, wo er nicht so empfindlich werden kann, daß das Pferd dadurch vorwärts getrieben würde. Ist aber das Pferd stark auf die Hanke gesetzt, so schiebt es seine Hinterhand dergestalt vor und zwischen die geöffneten Schenkel des Reiters hinein, daß die Knie hinter die Bügelriemen auf den nachgiebigeren Teil des Rippengewölbes zu liegen kommen, wo sie einen wirksamen vortreibenden Druck ausüben können. Es ist daher ganz unverständig, auf rohen oder nur mangelhaft gerichteten Pferden vom Kniedruck eine vortreibende Wirkung zu verlangen, da derselbe vielmehr als Hilfe nur den feinen Schulen angehört.

Somit wären die vortreibenden Hilfen, welche der Reiter mit seinen Schenkeln zu geben vermag, erschöpft, und gehen wir nunmehr zu denjenigen über, welche ihm

Die natürliche Lage des Schenkels in sanfter Anlehnung (oben) - der ständige Schenkel- und Sporndruck (unten) stumpft das Pferd ab.

Zwei verschiedene Möglichkeiten der Gertenhaltung

dem Pferde damit das Anziehen der Vorder- oder Hinterfüße oder das Streichen der letzteren bezeichnete, und deshalb dieselbe bald auf der Schulter, unter dem Leib oder oben auf der Kruppe wirken ließ. Auch uns ist dies Instrument unentbehrlich, denn der Schüler, solange er keinen sicheren und richtigen Gebrauch von den Sporen zu machen weiß, bedarf derselben, um träge Pferde aufzumuntern, und der Bereiter muß sich mit seiner Hilfe beim rohen Pferde nach und nach Respekt und Gehorsam für den Sporn verschaffen. Der Sporn erzeugt einen stechenden Schmerz, der junge Pferde oft veranlaßt, darauf still zu stehen, danach zu schlagen, oder sich in anderer Weise dagegen zu wehren. Die Peitsche hingegen als das natürliche Strafinstrument, flieht jedes Geschöpf, und ist sie daher das alleinige und ausreichende Szepter des Kutschers, des Viehtreibers, ja selbst des Bären- und Tigerbändigers. Der Reiter führt die Rute in der rechten Hand, entweder mit der Spitze nach oben, so daß dieselbe sanft nach dem linken Ohr des Pferdes zu geneigt ist, wie dies die richtige Stellung der Hand bedingt, oder er wendet dieselbe mit der Spitze nach unten, so daß sie hinter seinen rechten Schenkel gerichtet ist.

In der ersteren Stellung vermag man über die linke Hand hinweg mit gehobenem Ellenbogen die linke Seite des Pferdes von der Schulter bis zum Hinterschenkel anzuregen und dadurch die Hilfen des linken Schenkels zu unterstützen. Außerdem animiert man in dieser Stellung sein Pferd in sanfter und freundlicher Weise durch das Zwitschern mit der Rutenspitze. In der Richtung der Spitze nach unten kann man die rechte Seite des Pferdes bequem erreichen, und daher den rechten Schenkel in seiner Tätigkeit unterstützen. Zum strafenden Gebrauch der Gerte eignet sich mehr die Stellung mit gehobener Spitze, da aus ihr der sogenannte Jagdhieb am bequemsten ausgeführt wird, wobei man in nachdrücklicher Weise die Rute von rechts nach links um den Leib des Pferdes schwingt. Zuvor muß die Hand bis zur Höhe des Gesichtes gehoben, dann der Arm rechts zur Seite gestreckt, und darauf der Hieb aus dem Schulter- und Handgelenk kräftig und flink ausgeführt werden. Wird der Arm erst gestreckt und dann gehoben, so sieht das Pferd diese Bewegung und wird durch frühzeitiges Fliehen die Strafe mehr oder weniger

außerdem noch zu Gebote stehen, nämlich der Reitgerte, der Bahnpeitsche und dem Zungenschlag.

Obgleich die Rute mitsamt den scharfen Sporen fast aus der Mode gekommen ist, so leisten sie doch bei der Dressur des jungen und der Produktion des gerittenen Pferdes noch dieselben guten Dienste, die sie früher den alten Meistern bei ihrer Arbeit geleistet haben. Die Spitzrute der Alten, ein schlanker, schwipper Haselnuß- oder Birkenschößling, durfte niemals fehlen, da die zierliche Führung und der richtige Gebrauch derselben einen Hauptteil der Reiter-Etikette ausmachte. Sie gab dem Reiter Gelegenheit, seine unbeschäftigte rechte Hand anständig zu plazieren und sie gleichzeitig an die Führung des Schwertes oder einer anderen Waffe zu gewöhnen, während die linke oder Zügelhand allein die Führung des Pferdes besorgte. Außerdem unterstützte er mit derselben seine übrigen Hilfen in vielen Hohen Schulen, indem er

unterbrechen. - Eine besonders wichtige Rolle spielt die Gerte beim Vorbereiten des Damenpferdes, bei dem sie die Schenkelhilfen fast ganz ersetzen muß, und es ist daher von Wichtigkeit, sie gewandt führen zu lernen und die verschiedene Wirkung nach ihrer verschiedenen Anwendung zu kennen. Um einzelne Teile des Pferdes mit Sicherheit und prompt treffen zu können, darf die Rute nicht zu lang und an der Spitze nicht zu biegsam sein, während das dicke Ende der Hand durch zu große Stärke nicht unbequem fallen darf.

Die große Bahnpeitsche ist uns ebenfalls noch nötig, jedoch in der Hauptsache nur bei der Bearbeitung des ganz rohen Pferdes an der Longe, bei sehr phlegmatischen Pferden oder zur Korrektur böser und sehr eigensinniger Pferde, die sich den Strafen des Reiters nicht unterwerfen wollen. Die Chambrière der alten Meister spielte bei der Ausbildung und selbst bei der Produktion ihrer Springer eine sehr wesentliche Rolle, da es dem Reiter nicht immer möglich war, die schweren und kolossalen Pferde jener Zeit in so gesammelten und energischen Schulen allein zu beherrschen. Unsere leichten, edlen und feurigen Pferde der Jetztzeit bedürfen im allgemeinen einer solchen Nachhilfe nicht, um zu entschiedenen Kraftäußerungen sich zu entschließen. Die Bahnpeitsche ist daher für uns mehr ein Strafinstrument als ein Werkzeug zum Hilfengebung.

Was endlich die Zungenhilfen anbetrifft, so müssen solche des Anstandes wegen in Gesellschaft anderer Reiter nach Möglichkeit vermieden oder doch nur in sehr diskreter Weise angewendet werden, teils, weil man dadurch andere Pferde leicht irritiert, teils, weil es ein sonderbares Konzert werden würde, wenn ein Dutzend Reiter zu gleicher Zeit sich mit Zungenschlag und Anreden der Pferde wollte vernehmen lassen. Dennoch ist ihre Nützlichkeit nicht wegzuleugnen, und mag sie der Bereiter bei der ungestörten Bearbeitung seines jungen Pferdes unter entsprechenden Umständen immerhin anwenden. Das Pferd ist ein von der Natur auch geistig sehr begabtes Wesen, dessen Intelligenz durch den Umgang mit dem Menschen außerordentlich ausgebildet wird, und das auch für die Eindrücke der menschlichen Stimme sehr empfänglich gemacht werden kann.

Man wird daher das furchtsame Pferd durch freundliches, sanftes Zureden zutraulich machen, das heftige durch Schmeicheln beruhigen können; man wird dem unentschlossenen durch munteren Zuruf flinker über ein Hindernis helfen und das zornige durch drohenden Anruf vielleicht augenblicklich von einer Bosheit abhalten. Doch ist die Wirksamkeit solcher Hilfen immer nur bedingt, denn kein Pferd wird sich durch bloßes Zureden auf die Hanken setzen oder eine gebogene Stellung annehmen. Der Zungenschlag ist von den lauten Hilfen die üblichste. Er dient zur Aufmunterung des Pferdes und gewährt den großen Vorteil, daß der Reiter dabei von der Richtung und Stellung seines Körpers nichts zu ändern braucht, was bei den Hohen Schulen oft von bedeutender Wichtigkeit ist.

VON DEN VERHALTENDEN HILFEN

Die Führung der Kandare: ein- oder zweihändig

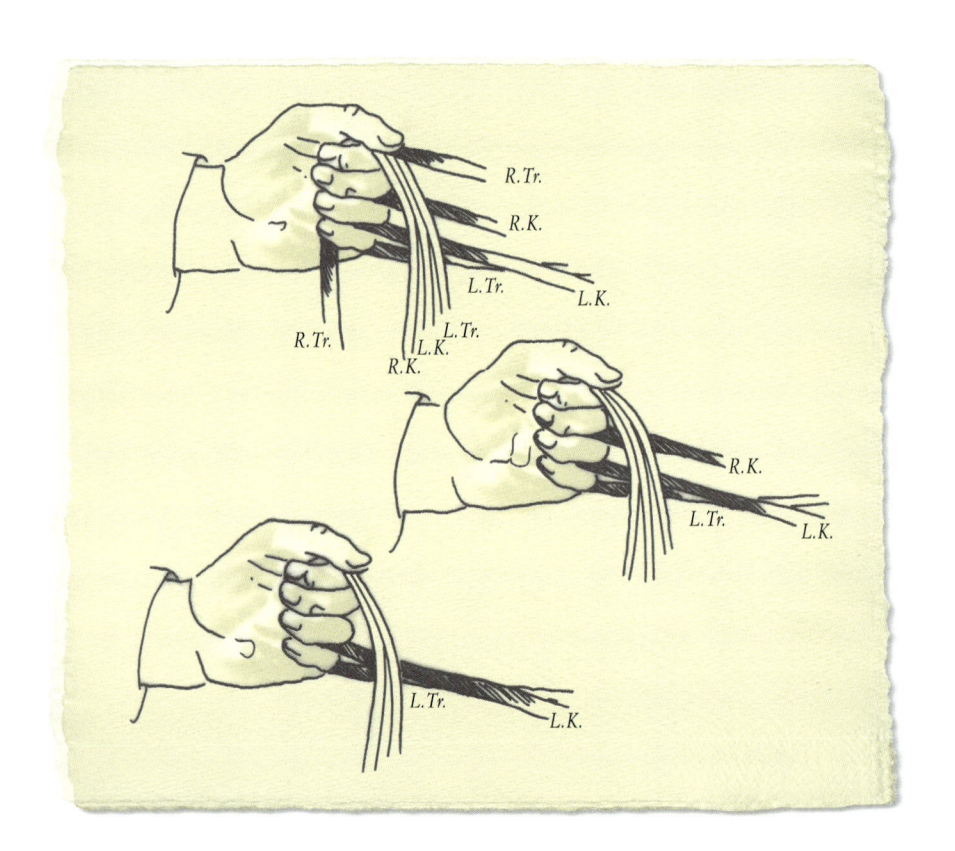

Vorwärts ist die Losung in der Reitkunst, wie im ganzen Weltall. Es ist daher notwendig, daß dem Reiter mehr Mittel zum Vorwärtstreiben als zum Verhalten zu Gebote stehen. Die verhaltenden Hilfen beschränken sich denn auch allein auf die Wirkungen der Hände, welche dieselben vermittelst der verschiedenen Zäumungen auf das Maul, Kinn oder die Lade des Pferdes ausüben. Wenn die entsprechende Körperrichtung und Gewichtsverteilung des Reiters bei den Hilfen der Hand auch sehr fördernd mitwirkt, so kann dies allein doch die Einwirkungen derselben nicht ersetzen, ebenso wie das richtige Mitgehen des Reiters mit seinem Gewicht die vortreibenden Hilfen zwar sehr unterstützen, aber nie ganz ersetzen kann. Von dieser Unterstützung der eigentlichen Hilfen durch Körperrichtung und Gewichtsverteilung werde ich später speziell sprechen und gehe deshalb zu den Funktionen der Hand über. Wenn beim Reiten gewöhnlich nur von einer Zügelhand gesprochen wird, so ist natürlich die linke Hand damit gemeint, welche die Kandaren- also die Hauptzügel führt. Die Führung des Pferdes mit der linken Hand allein setzt aber ein vollkommen durchgearbeitetes Pferd voraus, das auf die Kandare allein Folge zu leisten vermag. Die alten Meister, die Zeit und Mittel zu einer so gründlichen Ausbildung hatten, kannten als Zäumung des gerittenen Pferdes nur die Kandare mit ihren beiden Zügeln, die sie mit dem kleinen Finger teilten. Zur vorbereitenden Bearbeitung des rohen Pferdes bedienten sie sich des Kappzaumes. Wir Heutigen haben dadurch, daß wir unserem Kandarenzaum ein für allemale die Unterlegtrense mit ihren beiden Zügeln beifügten, von vorneherein eingestanden, daß wir unsere Pferde nicht in dieser Perfektion ausarbeiten wollen oder können, um sie mit den Kandarenzügeln in der linken Hand allein unter allen Umständen beherrschen zu können. Wenn wir dies aber eingestehen, so verlangen wir geradezu Verkehrtes, wenn wir unsere nur kampagnemäßig gerittenen Pferde streng durch dieselben Handbewegungen führen wollen, wie jene ihre Schulpferde. Nach der Verschiedenheit unserer Zäumung und vor allem der unvollkommeneren Richtung unserer Pferde, müssen wir auch die Hilfen der Hand modifizieren, wie wir unseren Sitz der veränderten Form unserer heutigen Pferde und dem englischen Sattel anzupassen haben.

Die Zügelhand hat nicht nur die Richtung zu bestimmen, in der das Pferd gehen soll, sondern auch das Tempo seiner verschiedenen Gangarten. Es ist daher das Hauptorgan, durch welches der Reiter zu seinem Pferde spricht und ihm seinen Willen kundgibt. Die Geschicklichkeit der Hand kann mit Recht als der Gradmesser der gesamten Geschicklichkeit des Reiters gelten, denn es ist eine ganz irrige Ansicht, wenn man glaubt, daß eine gute Hand eine vereinzelte gute Eigenschaft des Reiters sein könnte; sie ist vielmehr das Resultat des vollkommenen Sitzes und feinen Reitergefühls. Wenn Beweglichkeit und Geschicklichkeit der Hand an sich auch eine leichte und geschickte Hand zu Pferde bedingten, so müßten ja Taschenspieler, Klaviervirtuosen und andere derartige Künstler diese Eigenschaft von vornehereín besitzen. Dies finden wir aber in der Praxis durchaus nicht bestätigt, sondern sehen sogar zarte Damenhände das Maul ihrer Pferde durch Ungeschicklichkeit arg mißhandeln. Dagegen sehen wir den geschickten Reiter mit seiner durch schwere Arbeit vielleicht nervig und stark gewordenen Faust sein zartes und empfindliches Pferd mit einer Sicherheit und Feinheit tummeln, daß man demselben die Lust ansieht, unter einem solchen Reiter zu arbeiten. Wir hören im gemeinen Leben oft behaupten, daß jemand nicht besonders reite, aber eine sehr gute Hand zu Pferde habe, oder umgekehrt, daß er ein sehr guter Reiter sei, aber einen Fehler besitze, nämlich eine zu harte Hand habe. Es ist dies ein offenbarer Widerspruch, denn wer eine wirklich gute Hand zu Pferde besitzt, ist ein Meister der Reitkunst, und wenn er durch seine Haltung und seine Manieren zu Pferde dem Laien noch so sehr als mangelhafter Reiter erscheinen mag, während ein mit einer wirklich schlechten Hand behafteter Mensch niemals ein Reiter im wahren Sinne des Wortes sein kann, mag er auch durch Festigkeit des Sitzes, Courage und Eleganz der Erscheinung noch so sehr bestechen, weil sein Fehler nur aus Mangel an Gefühl und Verständnis für das Pferd hervorgehen kann.

Die Wirkungen der Hand werden erst durch richtiges Mit- und Zusammenwirken mit denjenigen der Schenkel und des Sitzes zu führenden Hilfen gemacht. Die Sicherheit dieser führenden Hilfen hängt von der richtigen Anspannung der Zügel ab, die wiederum nur durch das richtige Anlehnen des Pferdes an das Gebiß erhalten werden kann; es ist dies die viel besprochene und beschriebene Anlehnung des Pferdes. Die Zügel sind das Verbindungsmittel zwischen der Hand des Reiters und dem Maul des Pferdes. Das Anziehen der Zügel erzeugt einen Druck des Gebisses auf die Laden und damit die erste Wirkung auf das Maul, welche sich beim richtig gerichteten Pferd durch die ganze Wirbelsäule bis zum letzten Gelenk des Hinterfußes fortpflanzt. Nach physikalischen Gesetzen müßte die Schnelligkeit und Sicherheit der Mitteilungen durch die Zügel um so größer sein, je straffer dieselben angespannt wären. Da aber ihre Wirkung auf einen empfindlichen organischen Teil erfolgt, so wird, wenn der Druck des Gebisses zu sehr gesteigert wird, das Pferd sich dem dadurch erzeugten Schmerz entweder entziehen, oder die Empfindlichkeit wird aufgehoben, indem die Nerven des gedrückten Teiles in ihren Funktionen unterbrochen werden. Im ersteren Fall ist das Pferd hinter den Zügeln, das heißt, es weiß die Anspannung und somit die Wirkung derselben stets durch falsche Stellungen oder willkürliche Bewegungen von Hals und Kopf zu hindern. Im zweiten Falle hat es das Maul verloren oder ein totes Maul. Es benutzt dann die Hand des Reiters als einen Stützpunkt, für das Gewicht seiner Vorhand, gleichsam als fünften Fuß. Beide Fehler heben die Wirkung der Zügel zum Führen auf, und beide werden durch Härte der Hand erzeugt.

Wie bei den vortreibenden Hilfen die Schenkel stets in einer natürlichen, sanften Anlehnung mit dem Leib des Pferdes sein sollen, um die Hinterhand zu leiten, so sollen die Zügel als Leiter der Vorhand ebenfalls stets in sanfter Anspannung erhalten werden. Hierdurch wird ein leichtes, aber stetes Ruhen des Mundstückes auf den Laden bedingt, und dies ist die Anlehnung des Pferdes an die Hand des Reiters. Durch dieselbe ist dem Pferd die Richtung bestimmt, in welcher es gehen soll, und der Reiter kann nicht nur dadurch schnell und sicher seinen Willen aussprechen, sondern hat auch darin ein Verbindungsmittel mehr, durch welches er Haltung und Gang seines Pferdes beurteilen kann. Einige Schriftsteller haben sich bemüht, für diese Anlehnung nicht nur eine Norm festzustellen, sondern sie auch sinnlich anschaulich zu machen, indem sie vorschreiben, die Gegenwirkung, welche die Hand am Maul des Pferdes empfinden müsse, solle etwa dem Widerstande gleichkommen, den weiche Butter ausübt, wenn man sie mit einem Faden durchschneiden will, oder den man fühlt, wenn man ein gewisses Gewicht mit einem Faden fortzieht. Es ist dies jedoch nutzlos, da jedes Pferd nach seiner Individualität seine eigentümliche Art der Anlehnung nehmen wird, wie nach dem verschiedenen Bau auch die Gangarten ganz verschieden sein werden. Pferde mit feinen, scharfen Laden, leichter Vorhand und lebhaftem Temperament werden im allgemeinen zu einer leichten Anlehnung neigen, und sich vielleicht niemals in eine feste hineinzwängen lassen. Pferde mit dem entgegengesetzten Bau werden mehr oder weniger die entgegengesetzte Disposition haben, und der verständige Bereiter wird gegen solche durch die Natur bedingten

Leichte Zügelführung des versammelten Pferdes im Vergleich zur Anlehnung der Remonte

die Richtung auf die Schultern oder das Jagd- und Wettreiten. Diesen Abstufungen entsprechend muß das Zügelmaß, die Anlehnung des Armes und namentlich die Bildung der Faust richtig beobachtet werden.

Bei der leichten Anlehnung ist das Zügelmaß am längsten, da die Anspannung möglichst gering sein soll, der Reiter mit der Körperhaltung zurückgeneigt ist, und seine Hand mehr an den Leib gerichtet hat, weil er nicht viel Raum für seine feinen Anzüge bedarf. Die Faust ist halb geöffnet, so daß nur der Daumen und Zeigefinger das Ende der Zügel halten, der kleine und vierte Finger aber nicht geschlossen werden. Diese Bildung der Faust gewährt den doppelten Vorteil, daß sie ihrer geschwächten Stellung wegen überhaupt nicht stark einwirken kann, und daß der Reiter durch abwechselndes Schließen und Öffnen der beiden unteren Finger in feiner, unsichtbarer Weise auf sein Pferd einwirken kann, ohne dabei die Hand im Handgelenk zu bewegen. Diese Faustbildung, die wir nach der Anlehnung „die leichte Hand" nennen wollen, tut bei diffizilen Pferden, die sich nicht an den Stangenzaum gewöhnen wollen, oft wahre Wunder, indem sie die Wirkung des Gebisses unendlich mildert.

Eigentümlichkeiten nicht gewaltsam ankämpfen, sondern die Extreme durch zweckmäßig gewählte Zäumung, hauptsächlich aber durch die Geschicklichkeit seiner Hand zu vermitteln suchen. Aber auch bei ein und demselben Pferde wird je nach der Richtung desselben die Anlehnung verschieden sein. Je weiter der Schwerpunkt nach vorne liegt, um so stärker muß auch die Anlehnung sein, da das Pferd in dieser Haltung mehr der Stütze der Hand bedarf als der Führung derselben, indem von Biegungen und Wendungen alsdann nicht die Rede sein kann. In dem Grade aber, wie die Schwerpunkte von Reiter und Pferd, die, wie wir gesehen haben, stets senkrecht übereinanderfallen müssen, nach hinten verlegt werden, muß auch die Anlehnung feiner werden, damit durch den möglichst leisen Druck des Gebisses auf die Laden die Empfindlichkeit der letzteren erhöht, und dadurch das Pferd befähigt werde, die sanftesten Bewegungen der Reiterhand wahrzunehmen und ihnen Folge zu leisten.

Man nimmt daher drei Abstufungen in der Anlehnung als Norm an, nämlich die leichte, die weiche und die feste Anlehnung. Die erste repräsentiert die Richtung auf die Hanke oder die Hohe Schule, die zweite die ins Gleichgewicht oder das Kampagnereiten und die dritte

Bei der weichen Anlehnung ist das Zügelmaß schon kürzer, die Anspannung der Zügel etwas stärker, die Haltung des Reiters senkrecht, die Stellung seiner Hand eine Handbreit vom Leib entfernt, um den nötigen Raum für stärkere Handbewegungen zu haben, und seine Faust ist zur „weichen Hand" geformt, das heißt, so geschlossen, daß das letzte Gelenk der Finger gestreckt ist und eine hohle Faust gebildet wird. Die Höhlung der Faust bedingt auch noch eine schwächere Wirkung und bildet gleichsam die Mitte zwischen der leichten und der festen Hand. Die weiche Faustbildung wird von vielen Reitern als die allein richtige und zulässige angenommen, und sie haben recht, wenn sie sich nur auf die Ausbildung von Kampagneschulen beschränken. Gehen sie aber darüber hinaus, oder wollen sie das Pferd in seiner natürlichen Richtung damit führen, so werden sie das Unzulängliche derselben bald erfahren.

Die feste Anlehnung erfordert das kürzeste Zügelmaß, teils, weil der Oberkörper des Reiters mehr vorgeneigt ist, teils, weil die Hand zu den oft starken Anzügen auch noch einer größeren Entfernung vom Leibe bedarf. Während bei den beiden vorigen Richtungen der Unterarm des Reiters eine leichte, natürliche Anlehnung am Körper nimmt, muß bei dieser in den schnellen Gangarten oft der Oberarm und Ellenbogen einen steten und festen Halt am Körper suchen, um dem vorwärts drängenden Pferde den nötigen Widerstand leisten zu können. Aus diesem Grunde muß auch die Hand zur fest geschlossenen Faust gebildet werden, so daß sämtliche Finger beim Erhalten des nötigen Zügelmaßes mitwirken, da in dieser Anlehnung der Zeigefinger und Daumen allein dies nicht vermögen. Dies ist dann die „feste Hand", deren sich der Bereiter bei der Dressur des jungen Pferdes momentan sehr oft als Hilfe oder Strafe bedienen muß. Beim Renn- und Jagdpferde, wo diese Anlehnung die Regel ist, muß die Zäumung dementsprechend gewählt werden, wenn die Lade nicht verletzt werden und alles Gefühl verlieren soll. Der in dieser Branche sehr erfahrene und praktische Engländer hat die Kandare und Trense sehr zweckmäßig im Pelham vereinigt, und besitzt in demselben eine vortreffliche Jagd- und Steeplechase-Zäumung. Es würde aber ebenso verkehrt sein, ein Schulpferd auf Pelham produzieren als ein Jagdpferd auf einer Kandare mit starker Hebelwirkung reiten zu wollen.

Bei der Bearbeitung des Pferdes muß der Bereiter sich dieser verschiedenen Handwirkungen oft in schneller Abwechslung zu bedienen wissen. Er muß das stockende Pferd durch die leichte Hand im Gang erhalten, das aufliegende oder zu stark vorwärts drängende durch die feste Hand zum Abstoßen bringen, und dazwischen durch die weiche Hand sein Pferd zu einer ruhigen und gleichmäßigen Anlehnung auffordern. Das stete Aushalten mit fester Faust ist die einzige Strafe, die der Zügelhand zusteht, ganz gleich, auf welcher Zäumung, ob mit einer oder beiden Händen die Führung geschieht. Rucken und Reißen am Zügel nützt zu nichts anderem als das zarte Maul zu verletzen, das Pferd kopfscheu zu machen und ihm endlich solche Widersetzlichkeiten abzuzwingen, die es vollständig aus der Gewalt des Reiters befreien als Überschlagen, Durchgehen etc. Kommt man in außergewöhnlichen Fällen mit der gewöhnlichen Zäumung nicht zum Ziel, so bediene man sich des Kappzaumes, der Longe und der Pilaren. Bereiter, die mit Hilfe dieser Mittel nicht in verständiger Weise ihre Pferde zu bearbeiten wissen, tun besser, das Reitfach aufzugeben und etwas anderes zu werden als sich aus Ungeschicklichkeit oder ungeeignetem Temperament an einem so edlen Geschöpf wie dem Pferd zu versündigen. Ich kann deshalb auch nicht die sogenannten Sakkaden, die von einzelnen Fachmännern als zulässig betrachtet und angewendet werden, von dieser Regel ausnehmen. Es sind dies Schneller, die durch kurze unvorbereitete Anzüge dem Pferde mit dem Mundstück gegeben werden, um es für einzelne Unarten als Bohrer auf die Hand, Zungenstrecken etc. zu strafen. Sie werden den beabsichtigten Zweck niemals erfüllen, dagegen das Pferd vom Gebiß abschrecken und gegen die Hand des Reiters mißtrauisch machen. Sie sind ebenfalls ein mißverstandenes Vermächtnis aus jener Zeit, wo der Kappzaum die Arbeitstrense ersetzte. Mit jenem angewandt, werden sie uns noch dieselben guten Dienste wie den alten Meistern leisten, denn dann wirken wir auf das Nasenbein mit kräftigem Erfolg, aber ohne Nachteile für die Anlehnung.

Die Anlehnung ist richtig, ganz gleich, in welchem Grade das einzelne Pferd die seiner Richtung gemäß nimmt, solange es auf die Wirkung der Hand reagiert oder antwortet. Wirken zum Beispiel beide Zügel gleichmäßig zurück, so soll das Pferd seine Bewegungen abkürzen, wird dies durch gleichzeitiges Vorwärtstreiben der Schenkel gehindert, so soll es sich beizäumen, das heißt, von der zu fest gewordenen Anlehnung zur leichteren dadurch übergehen, daß es den Kopf dem Halse näherbringt. Wirkt ein Zügel stärker als der andere, so soll es Kopf und Hals dem stärkeren Druck entsprechend biegen; wirkt bei der stärkeren Anwendung des einen Zügels der andere unterstützend, so soll es nach der Seite des stärkeren Druckes hin wenden. Wie ich schon einmal bemerkte, sind jedoch alle diese Hilfen der Hand für sich allein nichts, sondern erhalten ihren Erfolg erst durch die richtige Mitwirkung der vortreibenden Hilfen. Durch diese muß der Gang und die Anlehnung erhalten werden, und nur durch ein ununterbrochenes und vollkommen harmonisches Zusammenwirken von Sitz, Hand und Schenkel kann das Pferd unter dem Reiter seine ganze Kraft und Gewandtheit entfalten.

Mit der richtigen Anlehnung ist immer auch ein gutes Maul verbunden. Man nennt das Maul gut oder lebendig, wenn es nicht nur durch die freie Zirkulation des Blutes frisch gerötet erscheint, sondern auch durch reichlich Absonderung von Speichel feucht erhalten, welch letzterer durch das Kauen auf dem Gebiß zu Schaum gebildet wird. In diesem Zustande des Maules wird das Gefühl desselben stets rege sein, und der Reiter muß daher solche Pferde, die zum trockenen Maul neigen, öfters durch leichte Anregungen mit der Hand, die sogenannten leichten Arrêts, zum Kauen veranlassen, was wiederum die Absonderung des Speichels befördert. Wenn aber auch die gute Anlehnung das gute Maul bedingt, so ist doch mit dem lebendigen Maul nicht immer die richtige Anlehnung verbunden, da erstere das Resultat der richtigen Bearbeitung und Führung des Pferdes ist, letzteres aber angeboren sein kann. Pferde mit einer von Natur sehr regen Empfindlichkeit, bei denen das Gebiß durch seinen Reiz als fremder Körper im Maul reichlichen Speichelfluß erregt, können dabei noch der richtigen Anlehnung vollständig ermangeln.

Das tote Maul erkennt man schon äußerlich an seiner trockenen Beschaffenheit und bläulichen Färbung, welche letztere durch die Anhäufung des Blutes in den Venen entsteht. Die Hand des Reiters erkennt es sogleich daran, daß das Pferd auf ihre Hilfen nicht reagiert, ihre Arrêts weder durch Kauen, noch Annahme einer leichteren Anlehnung beantwortet, sondern sie stets mit gleichem Druck belastet. Dieser Fehler kann angeboren sein und auf großer Unempfindlichkeit und allgemeinem Phlegma beruhen, aber auch durch fehlerhafte Behandlung angeritten werden. Bei jungen, rohen Pferden, die sehr starken Ganaschenzwang haben, deren Schwerpunkt von Natur sehr nach vorne liegt, oder die wegen schwacher Hinterhand nicht stark darauf gerichtet werden können, finden wir diesen Fehler oft so lange vorherrschend, bis jene Ursachen allmählich durch die Dressur beseitigt sind. Reiter, die ihre Pferde in der natürlichen Richtung verbrauchen, und solche Mängel nicht beseitigen können oder wollen, fürchten deshalb diesen Fehler außerordentlich, und schätzen ein von Natur gutes Maul um so höher.

Die gute Hand des Reiters ist durch Stetigkeit und Leichtigkeit bedingt. Wären diese beiden Eigenschaften getrennt für sich zu erwerben, die erstere durch ein sicheres Stützen des Armes am Oberkörper, die letztere durch eine richtige Ausbildung, so würden wir sie häufiger bei den Reitern ausgebildet finden als dies wirklich der Fall ist. Wie kann aber die Hand durch Anlehnung des Armes am Körper eine ruhige Stellung gewinnen, wenn dieser selbst durch den Gang des Pferdes fortwährend erschüttert wird. Ist dies der Fall, so muß im Gegenteil der Reiter durch freies Balancieren des Armes, indem er die Gelenke desselben weich und passiv verhält, damit die Erschütterungen sich in denselben brechen, die Stetigkeit der Hand erhalten, ähnlich, wie der Kellner ein Tabaret mit gefüllten Gläsern nicht mit angeschlossenem Ellenbogen, sondern mit frei und weich gehaltenem Arm balancieren wird.

Ebenso verhält es sich mit der Leichtigkeit der Hand. Kann der Körper des Reiters nicht immer richtig der Bewegung des Pferdes folgen, so kann es die Hand auch nicht; sie wird vielmehr immer hemmend und störend auf den Gang einwirken, weshalb denn auch ein harter, schwerfälliger Sitz zu Pferde stets eine harte Hand zur Folge hat, mag die Hand an sich die Zügel auch noch so leise führen.

Die leichte und stete Hand hängt daher von der leichten und steten Haltung des Oberkörpers ab, und diese wiederum teilweise von der richtigen Haltung und den daraus entspringenden richtigen Gangarten des Pferdes. Bei dem rohen Pferde, wo die Bewegungen noch unregelmäßig und gebunden sind und dem Reiter noch nicht die leichte und stete Haltung und daraus entspringende Hand anweisen, liegt eben die Hauptkunst des Bereiters darin, trotzdem durch die Weichheit und Elastizität seines Sitzes es zu erreichen, daß die Einwirkungen seiner Hand stets leicht und stetig sein können. Hierzu muß er allerdings vielfach von den Formen der geregelten Körperhaltung und Handstellung abweichen, und es zeigt daher von großer Unkenntnis, wenn das Publikum ihn während seiner Arbeit nach der Haltung seines Körpers beurteilen will. Wie soll er dem ungelenken, seinen natürlichen Neigungen nachhängenden Pferde Bewegung geben, wenn er seine Arme und Beine nicht regt und frei bewegt? Der Reiter vom Fach, wozu ich alle rechne, die ihr Pferd selbst ausbilden, mag dies aus Liebe zum Pferde und zur Reitkunst geschehen, oder weil es als Lebensberuf gewählt ist, kann nur nach den Resultaten seiner Arbeit, das heißt, bei der Produktion des selbstgearbeiteten Pferdes richtig beurteilt werden, auch dann aber mehr nach den Leistungen des Pferdes als nach seiner eigenen Haltung.

Nachdem wir so die Beschaffenheit der Reiterhand erörtern, gehen wir zu ihrer Tätigkeit über und besprechen die Anzüge derselben. Die gerade Stellung der Hand, das heißt, diejenige, wo der Daumen nach oben und der kleine Finger nach unten gerichtet ist, die Nägel der Finger aber dem Leibe zugewendet sind, ist die der Ruhe. Bei dieser Handstellung wirken bei gerade gerichtetem Pferde beide Zügel, wenn sie egalisiert sind und die Hand über dem Sattelknopf steht, gleich stark, und werden daher das Pferd auf gerader Linie erhalten. Aus dieser Stellung wird die Hand im Handgelenk nach rechts und links gedreht, wobei der kleine Finger die Richtung der Bewegung angibt. Bei der Drehung desselben nach rechts seitwärts wird der linke Zügel allein verkürzt, und wirkt daher auf Kopf und Hals links biegend; bei der Drehung des kleinen Fingers nach links wird durch die Verkürzung des rechten

Zügels die Biegung rechts bewirkt. Da zum Wenden des Pferdes außer der Biegung auch die Gegenwirkung des äußeren Zügels erforderlich ist, so muß die Biegung durch eine entsprechende Verkürzung des inneren Zügels erleichtert und gesichert werden, und die Drehung der Hand dann halb seitwärts, halb rückwärts nach der rechten oder linken Hüfte zu geschehen. Bei der Führung mit verkürztem inneren Zügel tritt der äußere Zügel erst dann in Wirkung und ist in richtiger Anlehnung, wenn das Pferd die der Verkürzung entsprechende Biegung angenommen, das heißt, sich am inneren Zügel abgestoßen hat, wozu es daher durch die mitwirkenden Schenkelhilfen angehalten werden muß. Da der äußere Zügel hauptsächlich die nötige Aufrichtung der Vorhand zu erhalten hat, so ist es sehr fehlerhaft, mit allein wirkendem inneren Zügel führen oder wenden zu wollen. Ebenso fehlerhaft ist es, sein Pferd auf den äußeren Zügel allein zu wenden, wie dies so häufig bei egalisierten Zügeln durch eine falsche Seitwärtsführung der Hand geschieht; gutmütige und geduldige Pferde werden zwar mit der Zeit auch diese verkehrte Hilfe begreifen und ihr Folge leisten, so gut es die Fehlerhaftigkeit derselben zuläßt, empfindliche und geistvolle aber werden beim Rechtswenden links, beim Linkswenden rechts umdrehen und ihren Reiter in große Verlegenheit versetzen. Beim Verändern der Richtung bedarf das Pferd vor allem der richtigen Anlehnung, das heißt, der sicheren und guten Wirkung beider Zügel zu seiner Leitung und Stütze. Der Reiter hat daher beim Wenden, beim Wechseln der Stellung etc. große Aufmerksamkeit auf das Zügelmaß, auf die Handbewegung und die übrigen mitwirkenden Hilfen zu richten. Da ich von diesen letzteren speziell erst bei den einzelnen Lektionen sprechen kann, so bemerke ich hier nur im allgemeinen folgendes: der innere Schenkel unterstützt den inneren Zügel beim Biegen dadurch, daß er die Rippen biegt, um den inneren Hinterfuß gehörig unter die Last vorgeschoben erhält, der äußere Schenkel unterstützt den äußeren Zügel bei der Aufrichtung, indem er den äußeren Hinterfuß fixiert, oder am Ausfallen hindert. Beide Schenkel erhalten die Anlehnung, indem sie das Pferd in die Hand treiben und zwischen die Zügel richten. Das abwechselnde gelinde Nachgeben und Annehmen der Zügel, das so notwendig ist, um stets die Fühlung des Maules, das heißt, das lebendige Maul zu erhalten, bewirkt man in feiner Weise durch abwechselndes Öffnen und Schließen der Hand, durch ein sanftes Heben und Senken derselben und durch eine Drehung im Handgelenk, wodurch der kleine Finger abwechselnd dem Leibe des Reiters und dem Halse des

Handstellung bei gleichzeitiger Einwirkung

Handstellung in der Rechtsbiegung

Handstellung in der Linksbiegung

Pferdes zugewandt wird. Ein Verkürzen und Verlängern des Zügelmaßes ist hierzu nicht nötig, wenn dies aber durch Übergänge zu anderen Lektionen erforderlich wird, muß es stets mit dem Zeigefinger und Daumen der rechten Hand allein geschehen, so daß die linke Hand dabei unbeteiligt bleibt und ungestört die Anlehnung erhalten kann.

Derselbe Fehler, der, wie ich schon an einer anderen Stelle bemerkte, bei der Unterweisung des Schülers im Sitz so häufig gemacht wird, kommt auch bei seiner Anleitung zur Führung des Pferdes so oft vor, nämlich daß man ihm auf mangelhaft gerittenem Pferde dieselben Formen und Hilfen vorschreibt, als ob er ein vollkommen durchgearbeitetes Pferd unter sich hätte. Die Folge davon ist, daß er sich ohne Erfolg vergebens abmüht, weder den Zweck der Hilfe, noch sein Pferd verstehen lernt, und endlich an der Sache überhaupt verzweifelt. Ist das Pferd eben nicht so fein durchgearbeitet, daß es auf so subtile Hilfen, wie die bloßen Drehungen des Handgelenkes reagiert, so gebe man ihm eben ein kürzeres Zügelmaß und gestatte ihm ausgiebigere Anzüge.

Schließlich muß ich mich noch ganz entschieden gegen das Abrunden der Hand im Handgelenk aussprechen, worauf manche Lehrer so streng halten, da es den beabsichtigten Zweck, nämlich Leichtigkeit oder Nachgiebigkeit der Hand, durchaus nicht erfüllt. Da es eine künstliche Stellung dieses Teiles ist, so muß sie auf die Dauer mit Anstrengung verbunden sein, und zuletzt etwas Krampfhaftes also Hartes mit sich bringen, abgesehen davon, daß sie den Raum für die stärkeren verhaltenden Hilfen beschränkt. Das Handgelenk soll, wie jeder andere Teil des Reiters, in seiner natürlichen, ungezwungenen Richtung sein, damit es nicht unnötig ermüdet werde und seine volle Kraft, wenn diese erfordert wird, ungehindert entwickeln kann. *

---

* *Für die Manipulationen der Zügelhand sind in den Lehrbüchern der Reitkunst ganz verschiedene, vielfach geradezu einander ausschließende Regeln gegeben. Ich habe es vermieden, auf diesen Gegenstand näher als in obigem geschehen, einzugehen, denn nicht auf verzwickten Drehungen des Handgelenks, sondern auf der richtigen Biegung des Pferdes und der richtigen Gewichtsverteilung des Reiters beruhen korrekte Wendungen. Wer ein richtiges Verständnis von der Wirkungssphäre der Zügel und Schenkel besitzt, und wer auf der Basis dieses Verständnisses sein Pferd dahin gebracht hat, in jeder beliebigen Biegung auf den Druck des Schenkels sich am Zügel abzustoßen, dem wird die Führung des Pferdes mit einer Hand nachher keine Schwierigkeiten bereiten, deren Manipulationen ihm wie von selbst zufallen werden. Um aber diesen Grad von Ausbildung des Pferdes zu erreichen, ist zunächst eine sorgfältige Durcharbeitung desselben auf Trense erforderlich. Erst wenn die beschriebene Nachgiebigkeit an der Trense sicher begründet ist, darf das Pferd auf Kandare gezäumt werden, und ist dies geschehen, so muß der gesamte Dressurgang in derselben Reihenfolge wie bei der Trensenarbeit wiederholt werden, indem es sich, wie bei dieser, darum handelt, zunächst durch Vorwärtsreiten auf geraden Linien also der ganzen Bahn, die Anlehnung an die Kandare herzustellen, ehe man daran geht, durch gebogene Lektionen die Nachgiebigkeit auf jeden einzelnen Zügel anzustreben. Eine wirklich durchgreifende und korrekte Arbeit in gebogenen Lektionen ist aber bei der Stangenzäumung nur mit geteilten Zügeln möglich, das heißt, indem jede Hand den Trensen- und Kandarenzügel, respektive bei Weglassen der Trense den Kandarenzügel der betreffenden Seite, führt. Hat dann das Pferd in einer der Trensenarbeit durchaus analogen Weise gelernt, auf die Schenkel- respektive Spornhilfe unter allen Umständen dem Druck des Kandarengebisses nachzugeben und sich an demselben abzukauen, so wird es dasselbe auch tun, wenn beide Zügel in der linken Hand vereinigt sind; alsdann ist seine Führung mit einer Hand keine Kunst mehr. Indem ich also bei der Bearbeitung des auf Kandare gezäumten Pferdes die Führung mit geteilten Zügeln supponiere, kann ich für den Gebrauch der Zügel bei den einzelnen Lektionen dieselben Regeln aufstellen, gleichgültig ob das Pferd auf Trense oder Kandare gezäumt ist. Die Modifikationen dieser Regeln für die Zäumung des durchgearbeiteten Pferdes mit einer Hand werden sich für den denkenden Reiter alsdann von selber ergeben.*

Von den unterstützenden Hilfen

Diese Hilfen betreffen die verschiedenen Richtungen in der Haltung des Reiters, um die im Bisherigen beschriebenen Hilfen zu erleichtern, ihnen mehr Nachdruck zu geben und sie den Pferden verständlicher zu machen. Sie werden zu selbständigen und dann zu den feinen Hilfen, wenn das Gefühl des Pferdes nach und nach zu einem solchen Grade verfeinert ist, daß sie allein schon hinreichen, es zur vollen Entwicklung seiner Kraft und Geschicklichkeit zu veranlassen. Bei diesem Grad der Ausbildung hören alle sichtbaren Einwirkungen des Reiters auf, derselbe macht eben in seiner ruhigen, natürlich schönen Haltung alle Bewegungen seines Pferdes in anscheinend vollständiger Untätigkeit mit, als wäre er ein angeborener Teil seines Pferdes. Von solch einem Reiter kann man dann nicht sagen, er sitzt wie angenagelt oder angeleimt auf seinem Pferde, da dies immer eine erzwungene Vereinigung voraussetzen würde, weshalb dieser Vergleich besser für den Koppelknecht paßt, welcher durch die Gewalt seines Schlusses einige Bocksprünge glücklich aushalten kann, sondern ein solcher Reiter ist ein Teil, und zwar der beherrschende seines Pferdes geworden. Zu den unterstützenden Hilfen rechnen wir zunächst den Bügeltritt. Der Bügel hat einen doppelten Zweck, einmal hat er das Gewicht der Schenkel zu tragen, damit diese durch das Hängen nicht zu sehr ermüden, und zweitens gewährt er dem Reiter eine sichere Stütze für den ganzen Körper oder einzelne Teile desselben, wenn er ihrer momentan bedarf. Die Benutzung des Bügels zum Tragen des Schenkelgewichtes ist eigentlich kein Bügeltritt, sondern nur ein Ruhen des Fußes auf dem Bügel, welches man für gewöhnlich mit dem Ausdruck „Bügelhalten" bezeichnet. Hierbei darf nicht mehr Gewicht auf dem Bügel ruhen als dasjenige des Schenkels und Fußes in ihrem natürlichen Hang.

Legt der Reiter künstlich mehr Gewicht darauf, so entsteht der Bügeltritt, der bei fast allen vortreibenden Hilfen unentbehrlich ist, während er zum großen Fehler wird, wenn man ihn statt des Bügelhaltens anwendet, um dadurch entweder dem Verlieren des Bügels vorzubeugen, oder dem Sitz überhaupt mehr Haltung zu geben. Reitern, die diesen Fehler machen, mangelt noch das Fundament ihrer Kunst, und sie müssen zunächst ihren Sitz, namentlich ihre Balance mehr vervollkommen. Andere Reiter betrachten es als eine große Vollkommenheit, wenn sie des Bügels zu ihrer Sicherheit gar nicht mehr bedürfen und behaupten, daß sie ohne denselben sich sogar fester und unbelästigter fühlen.

So lobenswert ein solcher Grad von ausgebildetem, sicherem Sitz auch ist, so ist doch offenbar, daß solche Reiter die großen Vorteile, die ein feiner Gebrauch der Bügel gewährt, nicht kennengelernt haben. Selbstverständlich darf der Bügel kein für die Sicherheit des Reiters notwendiger Gegenstand sein, sondern er muß denselben jederzeit entbehren und durch den Schluß ersetzen können, jedoch ist die Stütze des Bügels für den Balancesitz mit weichem, natürlichem Schenkelhang eine große Hilfe. Da nun nur in diesem Sitz das Gefühl des Reiters am vollkommensten ist, so darf er diese Hilfe der Bügel in solchen Momenten nicht aufgeben, wo er durch feines Gefühl die Absichten seines Pferdes gleichsam erraten muß. Es ist daher entschieden falsch, wenn Reiter bei gefährlichen Widersetzlichkeiten des Pferdes die Bügel absichtlich aufgeben, aus Furcht, beim Fall oder Sturz in denselben hängenzubleiben. Sie berauben sich dadurch des Mittels, den willkürlichen Bewegungen des Pferdes leicht und sicher zu folgen, und die günstigen, aber meist kurzen Augenblicke mit aller Energie und prompt zu benutzen, wo dasselbe weniger oder gar keinen Widerstand leisten kann, wenn sich zum Beispiel vielleicht zwei oder alle vier Füße in der Luft befinden. Die Notwendigkeit, bei solchen Kämpfen mit der rohen Kraft des Pferdes bald passiv seinen Bewegungen zu folgen, bald ihnen kräftigen Widerstand zu leisten, erfordert nicht nur große Gewandtheit und Sicherheit im Sitz, sondern auch einen feinen Reitertakt, um die einzelnen Momente richtig nutzen zu können. Die Bügel sind hierbei wichtige Hilfsmittel, indem sie nicht nur die kräftigen Hilfen und Strafen erleichtern, sondern auch dem Reiter die Kräfte ersparen, die er durch festen und anhaltenden Schenkelschluß verlieren würde. Auf diese Weise ist es erklärlich, wie körperlich schwache, aber geschickte und mutige Reiter eine solche Gewalt über ein Tier auszuüben vermögen, das ihnen an physischer Kraft vielleicht zehnfach überlegen ist.

Beim richtigen Halten der Bügel sind dieselben gleichsam die Waagschalen für die richtige Verteilung des Reitergewichtes; denn ist der Oberkörper des Reiters im Gleichgewicht, so werden auch seine Schenkel ganz ungezwungen mit ihrem vollen Gewicht auf den Bügeln ruhen. Dieses Gewicht reicht vollkommen hin, den Bügel auf der Fußspitze zu fixieren, oder vielmehr, die Fußspitze ununterbrochen mit dem Bügelrost in Berührung zu erhalten. Wird der Reiter in den verschiedenen Gangarten in regelmäßigen Takten im Sattel gehoben, so werden die Schenkel in denselben Tempos verkürzt und verlängert, wobei infolge der Beweglichkeit der Gelenke des Beines, besonders des Fußgelenkes, die Fußspitze ungestört auf ihrem Ruhepunkt verbleibt, während der Hacken sich im Takte mit dem Gang des Pferdes elastisch auf und ab bewegt. Bei Reitern, die den Bügel mit steifem Fußgelenk, das heißt, mit gehobener Fußspitze halten, pflanzt sich die Bewegung naturgemäß bis zu dieser fort. Dieselbe wird daher im Takt der Gangart auf dem Bügel auf und ab tanzen, wobei der Hacken tief und festgestellt bleibt. Solche Reiter werden weder die Nützlichkeit des Bügels kennen, noch ihn sicher halten lernen, sondern ihn stets dann verlieren, wenn sie ihn am nötigsten haben, da jede Prellung durch den bis zur Fußspitze steifen Schenkel dem Bügel selbst mitgeteilt und er dadurch fortgeschnellt wird. Die ganze Kunst, den Bügel sicher zu halten und richtig zu benutzen, liegt daher in dem weichen, elastischen Fußgelenk und der natürlichen Richtung des Fußes überhaupt.

Der Bügeltritt als Hilfe ist zwiefacher Art, entweder mit gehobenem oder durchgetretenem Hacken. Im ersten Fall dient der Bügel dem Fuß als Stütze, um den Hacken und Unterschenkel bei den Sporn- respektive Wadenhilfen sicherer gebrauchen zu können, ähnlich, wie zum sicheren Gebrauch der Hand beim Schreiben oder Malen der Arm eines Stützpunktes bedarf. Im zweiten Fall dient er als kräftiger Stützpunkt für den ganzen Körper, wenn der Reiter die volle Kraft seiner Arme in Anwendung zu bringen hat, ähnlich wie jemand, der ein schweres Gewicht an sich heran oder zu sich empor ziehen will, zuvor dafür sorgen wird, daß er durch einen sicheren Stand mit den Füßen dem ganzen Körper die nötige Widerstandsfähigkeit gegeben hat. Die Schenkel werden dabei stark gestreckt, so daß das Fußgelenk durchgebogen und der Hacken nach der Erde zu gerichtet ist.

Während ich von dem ersteren Bügeltritt bereits bei den Spornhilfen ausführlich gesprochen habe, wird dieser zweite häufig notwendig bei der Dressur des Pferdes, um es von der steten Anlehnung zur leichteren überzuführen, also bei dem Aufrichten der Vorhand und dem Belasten und Biegen der Hinterfüße. In der hohen Schule dient er, in feinerer Weise angewendet als Stützpunkt beim Gebrauch des Kniedruckes. Vermittelst dieses Bügeltrittes werden auch die Waden stark angespannt und dadurch die Hilfen mit denselben verstärkt. Aus diesem Grunde ist er auch in allen Schulen unentbehrlich, wo es gilt, die Hinterhand in einer bestimmten künstlichen Stellung zu erhalten, wie zum Beispiel in den Lektionen auf zwei Hufschlägen. Hierbei wird er oft mit einem Schenkel allein angewandt, während der andere in der verkürzten und weichen Lage entgegenarbeitet, wobei dann das stärkere

Gewicht stets auf dem Bügel des gestreckten Schenkels ruhen muß.

Der Bügel ist daher dem Reiter zur prompten, sicheren und feinen Ausführung aller seiner Hilfen weit unentbehrlicher als zur Sicherung seines Sitzes, und der Lehrer ist daher bemüht, seinen Schüler die Nützlichkeit desselben in dieser Hinsicht zu lehren. Er mache ihn durch die Übungen ohne Bügel erst unabhängig von denselben, damit er sie nicht in falscher Weise bloß als Stütze für seine Haltung betrachte, dann aber lasse er ihn fleißig mit denselben seine Schenkel im Vorwärtstreiben üben, damit er ganz vertraut mit ihnen werde. Die alten Meister ließen ihre Schüler viel und lange ohne Bügel reiten. Sie bedurften derselben nicht so sehr, teils, weil ihre Sättel künstlichen Halt genug boten, teils weil die Pferde jener Zeit nicht so gewandt und beweglich waren. Dennoch erkannten sie die Wichtigkeit des Bügels bei den Hilfen dadurch an, daß sie ihre durchgerittenen Schulpferde wohl ohne Sporen produzierten, um den vollkommenen Gehorsam derselben dadurch zu zeigen, nicht aber ohne Bügel. Damals war überhaupt in allen Künsten etwas Pedanterie wohl erlaubt; man glaubte die Würde derselben dadurch zu erhöhen, und nahm sich viel mehr Muße und Zeit, dieselben zu erlernen. In der Jetztzeit dagegen, wo der Wert einer Kunst streng nach ihrer Nützlichkeit für praktische Zwecke beurteilt wird, ist zur Pedanterie keine Zeit mehr übrig. Man lasse daher den Schüler nicht systematisch erst einen bestimmten Zeitabschnitt ohne Bügel reiten, sondern gebe sie ihm, sobald seine Fortschritte dies zulassen. Alsdann genügt es, wenn er täglich zum Beginn der Lektion diese Übung ohne Bügel auf kurze Zeit repetiert.

Das Maß der Bügel läßt sich nicht auf eine spezielle Norm feststellen, sondern richtet sich teils nach dem natürlichen Bau des Pferdes, teils nach der Haltung, worin es geritten wird. Das breite, in seiner Brust stark gewölbte Pferd, das dem Reiter viel Anlehnungsfläche für die Schenkel gewährt, erfordert ein längeres Bügelmaß als das schmale, bei welchem die Anlehnungsfläche für den langen Schenkel fehlt. Ferner wird beim Reiten in natürlicher Richtung des Pferdes und in freien Gängen ein kurzes Bügelmaß angezeigt sein, teils weil der Reiter seiner eigenen Haltung wegen, und um dem Übergewicht des Pferdes nach vorne zu begegnen, einer stärkeren Stütze auf den Bügeln bedarf, teils weil durch die gestreckten Gänge das Volumen des Rumpfes vermindert wird. Umgekehrt wird bei der Richtung des Pferdes auf die Hanke sein Rumpf in dem Maße ausgedehnt als er in der Länge verkürzt wird und bietet daher dem Reiter ebenfalls eine größere Anlehnungsfläche für die Schenkel. Der Schulreiter bedient sich deshalb immer eines längeren Bügelmaßes, weil es nicht nur eine freiere Bewegung der Schenkel zuläßt, sondern auch den ungezwungenen Hang derselben aus den Hüften begünstigt, so daß es die Beherrschung der Hinterhand wesentlich erleichtert. - Das bei der Richtung ins Gleichgewicht zu nehmende Bügelmaß, welches die Mitte zwischen den

Der Bügeltritt als Hilfe: entweder mit gehobenem oder durchgetretenem Absatz

beiden Extremen hält, würde gewissermaßen als das normale anzusehen sein, wie denn auch die Haltung von Reiter und Pferd in diesem Grade der Sammlung gewissermaßen die Norm repräsentiert, wenn man im Geiste der heutigen Zeit als Zweck der Reitkunst nur die Ausbildung praktischer Gebrauchspferde betrachtet. In dieser Richtung wird das Bügelmaß dadurch abgemessen, daß der Schenkel, wenn er frei und zwanglos am Pferde hängt, beim Nehmen des Bügels eine natürliche Stütze für das Gewicht desselben finden muß. Es muß daher stets etwas kürzer sein als der Schenkel bis zum Hacken gemessen. Muß der Reiter den Schenkel künstlich strecken, oder mit der Fußspitze heruntertreten, um den Bügel zu halten, so ist er zu lang, was den Reiter nötigt, mehr auf dem Spalt zu sitzen und die sichere Stütze auf der Gesäßfläche mehr oder weniger aufzuopfern. Der zu kurze Bügel raubt nicht nur dem Schenkel seinen natürlichen Hang und die freie Beweglichkeit, sondern gibt auch dem Oberkörper eine schwerfällige, harte Richtung nach hinten, in welcher er nicht imstande ist, die harten Stöße vom Pferde weich aufzufangen. - Aus diesem allen geht hervor, daß es auch eine Sache des richtigen Reitertaktes ist, sich das Bügelmaß stets nach Bedürfnis richtig zu bestimmen. Der gewandte Reiter wird sich den Bügel nicht nur selbst, ohne fremde Hilfe, sondern sogar in jeder beliebigen Gangart passend machen, weshalb es nötig ist, die Schnalle des Bügelriemens so zu plazieren, daß dies mit Leichtigkeit und Schnelligkeit geschehen kann. Das Schnallen der Bügel nach der Länge des Armes kann immer nur als ungefährer Anhalt dienen, dessen Modifikation dem Gefühl des Reiters überlassen bleiben muß.

Für gewöhnlich soll der Fuß mit der breitesten Fläche der Sohle auf dem Bügel ruhen, das ist vom kleinen Zehen bis zum Ballen des großen; bei den feinen Sporn- und Wadenhilfen jedoch sowie im geöffneten Sitz muß der Bügel so mit der Spitze des Fußes gehalten werden als wolle man ihn mit den Zehen umfassen. Hierdurch kann der Reiter das Pferd mit den Sporen besser erreichen, ohne die Stütze des Bügels aufzugeben. Auch im Schulsitz wird der Bügel fein mit der Fußspitze gehalten, da dies dem Schenkel, besonders dem Fußgelenk eine größere Weichheit und Elastizität gibt.

Nächst dem Bügeltritt dürfen wir den geöffneten Sitz unter den unterstützenden Hilfen besprechen. Wie ich schon einmal erwähnt, muß sich das Pferd in seinem Rippengewölbe und Flanken erweitern, wenn es sich in der gesammelten Richtung befindet, nach dem Grundsatz, daß jeder Körper in dem Maße an Stärke zunimmt als er durch Zusammenpressen verkürzt wird. Um nun diese Ausdehnung nicht nur nicht zu hindern, sondern vielmehr möglichst zu befördern, muß der Reiter beim Sammeln des Pferdes und in den Schulen mit stark untergeschobener Nachhand seine Oberschenkel und Knie künstlich öffnen, das heißt, vom Pferde entfernen, damit er durch den Druck derselben, erfolgte er auch nur durch die natürliche Schwere dieser Teile, die gewünschte Verkürzung und Erweiterung nicht störe. Eine Hauptbedingung bei dieser Schenkelrichtung ist jedoch, daß dieselben in der flachen Lage erhalten werden, teils damit die Hüften stets gestellt bleiben, teils, um den richtigen Schluß nötigenfalls im Augenblick nehmen zu können. Den falschen Sitz mit geöffneten Schenkeln sehen wir leider durch schwache Reiter genügsam vertreten; diese drehen dieselben auswärts, und suchen den mangelnden Knieschluß durch Anklammern mit dem Unterschenkel zu ersetzen. Der richtige geöffnete Sitz dagegen ist eine feine Hilfe, welche eine vollkommene Balance voraussetzt, da dem Reiter nur die Stütze auf dem Gesäß und der Bügeltritt verbleiben. Aus diesem Grunde ist er aber auch von einer außerordentlichen Wirkung, denn das Pferd, durch keine harte Berührung mit dem Reiter gehindert, dessen fein balanciertes Körpergewicht wie um die Hälfte verringert ist, fühlt sich gleichsam wie im Zustande der Freiheit, und wird daher auch mit derselben Leichtigkeit und Luft arbeiten, als handele es sich um ein freiwilliges Vergnügen auf der Koppel. Selbst bei geringeren Graden der Sammlung und in freieren Gangarten wird dieser Sitz, der Richtung des Pferdes entsprechend angewendet, den Bewegungen desselben eine Leichtigkeit und Elastizität geben, als wäre es mit Flügeln begabt. Der Bügeltritt mit gehobener Ferse ist bei diesem Sitz ein unentbehrliches Hilfsmittel, da er dem gleichsam in der Schwebe gehaltenen Schenkel als Stützpunkt dienen muß, teils zur Erleichterung der Balance, teils, um die notwendig große Tätigkeit der Unterschenkel im Vorwärtstreiben zu befördern. Indes ist diese Arbeit so lange eine sehr mühsame und anstrengende, als das Pferd die Gelenke seiner heruntergehaltenen Hinterbeine noch nicht mit Leichtigkeit und Ausdauer durchbiegen kann. Seine Bewegungen sind in dieser Periode besonders im Trabe oft so erschütternd für den Reiter, daß derselbe gezwungen ist, auch noch einen Teil seiner Stütze auf dem Gesäß zu opfern, um die Prellungen mehr mit dem Spalt auffangen zu können. In dieser nachgiebigen Körperhaltung dann noch die Vorhand des Pferdes in der richtigen beigezäumten Aufrichtung zu erhalten, ist eine der schwierigsten Aufgaben für den Reiter. Wer sie zu lösen weiß, wird aber auch reichlich dafür belohnt, denn er wird die ganze Kraft und Elastizität, die die Natur in die Hinterfüße gelegt, zur größten Vollkommenheit entwickeln und wird dadurch seinem Pferde Gangarten geben, als bewege es sich auf Sprungfedern. Ein solches Pferd zu fühlen und zu verstehen, ist das größte Vergnügen für den Reiter; er wird den erhaltenen Eindruck dann niemals vergessen, und gewöhnliche Gangarten werden ihm dagegen stumpf und verbraucht erscheinen. Reiter mit steifer Haltung und stetem Schenkelschluß lernen diesen höchsten Genuß der Reitkunst niemals kennen, denn sie hindern durch beides den Grad der Sammlung, den das Pferd zu solcher Entwicklung seiner Federkraft nötig hat. In dem Maße, wie nun das Pferd an Fertigkeit, seine Hinterhand gebogen unter seiner Last zu bewegen, zunimmt, wird auch der Reiter seinen geöffneten Sitz nicht mehr künstlich zu erhalten brauchen und damit die Anstrengung desselben allmählich ganz aufhören. Die nach und nach weich werdenden Tritte erlauben ihm einerseits, seine Haltung wiederum ungezwungen auf dem Gesäß zu nehmen, während andernteils das gesammelte Pferd mit seinen ausgedehnten Hanken ihm so die geöffneten Schenkel füllen wird, daß diese dadurch in der geöffneten Richtung erhalten werden und in sanfte Berührung mit dem Pferde kommen.

Diese Richtung des Pferdes ist es auch allein, wo der Kniedruck als vortreibende Hilfe von Wirksamkeit sein kann; er steht daher mit dem geöffneten Sitz im engen Zusammenhang, indem ein Pferd nur durch letzteren empfänglich für ihn gemacht werden kann.

Wenn Bügeltritt und geöffneter Sitz der Bezeichnung „unterstützende Hilfen" am speziellsten entsprechen, so liegt doch die richtigste und unentbehrlichste Unterstützung aller Hilfen, welcher Art dieselben auch seien, in der richtigen Gewichtsverteilung des Oberkörpers. Im allgemeinen muß für diese Unterstützung der vortreibenden, wie der verhaltenden Hilfen durch Gewichtsverteilung der Grundsatz gelten, daß ein Zurücklegen des Körpergewichtes gleichsam vorwärts schiebend, ein Vorneigen dagegen hemmend auf den Gang einwirkt, ähnlich, wie der Equilibrist beim Kugellauf die Kugel unter sich in dem Grade schnell vorwärts treibt, als er sich mit seinem Gewicht rückwärts hält, und sie zur Rückwärtsbewegung bringt, wenn er dasselbe vorwärts

Entlastungssitz, Mittelpositur und Belastungssitz

auf die Kugel wirken läßt. Diesen Grundsatz finden wir auch in der Praxis bestätigt, denn das heftige Pferd wird durch die vorgeneigte Körperhaltung beruhigt, und das träge oder sich verhaltene durch Hilfen mit kräftiger Richtung nach hinten vorwärts getrieben. Das erstere würde durch letzteren Sitz zum Durchgehen, das letztere durch den Spaltsitz zu Widersetzlichkeit auf der Stelle und zum Rückwärtskriechen gereizt werden. In dem Kapitel vom Sitz habe ich den Grundsatz ausgesprochen, daß bei der Richtung des Pferdes auf die Schultern der Reiter die Schnelligkeit derselben durch das Vorneigen und Mitgehen seines Körpers zu fördern habe. Es könnte hierin ein Widerspruch mit dem eben entwickelten Grundsatz gefunden werden, weshalb ich darauf hinweise, daß der Jagdreiter seinen Zweck nur dann erreicht, wenn er nicht nur durch richtiges Gefühl den Schwerpunkt seines Körpers mit dem des Pferdes genau in Übereinstimmung bringt, sondern auch durch die feste Anlehnung seinem Pferde eine sichere Stütze für das Übergewicht nach vorn gewährt, gegen welche dasselbe gleichzeitig die Schiebkraft seiner Hinterbeine besser wirken lassen kann. Der Spaltsitz des Bereiters ist völlig verschieden vom Jagdsitz, denn er hat den Zweck, bei Pferden mit schwachen Hinterbeinen und Nieren den Schwerpunkt nach vorn zu verlegen, um diese Teile zu entlasten, ohne jedoch die Schiebkraft der Hinterbeine anzuregen und dem Pferd die Stütze der festen Anlehnung zu gewähren. Da er nicht, wie der Jagdsitz, ein normaler Sitz für eine bestimmte Richtung des Pferdes ist, so wird er auch nur nach Bedürfnis wie als Hilfe angewendet, und der Reiter geht von ihm, wenn er seinen Zweck dadurch erreicht hat, zu einer der angegebenen normalen Richtungen über.

Ebenso verhält es sich mit der Gewichtsverteilung nach hinten. Geht die Richtung zurück über den Schwerpunkt des Pferdes hinaus, so wirkt dieser Sitz als Hilfe, sowohl unterstützend für die vortreibenden Schenkel als auch an und für sich, indem er durch ein stärkeres Belasten die Hinterfüße mehr fixiert und im Verein mit dem Rücken mehr gebogen erhält. Bei allen Fehlern in der Richtung des Pferdes, die sich durch mangelnden Trieb nach vorwärts äußern, wie Rückwärtskriechen, Festmachen auf der Stelle etc., muß dieser Sitz zur Korrektur, und bei Lektionen, wo diese Fehler sich in geringerem Grade einschleichen können, wie beim Zurücktreten, Sammeln auf der Stelle etc., muß er zur Überwachung des Pferdes dem Reiter stets geläufig sein. Die Wirkung dieser Hilfe wird in dem Grade erhöht, als man dabei momentan die Hüften senkt und den Rücken nachläßt und dadurch das Gewicht des Körpers vermehrt wird. Man verbleibe aber nicht länger in dieser Haltung als die Umstände es erfordern, weil sonst der Reiter die Vorwärtsbewegung des Pferdes wegen des mangelnden Gleichgewichtes hindern würde. Umgekehrt müssen in der vorigen Richtung, dem Spaltsitz, die Hüften in dem Maße mehr vorgeschoben und der Rücken stärker angespannt werden als die Neigung mehr nach vorwärts genommen wird. In diesem Sitz entbehrt der Reiter mehr oder weniger der Stütze auf dem Gesäß, und diese muß teils durch die größere Spannung des Oberkörpers, teils durch den Bügeltritt ersetzt werden. *

Nach der Seite hin hat die Gewichtsverteilung eine gleich große Wirkung und ist dem Bereiter daher von größter Wichtigkeit. Im Gleichgewicht mit dem Pferde angewendet, befördert sie die Biegungen, Wendungen und Seitenbewegungen; durch Verstärkung wird sie zu einer Hilfe, um die in diesen Lektionen vorkommenden Fehler zu hindern und zu verbessern. Selbst bei den Strafen für solche Widersetzlichkeiten, wo das Pferd die Biegung versagt, willkürlich seitwärts drängt etc., muß diese Hilfe den mitwirkenden Hilfen von Hand und Schenkel den eigentlichen Nachdruck geben.

Solange es sich darum handelt, mit der Richtung des gebogenen Pferdes in Harmonie zu bleiben, geht die Haltung des Reiters von der Stellung der Hüften aus. In dem Grade, wie das Pferd gebogen ist, muß die Hüfte des Reiters auf der gebogenen Linie vorgerichtet werden, weil das Pferd den Hinterfuß dieser verkürzten Seite vorschieben muß, um das Gewicht auf allen vier Füßen gleichmäßig verteilt zu erhalten. Von diesem in Harmonie mit dem Pferde auf die gebogene Seite verlegten Übergewicht ist die vollständige Verlegung des Gewichtes nach einer Seite wohl zu unterscheiden, welche den Zweck hat, einen zu wenig belasteten Hinterfuß mit mehr Gewicht zu beschweren, oder einen frei gewordenen ausweichenden Fuß zu fixieren. Indem der Reiter hierbei, um mit der vollen Schwere seines Oberkörpers nach der bedrohten Seite hin zu wirken, sein Gleichgewicht momentan aufgibt, muß er dasselbe durch die stärkere Stütze auf den betreffenden Bügel ersetzen. Das durchgebildete Pferd wird durch das stete, feine Gleichgewicht seines Reiters so empfänglich für die Hilfe der Gewichtsvermehrung, daß es fast schon dadurch allein in seinen Schulen zu erhalten

Der Jagdreiter in seinem vornübergeneigten Sitz fördert die Bewegung dauernd dadurch, daß er seine Schwerpunktslage mit der des Pferdes in Übereinstimmung erhält. das Zurückneigen hinter die Schwerpunktslinie dagegen wirkt nur vorübergehend als Unterstützung vortreibender Hilfen.

ist, indem es dem Bestreben, mit seinem Reiter im Gleichgewicht zu bleiben, unwillkürlich der Richtung folgen wird, die derselbe durch seine Haltung angibt. Solche Pferde sind dann die lebenden Werke, durch deren Studium sich der Schüler das feine Gefühl und den vollkommenen ungezwungenen, graziösen Sitz aneignen kann, und auf welchen er diejenige geniale Auffassung der Reitkunst gewinnen wird, die einer so schönen Wissenschaft und Kunst würdig ist.

Den besten Beweis von der Wirksamkeit der Hilfen durch Gewichtsverteilung geben uns die berühmten Evolutionen der Araber, Tscherkessen und anderer durch ihre Pferde und Reitkünste bekannter Völkerschaften. Hier haben wir es mit dem praktisch geübten, aber reinen Naturreiter sowie mit dem rohen, aber von der Natur vorzüglich begabten, zum Reitdienst besonders geeigneten Pferde zu tun. Wir sehen diese wilden Reiter ihre Pferde in bewundernswürdiger Weise tummeln, dieselben in rapidester Schnelligkeit rechts und links werfen, plötzlich halten, auf der Hinterhand herumwerfen etc., und obgleich sie sich hierbei ihrer scharfen Zäumung und spitzen Sporen sehr freigiebig bedienen, um das für solche plötzliche Wechsel in der Richtung nicht systematisch vorbereitete Pferd in der Gewalt zu behalten, so geben sie die Hilfen zum Wenden doch nur mit ihrem Oberkörper, da das gerittene Pferd in der Wirkung von Hand und Schenkel nur eine Aufforderung zum Vorwärtsgehen oder Halten verstehen kann. Um daher in diesem wichtigen Kapitel nicht mißverstanden zu werden, wiederhole ich in Kürze noch einmal, daß diejenige Körperhaltung des Reiters die normale ist, die seinen Schwerpunkt mit dem seines Pferdes in Übereinstimmung bringt. Abweichungen davon sind entweder Fehler seines Sitzes oder beabsichtige Hilfen. Ich wiederhole ferner, daß, während bei der Bearbeitung des Pferdes der Bereiter je nach der Stufe der Ausbildung desselben an eine bestimmte Richtung seines Körpers, die vorgeneigte, die senkrechte oder zurückgeneigte gebunden ist, beim durchgerittenen Pferde, welches stets das Gleichgewicht mit dem Reiter sucht, durch die Verlegung des Reitergewichtes, der Schwerpunkt des Pferdes beliebig vor oder rückwärts verlegt werden kann, daß ferner bei demselben durch entsprechendes Seitwärtswirken der Körperschwere jeder einzelne Hinterfuß nach Belieben stärker gebogen und durch die Gewichtshilfen überhaupt auf jede Bewegung des Pferdes hemmend respektive fördernd eingewirkt werden kann. Es versteht sich von selbst, daß bei allen diesen Gewichtshilfen Hand und Schenkel sich entsprechend zu beteiligen haben, je geringer aber die Mitwirkung derselben sein kann, um so größer ist die Vollkommenheit der Dressur.

Oberkörper und Kopf des Reiters weisen immer in die Bewegungsrichtung.

Ein steifer, einförmiger Sitz macht alle diese in ihren Abstufungen so mannigfaltigen Hilfen unmöglich, die vielmehr durch eine ungezwungene Haltung und Biegsamkeit der einzelnen Teile des Körpers bedingt sind. Dies ist der Grund, weshalb ich immer wieder daran mahnen muß, alte Vorurteile aufzugeben, und die Regeln der Haltung des Reiters aus naturgemäßen Grundsätzen allein abzuleiten. Der pedantische, sogenannte schulgerechte Sitz, an dem viele Lehrer so eigensinnig festhalten, ist die Ursache, daß die Kunst so in Mißkredit geraten ist. Er hindert den Schüler, selbstständig zu Pferde zu werden, da es ihm in diesem Sitz an dem nötigen Gefühle fehlen muß, um Richtung und Gang des Pferdes richtig beurteilen zu können. Der in diesem Sitz gebildete Bereiter wird nach langer Mühe statt des durchgerittenen Pferdes, das heißt, eines Pferdes, dessen Naturgaben durch die Dressur nicht nur geregelt und untertänig gemacht, sondern auch noch durch die zweckmäßige Übung gesteigert worden sind, eine hölzerne Maschine produzieren, die zwar mechanisch arbeiten wird, der aber alle Elastizität und Frische des Ganges geraubt ist. Solche Pferde sind durchaus nicht geeignet, Liebhaberei für die Kunst zu erwecken, denn sie ermüden durch ihren stumpfen, mechanischen Gang den Reiter und reiben sich selbst vor der Zeit auf. Daher kommt es denn, daß heutzutage viele wichtige Bereiterstellen durch englische Trainer besetzt werden, da die hohen Herren sich sicherer und wohler auf einem gut gebauten Pferde in seiner natürlichen Richtung fühlen als auf einem solchen, welches durch eine sogenannte Dressur verschroben und allen Lebensmutes beraubt ist.

Wer daher diese schöne Kunst, die von den frühesten Zeiten her in hohen Ehren gestanden hat und darin verbleiben wird, solange noch Mut und ritterlicher Sinn im Menschengeschlecht zu finden ist, nicht zum Handwerk herabwürdigen will, der befleißige sich zuerst, seinen eigenen Körper zu üben und alle Teile desselben geschmeidig und beweglich zu machen, damit nicht die steifen Glieder dem besseren Verständnisse und Gefühle Fesseln anlegen.

Als Teil des Oberkörpers kommt bei der Gewichtsverteilung desselben auch der Kopf zur Sprache. Der menschliche Kopf hat ein bedeutendes Gewicht im Verhältnisse zu dem des gesamten übrigen Körpers. Die Richtung desselben wird daher auf die Wirkung des gesamten Körpergewichtes nicht ohne Einfluß sein, und er sei deshalb stets so gestellt, daß er senkrecht auf den gerade gerichteten Halswirbeln ruht, so daß er bei den Hilfen der Gewichtsverteilung nicht für sich, sondern nur eben als Teil des Oberkörpers mitwirkt. In der Hauptsache wird die Stellung des Kopfes durch den Gebrauch der Augen bedingt. Der geübte Reiter hat seine Augen überall, und wendet daher den Kopf frei nach allen Richtungen, unbeschadet seiner übrigen Haltung. Er hat namentlich im Freien das Terrain zu übersehen, auf dem er sein Pferd führt, damit er Hindernisse auf demselben rechtzeitig wahrnehme, um sie entweder zu vermeiden oder mit der nötigen Vorbereitung für sein Pferd zu überwinden. Er muß die ihn umgebenden Gegenstände beizeiten vor dem Passieren derselben bemerkt haben, um zu verhindern, daß sein Pferd dadurch erschreckt oder verletzt werde. Er muß im Gehölze sogar die Augen über sich haben, damit er nicht mit Baumzweigen in unangenehmen Kontakt komme etc. Dem Schüler hingegen erleichtert man viele Lektionen durch die Richtung, die man seinen Augen vorschreibt. Bei den Balancier-Übungen läßt man ihn die Gesichtslinie zwischen den Ohren seines Pferdes durch nehmen, weil er seine Haltung besser berechnen kann, wenn er die Mittellinie des Pferdes immer im Auge behält. Bei den Lektionen mit gebogener Stellung des Pferdes auf geraden Linien, auf Zirkellinien, wie auf zwei Hufschlägen muß der Schüler die Gesichtsrichtung nach dem inneren Auge desselben nehmen, damit er die einzuhaltenden Linien stets übersehen kann. Da in diesen Schulen die innere Hüfte des Reiters nach dem inneren Hinterfuße des Pferdes eingerichtet ist, so muß derselbe mit seinen oberen Körperteilen gewissermaßen der Biegung des Pferdes in seiner Vorhand folgen und den Kopf stark nach innen richten, damit hierdurch die innere Schulter gehindert wird, zu sehr mit der Richtung der inneren Hüfte mitzugehen. Ein zu starkes Zurückrichten der äußeren Schulter würde den Nachteil haben, daß man bei der Führung der äußeren Schulter des Pferdes nicht genug vorwärts helfen könnte.

Bei der Übung des Schulsitzes weise man dem Schüler einen hohen Gesichtspunkt an, damit er gezwungen ist, seinen Kopf mäßig zurückzurichten, teils, damit dieser mit der Richtung des übrigen Körpers in Übereinstimmung bleibe, teils damit hierdurch jede Möglichkeit genommen ist, die Bewegungen des Pferdes sehen zu wollen. Diese muß er durch das Gefühl sicher beurteilen lernen, wenn er ein Reiter werden will, denn nichts ist ungraziöser und verrät mehr Unselbständigkeit, als wenn er seine Haltung aufgibt, um nach den Beinen seines Pferdes zu sehen.

Ein gutes, sicheres Auge ist in allen Lebensverhältnissen eine hochzuschätzende Naturgabe, dem Reiter aber ist sie doppelt viel wert, da er mit Hilfe desselben mancherlei Gefahren viel sicherer wird vermeiden oder überwinden können.

Somit schließe ich der ersten Abschnitt dieser Schrift, in welchem ich mich bemüht habe, die naturgemäßen Mittel zu besprechen, welche dem Reiter zur Beherrschung seines Pferdes zu Gebote stehen und welche in einem durch richtiges Gefühl und Verständnis geleiteten Gebrauche seiner Arme und Beine und seines Körpergewichtes bestehen, der wiederum nur aus einem naturgemäßen, weichen und schmiegsamen Sitz hervorgehen kann. Ich wende mich nunmehr zu derjenigen systematischen Bearbeitung und gymnastischen Ausbildung des jungen, rohen Pferdes, welche wir Dressur nennen.

Zweck der Dressur

Allgemeine Bemerkungen über den Zweck der Dressur

Das edle Pferd ist nicht nur das zum Reitdienst geeignetste Tier, sondern das am vielseitigsten begabte Geschöpf der ganzen Tierwelt. Von uralten Zeiten her ist daher das Pferd dasjenige Tier gewesen und ist es noch, für welches schon der Knabe die stärksten Sympathien empfindet und welches der Mann am höchsten schätzt. Von jeher ist deshalb auch von Dichtern und Sängern das Lob des Pferdes gesungen, und nicht ohne Grund, denn alle Schicksale des Menschengeschlechtes hat es treu geteilt, an allen großen Begebenheiten, die die Geschichte aufzählt, hat es tätigen und mutigen Anteil genommen, in die fernsten Zonen ist es dem Menschen gefolgt und hat alle Entbehrungen und Anstrengungen mit ihm geteilt. Im Glück und Frieden ist es der kostbarste Gegenstand des Luxus, auf der Jagd der fröhliche Gefährte des Menschen, der seinen Reiter über Berg und Tal, Hecken und Gräben trägt, und mit Sturmeseile jedes Wild, auch das schnellfüßigste, sicher ereilt, im Kampfe ist es der treu ergebene Freund und Diener des Kriegers, mit dem es die Gefahren und Mühseligkeiten willig teilt. Kann der Mensch seinerseits sich für so ausgezeichnete Dienste wohl dankbar genug erweisen? Liegt es nicht in seinem eigenen Interesse, auf die Züchtung, Erziehung und Ausbildung dieses Geschöpfes die größte Sorgfalt, das ernsteste Studium zu verwenden? Und dennoch sehen wir in allen diesen drei Faktoren, deren Produkt der sichere und reichliche Besitz guter und gebrauchsfähiger Pferde sein soll, durch verkehrte Anschauungen, kleinliches Verfolgen einseitiger Ziele und Vorurteile aller Art die ärgsten Fehler begehen. Alle Künste und Wissenschaften haben in unserer Zeit durch das Studium der Natur so rapide Fortschritte gemacht, daß die in ihnen erreichten Erfolge oft ans Wunderbare grenzen; es wäre wohl an der Zeit, sich hieran ein Beispiel zu nehmen, alle veralteten Vorurteile zu beseitigen und die Grundgesetze zur Erzielung eines guten Pferdes nur der Natur abzulauschen. Diese schafft nach streng umwandelbaren Gesetzen, und diese aufzufinden ist die Aufgabe, die nur durch Beobachtung ihrer unverfälschten Schöpfungen gelöst werden kann.

Da ich es mir nicht zur Aufgabe gemacht habe, über Züchtung und Erziehung des Pferdes zu sprechen, so will ich das eben Gesagte nur mit Bezug auf seine Dressur angeregt haben. Wenn der Bereiter sich von dem Bewegungsmechanismus des Pferdes, von der Tätigkeit der einzelnen Glieder und dem Zusammenwirken aller bei der Fortbewegung eine richtige Anschauung verschaffen will, so beobachte er fleißig das junge, rohe Pferd in der Koppel. Er wird sich dort überzeugen, daß die Mutter Natur alles das, was er von vollkommen durchgebildeten Kampagne- und Schulpferden Schönes und Kunstgerechtes gesehen hat, dem Füllen bereits vollständig verliehen hat, und zwar mit einer Frische und Grazie, wie die Kunst sie nur in ihrer höchsten Vollkommenheit erreichen kann. Der junge Hengst in seinen mutwilligen Spielen wird ihm die ganze Reihe der erhabenen Schulen zeigen, von der Passage bis zu den Schulsprüngen. Diese kurzen und schönen Momente studiere er mit Eifer und lerne daraus die Stellungen und Richtungen der einzelnen Teile des Pferdes kennen, wodurch die natürlich freien und elastischen Bewegungen bedingt werden. Er wird dann den Weg vor sich sehen, auf dem der Zweck der Dressur mit Sicherheit erfüllt werden kann, welcher darin besteht, durch allmähliche und entsprechende Übungen die natürlichen Kräfte und Fähigkeiten des Pferdes nicht nur bis zur Vollkommenheit zu entwickeln, sondern sich dieselben auch unbedingt untertänig zu machen.

Die richtige Dressur ist daher eine naturgemäße Gymnastik für das Pferd, durch welche seine Kräfte gestählt, seine Glieder gelenk gemacht werden. Durch dieselbe werden die kräftigen Teile zu Gunsten der schwächeren zu größerer Tätigkeit angehalten, die letzteren durch allmähliche Übung gestärkt und verborgene Kräfte, die aus natürlichem Hange zur Bequemlichkeit vom Pferde zurückgehalten werden, hervorgerufen, wodurch endlich eine vollkommene Harmonie in der Zusammenwirkung der einzelnen Glieder mit ihren Kräften entsteht, die das Pferd befähigt, auf die leisesten Hilfen seines Pferdes solche geregelten und schönen Bewegungen andauernd und zwanglos auszuführen, die es aus eigenem Antriebe nur in Momenten der Aufregung flüchtig zeigt. Je vollkommener der Bau des Pferdes und je edler seine Abstammung ist, um so mehr hat es diese gewünschte Harmonie in seinen Bewegungen von Natur. Solche Pferde aber, von denen man zu sagen pflegt, daß schon der Vater ihnen die Dressur mitgegeben, sind sehr selten und kostbar, und werden namentlich von den Reitern, die der natürlichen Richtung des Pferdes huldigen, so sehr gesucht, daß sie selten in die Hände des Bereiters kommen. Dieser muß daher seine Kunst hauptsächlich auf schwache und ungünstig, ja selbst fehlerhaft gebaute Pferde verwenden, und bei diesen letzteren die Dressur zur Heilgymnastik erheben. Wie diese Kunst in unserer Zeit so große Anerkennung gefunden hat und in der Medizin jetzt eine so große Rolle spielt, wie man sich überzeugt

hat, daß Verkrümmungen des menschlichen Körpers oder krankhafte Zustände einzelner Glieder nicht durch eiserne Maschinen, sondern nur durch entsprechende Übungen geheilt oder gemindert werden können, so kann der Bereiter bei recht klarem Verständnisse seiner Kunst viele natürliche Mängel und Übelstände beim Pferde heben, und bei solchen Fehlern und Gebrechen, die durch Mißbrauch oder Unverstand früherer Reiter demselben beigebracht sind, oft wahre Wunder wirken, indem er sie durch entsprechende Richtung des Pferdes oft gründlich zu heilen vermag, nachdem alle tierärztliche Hilfe vergebens angewendet war. Ich habe Pferden, die total auf den Vorderbeinen struppiert, aber von Natur mit einer kräftigen Hinterhand begabt waren, durch Biegung ihrer Hanken eine so vollkommene Schulterfreiheit und Sicherheit des Ganges wiedergegeben, daß sie sich mit den besten und wertvollsten messen konnten. Unter den früheren Reitern dieser Pferde hatte die kräftige Hinterhand nur dazu beigetragen, das ganze Gewicht mit um so größerer Gewalt den Vorderfüßen zuzuschieben, so daß diese unter demselben in kurzer Zeit zugrunde gingen. Durch Entlastung gewannen dieselben nicht nur allmählich ihre frühere natürliche Beweglichkeit wieder, sondern erhielten durch die höhere Richtung des Halses auch eine verstärktere Aktion aus der Schulter. Die Engländer als die Repräsentanten des Reitens in natürlicher Richtung, müssen ihren Jagdpferden nach Beendigung einer jeden Saison, trotz der sorgfältigen und kostspieligen Stallpflege, durch Pflaster, Einreibungen und freie Bewegung in den Boxen die Vorderbeine brauchbar zu erhalten suchen. Es sind dies alles vorzügliche Pferde, die besten für den praktischen Gebrauch, die England überhaupt zieht, weshalb sie auch ihrer hohen Preise wegen nicht durch die Händler auf den Kontinent kommen, sondern in England selbst konsumiert werden. Trotz alledem werden die meisten von ihnen schon nach wenigen Jagdsaisons noch im kräftigsten Alter bei Tattersall, mit aufgeschlagenen Knien, Sehnenklapp etc. für wenige Guineen verkauft, um den Rest ihres Daseins in den Posten, Omnibus und Caps zu verleben. Es hat mich oft geschmerzt, wenn ich diese schönen, starken Gestalten mit kräftiger und vollkommen ungebrauchter Hinterhand einem solchen Lose verfallen sah, weil die geschwächten Vorderfüße dem Jagdreiter nicht mehr Sicherheit genug gewähren konnten. Verständen die Engländer, in der Zeit zwischen den Jagdsaisons, diesen Pferden die Hinterhand richtig zu bearbeiten und zu belasten, so würden sie an ihnen nicht nur jahrein, jahraus die angenehmsten Promenadenpferde, sondern auch viel sicherere und ausdauerndere Jagdpferde haben und sie ohne Pflaster und Salben bis ins hohe Alter hinein benutzen können. Es ist zu bedauern, daß eine Nation, bei der die Liebe für das Pferd allgemein ist und die in der Zucht und Erziehung desselben unbestritten den ersten Platz einnimmt, einer Kunst so ganz untreu geworden ist, die früher auch bei ihr in so hoher Blüte stand, denn kein Land kann einen größeren Meister dieser Kunst und wärmsten Verehrer des edlen Pferdes aufweisen als England in seinem weltberühmten Herzog von Newcastle.

Die Gegner der Richtung des Pferdes ins Gleichgewicht eifern gegen eine Sache, die sie entweder gar nicht kennen, oder von der sie durch die falschen Jünger der Kunst, welche dieselbe durch Unfähigkeit herabwürdigen und in dem Maße Schaden anrichten als sie Nutzen stiften sollten, eine ganz unrichtige Anschauung bekommen haben. Das richtig durchgebildete Pferd verhält sich zum rohen, wie das plastische Kunstwerk zum rohen Material, aus welchem es gebildet wird; je edler der Stoff und je größer der Künstler, um so höher steigt der Wert desselben. Wer je ein edles vollkommen tätiges Pferd besessen hat und richtig zu benutzen verstand, wird seinen Wert zu schätzen wissen. Leider ist es unglaublich, wie viel Unverstand gerade in dieser schönen Kunst zutage tritt, weil jeder unfähige oder leichtsinnige Mensch, der in anderen Fächern kein Fortkommen sieht, sein Glück als Bereiter versucht. Ohne jede wissenschaftliche Erkenntnis seiner Aufgabe, oft selbst ohne die nötige körperliche Befähigung dazu, beginnt er nun, das edelste Geschöpf unserer Tierwelt handwerksmäßig, wie der Tischler das Holz, nach der Schablone zu bearbeitet, und ruht nicht eher, bis er es entweder total zerbrochen, oder dasselbe sein Meister und Herr geworden ist. Anstatt die natürlichen Bewegungen des jungen Pferdes durch Sitz und Hilfen zu fördern, stört und hemmt er sie durch seine eigene steife und und falsche Haltung, durch unnatürliche Aufrichtung der Vorhand und durch die Härte und Unzeitigkeit seiner Hilfen; so unterdrückt er nach und nach alle Fähigkeiten des Pferdes, und wenn er es zum Krüppel gemacht, wird es der natürlich schlechten Beschaffenheit desselben zugeschoben. Diesen Leuten, die in dem Pferde nur ein dummes, störrisches Geschöpf sehen, welches allein durch Püffe und Schläge untertänig zu machen ist, ist es zu danken, wenn viele Pferdezüchter und Liebhaber es ziemlich für gleichbedeutend halten, ein junges Pferd zureiten oder es zuschanden reiten zu lassen, und daß die Kunst immer mehr an Achtung verliert. Unter allen schönen Künsten ist die Reitkunst wohl die anziehendste für einen jungen Mann; mit der Leichtfertigkeit der Jugend sieht er nur die glänzenden und ansprechenden Seiten derselben, und glaubt in ihr seiner Eitelkeit, seinem Lebensmute und Kraftgefühle Genüge tun zu können. Es ist allerdings wohl für jedermann ein reizendes Schauspiel, einen geschickten Reiter sein ebenso geschicktes, mutiges Roß nach den Regeln der Kunst tummeln zu sehen. Nur wenige aber haben eine Ahnung davon, wieviel Zeit, Geduld und Mühe dazu gehört, einem Pferde diese voll-

In der natürlichen Haltung des Pferdes tragen die Vorderbeine mehr Gewicht. Ziel der Ausbildung ist, das Gewicht auf die kräftigere, tragende Hinterhand zu verlagern.

kommene Ausbildung zu geben. Hätte die Kunst nicht ihre großen Schwierigkeiten, wir würden gute Reiter und vorzügliche Pferde in Menge haben, dieselbe erfordert aber, abgesehen von allem anderen, schon Charaktereigenschaften, die sich nicht in jedem vereint finden, unerschöpfliche Geduld, feste Ausdauer bei Anstrengungen, Mut mit ruhiger Geistesgegenwart gepaart. Nur eine wahrhaftige, warme Liebe zum Pferde kann diese Eigenschaften, wenn der Keim zu ihnen vorhanden ist, zu derjenigen Höhe steigern, welche allein zum Ziele führt.

In keiner Kunst ist das Sprichwort: „Übung und Erfahrung machen den Meister" mehr zu beherzigen als in der Reitkunst. Die Natur zeigt eine Mannigfaltigkeit in ihren Schöpfungen, daß wir nicht unter Millionen Wesen derselben Art, ja nicht einmal unter den Blättern ein und desselben Baumes zwei ganz gleiche Exemplare finden. Der Bereiter kann daher nur durch Erfahrung lernen, die naturgemäßen Grundregeln seiner Kunst für das einzelne Individuum mit seinen Sonderheiten fein und richtig abzuwägen und geschickt anzuwenden. Junge Leute sind daher nicht genug zu ermahnen, ruhig und geduldig mit ihren jungen Pferden umzugehen; sie sind stets geneigt, im Gefühle ihrer Kraft dem Widerstande derselben Gewalt entgegenzusetzen und das mit roher Kraft zu brechen, was sie allmählich weich und biegsam machen sollten. Mancher alte Bereiter ist ehrlich genug, einzugestehen, daß er erst ein vernünftiger und feiner Reiter geworden, seit er den größten Teil jener Körperkräfte verloren, und daß er seitdem von seinem Pferde alles das in ruhiger, sicherer Weise erlangt, was er früher nur durch harte Kämpfe erreichen zu können glaubte.

Wie ich schon einmal gesagt, ist die Ausbildung des Reitpferdes eine naturgemäße Gymnastik, durch welche sein gesamtes Muskelsystem geübt wird, dem Skelette diejenigen Richtungen zu geben, welche der Reiter gebraucht. Die Kräfte organischer Wesen haben die Natur des Magneten; wie dieser durch allmähliches Steigern des zu tragenden Gewichtes an Kraft gewinnt, so steigern sich auch die Kräfte des Pferdes immer höher durch wohl abgemessene Übungen. Indem so die Dressur in der Hauptsache die Entwicklung und Regelung der körperlichen Kräfte des Pferdes bezweckt, kann sie nicht umhin, auch das geistige Vermögen desselben in Anspruch zu nehmen und zu vervollkommnen. Durch den langen, intimen Umgang mit seinem Meister wird das Pferd unendlich intelligent und aufgeweckt; da es so viel zu lernen hat und fortdauernd angehalten wird, den leisesten Wink des Reiters zu beachten, werden seine geistigen Kräfte mit denen des Körpers gleichmäßig geübt, so daß es in dem Grade anhänglich und zutraulich zu seinem Herrn wird als es an Fertigkeit in seinen Schulen zunimmt, die es, wenn die Ausbildung vollendet ist, mit einer Art von freudigem und stolzem Selbstbewußtsein ausführt.

Wie der Soldat Jahre bedarf, um vom ungehobelten Rekruten durch mühsame Schulung seines Körpers und Geistes ein richtig funktionierender Teil der großen Maschine zu werden, so bedarf auch das Pferd einer langen, sorgsamen Übung seiner einzelnen Körperteile und geistigen Fähigkeiten, ehe es imstande ist, den feinen Hilfen des Reiters prompt Folge zu leisten und seinen Körper mit Leichtigkeit und Anstand nach allen Richtungen hin zu bewegen. Es ist daher Scharlatanerie oder reiner Unverstand, wenn Leute sich damit abmühen, künstlich konstruierte Zäumungen oder andere Maschinerien zu erdenken, die die mühsame Bearbeitung des Pferdes unnötig machen, und das rohe Pferd sogleich befähigen sollen, wie ein tätiges, allen Hilfen in richtiger Weise Folge zu leisten. Durch schmerzhafte Einwirkungen kann man sich von jedem Pferde wohl momentan künstliche Richtungen und diesen entsprechende Bewegungen erzwingen, sehr bald aber wird dasselbe die Mittel finden, sich einer so unvernünftigen Gewalt zu entziehen. Solche Versuche enden daher stets mit Widersetzlichkeiten, oft mit dem Ruine des Pferdes. Hätte das Pferd die Natur des Eisens, das man durch die Glühhitze erweichen und dann nach Belieben formen kann, dann wäre es wohl möglich, es in einer einzigen Lektion in die Richtung des Gleichgewichtes oder auf die Hanken zu bringen, solange dies aber nicht der Fall ist, wird man, wie nach dem Steine der Weisen vergeblich nach einem Mittel suchen, das die Dressur unnötig machen soll. Diese, dem rohen Pferde fremden Richtungen setzen immer eine große Freiheit und Beweglichkeit der Gelenke und eine gründliche Ausbildung der an den zu bewegenden Knochen angehefteten Muskeln voraus, welche nur ganz allmählich durch konsequente, für das Pferd oft sehr mühsame und schmerzerregende Übungen erreicht werden kann. Der Mensch erinnere sich nur, wie schmerzhaft ihm bei den einzelnen Körperübungen im Anfange die dabei am meisten tätigen Glieder werden. Wie schmerzhaft affiziert wird das Genick beim Schwimmen, das Handgelenk mit den Armmuskeln beim Fechten, die Gelenke und Muskeln der Schenkel beim Reiten und Schlittschuhlaufen etc. Dem jungen Pferde ergeht es nicht besser, wenn es sich in einer ihm ungewohnten Stellung bewegen muß; der Bereiter habe daher viel Geduld mit dem armen Tiere und halte es nicht für

Eigensinn, wenn es sich in einzelnen Lektionen sträubt, Stellungen anzunehmen, die es Tage vorher schon besser geleistet hat; es sind die nachkommenden Gelenk- und Muskelschmerzen, gegen die es sich sträubt.

Aus diesen Gründen ist es auch Scharlatanerie oder ein Beweis von großem Unverstande, wenn jemand sich rühmt, jedes Pferd innerhalb eines bestimmten Zeitraumes tätig machen zu können, und seinen Anhängern nicht nur die stufenweise Folge der Übungen sondern auch die Dauer derselben vorschreiben will. Jeder praktische Reiter wird wissen, wie viel Schwierigkeiten ein einzelner, von der Natur ungünstig geformter Teil des Pferdes bei seiner Ausbildung verursachen kann, wie zum Beispiel Hals und Genick oft monatelange Arbeit kosten, ehe man durch dieselben richtig und naturgemäß auf die Hinterhand wirken kann. Das großartigste Beispiel solcher Marktschreierei hat uns der Herr Baucher gegeben, der durch die Dreistigkeit seiner Behauptungen und Ungeheuerlichkeit seiner Versprechungen die gesamte Reiterwelt in Bewegung und Verwirrung versetzt hat. Seine Methode besteht darin, dem Pferde in raffinierter Weise nach und nach seine Naturkräfte, die Herr Baucher als seine Feinde betrachtet, zu rauben und es dadurch unterwürfig zu machen. Er macht daher seine Pferde durch unnatürliche Biegungen und Verdrehungen auf der Stelle so welk und schlaff, und nimmt den Hinterfüßen ihre natürliche Wirksamkeit nach vorwärts so gründlich, daß solche armen Geschöpfe allen Halt verlieren und für gar keinen praktischen Zweck mehr tauglich sind. Der Anhänger der natürlichen Richtung macht seine Pferde vor der Zeit für den Reitdienst unbrauchbar, weil er die Schultern und Vorderfüße durch Überlastung schwächt, er raubt ihnen aber nichts von der Schiebkraft der Hinterfüße, welche er im Gegenteil durch den naturgemäßen Gebrauch entwickelt. Solche Pferde sind daher entweder von einem geschickten Bereiter durch Biegung ihrer Hinterhand für den Reitdienst wieder brauchbar zu machen oder jedenfalls am Wagen noch zu verwerten. Ein bauchiertes Pferd dagegen ist auch dazu unfähig gemacht, da ihm die Hauptbedingung zum Ziehen und Vorwärtsgehen, die Schiebkraft, geraubt ist. Herr Baucher kann sich daher mit Recht rühmen, einzig in der Kunst dazustehen, indem er Schulen entdeckt habe, die noch kein Meister vor ihm beschrieben und gezeigt. Es sind dies die berüchtigte Schule des Rückwärtstretens, wobei er die Zügel auf den Hals wirft und die Sporen mit aller Macht in die Seiten bohrt sowie das Rückwärtsgaloppieren, wobei Herr Baucher zehn Minuten lang durch Ausschlagen des Pferdes in regelmäßigen Tempos in die Luft geprellt wird; man sollte seine Methode daher das Rückwärtssystem nennen. Nachdem dieselbe lange genug in der ganzen zivilisierten Welt gespukt hat, ist sie zum Segen des Pferdegeschlechtes dahin verbannt, wohin sie von Hause aus gehörte, in den Zirkus, wo sie dem großen Publikum Kunststückchen vorführt, die es belacht und beklatscht, wie es die Grimassen und Verzerrungen des Possenreißers mit einem Gemische von Heiterkeit und Entsetzen betrachtet. Die Produkte echter Kunst degoutieren nie den Beschauer, sie bilden den Schönheitssinn desselben immer vollkommener aus, die Travestien derselben aber erfüllen den geläuterten Geschmack mit Widerwillen.

Ich warne daher vor allem, was nur irgend dem Rückwärtssystem zuneigt also besonders vor der Arbeit auf der Stelle und der ohne Reiter. Bequeme, körperlich schwächliche und besonders ängstliche Reiter sind meistens dazu geneigt, die Bearbeitung des jungen Pferdes, dessen ungeregelte Kraftäußerungen sie fürchten, durch tote Instrumente zu betreiben. Sie bedienen sich daher des Spanischen Reiters oder Aufsatzzaumes, und zwar meist in einer Weise, daß die Federkraft der Hinterfüße, ehe sie einmal entwickelt ist, schon unterdrückt und das junge Pferd gezwungen wird, sich der übermäßig wirkenden Zäumung entweder durch Verkriechen zu entziehen, oder den Schmerz durch eine harte Anlehnung zu betäuben. In geschickten und verständigen Händen sind diese Hilfsmittel sehr nützlich und wohl zu empfehlen, sie werden aber deshalb so leicht mißbraucht, weil das arme Pferd die Anstrengungen allein zu ertragen hat und der Bearbeiter ohne direkte Mitwirkung des eigenen Gefühls selten das richtige Maß zu halten weiß.

Auch in den allergeschicktesten Händen aber können tote Werkzeuge immer nur einen gewissen Grad der Vorbildung bewirken, niemals aber den lebendiger Reiter ganz ersetzen. Das feine Gefühl des geschickten Bereiters weiß die Momente und Grade des Eingreifens sicher herauszufinden und dadurch ein richtiges Zusammenwirken von Hand, Schenkel und Gewicht herbeizuführen, und dabei durch einen dem Pferde angemessenen, gewandten Sitz demselben die Arbeit erleichtern. Unter einem geschickten Reiter wird daher jedes Pferd stets die sichersten und schnellsten Fortschritte machen, vom Anfange der Dressur bis zu ihrem Ende.

Wenn ich durch diese allgemeinen Andeutungen auf die Schwierigkeiten hingewiesen habe, die mit der naturgemäßen, wissenschaftlich begründeten Ausbildung des Reitpferdes verbunden sind, so geschah dies nicht, um Dilettanten von einem ernsten Studium der Kunst abzuschrecken, sondern sie vielmehr zu einem solchen anzuspornen, da es bei einer richtigen Anschauung von den Grundsätzen derselben wohl möglich ist, sich durch eigenes Streben den Weg zum gewünschten Ziele zu bahnen.

Unserer Generation fehlt es weder an ritterlichem Sinne, noch an Talent, noch an den Mitteln, diese schöne Kunst wieder zur höchsten Blüte zu bringen. Würde für die alte bewährte Schulreiterei nur halb soviel getan, wie für Wettrennen und Parforce-Jagden, so stände es nicht nur trefflich um die gesamte Reitkunst, sondern es würde auch die Pferdezucht dadurch wesentlich gehoben. Die erste Grundbedingung aber, um wieder allgemeineres Interesse für eine kunstgemäße Ausübung des Reitens zu erwecken - und hierzu beizutragen ist mein Hauptstreben bei Abfassung dieser Schrift - ‚ist die, daß alles Steife, Gezwungene und Pedantische aus der Kunst verbannt und das Vorurteil beseitigt wird, als müsse der Mensch zu Pferde ein ganz anderer, sich selbst fremder in Haltung und Richtung des Körpers sein, und als müsse das Schulpferd wie in den spanischen Bock gespannt einherschreiten, während für beide die Reitkunst eine Gymnastik ist, durch welche sie die höchste Ausbildung körperlicher Kraft und Gewandtheit erreichen und dartun können.

Vom Gleichgewichte und den Abweichungen von Denselben

Nachdem wir darüber einig geworden sind, daß der Zweck der Dressur der ist, durch systematisch geordnete gymnastische Übungen die Muskulatur des Pferdes zu befähigen, dem Skelette die für den Reitdienst erforderlichen Richtungen zu geben, müssen wir darüber ins klare kommen, welches diese Richtungen sind und vor allem, was wir unter dem so oft gebrauchten Ausdruck „das Gleichgewicht des Pferdes" zu verstehen haben.

Unter Gleichgewicht des Pferdes versteht man die richtige, gleichmäßige Verteilung seines Körpergewichtes auf die vier Füße. So einfach und einleuchtend aber auch diese Erklärung ist, so schwierig ist es, bei jedem einzelnen Pferde diesen normalen Zustand seiner Körperhaltung mit Sicherheit abzuwägen und zu erhalten. Bei der unendlichen Verschiedenheit des Baues der Pferde wird auch die Richtung, durch welche ihr Gleichgewicht bedingt wird, unendlich verschieden sein. Von Natur ist das Pferd nicht im Gleichgewicht; durch das überwiegende, bedeutende Gewicht von Hals und Kopf sind die Vorderfüße stärker belastet als die Hinterfüße. Dieser Umstand erleichtert ihm im Zustande der Freiheit nicht nur seine Ernährung durch Grasen, sondern gibt ihm auch eine entschiedene Neigung zur Vorwärtsbewegung. Ein toter Körper im Gleichgewichte hat seinen Ruhepunkt gefunden und wird unbeweglich; hebt man das Gleichgewicht auf, so wird er mit der ganzen Masse sich dahin zu bewegen streben, wohin des Übergewicht liegt. Diesem Grundsatze gemäß hebt der Reiter, wenn er Schnelligkeit von seinem Pferd verlangt, die Richtung des Gleichgewichtes auf, und fördert mit Sitz und Hilfen die Richtung auf die Schultern. Bei der entgegengesetzten Richtung außer Gleichgewicht, der Richtung auf die Hanken nämlich, kann die Gewichtsmasse deshalb nicht nach rückwärts weichen, weil die Gelenkwinkel der Hinterfüße nach vorwärts wirken. Das Pferd in der Freiheit wird daher niemals freiwillig, sondern stets nur gezwungen sich rückwärts bewegen, während es alle Bewegungen vorwärts, seitwärts und in die Höhe in Momenten der Aufregung, oft aus reinem Vergnügen mit Sicherheit ausführt. Dabei weiß es mit einem so richtigen Takte den nötigen Grad seiner Sammlung zu nehmen, daß man fast nie einen Fehlsprung, ein Fallen oder Verstauchen eines Gliedes durch falsche Gewichtsverteilung beobachtet. Es geht dabei alle Grade der stärkeren Belastung seiner Hinterfüße durch von der Richtung des Gleichgewichtes bis zu der auf die Hanken. Im Naturzustande mag daher das Pferd immerhin seiner natürlichen Tendenz auf die Schultern folgen, es erleidet dadurch keinen Schaden, da es kein fremdes Gewicht zu tragen hat, seine Bewegungen nach Willkür macht und seine Hinterfüße ungehindert nach Bedürfnis zur Unterstützung der Vorhand bereit hat. Unter dem Reiter aber, wo das Pferd dessen Gewicht mit zu übernehmen hat und nach dessen Willen nicht nur bestimmte Gangarten, sondern diese auch noch in bestimmten Tempos und jede beliebige Zeit lang gehen soll, muß es, um dies mit Sicherheit und ohne Schaden für seine Beine tun zu können, ins Gleichgewicht gerichtet werden, nach dem Grundsatze, daß eine richtig balancierte Last viel leichter zu tragen und zu stützen ist als eine außer Gleichgewicht befindliche.

Die Vorderfüße sind von Natur nur zu Stützen für den Körper bestimmt; sie können sich zwar vermöge ihrer Konstruktion gleichmäßig mit den Hinterfüßen vorwärts bewegen, um das vorwärtsgetriebene Körpergewicht rechtzeitig zu stützen, sie besitzen aber keine Schieb- und Federkraft, um letzteres selbständig fortzubewegen. Die Knochen derselben ruhen daher meist senkrecht aufeinander, und die wenigen Abweichungen von dieser Richtung haben nur den Zweck, starke Prellungen zu brechen und unschädlich zu machen. Die Hinterhand hat dagegen durch ihre federartig mitwirkenden, in Winkeln gerichteten Gelenke die Fähigkeit, die Körpermasse mit großer Gewalt vorwärtszuschieben, oder, wenn die Gewichtsmasse mehr senkrecht auf sie wirkt, in die Höhe zu schnellen; sie hat daher den doppelten Zweck der Stütze und Fortbewegung zu erfüllen, zu welchem Berufe sie die Natur sowohl mit größerer Stärke im Knochenbau als auch mit sehr kräftiger Muskulatur versehen hat. Hier ist daher der Hauptsitz der Kraftäußerungen des Pferdes, die Quelle, aus der alle vorzüglichen Eigenschaften seiner Gangarten entspringen.

Hier sind, wie die alten Meister sich scherzhaft auszudrücken pflegten, die Siebenmeilenstiefel des Pferdes und die neuen Vorschuhe für verbrauchte Vorderfüße zu finden. Auf die Bearbeitung dieses Teiles, namentlich des Hüft- und Kniegelenkes, hat der Bereiter seine ganze Aufmerksamkeit zu lenken, wenn er aus seinem Pferde alles das entwickeln will, was die Natur ihm verliehen hat. Er hat diese Aufgabe erfüllt und sein Pferd vollkommen ausgebildet, wenn er die beiden in der Hinterhand ruhenden Kräfte, die Schieb- und Tragkraft, letztere in Verbindung mit der Federkraft, zur höchsten Entwicklung gebracht, und in ihren Wirkungen wie in ihrem Verhältnisse zu einander beliebig und genau abzuwägen vermag. Er kann dann den Schwerpunkt seines Pferdes in einem Momente von den Schultern auf die Hanke und von dieser zurück auf die Schultern verlegen, oder das Gleichgewicht innehalten, je nachdem er die Schieb- oder Tragkraft überwiegen läßt, oder beide in gleichmäßige Wechselwirkung versetzt, eine Vollkommenheit der Ausbildung, die nur dem wahren Schulpferde eigen ist. Der Trainer bildet beim Rennpferde nur die Schiebkraft der Hinterfüße zur möglichsten Vollkommenheit aus und kann dies nicht ohne Nachteil für die Vorderfüße, denen dadurch ein zu großes Gewicht aufgebürdet wird; der Kampagnereiter, der sich das Gleichgewicht seines Pferdes als Ziel gestellt, braucht die Tragkraft der Hinterfüße nur bis zu dem Grade auszubilden, daß sie das Übergewicht, das auf den Schultern liegt, übernehmen; der Schulreiter hingegen bildet Schieb- und Tragkraft gleichmäßig zur möglichsten Vollkommenheit aus und gibt dadurch seinem Pferde die höchste körperliche Entwicklung.

Das Gleichgewicht des einzelnen Pferdes richtig zu bestimmen ist mehr Sache des Gefühles von seiten des Reiters als der äußeren Beurteilung des Körperbaues, da der Nerv, der dem Pferde innewohnt, dabei mindestens ebenso viel mitspricht als seine körperlichen Verhältnisse. Im allgemeinen nimmt man zwar an, daß man nach dem Gange des Pferdes seine Gewichtsverteilung beurteilen könne, daß nämlich in dem Grade das stärkere Gewicht auf den Schultern ruhe als die Hinterfüße im Schritt und Trab über die Huftritte der Vorderfüße hinwegtreten, daß es im Gleichgewichte sei, wenn der Hinterfuß genau in die Spur des Vorderfußes trete, und daß in dem Maße das stärkere Gewicht auf dem Hinterteile ruhe als die Hinterfüße mit ihren Huftritten hinter denen der Vorderfüße zurückbleiben. Indessen ist diese Regel doch nur auf korrekt und gut gebaute Pferde anzuwenden. Bei Abweichungen von dem normalen Baue reicht dieselbe nicht aus, denn wir stoßen dabei auf so bedeutende Ausnahmen, daß wir in der Praxis oft das Gegenteil beobachten und Pferde finden, die mit stark belasteten Schultern die Vorderfüße mit den Hinterfüßen nicht erreichen, während andere schon stark gesammelt werden müssen, wenn sie nicht darüber hinwegschreiten sollen. Es handelt sich auch nicht darum, den vier Füßen ein absolut gleiches Gewicht zuzuteilen, denn dies würde ja ein für allemal eine gleiche Stärke derselben voraussetzen, es kommt vielmehr darauf an, die Last auf die vier Füße in dem Verhältnisse ihrer natürlichen Tragfähigkeit zu verteilen, dergestalt, daß der stärkere Teil seiner überwiegenden Kraft entsprechend stärker belastet und der schwächere in dem Grade entlastet wird.

Wie ich schon einmal bemerkt, ist die Hinterhand von Natur kräftiger gebaut als die Vorhand, nicht nur direkt durch stärkere Knochen, Gelenk- und Muskelkonstruktion, sondern auch indirekt durch die Fähigkeit, sich unter starker Belastung in ihren sprungfederartigen Gelenken biegen zu können. Diese Eigenschaft haben die Vorderfüße nicht und müssen daher vor allen plötzlichen, starken Belastungen, die bei schlecht ausgeführten Wendungen und Paraden vorkommen, sorgfältig geschützt werden. Es ist daher auch das Bestreben aller Reiter, die der Richtung des Gleichgewichtes huldigen, sie mögen nun ein richtiges Verständnis dafür haben, oder nicht, ihre Pferde aufs Hinterteil zu setzen und vorn zu erleichtern. Wie unverständig aber im allgemeinen dabei verfahren, wie oft geradezu der Natur des Pferdes entgegen gearbeitet wird, das zeigen uns die vielen als halb und ganz invalide aus der Dressur hervorgehenden Opfer derselben.

Der verständige, mit ausgebildetem Reitergefühl begabte Bereiter wird es seinem Pferde bald abfühlen, wieviel er die Hinterhand zu belasten hat, um das Gleichgewicht desselben zu gewinnen, das sich dann durch eine schöne, natürliche Aufrichtung von Hals und Kopf, durch eine freie, elastische Bewegung des Vorderschenkels aus der Schulter sowie durch eine kräftige, entschlossene Folge der Hinterhand ausdrückt. Die Mittel zur Erreichung dieses Zieles wird er mit Berücksichtigung des Baues, des Temperamentes, Alters etc. wählen, und je vorsichtiger er bei dieser Wahl verfährt, um so schneller wird er es erreichen. Bei der unendlichen Verschiedenheit im Bau der Pferde, bei den zahllosen großen und kleinen Abweichungen von der gewünschten normalen Formation der einzelnen Körperteile und ihrer Verbindung miteinander, ist Erfahrung die einzige und sicherste Lehrmeisterin bei der Wahl und Anwendung der kunstgerechten Übungen unter dem Reiter. Ein jeder Bereiter muß sein Lehrgeld in dieser Beziehung zahlen, und glücklich mag er sich preisen, wenn es ihm nicht zu teuer zu stehen kommt. Junge Leute mögen es daher niemals verschmähen, sondern vielmehr eifrig benutzen, wenn sich ihnen Gelegenheit bietet, sich von alten, erfahrenen Meistern Rat erteilen zu lassen, oder unter ihrer Leitung junge Pferde zu arbeiten. Alles Talent und persönliche Geschicklichkeit kann die Erfahrung in dieser Kunst nicht ersetzen, da es sich nicht um Bearbeitung eines toten Materials, sondern um die Ausbildung eines lebenden selbständigen Wesens handelt. Es ist kein so großes Verdienst, aus einem gut gebauten, jungen Pferde ein vorzügliches Kampagne- oder Schulpferd zu bilden als ein schwaches, unregelmäßig geformtes, wenn auch nur bedingungsweise, brauchbar herzustellen. Aus letzterem aber ein unbedingt gutes Pferd herauszuarbeiten zu wollen, ist Unverstand und wird stets mit Schaden endigen. Was die Natur dem Pferde versagt hat, kann der Reiter ihm mit aller Geschicklichkeit nicht geben, und dies ist es, was so viele vergessen und in Folge davon, oder weil sie aus Mangel an Erfahrung ihre Pferde verkennen, so grobe Fehler begehen. Es ist oft sehr schwer, begabte Pferde von wirklich mangelhaften zu unterscheiden. Junge oder schlecht gepflegte Tiere erscheinen oft schwach und krüppelhaft beim Beginn der Dressur, entwickeln aber ihre verborgenen Fähigkeiten und Kräfte im Verlaufe derselben oft dergestalt, daß sie wie umgewandelt erscheinen. Bei dieser Umwandlung hat die Kunst allerdings den Verdienst, die schwachen Kräfte durch Übung schnell zur Stärke entwickelt zu haben, sie kann aber nichts Fehlendes verleihen. Ein in seiner Hinterhand und im Rücken wirklich schwaches und gebrechliches Pferd wird kein Künstler zu einem tüchtigen Schul- oder Kampagnepferd ausbilden können; der vernünftige Reiter wird sich damit begnügen, ein solches Tier in seiner natürlichen Richtung zu belasten, seine Gangarten in derselben, so weit dies möglich, zu regeln und es dann in einem dieser Richtung entsprechenden Dienst zu verbrauchen. Solche Pferde sind freilich sehr undankbare Aufgaben der Kunst, dennoch muß sich der junge Mann nicht scheuen, auch solche zu übernehmen, um seine Geduld zu üben und seine Erfahrung zu erweitern.

Die allgemeine Klage über die Mangelhaftigkeit der Pferde ist zwar insofern richtig als allerdings mehr schlechte wie gute gezüchtet werden, und wenn wir unter den guten nur solche verstehen, die schon geborene Reitpferde sind, so sind sie sogar sehr seltene Erscheinungen. Dennoch geht es damit, wie mit der Klage über die Zeiten. Jeder glaubt die vergangenen Zeiten besser, weil er das Unangenehme derselben nicht erfahren oder verschmerzt hat, während er von den Übeln der Gegenwart unmittelbar berührt wird. Ich meinerseits halte dafür, nachdem ich die Zahl der bearbeiteten Pferde nach Hunderten berechnen kann, daß wir in Preußen uns über unsere Zucht nicht beklagen können; in unserem Trakehner Gestütspferde und dem durch dieses veredelten Ostpreußischen Pferde besitzen wir, wenngleich seit den Zeiten des verdienstvollen Herrn von Burgsdorff, seligen Angedenkens, durch die vorherrschende Benutzung des Englischen Vollblutes vielleicht die Korrektheit der Gebäude einigermaßen abgenommen hat, dennoch nächst dem Araber immer noch das beste Gebrauchsreitpferd der

Welt, wie es die dominierende Stellung unserer Kavallerie zur Genüge dartut. Wenn freilich auch unter diesen Pferden die ganz tadellosen zu zählen sind, so ist es eben die Aufgabe und der Zweck der Reitkunst, die natürlichen Mängel und Unregelmäßigkeiten zu beseitigen oder unschädlich zu machen, da das von Natur vollkommene Pferd bereits im Gleichgewicht ist.

Es ist daher mehr Grund vorhanden, über Mangel an verständigen und geschickten Reitern als über die Pferde Klage zu führen, da wir uns mit Hilfe jener viele vorzügliche Pferde mehr schaffen könnten aus solchen, die jetzt infolge falscher Bearbeitung durch Mangel an Gleichgewicht vor der Zeit zugrunde gehen. Man nehme daher die Pferde, wie sie sind, und bilde sie sich, wie sie sein sollen, indem durch naturgemäße, systematische Übung ihrer Muskulatur sie zu einer zweckmäßigen Richtung ihres Skelettes befähigt. Man vergesse nie, daß die Dressur eine geregelte Gymnastik, aber keine Zwangsmethode sein soll, daß der Körper des Pferdes in die gewünschte Form nicht auf einmal hineingepreßt, sondern allmählich befähigt werden soll, dieselbe zwanglos anzunehmen. Fehler in der Richtung des Skelettes lassen sich nur durch stufenweise, geduldige Übungen ohne Nachteil für die Gesundheit heben, werden dann aber auch gründlich beseitigt, und auf diese Weise wird ein für den Reitdienst scheinbar unbrauchbares Pferd zu einem normalen umgewandelt.

Reiter, denen es noch an Erfahrung mangelt, mögen daher nicht verzweifeln, wenn sie Pferde mit widrigen Hälsen, festem Rücken, hoher Hinterhand oft Monate lang in einfachen Trabübungen arbeiten müssen, ehe sie imstande sind, auf jene Teile zu wirken, die das fehlende Gleichgewicht herstellen müssen. Die allmähliche Gewinnung desselben erkennen sie dann nicht nur an der äußeren vorteilhaften Umgestaltung des Pferdes, wie ich sie bereits angedeutet, sondern auch hauptsächlich durch das Gefühl, indem das Pferd in dem Maße des gewonnenen Gleichgewichtes seinen Reiter in die senkrechte Richtung versetzt und in derselben erhält, seine Anlehnung an das Mundstück weicher und gleichmäßiger nimmt, und bei Wendungen und künstlichen Stellungen seinen Gang regelmäßig einzuhalten vermag. Die Richtung des Gleichgewichtes wird in dem Grade sicherer begründet, als man darüber hinaus die Hinterhand ohne Nachteil stärker belasten also die Tragkraft derselben vollkommener ausbilden kann. Je vollkommener dies geschieht, desto mehr verlieren sich dann auch die Unregelmäßigkeiten im Baue des rohen Pferdes, und ist es dadurch möglich, ein von Natur häßliches Pferd zu einem harmonisch schönen umzuschaffen und ihm dadurch einen vielfach höheren Wert zu verleihen.

Der Reiter, der das Pferd und die Reitkunst wirklich liebt, sei daher bemüht, sich durch Belehrung und namentlich durch Selbstübung eine sichere Beurteilung des rohen Pferdes vermittels des Auges und des Gefühls anzueignen, damit er sich nicht im Alter mit Bedauern den Vorwurf machen muß, manch gutes Material ruiniert und sich oder anderen dadurch großen Verlust zugefügt zu haben, der Sünde nicht zu gedenken, die darin liegt, ein so nützliches und edles Geschöpf, wie das Pferd ist, zwecklos zu verkrüppeln. Er übe seine Geduld und Geschicklichkeit an schwachen Pferden, und gebe ihnen den Grad von Gewandtheit und Regelmäßigkeit des Ganges, dessen sie in der Richtung auf den Schultern fähig sind. Er übe ferner seine Geduld, Ausdauer und Kraft auf verbauten, aber kräftigen Pferden und lerne an der Widerstandsfähigkeit und den natürlichen Kraftäußerungen das wirkliche Vermögen des Pferdes richtig erkennen.

Die systematische Dressur des jungen Pferdes

Von der Longenarbeit

Die erste Sorge des Bereiters sei darauf gerichtet, das Gemüt des jungen, bis dahin ungebundenen Pferdes ruhig zu erhalten und vor Mißtrauen oder Furcht zu bewahren. Er sehe deshalb darauf, daß es im Stalle von seinen Wärtern sanft, freundlich und mit großer Geduld behandelt werde. Liebkosungen, Spielereien und Verhätschelungen durch Zucker, Brot etc. zum Zeitvertreib taugen nichts im Stalle bei jungen Pferden. Sie veranlassen dieselben zu Neckereien, die sehr leicht, namentlich bei den Hengsten, in gefährliche Fehler ausarten und ihnen das Beißen und Schlagen lehren. Eine gleichmäßige, ruhige Behandlung wird das gutmütige Pferd gemütlich erhalten, und das schüchterne, nervöse oder mißtrauische allmählich beruhigen. - Beim Beginn der Arbeit bleibe man diesem Grundsatze getreu und tue dem jungen Tiere so wenig wie möglich Zwang an. Man longiere es zunächst und lege ihm zu diesem Zweck einen einfachen Gurt, Wassertrense und weichgepolsterten Kappzaum auf. In letzteren wird die Longe geschnallt, die Zügel der Trense aber so ausgebunden, daß sie bei einer mäßig herbeigezäumten und tiefen Stellung von Kopf und Hals in sanfter Anspannung sind. So lasse man es auf beiden Händen in entsprechenden Reprisen sich bewegen und sehe dabei anfangs weder streng auf das Einhalten einer bestimmten Gangart noch des Zirkels.

Noch an keine Biegung seines Körpers gewöhnt, wird es stets das Bestreben haben, in gerader Linie den Zirkel zu verlassen und daher bald nach innen bald nach außen abweichen. Diesem Bestreben muß die übereinstimmende Arbeit von Longe und Peitsche in ruhiger Weise entgegenwirken, bis es gelernt hat, eine sichere Anlehnung an die Leine zu nehmen und deren Führung Folge zu leisten. Diese Anlehnung nimmt das junge Pferd schneller und williger am gutgepolsterten Kappzaum als wenn die Longe in das Kinnstück der Trense geschnallt ist, weil ersterer auf das feste und weniger empfindliche Nasenbein wirkt, während im letzteren Falle die Leine bei jedem Anzuge, der zur Erhaltung des Zirkels nötig ist, die Anlehnung an das Mundstück stört und das Pferd nicht nur von demselben abschreckt, sondern ihm auch leicht allerlei Unarten als Ausweichen mit der Zunge über das Gebiß, Zungenstrecken, Vorschieben des Unterkiefers etc. lehrt, Übelstände, die dem Reiter später seine Arbeit auf lange Zeit erschweren. Das junge, mutige Pferd, das bisher seinen Neigungen ungehindert folgen konnte, wird anfangs an der Leine das Bedürfnis haben, sich durch Laufen und Springen auszutoben, und daher keine bestimmte

Das junge Pferd mit Kappzaum an der Longe in beginnender Längsbiegung

Gangart einhalten. Der verständige Bereiter wird all solche Unregelmäßigkeiten, die aus dem Gefühl der Lebenskraft, technisch Stallmut genannt, entspringen, mit Nachsicht behandeln, da sie sich allmählich bei entsprechender Arbeit von selbst verlieren. Es ist für das Pferd, wenn sonst das Terrain für diese Arbeit durch einen ebenen und lockeren Boden geeignet ist, kein Nachteil von solchen Sprüngen und heftigen Bewegungen zu fürchten, denn es befindet sich ja noch so gut wie im Zustande der Freiheit, und in diesem weiß es instinktmäßig sich richtig zu stützen und zu balancieren. Wird dasselbe aber durch falsche Anzüge der Leine oder durch eine zu starke Wirkung der ausgebundenen Zügel, die es in eine zwangvolle Stellung bringen, an dieser natürlichen Freiheit seiner Glieder gehindert, so kann es sehr leicht durch Fallen, Gleiten oder Verstauchungen Schaden nehmen. Es ist daher ein ganz falsches Verfahren, die jungen Tiere gleich mit dem Longierzaume durch vier Zügel, von denen zwei nach oben und zwei nach unten wirken, so zusammen zu schnüren, daß alle Freiheit der Bewegung also auch die Vorwärtsbewegung gehemmt ist, und es nur mit Hilfe der Peitsche gewaltsam vorwärts getrieben werden muß. Hierbei kommen dann all' die Lähmungen und andere Unglücksfälle vor, die so sehr beim Longieren gefürchtet werden. Die Dressur des Pferdes ist eine Erziehung desselben. Warum will man sich nicht die ungeheuren Fortschritte, die in neuerer Zeit in der Pädagogik gemacht sind, mit Hilfe welcher die jüngsten Kinder das spielend und in der halben Zeit lernen, was man ihnen sonst Stück für Stück mit dem Rohrstock einbläuen zu müssen glaubte, zu Muster dienen lassen, und dem jungen Pferde das unvermerkt und spielend lehren, was noch keine ernste Anstrengung erfordert. Muß diese erst im Laufe der Dressur verlangt werden, so ist der Reiter oft mehr zu Strafen und Anwendung von Gewalt gezwungen, als ihm bei der Liebe, die er zu seinem Zöglinge, wenn er sie nicht hat, doch haben sollte, angenehm sein kann. Wie der erfahrene Lehrer bei jugendlichen Streichen seiner Schüler sehr wohl den Übermut und Leichtsinn von der Bosheit und Tücke unterscheiden wird, so muß auch der Bereiter Äußerungen des jugendlichen Übermutes von böser Disposition des Charakters beim jungen Pferde wohl zu trennen wissen. Während er gegen erstere Nachsicht übt und sie sich durch sich selbst austoben läßt, wird er Ungezogenheiten, die aus letzterer ihren Ursprung verraten, Ernst und Strenge entgegensetzen, und daher Beißen, absichtliches Schlagen mit Vorder- oder Hinterfüßen etc. mit der Peitsche oder durch Schneller mit der Leine nachdrücklich bestrafen.

Ist der Stallmut des Pferdes gedämpft, so kann man ihm mit den Trensenzügeln so viel Biegung geben als dem von ihm einzuhaltenden Zirkel angemessen ist, indem man den inneren Trensenzügel gegen den äußeren so viel verkürzt, daß, wenn das Pferd richtig gebogen auf dem beabsichtigten Zirkel geht, beide gleichmäßig anstehen. Im allgemeinen muß man sich merken, daß, je größer der Zirkel, um so mehr dem noch nicht durchgebogenen Pferde das Gehen darauf erleichtert wird, weil er der geraden Linie am nächsten kommt; je kleiner dagegen der Zirkel, um so mehr wirkt er hemmend auf die Vorwärtsbewegung. Nach diesem Grundsatze benutze man das Verkleinern des Zirkels als Mittel, die übereilten Gänge zu mäßigen und das Erweitern desselben, um verhaltene Gangarten räumiger und aktiver zu machen. Da der kleine Kreis eine starke Biegung des ganzen Körpers vom Pferde verlangt, so kann man ihn als wirkliche Lektion erst dann anwenden, wenn dasselbe allmählich durch längere Übungen dazu vorbereitet ist; als Hilfe gegen zu stürmisches Vorwärtseilen möge man ihn aber jederzeit momentan anwenden.

Um das willkürliche Abweichen des rohen Pferdes vom vorgeschriebenen Kreise zu vermeiden, wenden einige die Konterstellung an, das heißt, sie richten Kopf und Hals mit dem entsprechenden Zügel nach außen. Wie soll aber das junge Pferd in dieser schwierigen Stellung eine

Die richtige Längsbiegung des Pferdes auf der Zirkellinie

Linie einhalten können, die es aus Mangel an Anlehnung und Biegung in der einfachen und natürlichen Richtung nicht halten kann? Es wird dadurch nur gezwungen, nach außen zu drängen, und muß durch die Leine mit Gewalt auf dem Zirkel erhalten werden, was den ganzen Körper in eine schiefe Richtung versetzt und daher das natürliche Gleichgewicht des Pferdes gewaltsam aufhebt. Die Regelmäßigkeit des Ganges und das Einhalten des Zirkels finden sich von selbst mit der richtigen Anlehnung an die Leine und das Mundstück der Trense, da die erstere die nötige Entwicklung der Schiebkraft, das heißt, ein entschlossenes Vorwärtsgehen, und letztere die erforderliche Stellung von Kopf und Hals bedingt. Diese Anlehnung aber kann nur allmählich durch richtiges Zusammenwirken von Leine und Peitsche gewonnen werden.

Leine und Peitsche müssen, wenn sie nicht mehr schaden als nutzen sollen, von fachverständigen Männern geführt werden, die einander wohl verstehen und sich gegenseitig prompt zu unterstützen wissen. Der Leinenführer hat seinen Standpunkt in der Mitte des Kreises, und bildet gleichsam das Zentrum desselben; er hat die Kreisbewegung des Pferdes derart mitzumachen, daß er sich auf der Stelle dreht und mit seiner äußeren Schulter der inneren des Pferdes gegenüber bleibt, wobei er die Vorhand desselben stets im Auge behält. Er vertritt die Hand des fehlenden Reiters, das heißt, repräsentiert die verhaltenden Hilfen und wird daher hauptsächlich zur Tätigkeit kommen, wenn das Pferd zu stürmisch geht und nach außen drängt. Hingegen soll die Peitsche die vortreibenden Hilfen des Reiters ersetzen; sie muß daher den Gang des Pferdes erhalten und durch denselben die Anlehnung bewirken. Der Peitschenführer folgt daher dem Pferde in einer solchen Entfernung, daß er dasselbe jederzeit erreichen kann und hat dabei hauptsächlich die Hinterhand in ihrer Tätigkeit zu beobachten. Je mehr er sich bei diesem Folgen der Kreislinie des Pferdes nähern kann, um so besser ist es, weil er dadurch um so direkter hinter dasselbe kommt, wodurch seine Hilfen auch direkter vorwärtsstreibend werden. Es ist daher sehr vorteilhaft, für diesen Posten einen jungen, gewandten, mit guten Lungen versehenen Mann einzuüben, der bei trägen und rückhaltigen Pferden in den rascheren Gangarten andauernd folgen kann. Er führt dabei die Peitsche gehoben und dem Pferde so zugewandt, daß dasselbe sie mit dem inneren Auge sehen kann, und läßt sie, wenn dies nötig ist, auf die Hinterschenkel wirken. Bei vorkommenden Unregelmäßigkeiten müssen Leine und Peitsche aber ihre Hilfe in vielfacher Weise verändern, um denselben entgegenzuarbeiten. Drängt das Pferd nach innen, so muß die Peitsche es dadurch wieder hinaustreiben, daß der Führer derselben sie gegen die innere Schulter richtet, zu welchem Zwecke er sich mehr der Leine nähert. Drängt es nach außen, so hat er sich passiv zu verhalten, und nur darüber zu wachen, daß es nicht ins Stocken gerät. Stürmt es zu sehr vorwärts, so muß er ihm sich und sein Instrument so wenig wie möglich zeigen und deshalb dicht hinter dem Leinenführer seinen Platz einnehmen. Beim plötzlichen Halten, dem in der Regel sehr bald das Umkehren folgt, muß er schleunigst hinter das Pferd springen und entschlossen vorwärts treiben, um dem letzteren womöglich noch vorzubeugen. Gelingt ihm dies aber nicht mehr, so muß er dem Pferde direkt entgegeneilen und es energisch auf seinen Platz zurückschrecken. Bei allen diesen Gelegenheiten muß der Leinenführer seinerseits die entsprechende Unterstützung gewähren. Beim Drängen nach innen, bei verhaltenem Gange und namentlich bei Stockungen desselben muß er seinen Stand verlassen und, um vorwärts wirkende Anzüge geben zu können, dem Pferde auf einem entsprechenden Zirkel vorschreiten; beim Drängen nach außen muß er so lange durch feste Anspannung der Leine kräftigen Widerstand leisten, bis das Pferd nachgibt und durch Annehmen der nötigen Biegung den richtigen Kreis gewinnt. Beim Stürmen muß er es durch allmähliche Verkleinerung des Zirkels in seiner Schiebkraft mäßigen, und die zu feste Anlehnung muß er durch abwechselndes ruhiges Anziehen und Nachgeben mit der Leine vermindern. Die Anzüge der Leine dürfen nie plötzlich und direkt dem Zentrum zugerichtet sein, sondern müssen stets mehr oder weniger vorwärts ziehend wirken, damit das Pferd nie plötzlich und gewaltsam in seiner Richtung gestört wird. Das Fehlen gegen diese Regel veranlaßt nicht nur leicht das Umdrehen, sondern hat auch oft Schulterlähmungen oder Verstauchungen der Gelenke von Vor- und Hinterhand zur Folge. Ebensowenig darf das junge Pferd durch harte Schneller auf die Nase oder wohl gar ins Maul mit dem Gebisse gestraft werden, da dieselben durch die harten und falschen Paraden höchst nachteilig für die Hinterbeine werden können, und Spat, Hasenhacken etc. erzeugen. Mit Ruhe und Geduld kommt man stets am sichersten vorwärts, besonders beim jungen Pferde, wo man es im allgemeinen mehr mit Stallmut als mit Eigensinn zu tun hat. Gegen diesen jugendlichen Übermut aber ist entsprechende Arbeit das beste und zweckmäßigste Mittel, da sie die Kräfte übt, das Temperament regelt und das Gemüt ruhig und ohne Mißtrauen erhält. Bei Zuteilung der Arbeit vergesse man nicht, daß die Ausdauer erst durch allmähliche gesteigerte Übung erlangt werden kann, wodurch die Organe der Bewegung nach und nach mehr ausgebildet und gestählt werden. Man lasse sich daher bei temperamentvollen Pferden nicht täuschen, wenn sie bei Beginne der Lektion viel Feuer und Eifer zeigen; diese gehen oft, von ihrer Lebendigkeit hingerissen, über ihre natürlichen Kräfte hinaus und schaden sich dadurch, anstatt sich zu kräftigen. Überhaupt vermeide man es, jungen Pferden gleich starke Schweiße zu geben, da unser Pferd sehr zu Erkältungen und infolge dessen zu entzündlichen Krankheiten geneigt ist. Der Grund davon ist in unserer künstlichen Pflege zu suchen, da wir durch warme Ställe und warme Bedeckungen in denselben ein möglichst feines Haar zu erzielen suchen, das nachher nicht hinreichenden Schutz gegen unser rauhes Klima gewährt. Im freien Zustande versieht die Natur das Pferd mit der entsprechenden Bekleidung, so daß das Pferdegeschlecht nördlicher Länderstriche die härteste Kälte und das rauheste Wetter ohne allen Nachteil erträgt. Junge Pferde, die erst kurze Zeit vorher aufgestallt sind, müssen durch mäßiges, leichtes Futter und vorsichtige Arbeit an ihr neues Verhältnis gewöhnt werden. Druse, hartnäckiger Husten, wenn nicht noch ernstere, krankhafte Zustände unterbrechen sonst die kaum begonnene Arbeit, und verursachen oft einen langen Zeitverlust, den man mit mehr Vorsicht hätte vermeiden können.

Die Arbeit an der Longe ist als Vorbereitung für die Übungen unter dem Reiter sehr zweckmäßig und in vielen Fällen unentbehrlich. Das ganz rohe Pferd wird dadurch vetrauter mit dem Menschen gemacht, wird in der leichtesten Weise an Arbeit, an Aufmerksamkeit und Gehorsam gewöhnt und gewinnt bereits an Biegsamkeit und Gewandtheit, insoweit dies in seiner natürlichen

Körperrichtung möglich ist, denn das richtige Einhalten einer Kreislinie bedingt eine der Größe derselben entsprechende Biegung seines Körpers. Bei sehr jungen oder kraftlosen Pferden möge man sie daher so lange fortsetzen, bis dieselben das Gewicht des Reiters ohne Nachteil tragen können, da eine mit Einsicht geregelte Übung ihrer Kräfte immer nützlicher sein wird als eine träge Existenz. Man glaube aber nicht, daß man in dieser spielenden Weise, um es sich oder dem Pferde dadurch leichter zu machen, auch richtend auf das letztere einwirken und allmählich sein Gleichgewicht oder gar seine Hankenbiegung gewinnen könne. Man kann sich zwar durch tote Maschinen, wie der Aufsatzzaum und spanische Reiter, eine künstliche Aufrichtung der Vorhand und eine dadurch erzwungene Belastung der Hinterhand gewaltsam verschaffen, jedoch stets auf Kosten der natürlichen Kräfte des Pferdes, denn diese toten Werkzeuge wirken dadurch so nachteilig, daß sie die Sprungfedern der Hinterhand wohl belasten, aber nicht entlasten, und daher ihre Federkraft nach und nach zerstören, wie die beste Feder von Stahl oder anderem Material ihre Wirksamkeit verliert, wenn sie längere Zeit durch eine gleichmäßige Gewalt unterdrückt wird. Der Reiter mit feinem, richtigem Gefühle kann allein die organischen Federn der Hinterfüße richtig bearbeiten, sie biegsam machen und ihre Kraftäußerung erhöhen. Er allein kann den Grad und den Zeitpunkt der Belastung richtig abmessen und durch Nachgeben die Entlastung befördern. Nur durch diese wohl abgewogene Biegung und Streckung können die Gelenke ihre höchste Kraftentwicklung erlangen und das zu tragende Gewicht leicht und elastisch fortbewegen. Wie ich schon einmal erwähnt, können die organischen Kräfte gleich der Kraft des Magneten durch entsprechende Übung unendlich vermehrt werden, jedoch nicht durch tote Maschinen, sondern nur durch die Einwirkungen des denkenden und fühlenden Reiters. Man täusche sich nicht über die scheinbar freien und erhabenen Bewegungen unter dem spanischen Reiter; sie sind nicht natürlich, sondern krampfhaft. Durch die gewaltsam hochgeschraubte Halsstellung werden die Aufheber der Vorderschenkel übermäßig angespannt und wirken krampfhaft auf die durch sie bewegten Knochen. Die durch diese erzwungene Richtung der Vorhand mehr gehemmte als belastete Hinterhand folgt kriechend nach, und so sehen wir das in allen Teilen gezwungene und gespannte Pferd sich durch unnatürliche Anstrengung fortbewegen. Wie jede unnatürliche Anstrengung in dem Grade Erschlaffung hinterläßt als die Kräfte dadurch aufgerieben worden sind, so sehen wir nach diesen Übungen das arme Tier haltlos in sich zusammenfallen und die Muskeltätigkeit nach und nach erschlaffen. Auch auf das Maul wirken diese toten Werkzeuge verderbend ein, indem sie durch ihre stete, gleichmäßige Wirkung das Pferd entweder zu einem fehlerhaften Stützen darauf veranlassen und dadurch das tote Maul erzeugen, oder es zwingen, sich demselben ganz zu entziehen und hinter dem Zügel zu gehen. Während die gute Hand des Reiters jedes Abstoßen des Pferdes durch Nachgeben belohnt und die richtige Anlehnung durch stete, aber sanfte Führung der Zügel erleichtert, wird der tote Aufsatzzügel mit seiner Härte Fehler erzeugen, die später sehr schwer, wenn überhaupt zu beseitigen sind. Wer daher den wahren Zweck der Dressur erfüllen und die Naturgaben seines Pferdes vollkommen ausbilden, aber nicht schwächen will, der bediene sich der toten Werkzeuge nur durch Vermittlung des Reiters zur Erreichung der künstlichen Richtung, damit durch dessen Gefühl die Wirkungen derselben stets richtig abgemessen und rechtzeitig erfolgen. In geschickter Hand wird jede Zäumung nicht nur unschädlich, sondern auch wirksam, weshalb eine ängstliche Auswahl derselben nicht nötig ist; dennoch wird im Anfange die einfachste die beste sein, da sie das junge Pferd am wenigsten irritieren kann.

Wer aus Liebhaberei oder aus Rücksicht für sein Pferd die Longenarbeit lange ausdehnt, wird immer genug gewinnen, wenn er durch Herbeizäumen von Kopf und Hals in der entsprechenden Richtung die Muskeln der Vorhand geschmeidig macht und die Schiebkraft der Hinterfüße entwickelt. Beides sichert ihm später unter dem Reiter eine sichere Anlehnung also die erste Bedingung zur Wirkung auf die Hinterhand. – Wer aber sein Pferd möglichst schnell vorwärts bringen will, der besteige es, sobald es dazu befähigt und vorbereitet ist, denn nichts kann die Einwirkungen des Reiters ersetzen. Alle Dressur beruht auf der richtigen Zusammenwirkung vortreibender und verhaltender Hilfen, deren Verhältnis nur durch das Gefühl geregelt werden kann, welches allein durch die unmittelbare Berührung mit dem Pferde und die dem eigenen Körper durch die Bewegungen desselben mitgeteilten Schwingungen erzeugt wird.

Die Vorbereitung des Pferdes vollende man in richtiger Folge zunächst dadurch, daß man ihm statt des Gurtes den Sattel auflegt. Man gebrauche dabei die Vorsicht, es anfangs in der Bahn an der Longe zu satteln, damit, wenn es sich gegen diesen ihm neuen Druck durch krummen Rücken wehren sollte, ihm gleich den nötigen Raum gewähren kann, sich ordentlich abzuspringen. Die Bügel müssen hochgezogen, und wohl befestigt werden, damit sie durch ihr Anschlagen nicht Furcht erregen, und die Gurte anfangs mäßig und nach jeder Reprise etwas fester angezogen werden, damit das junge Tier nicht das Aufblasen lerne. Hat dasselbe von Natur eine schlechte Sattellage, so bemühe man sich nicht, durch Vorgurt oder Schweifriemen, diesem Übelstande abzuhelfen, sondern warte geduldig ab, bis sich durch das Gleichgewicht und die Formation des Pferdes während der Dressur die gute, sichere Sattellage von selbst findet. Leidet das junge Pferd die herabhängenden Bügel und das Anschlagen derselben ohne Mißtrauen, so lasse man zunächst nach jeder Lektion einen Reiter vorsichtig einige Male auf- und absitzen, wobei er jede unangenehme Berührung des Pferdes sorgfältig zu vermeiden hat. Er stütze daher sein Gewicht sehr vorsichtig sowohl auf den Bügel, wie in den Sattel, und mache alle Bewegungen unter freundlichem Zureden gewandt aber langsam. Zeigt es auch hierbei keine Furcht oder Mißtrauen mehr, so lasse man es, vom Longenführer kurz geführt, den Zirkel im Schritt ein- bis zweimal abgehen. So gewöhne man es zunächst an den völlig passiv verbleibenden Reiter, bis derselbe allmählich die Führung durch Hand und Schenkel übernehmen kann, und in dem Maße die unterstützende Mitwirkung von Leine und Peitsche sich vermindert und zuletzt ganz aufhört. Wie lange man bei den einzelnen Abstufungen dieser Übungen zu verweilen hat, richtet sich ganz nach dem Charakter und der Intelligenz des Pferdes und muß der Beurteilung des Bereiters allein anheim gestellt bleiben; man beherzige aber dabei stets das alte Sprichwort „Eile mit Weile", denn Übereilungen rächen sich stets durch großen Zeitverlust. Man nehme ferner jede neue Übung zum Schlusse der Lektion vor, da das Pferd dann nicht nur am sichersten seinen Stallmut und seine Empfindlichkeit im Rücken verloren haben wird, sondern auch die Beendigung der Arbeit als eine Belohnung für seinen Gehorsam ansehen wird.

Vom Anreiten des jungen Pferdes, oder der Entwicklung der Schiebkraft in der natürlichen Richtung desselben

Es ist eine sehr verbreitete, aber ganz falsche Ansicht, daß das junge Pferd, dessen Gefühl noch nicht ausgebildet ist und das weder Zügel noch Schenkel kennt, für die ersten Übungen keines feinen Reiters bedürfe, sondern durch den ersten, besten Reitknecht, der genug Sitz hat, um sich nicht abwerfen zu lassen, aus dem Gröbsten herausgearbeitet werden könne. Wie jeder Vater es vorziehen wird, den ersten Elementarunterricht durch einen wissenschaftlich gebildeten Mann als durch einen beschränkten Schulmeister seinen Kindern erteilen zu lassen, so sollte doch auch jeder Pferdebesitzer sein junges Pferd von vorneherein einem gebildeten, kunstgerechten Bereiter übergeben. Dieser wird es nicht nur in Tagen spielend dazu bringen, wozu der rohe Reitknecht Monate gebraucht, sondern er wird auch durch seine Gewandtheit, sich in die natürlichen Bewegungen des Pferdes zu schicken und seine Einwirkungen auf dasselbe stets den Umständen gemäß richtig abzuwägen, das junge Tier vor allen üblen Eindrücken auf Gemüt und Charakter bewahren, während der mechanische Reiter durch seine Härte und Gefühllosigkeit nicht nur jede Bewegung unendlich erschwert, sondern sehr oft auch den Keim zu all' den Widersetzlichkeiten legt, die später so schwer zu beseitigen und deshalb so sehr gefürchtet sind. Solange das Pferd noch an der Longe geht und es sich mehr darum handelt, es an das Gewicht und die Berührung des Mannes zu gewöhnen, ist es wohl zulässig, einen leichten, steten, wenn auch sonst ungebildeten Reiter dazu zu verwenden; sobald es aber durch den Reiter selbstständig geführt werden soll, gehört dazu ein gebildeter und gefühlvoller Mann. Deshalb sollte von diesem Momente an nur der Bereiter das junge Pferd besteigen und es eifersüchtig vor jeder fremden Einmischung bewahren.

Seine Aufgabe ist nun zunächst, die Schiebkraft, das heißt, die Gehlust des Pferdes in seiner ganz natürlichen Richtung zu entwickeln. Jedes rohe Pferd wird unter dem Reiter verhaltener und gebundener treten als an der Hand, weil die Freiheit seiner Bewegungen teils durch das absolute Gewicht des Reiters, teils durch die ungewohnte Berührung desselben mehr oder weniger beschränkt wird. Man sieht dies recht deutlich bei den Musterungen des jungen Pferdes beim Händler; an der Hand wohl eingeübt, kommen sie mit erhabener Hals- und Kopfstellung und Schweif förmlich angeflogen, während sie unter dem Reiter mit hohem Rücken, eingeklemmtem Schweif und

In der Arbeit mit dem jungen Pferd wird der Kopf nur mäßig beigezäumt und die Hände in ruhiger Stellung an den Hals des Pferdes gelegt.

steifer, gestreckter Halsstellung kaum wiederzuerkennen sind. Diese künstliche Anspannung der Muskeln, besonders derjenigen des Rückens, hindert die freie Bewegung der Glieder, ist aber nichtsdestoweniger die Folge eines instinktmäßig befolgten Naturgesetzes. Wie der Lastträger die schwere Last nicht mit durchgebogenem, sondern mit gekrümmtem Rücken ohne Gefahr für seine Gesundheit tragen kann, weil eine gewölbte Stütze besser trägt als eine gerade, so wird das Pferd die ungewohnte Last zunächst mit krummem Rücken aufnehmen, bis sie ihm durch Übung und Gewohnheit keine Last mehr ist. Aus diesem Grunde suche der Reiter, ihm sein Gewicht möglichst leicht und wenig unangenehm zu machen, indem er sich durch seinen Sitz mit dem Schwerpunkt des Pferdes in Übereinstimmung bringt. Da dieser stets mehr oder weniger nach den Schultern zu gelegen ist, so nehme er seine Richtung ebenfalls vorwärts geneigt, und fördere hierdurch nicht nur die Schiebkraft der Hinterfüße, sondern mildere auch bei den harten Gangarten durch kräftigen Bügeltritt und leichten Spaltsitz die Prellungen, die

Reiter und Pferd wechselseitig erzeugen. Er fördere ferner den Gang durch möglichst gerade Linien und nehme daher den Hufschlag an der Bande der Bahn, da diese gleichzeitig einen künstlichen Halt gewährt und dem jungen, haltungslosen Pferde ähnlich der Leine als Leitfaden dient, wobei er die Wendungen durch die Ecken durch Abrunden derselben erleichtern muß. Seine vortreibenden Hilfen gebe er mit den Schenkeln und der Reitgerte; bei lebhaften empfindlichen und mißtrauischen Pferden lasse er die Sporen ganz weg, damit er sie durch freien und ungebundenen Gebrauch von Waden und Hacken erst ganz vertraut mit dem Unterschenkel machen kann. Die Zäumung bestehe aus einer Arbeitstrense ohne andere Hilfsmittel, und die Führung beschränke sich darauf, den richtigen Hufschlag einzuhalten, den Kopf mäßig herbeizuzäumen und eine stete, eher zu feste als zu leichte Anlehnung zu gewinnen. Es führe daher der Reiter die Zügel kurz, stelle die beiden Hände tief und so gegeneinander gerichtet, daß die Zügel den Hals des Pferdes berühren. Er suche nicht mit den Händen die gewünschte Anlehnung, sondern warte in ruhiger Stellung den Zeitpunkt ab, bis das Pferd sich dieselbe infolge der vortreibenden Hilfen nimmt. Beim Wenden durch die Ecken werden beide Hände nach innen geführt, der innere Zügel zum Biegen des Halses dabei stärker angezogen, und der innere Bügel vom Reiter mehr belastet. Das kurze Zügelmaß ist nötig, um bei der vorgeneigten Richtung des Reiters den nötigen Raum zwischen Hand und Leib für die Anzüge zu erhalten, und die Hände möglichst tief zum Herbeizäumen plazieren zu können sowie, um schnell, sicher und kräftig damit auf das noch unbeholfene Pferd einwirken zu können. Die zu suchende herbeigezäumte Stellung ist nötig, um die Wirkung des Gebisses auf die Lade und nicht auf die Maulwinkel zu sichern, um die Streckmuskeln des Halses in ihrer Wirkung zu mäßigen und dadurch die Biegung desselben beim Wenden zu erleichtern. Die stete Anlehnung ist nötig, um dem Pferde dadurch eine Stütze zu gewähren, wenn die Schiebkraft seiner Hinterfüße die Vorhand stark belastet. Bei der Wahl der Gangarten richte man sich nach der durch Bau und Temperament bedingten Disposition des Pferdes, und obgleich der Trab immer überwiegend geübt werden muß, so schließe man doch den Galopp keineswegs aus. Der Galopp ist eine natürliche Gangart des Pferdes, die gerade, weil sie sprungartig ist, die größte Schieb- und Schnellkraft seiner Hinterfüße erfordert. Es ist daher Pedanterie, diese Bewegung als Übung ausschließen zu wollen, sobald es sich um Anregung und Entwicklung der vorwärtsstreibenden Kräfte der Hinterhand handelt. Wir finden auch durch die Erfahrung bestätigt, daß wir uns bei solchen Pferden, die ihre Kräfte zurückhalten, durch anhaltende Übungen in einem freien Galopp viel leichter und schneller einen entschlossenen Trab ausbilden können als durch einseitige mühsame Trabübungen, weil sie durch die stärkere Wirkung der Schiebkraft im Galopp weit eher veranlaßt werden, die tiefe Stellung und mit dieser die Anlehnung an das Mundstück zu suchen. In dem Kapitel „Vom Galopp" wird auf die Benutzung dieser Gangart in der natürlichen Richtung des Pferdes noch näher eingegangen werden; an dieser Stelle möchte ich nur empfehlen, wenn das junge, gewandte Pferd sich selbst den Galopp sucht, es nicht eher darin zu stören, bis man durch denselben die gewünschte Anlehnung und Richtung seiner Vorhand gewonnen hat, und es dann dadurch zum Trabe zurückzuführen, daß man durch stärkere Wirkung des inneren Zügels und Schenkels den inneren Hinterfuß mehr belastet. Junge Pferde gewaltsam zum Galopp zu zwingen, ist nicht ratsam, wenigstens nicht in der Reitbahn, wo sie zu regelmäßigen Wendungen gezwungen sind. In der natürlichen Richtung des Pferdes ist der Galopp eine ziemlich freie und lebhafte Gangart, die schon eine gewisse Biegsamkeit voraussetzt, um darin vier Ecken zu passieren. Schwerfällige oder sehr unbiegsame Pferde müssen daher erst in ruhigen Gangarten für diese Wendungen vorbereitet werden, ehe man durch den Galopp oder starken Trab die stete Anlehnung mit Sicherheit nehmen kann. Heftige Pferde, die durch ihr Temperament vorwärtsgetrieben werden, bei denen die Schiebkraft daher nicht künstlich angeregt zu werden braucht, müssen aus gleichem Grunde so gemäßigt im Tempo erhalten werden, daß bei den Wendungen die natürliche Haltung nicht verlorengeht und die Anlehnung nicht zur harten wird. Fortlaufende gerade Linien im Freien erfordern diese Rücksicht für das Wenden nicht und eignen sich daher zur Entwicklung der Gehlust bei trägen, verhaltenen und von Natur schwerfälligen Pferden besser als die unterbrochenen Linien der Reitbahn, die ihrerseits aber wieder durch die begrenzende Bande mehr Halt gewährt und durch die Ecken biegsam macht.

Der Schritt eignet sich wegen seiner ruhigen und gesonderten Folge der einzelnen vier Füße zur Entwicklung der Schiebkraft nicht und kann daher in dieser Periode nur zum Ausruhen und Verschnaufen des Pferdes nach den schnelleren Gangarten benutzt werden, wobei man es jedoch, ebenso wie während des Stillhaltens, durch abwechselnde stärkere Biegungen des Halses beschäftigen kann.

Die erste Aufgabe für das rohe Pferd ist erfüllt, wenn es durch die besprochenen Übungen gelernt hat, sich unter dem Reiter in der Richtung auf die Schultern mit derselben Natürlichkeit zu bewegen, und seine Gangarten mit derselben Sicherheit auszuführen als es dies früher ohne fremdes Gewicht vermochte sowie, wenn es Hand und Schenkel des Reiters so weit Folge leistet als seine Richtung auf die Schultern dies zuläßt. Es hat dann die Elemente erlangt, um zur eigentlichen Dressur übergeführt zu werden, wie das Kind erst die Buchstaben und Zahlen kennen muß, um Lesen und Rechnen zu lernen.

Allgemeine Betrachtungen über die Gewinnung einer künstlichen Richtung

Zur Gewinnung und Befestigung der künstlichen Richtung muß das Pferd mannigfache Übungen durchmachen, durch welche sowohl seine einzelnen Teile bearbeitet und tätig gemacht werden, wie auch das richtige Zusammenwirken aller geübt wird. Ich nenne die Richtung des Pferdes, die sein Gleichgewicht oder darüber hinaus die stärkere Belastung seiner Hinterhand bedingt, eine künstliche Richtung deshalb, weil ihm nur durch die Kunst gelehrt werden kann, dieselbe nach dem Willen seines Reiters anzunehmen, und beliebig lange und in der Abstufung beizubehalten, die ihm durch die Hilfen vorgeschrieben ist. Insofern es von Natur befähigt ist, diese Richtungen auch aus eigenem Antriebe anzunehmen, sind sie streng genommen auch natürliche. Bei der mannigfaltigen Verschiedenheit im Bau der Pferde kann die Wissenschaft dem praktischen Reiter nur die allgemeinen Grundsätze lehren, nach welchen er zu handeln hat. Speziell beschreibt sie ihm aber auch die einzelnen Lektionen und Übungen, wie sie in ihrer Vollkommenheit sein müssen, und welche Wirkungen sie auf den Mechanismus des Pferdes ausüben. Es ist des Reiters Aufgabe, unter diesen, der speziellen Individualität seines Pferdes entsprechend, die richtige Wahl zu treffen. Die gewissenhafte Beachtung gewisser Hauptgrundsätze sowie die allmählich gewonnene Erfahrung werden dabei sichere Ratgeber für ihn sein oder werden.

Als erste Hauptgrundsätze der Kunst rufe ich einem jeden Reiter zu: *„Reite dein Pferd vorwärts und richte es gerade."*

Unter diesem Vorwärtsreiten verstehe ich nicht ein Vorwärtstreiben des Pferdes in möglichst eiligen und gestreckten Gangarten, sondern vielmehr die Sorge des Reiters, bei allen Übungen die Schiebkraft der Hinterfüße in Tätigkeit zu erhalten, dergestalt, daß sogar die Rückwärtsbewegungen das Vorwärts, das heißt, das Bestreben die Last vorwärts zu bewegen, in Wirksamkeit bleibt. Man befähige daher durch Übung das Pferd, seine Schiebkraft durch Belastung bis zum Äußersten zu schränken, man unterdrücke sie aber niemals durch Überlastung.

Ferner verstehe ich unter der geraden Richtung des Pferdes nicht seine völlig ungebogene Körperhaltung, sondern das Vorwärtsgerichtetsein seiner Vorhand auf diejenigen Linien, die es abgehen soll, dergestalt, daß es unter allen Umständen, selbst mit der stärkeren Biegung seines Körpers und in den Lektionen auf zwei Hufschlägen, mit seinen Vorderfüßen den hinteren vorschreitet, welche ihrerseits wiederum der ersteren unbedingt folgen müssen, indem sie stets in der Richtung der Bewegung vor und

Die systematische Dressur des jungen Pferdes
DIE GEWINNUNG EINER KÜNSTLICHEN RICHTUNG

niemals seitwärts dieser Richtung zu treten haben. – Das Nichtbeachten dieser beiden goldenen Regeln aus Unkenntnis oder Nachlässigkeit ist die Quelle aller Fehler bei der Dressur, durch die Widersetzlichkeiten des Pferdes und oft sein Ruin erzeugt werden. Der Anhänger der natürlichen Richtung, der sein Pferd meist in freien Gangarten und auf geraden Linien gebraucht, fehlt selten gegen diese Regeln. Wir finden daher auch bei seinen Pferden wohl angeborene Fehler, die aus dem Temperament entspringen oder durch reizbare Nerven und mangelhafte Augen erzeugt werden, aber selten Eigensinn oder Unarten, die ihm angelernt sind. Der Bereiter dagegen hat in dieser Beziehung von vorneherein eine schwere Aufgabe, daß er sein Pferd in einem begrenzten Raume bearbeiten und fortwährend zum Wenden also zum künstlichen Vorrichten der Vorhand gezwungen ist. Er kann dies nicht durch die Führung allein bewirken, sondern muß mit seinen Schenkeln die Arbeit der Hände dadurch unterstützen, daß er mit denselben die Hinterfüße richtig folgen macht. Von dieser Folge hängt der Gang allein ab, weil die Schiebkraft der Hinterfüße in dem Maße an Wirkung gewinnt als sie gerade gegen die Gewichtsmasse gerichtet wird, nach dem Grundsatze, daß eine schiebende oder hebende Kraft stets gegen den Schwerpunkt des Gewichtes gerichtet sein muß. Jedes Pferd ist in der Brust schmaler gebaut als in den Hüften; denkt man es sich daher zwischen zwei von seinen Hüften aus gezogenen, der Wirbelsäule parallelen Linien gehend, so würde es nur dann richtig gerade gestellt sein, wenn man seine Schultern stets um so viel von diesen Linien entfernt erhielte, als es in denselben schmaler ist als in den Hüften. Es ist daher schon fehlerhaft, wenn der Reiter die äußere Hüfte und Schulter seines Pferdes gleich nahe an die Bande richtet, denn er bringt dadurch dasselbe um einige Zoll in eine schräge Richtung nach innen, die wiederum im entsprechenden Grade die Kraftäußerung des inneren Hinterfußes vermindern muß. Werden dagegen die Schultern ohne die entsprechende Biegung zu viel nach innen gerichtet, so geht dadurch die Schiebkraft des äußeren Hinterfußes in dem Grade verloren, als sich derselbe von der Richtung gegen den Schwerpunkt entfernt hat.

Beim Gehen auf einer gebogenen Linie also auch bei allen Wendungen auf einem Hufschlage, muß das Pferd einen Teil dieser Linie ausmachen, also auch in seinem Körper so viel gebogen sein als die Biegung derselben bedingt. Der Grad der erforderlichen Biegung richtet sich daher nach der Größe des Kreises, auf dessen Peripherie das Pferd geht; je kleiner derselbe, desto stärker die Biegung. Diese Biegung muß sich auf die gesamte Wirbelsäule erstrecken, wenn sie nicht störend auf den Gang einwirken soll. Die Wirbelsäule bildet die feste Grundlage, an welche die übrigen Teile des Skelettes entweder unmittelbar oder mittelbar ihre Anheftung nehmen. Das Skelett dient wiederum sowohl als feste Stütze für die Muskulatur als auch als Schutz für die edlen inneren Organe. Inmitten der Wirbelsäule läuft, wohl verwahrt als Fortsetzung des

Schulter und Hüfte halten den gleichen Abstand zur Bande – das Pferd geht in seiner natürlichen Schiefe.

Gerade gerichtet – das Pferd biegt sich, die Schultern sind vor die Hinterhand gerichtet.

Je mehr sich die Hinterhand senkt und die Hinterbeine unter das Gewicht treten, desto höher richtet sich das Pferd auf.

kunst zu keiner Lektion erfordert, beweisen dies hinlänglich. Es ist aber Aufgabe der Kunst, diese Biegsamkeit in der Weise zu regeln, daß das Pferd auf bestimmte Hilfen einen bestimmten Grad derselben annimmt, und gleichmäßig und gehorsam beibehält. Hierdurch erhält der Reiter dann das Mittel, sein Pferd nicht nur leicht und sicher wenden, sondern auch den inwendigen Hinterfuß desselben beliebig belasten und dadurch mit Erfolg bearbeiten zu können.

Ist die Seitenbiegung der Wirbelsäule genügend ausgebildet, ist dadurch der Hinterfuß einzeln an stärkere Belastung gewöhnt, sind die Streckmuskeln des Halses nachgiebig gemacht und ist die rohe Kraft des Genickes beseitigt, dann gehe man zur Belastung beider Hinterfüße über. Hierbei dient der Hals als Hebel zur Übertragung der Last auf die Hinterhand; in dem Grade, wie er aufgerichtet wird, wirkt er niederdrückend und belastend auf die letztere. Es diene bei dieser Arbeit aber als Grundsatz, daß die stärkere Last den Hinterfüßen des Pferdes nicht aufgedrungen werden darf, sondern daß es sich dieselbe gewissermaßen holen muß. Der Reiter soll nämlich nicht mit seinen Händen allein die Hinterhand zu belasten suchen, sondern durch seine vortreibenden Hilfen die Hinterfüße veranlassen, daß sie mehr unter die Gewichtsmasse treten und sich selbst dadurch belasten, wobei die Hände entweder passiv auszuhalten, das heißt, das Pferd am Vorwärtseilen zu hindern, oder durch aktives Eingreifen, die sogenannten durchgehenden Anzüge noch nachdrücklicher die Gewichte zur Biegung des vortretenden Hinterschenkels zuzückzuverlegen haben. Die Aufrichtung der Vorhand bildet sich dann von selbst, in dem Grade als die Hinterhand mehr gesenkt und gebogen ist. Gegen diese Regel wird vielfach gefehlt, namentlich von

Gehirns das Rückenmark entlang und versieht den gesamten Körper mit dem Nervensysteme, dem Organ der Empfindung und Belebung. Von der Richtung dieses Hauptstammes hängt daher auch die Tätigkeit der einzelnen Glieder bei der Bewegung hauptsächlich ab, und eine richtige Bearbeitung, das heißt, Biegsammachung desselben, ist eine Hauptaufgabe des Bereiters. Das Pferd hat von Natur eine große Biegsamkeit dieses Teiles; die starken Biegungen und Krümmungen, die es freiwillig anzunehmen vermag, welche so stark sind, wie sie die Reit-

allen Reitern, die wegen einer zu steifen Körperhaltung tote Schenkel haben und deshalb stets versucht sind, diesen Mangel durch verdoppelte Tätigkeit der Hand zu ersetzten. Indem bei diesen die nicht genügend animierten Hinterschenkel nicht weit genug unter die Last treten, um durch dieselbe wirklich gebogen zu werden, hat die Tätigkeit ihrer Hand weiter keinen Erfolg, als daß sie dadurch den Gang des Pferdes stören und sich damit des einzigen Mittels zur Erreichung des angestrebten Zieles berauben, denn die Schiebkraft kann nicht geregelt werden, wenn keine vorhanden ist, und das Pferd kann nicht richtig gehen lernen, wenn es nicht geht. Wenn der Reiter das Übergewicht der Vorhand nach hinten verlegen will, so muß er doch eine Stütze haben, auf die er es plazieren kann, wenn es nicht nach dem Aufhören des künstlichen Hebens auf seinen früheren Stützpunkt, nämlich die Schultern, zurückfallen soll. Diese Stützen aber können nur die stärkeren und von Natur weniger belasteten Hinterfüße sein. Es ist daher ein ganz nutzloses und widernatürliches Bemühen, wenn Reiter Hals und Kopf ihrer Pferde gewaltsam in die Höhe richten, ehe sie imstande sind, die Hinterfüße mit ihren Schenkeln entsprechend unterzuholen. Sie werden dieses gehobene Gewicht selbst tragen, das heißt, ununterbrochen mit der Hand stützen müssen, und werden nicht die Hinterhand belasten, sondern nur den Rücken ihrer Pferde unnatürlich biegen. Das Belasten der Hinterhand, mit anderen Worten das Sammeln des Pferdes, muß daher von hinten her beginnen, indem der Reiter durch verdoppelte Tätigkeit und Wachsamkeit seiner Schenkel die Hinterfüße zu lebhaften und entschlossenen Vorwärtsbewegungen animiert, und sie dabei stets so gerichtet erhält, daß sie gegen den Schwerpunkt der Gewichtsmasse wirken. Diese wird nun durch die Hand des Reiters zurückgehalten, das heißt, allmählich so viel von der Vorwärtsbewegung, die durch die Schiebkraft der Hinterfüße bedingt ist, genommen, daß die letzteren sich unter dem Gewichte, welches sie nicht mehr bemeistern können, biegen müssen. Die Hand darf dabei, auch wenn sie sich auf passives Aushalten beschränkt, nicht einseitig zurückhalten, sondern muß die Gleichmäßigkeit des Ganges durch rechtzeitiges, abwechselndes Nachgeben befördern und die richtige Folge der Hinterfüße durch geschickte Führung erleichtern, indem sie durch entsprechende Biegungen das Ausweichen der Hinterfüße hindert und bei einer schiefen Richtung des Pferdes die Vorhand der Linie der Hinterhand zuwendet. Auch durch den Sitz muß der Reiter bei diesen Übungen Gang und gerade Richtung des Pferdes fördern. Da er bemüht ist, durch Aufrichtung der Vorhand und Senkung der Hinterhand die waagerechte Richtung der Rückenwirbel seines Pferdes zu gewinnen, so muß er die senkrechte seines eigenen Körpers als die normale betrachten. Er muß jedoch von dieser nach allen Richtungen hin abweichen, sobald die Umstände es erfordern. Er wird sich vorwärts neigen, um verhaltenen Pferden das entschlossene Vorwärtsgehen zu erleichtern, die harten Stöße und Prellungen vom Pferde zu mäßigen und weiche oder empfindliche Rücken zu schonen, indem er das Pferd dadurch gewissermaßen auffordert, die Nieren durch sanftes Erheben der Rückenpartie zu schützen. Er wird sich rückwärts neigen, um in der Richtung der Kraft sowohl entschlossen vorwärts treiben, wie kräftig aushalten zu können, um feste Rücken und unbiegsame Hinterbeine durch das eigene Gewicht und das der zurückgerichteten Vorhand mit Nachdruck zu belasten. Er wird sich endlich seitwärts neigen und dadurch das Gewicht nach rechts und links vermehren, um das Ausfallen eines Hinterfußes zu verhindern. Gewandtheit des Reiters ersetzt bei diesen Übungen einen großen Teil von Kraft, und der gewandte Reiter wird daher sein Pferd in dem Grade schonen als er ihm durch seine Geschicklichkeit die Anwendung von Gewaltmitteln erspart.

Dennoch wird Gewandtheit und feines Gefühl allein nur in seltenen Fällen, nämlich nur bei solchen Pferden ausreichen, die von Natur schon der Richtung des Gleichgewichtes nahekommen und dabei viel Biegsamkeit und Elastizität in der Hinterhand sowie gutes Temperament und richtige Empfindlichkeit gegen den Schenkel besitzen. Die Zahl solch' ausgezeichneter Pferde aber ist, wie ich schon öfters bemerkt, nur sehr gering; alle übrigen, die mit natürlichen Hindernissen zu kämpfen haben, seien diese in Bau und Richtung des Halses, der Schultern, des Rückens oder der Hinterhand begründet, werden nur durch die Furcht vor dem Sporn dazu bestimmt werden können, eine Haltung ihres Körpers anzunehmen und einzuhalten, die ihrer natürlichen Neigung entgegen, die daher für die mit Anstrengung verbunden ist, und die ihnen unter dem Reiter, mit dessen Gewicht doppelt schwerfällt, da sie dieselbe im Zustande der Freiheit nur in kurzen Momenten der Aufregung geübt. Die Arbeit des Sammelns, das heißt, des Belastens und Biegens beider Hinterfüße, gibt daher dem Reiter die Gelegenheit, den Gehorsam des Pferdes auf den Sporn fest zu begründen, indem er mit demselben die Hinterfüße nicht nur in gleicher Tätigkeit zu erhalten, sondern auch ihren Hufschlag streng zu überwachen hat und nicht, um eine Linie breite Abweichung davon gestatten darf. Sind die Hinterfüße in der Gewalt des Reiters, das heißt, kann er den Grad ihrer Belastung und Tätigkeit bestimmen, so ist das ganze Pferd gewonnen, da jede Bewegung von diesen ausgeht und eine geregelte Richtung derselben auch eine richtige Wirkung ihrer bewegenden Kraft auf die Gewichtsmasse bedingt. Dieser Gehorsam des Pferdes, der zuerst durch die Furcht vor dem Sporn erzwungen wird, muß nach und nach in Vertrauen und Unabhängigkeit an seinen Lehrmeister umgewandelt werden, wenn das Verhältnis zwischen beiden ein richtiges sein soll. Dies wird erreicht, wenn der Reiter die harten Einwirkungen auf sein Pferd in dem Grade mäßigt und verfeinert, als dasselbe durch die wohl abgemessenen und stufenweise gesteigerten Übungen an Fertigkeit und Geneigtheit gewinnt, dem Willen des Reiters Folge zu leisten. Wenn dieser bei vorkommenden Konflikten stets Mäßigung und Gerechtigkeit gegen dasselbe beobachtet, sich also weder durch Leidenschaft zu unnötiger Härte in den Strafen, noch zu Aufforderungen hinreißen läßt, die die Leistungsfähigkeit des Pferdes übersteigen, so wird er das Vertrauen desselben auch in der Zeit nicht verlieren, wo er es vielleicht durch strenge Behandlung mit Furcht erfüllen muß. Das edle Pferd ist ein kluges und mutiges Geschöpf, das sich gegen absichtliche Tyrannei oft bis zur Aufopferung seiner Gesundheit und Kräfte verteidigt, dagegen dem gerechten Herrn ein treuer Freund und Diener ist, dem es willig beides opfert, wenn die Umstände es verlangen. - Unter einem Reiter, der ein Herz für das Tier hat, wird daher das richtig durchgearbeitete Pferd mit Lust und Freude arbeiten, während ein Pferd, das seinen Reiter mit Furcht und Zagen aufnimmt, denselben dadurch der Ungerechtigkeit und Grausamkeit anklagt. Reiter, die den Grundsatz aussprechen, daß der Zorn des Pferdes absichtlich geweckt werden muß, um gebrochen werden zu können, mögen sich wohl vorsehen, daß es ihnen nicht ergehe wie jenem Lehrlinge des Zauberers, der, nachdem er seinem Herrn das Machtwort über die bösen Geister abgelauscht, dieselben wohl heraufbeschwören konnte, aber von Angst und Schrecken erfüllt, nicht zu bannen wußte. Pferde, die durch Temperament und Charakter zum Zorn geneigt sind, werden mit demselben bei der ersten Sporenarbeit nicht lange zurückhalten und können alsdann auch nur durch den Sporn gründlich in Gehorsam gebracht werden. Gutmütige und willige Pferde aber durch zwecklose Mißhandlungen gewaltsam zum Zorn und Widerstand zu zwingen, ist eine Grausamkeit, die nur dem rohen Gemüte möglich ist. Der Reiter sei vielmehr bemüht, seinem Pferde jede anstrengende Übung durch kurze Reprisen zu erleichtern, es für jeden Beweis von Willigkeit und Gehorsam zu beloben und seine Furchtsamkeit oder Temperamentsaufregung in Folge starker Sporenhilfen durch freundliche Behandlung und einfache Übungen zum Schluß einer jeden Lektion wieder zu besänftigen.

Wie ich schon einmal bemerkt, darf die Aufrichtung des Halses nicht erzwungen werden, sondern wird bei der richtigen Schenkelarbeit vom Pferde selbst entsprechend angenommen, indem es durch dieselbe zunächst einen Ausweg oder eine Erleichterung sucht, wenn es von hinten vorwärts getrieben, vorne aber verhalten und dadurch in der Mitte gepreßt wird. Der Reiter aber hat dieselbe zu regeln und streng darauf zu achten, daß sowohl die Stellung des Kopfes zum Halse, wie auch die Richtung der Halswirbel zueinander stets eine richtige sei. Die gleichmäßige, weiche Anlehnung am Zügel muß ihm dabei als Maßstab dienen, denn da er auf die Richtung des Gleichgewichtes hinarbeitet, ist dieser Grad der Zügelwirkung der normale. - Von Natur widrig gebaute Hälse bieten dem Bereiter große Schwierigkeiten dar, indem sie oft jahrelanger Übung bedürfen, ehe sie richtig umgeformt sind und die künstliche Form ihnen zur zweiten Natur geworden ist. Je mehr sie durch ihre falsche Richtung das Herbeizäumen des Kopfes erschweren oder unmöglich machen, um so größer sind die Hindernisse, die sie der Gewinnung des Gleichgewichtes entgegensetzen. Der richtige Winkel zwischen Hals und Kopf bedingt nicht nur die richtige Wirkung des Gebisses auf die Laden, sondern auch die Fortpflanzung dieser Wirkung durch die Wirbelsäule zur Hinterhand. Sind einzelne Teile dieser Säule nicht in richtiger Verbindung, das heißt, sind ihre Anlehnungsflächen nicht in richtiger Berührung, so werden sie die Fortführung des Eindruckes unterbrechen, ähnlich wie ein Riß oder Sprung eines harten, klingenden Körpers die Schwingungen desselben stört. Während die Rücken- und Lendenwirbel durch ihre Bildung und Verbindung mit dem Rumpfe mehr fixiert sind, lassen die Halswirbel und die Verbindung des Kopfes mit dem ersten derselben viel freiere Bewegungen zu, die oft in für den Zweck des Reiters falsche Biegungen und Stellungen ausarten. Diese zu verhindern, ist nun die Hauptaufgabe der Arbeit mit der Hand, während die Hauptaufgabe der Schenkel ist, die Hinterfüße gegen den Schwerpunkt der Gewichtsmasse gerichtet zu erhalten. Wie der Reiter durch seine Führung die Arbeit der Schenkel zu unterstützen hat, so müssen Schenkel und Sitz wiederum der Hand unter Umständen zu Hilfe kommen. Ist die Anlehnung am Zügel, die Aufrichtung des Halses oder die Herbeirichtung des Kopfes gegen den Hals mangelhaft, so müssen beide Schenkel durch vermehrte Tätigkeit diesen Fehler beseitigen; ist der Hals durch falsche Biegung nach einer Seite ausgewichen, so muß der einzelne entsprechende Schenkel das Pferd von dem dadurch zu stark angespannten Zügel wieder losmachen; drängt das Pferd gewaltsam auf die Zügel, um die Hand des Reiters zu forcieren und dadurch Freiheit für Hals und Kopf zu erzwingen, so muß der Oberkörper des Reiters durch eine kräftige und stete Richtung den Armen eine sichere Anlehnung gewähren, damit es ihm durch diese Stütze möglich wird, der Gewalt durch ruhiges Aushalten so lange zu widerstehen, bis das Pferd nachgibt, das heißt, wieder zur vorgeschriebenen Stellung und dadurch zur richtigen Anlehnung zurückkehrt.

Bei dieser Arbeit, wo es gilt, das Pferd in eine ungewohnte und daher für dasselbe künstliche Körperrichtung gleichsam zu balancieren, kann der Reiter nur durch eigene, vollkommen ausgebildete Balance schnell und sicher zum Ziele gelangen. Diese Balance wird ihn befähigen, nicht nur durch geschickte Verteilung seines Gewichtes das mangelnde Gleichgewicht des Pferdes momentan auszugleichen, sondern auch durch schnelle und energische Hilfen, zu denen die Ungebundenheit seiner eigenen Glieder ihn geschickt macht, die einzelnen Glieder des Pferdes in derjenigen Richtung zu erhalten, die zur Gesamthaltung desselben erforderlich ist.

Man glaube ja nicht, daß eine steife Körperhaltung durch ihre Stetigkeit dem Pferde das fehlende Gleichgewicht geben könne. Es wird der Erreichung desselben im Gegenteil dadurch entgegengewirkt, da dem Pferde dadurch Gelegenheit gegeben wird, am Reiter eine falsche Stütze zu nehmen und an eigenem Halt dadurch noch mehr zu verlieren. Ist die Richtung des Gleichgewichtes wohl begründet, das heißt, ist sie dem Pferde zur zweiten Natur geworden, so wird es seinerseits dem Reiter einen sicheren und bequemen Sitz gewähren und schwachen Reitern sogar die Aufgabe erleichtern, ihre Balance zu erhalten.

Als Schluß dieser allgemeinen Betrachtungen über den Verlauf der Dressur füge ich noch die ernste Mahnung hinzu, keine Übung zu übereilen, und sie so aufeinander folgen zu lassen, daß die vorhergehende stets eine sichere Grundlage für die nachfolgende bildet. Versehen gegen diese Regel rächen sich stets nicht nur durch dreifachen Zeitverlust, sondern sehr häufig durch Widersetzlichkeiten, die auf lange Zeit, wenn nicht für immer, das Verhältnis zwischen Reiter und Pferd stören, und dadurch den Erfolg der ganzen Arbeit sehr in Frage stellen.

Von den Biegungen des Pferdes

Wenn das gerittene Pferd vor dem ungerittenen außer vielen anderen Vorzügen besonders auch den voraus hat, daß es sich auf einem kleinen Raume mit Leichtigkeit und Regelmäßigkeit in seinen von der Natur bestimmten Gangarten bewegen kann, so hat es dies der Biegsamkeit seines Körpers zu verdanken, die ihm durch die Dressur verliehen worden ist. Je vollkommener dieselbe ohne Nachteil für die Schiebkraft der Hinterfüße ausgebildet worden ist, um so vollkommener wird die Dressur des Pferdes in jeder Beziehung sein. Ein jeder Reiter, der überhaupt eine Bearbeitung des Pferdes für notwendig hält, ist daher eifrig bemüht, demselben den Zwang in Ganaschen, Hals, Rücken und Hinterbeinen zu beseitigen, und man sieht daher oft stundenlang diese Teile biegen und bearbeiten. Alle Übungen zu diesem Zweck sind aber nur von sehr geringem Erfolge und oft sogar nachteilig, wenn sie ohne Bewegung des Pferdes vorgenommen werden. Das Pferd ist ein harmonisches Ganzes, in dem sich die einzelnen Teile gegenseitig unterstützen. Es vermag sich nicht zu bewegen, ohne daß der ganze Mechanismus des durch die Muskeln bewegten Skelettes funktioniere. Hieraus geht hervor, daß es nur von sehr geringem Werte sein kann, einzelne Teile des Pferdes, zum Beispiel das Genick im Stillhalten zu bearbeiten, weil es sehr die Frage ist, ob dadurch für das bessere Funktionieren der ganzen Maschine in der Bewegung etwas Wesentliches gewonnen ist. - Bewegung ist das Element des Pferdes und alle Bewegung geht von der Hinterhand aus.

Wenn daher die Biegsamkeit der Hinterhand der schließliche Zweck aller Dressur sein muß, so ist damit doch keineswegs gesagt, daß die Seitenbiegungen des Genickes und der Wirbelsäule unnütz seien. Vielmehr ist es notwendig, die Biegsamkeit dieser Teile erst zu gewinnen, um sie als Mittel zum Hauptzwecke, nämlich der Bearbeitung der Hinterhand benutzen zu können. Um nun bei diesen Biegungen des Genickes und der Wirbelsäule den Widerstand der Hinterhand möglichst zu vermindern, muß das Pferd zur Vorwärtsbewegung angehalten werden. Zu raschen entschiedenen Gangarten hat dasselbe ein, zwei oder drei Füße abwechselnd von der Erde gehoben, und seine Fähigkeit zum Widerstande ist daher nicht nur in dem Maße vermindert als seine Stützpunkte vermindert sind, sondern es ist auch seiner eigenen Sicherheit wegen dadurch zu einer richtigen Körperhaltung gezwungen, da es sein Gewicht momentan auf zwei oder gar einem Fuß balancieren muß. Ich spreche es daher wiederholt als einen Hauptgrundsatz aus, den ich nicht warm genug empfehlen kann, sein Pferd stets im Vorwärtsgehen zu bearbeiten. Reiter, die gegen diesen Grundsatz handeln, machen ihre Pferde nicht biegsam, sondern schlaff, rauben ihnen durch falsche Biegungen Gang und richtige Anlehnung und lehren ihnen die Mittel zu Widersetzlichkeiten.

Durch Biegung werden nicht nur die Gelenke beweglicher, indem die Gelenkbänder und Kapseln nachgiebiger gemacht werden, sondern vor allem werden die dabei beteiligten Muskeln in ihrer wechselseitigen Wirksamkeit geübt und ausgeglichen, indem die Beuger das Übergewicht über die Strecker dadurch erhalten. Man hat daher bei diesen Übungen den allgemeinen Typus des Pferdes wohl zu beachten, ob von Natur die Streck- oder Beugemuskeln an Kraftäußerung überwiegend sind. Im ersteren Falle müssen die Strecker durch viele und anhaltende Übungen in ihrer Wirkung gemäßigt werden und dadurch nachgiebig gemacht werden, im letzteren Fall aber die Tätigkeit der Beuger durch richtige Gegenwirkung der ersteren genau bestimmt werden. Durch den Gang und das entsprechende Tempo desselben wird der Reiter das richtige Mittel finden, die richtige Balance zwischen den sich entgegenwirkenden Muskeln herzustellen. Freie Gangarten nötigen die Strecker zu größerer Tätigkeit, während ruhige Bewegungen und verkürzte Tempos dieselben mäßigen. Man arbeite daher das von Natur straffe und steife Pferd in starken Biegungen im Schritte und verkürzten Trabe so lange, bis es nachgiebig genug geworden ist, daß man die Wirkung seiner Streckmuskeln auch im freien Gang beherrschen kann. Das von Natur biegsame und dadurch gewandte Pferd, das geborene Reitpferd, hat die richtig abgewogene Wirksamkeit seiner Muskulatur als Erbteil mitbekommen und braucht nur geübt zu werden, auf gewisse Hilfen einen bestimmten Gebrauch davon zu machen.

Obgleich es nicht möglich ist, einzelne Teile des Pferdes ganz für sich zu bearbeiten, sondern der ganze Körper desselben dabei zur Mitwirkung gezwungen ist, so kann man doch vorherrschend auf dieselben einwirken, und ich lasse daher die Bearbeitung der einzelnen Körperteile in derjenigen Ordnung folgen, wie eine naturgemäße Dressur es erfordert.

Korrekt: Das Pferd biegt sich gleichmäßig (oben). Falsch: Die Hinterhand fällt aus (unten).

Beim Reitpferde ist der Hals einer der wichtigsten seines Körpers und verdient daher bei der Beurteilung desselben in bezug auf die Mittel zu seiner Dressur die sorgsamste Berücksichtigung. Der Hals des Pferdes dient dem Krieger als Schild gegen Schuß und Hieb und ist in der Hand eines jeden Reiters nicht nur der Hebel, womit er die Hinterhand belastet, sondern auch das Instrument, durch welches er die Aktion der Vorderfüße und die Richtung bestimmt, in welcher sich der ganze Körper bewegen soll. Ein von Natur gut geformter Hals gleicht daher bei der Auswahl des Reitpferdes viele Mängel seines übrigen Körpers aus. Die Form desselben hängt von der Richtung der Halswirbel ab, und diese ist den Reitzwecken in dem Grade günstig als die oberen durch eine regelmäßige und sanfte Biegung mit dem Hinterhauptbeine des Kopfes verbunden sind, die mittleren durch eine annähernd senkrechte Stellung die Aufrichtung erleichtern und die unteren wiederum mit einer regelmäßigen Biegung sich den Rückenwirbeln anschließen. Wenngleich somit das Knochenfundament des Halses die übliche Bezeichnung „Schwanenhals" für den idealen Pferdehals rechtfertigt, so ist doch die äußere Form, in welcher der letztere sich darstellt, von der des ersteren sehr verschieden, da die Bildung der Muskulatur nur dann als günstig betrachtet werden kann, wenn sie oben recht stark und unten wenig hervortritt, so daß bei Zusammenschiebung des Halses mit herangestellter Nase die obere Linie des Halses einen Viertelkreis bildet, die untere dagegen konkav aber höchstens gerade, nicht aber konvex verläuft. Auch wünsche man sich die Verhältnisse des Schwanenhalses beim Pferde deshalb nicht, weil ein zu langer, dünner und gebogener Hals wegen zu großer Beweglichkeit nie eine sichere und angenehme Anlehnung gewähren kann.

Von der Biegung des Halses

Ist der Hals bei guter Form tief angesetzt, steigen nämlich die Halswirbel vom Widerrist aus nicht aufwärts, sondern laufen mehr oder weniger in der Richtung der Rückenwirbelsäule vorwärts, so ist dadurch die Aufrichtung wohl erschwert, aber mit allmählicher Gewinnung derselben dennoch ein dem normalen ähnlicher Hals zu bilden. Ein solcher Hals bietet daher kein großes Hindernis und ist unbedingt noch zu den guten zu rechnen.

Ist ein tief angesetzter Hals dabei gerade und steif, das heißt, fehlt es den oberen Halswirbeln an der nötigen natürlichen Biegung nach dem Kopfe zu, so sind dem Bereiter dadurch schon große Schwierigkeiten geschaffen. Mit Mühe und Geduld wird er zwar diejenige Aufrichtung das Halses gewinnen, die er zur Richtung des

Die systematische Dressur des jungen Pferdes
VON DEN BIEGUNGEN DES PFERDES

Gleichgewichtes und selbst darüber hinaus von seinem Pferde fordern muß; er wird aber stets durch geschickte Führung den Mangel der natürlich schönen Stellung des Kopfes zum Halse ersetzen müssen. Ein Pferd, das stets künstlich herbeigezäumt werden muß, weil es wegen Mangel an Genickbiegung dies nicht von Natur kann, wird bei einer guten Hinterhand und unter einem geschickten Reiter vielleicht sehr gewandt sein, aber stets die Neigung beibehalten, sich dieser Stellung zu entziehen. Für den geschickten und tüchtigen Reiter ist daher auch diese Halsbildung kein Hindernis, sein Pferd für den Kampagnedienst und, wenn der übrige Körperbau dazu befähigt, selbst für Höhere Schulen auszubilden, während sie den schwachen Reiter nötigen wird, solche Pferde in ihrer natürlichen Haltung zu belassen.

Der verkehrte oder Hirschhals ist nächst einer schwachen oder wirklich fehlerhaften Hinterhand das größte Hindernis, das der Gewinnung des Gleichgewichtes entgegensteht. Durch die falsche Biegung der Halswirbel, indem die mittleren, statt höchstens senkrecht aufeinander zu stehen, nach rückwärts geneigt sind, geben diese Hälse nicht nur dem Kopfe ungünstige Ansetzung, so daß es meistens unmöglich ist, die für eine sichere Wirkung des Gebisses nötige Kopfstellung zu erlangen, sondern sie pflanzen auch die Wirkung des letzteren nicht richtig fort, indem sie dieselbe durch eine falsche Aufrichtung brechen, zu der sie durch die umgekehrte Biegung stets geneigt sind. Der Hirsch, bei dem diese Halsbildung die normale ist, kann vermöge derselben im Sprunge und schnellen Laufe das schwere Gewicht des Geweihes nach hinten verteilen, indem er den Kopf zurückwirft, beim Pferde aber verhindert sie den Reiter die Hinterhand zu belasten, da er dabei weder die Gewichtsmasse aushalten, noch den Hals als Hebel benutzen kann, indem bei Aufrichtung desselben die zur Anlehnung nötige Richtung des Kopfes verlorengeht. Ein solcher Hals und Kopf kann nur durch eine tiefe Richtung fixiert werden und das Pferd daher auch nur einen dieser Richtung seiner Vorhand entsprechenden Grad von Ausbildung erhalten. Manche Hirschhälse lassen durch ihre Länge und günstige Rundung der oberen Wirbel eine herbeigezäumte Stellung des Kopfes zu und diese sichert dann Anlehnung genug, um solche Pferde für den Kampagnedienst tüchtig zu machen. Ist dies aber nicht der Fall, so wird der einsichtige Bereiter Mühe und Zeit nicht auf ein so ungünstiges Material verwenden, da er zu verständig ist, um gegen die Naturgesetze anzukämpfen. Er wird solche Pferde in ihrer Natürlichkeit belassen und verbrauchen und vielleicht auf Touren und bei Strapazen aller Art große Dienste von ihnen erlangen, da sie oft auch gute Eigenschaften mit dem Hirsche gemein haben. Angenehm sind aber solche Pferde nicht, da sie wegen Mangel an natürlicher Haltung und sicherer Anlehnung den Reiter stets nötigen, sich nach ihnen zu schicken, während das bequeme Pferd sich in seinen Reiter zu

Gut und schlecht angesetzter Hals

schicken weiß. Deshalb passen sie auch nicht zur Jagd, wenn sie durch Schnelligkeit und Ausdauer auch noch so sehr dazu geeignet scheinen. Rohe, magere Pferde, bei denen das Fett des Kammes geschwunden ist, woher der obere Rand des Halses am Widerriste ausgehöhlt erscheint, zeigen oft annähernd einen Hirschhals, ohne ihn doch wirklich zu haben, während umgekehrt fleischige, mit starken Speckkämmen versehene Hälse oft ungünstig gebaut erscheinen, ohne es doch zu sein. Die Güte des Halses hängt im wesentlichen von der Richtung der Halswirbel und ihrer Verbindung mit Kopf und Rumpf ab, und diese erkennt der Reiter mit Sicherheit erst bei der Arbeit.

Unstete und wackelige Hälse kommen in jeder Form vor, da diese Eigenschaft derselben ihren Grund entweder in unverhältnismäßiger Länge, Feinheit und Biegsamkeit oder in schlaffer Beschaffenheit der Muskeln hat. Sie erschweren die Entwicklung der Schiebkraft und Gewinnung einer sicheren Anlehnung sehr und können doch nur durch beides unschädlich gemacht werden. Sie erfordern daher meistens lange Übungen in entschlossenen Gangarten, ehe der Reiter durch Versammeln mit Sicherheit auf die Hinterhand wirken kann. Sie müssen sich im Verlaufe dieser Übungen durch Kräftigung und Ausbildung der Muskulatur erst eigentlich umformen, wenn sie eine festbegründete Stetigkeit gewinnen sollen. Überhaupt erhält der Hals durch richtige Bearbeitung eine bestimmte Form, die das gerittene Pferd schon im Stalle und unter allen Umständen charakterisiert. Dieselbe ist nicht allein in der Aufrichtung und schönen Biegung, sondern hauptsächlich in der Breite und Stärke des Halses an seiner Basis begründet, von wo aus er sich gleichmäßig nach dem Genicke zu verjüngt. Diese Form, die stets das Resultat einer richtigen und gründlichen Dressur ist, entsteht dadurch, daß die fleischigen Teile des Halses als bewegende Organe der Vorhand durch Tätigkeit stärker entwickelt, während alle unnützen Fetteile durch eben diese Tätigkeit entfernt werden. Wie jeder Körper um so fester steht, je größer seine Basis ist, so wird auch der Hals an Stetigkeit gewinnen, je mehr er nach unten an Breite zunimmt. Pferde, die diese Formation des Halses von Natur aufzuweisen haben, besitzen darin eine der wichtigsten Vorbedingungen des geborenen Reitpferdes.

Wie ich schon einmal erwähnt, sind die Halswirbel die beweglichsten Teile der Wirbelsäule, da das Pferd im Naturzustande dieser Beweglichkeit bedarf und sie daher stets übt. Es ist daher bei Bearbeitung des Halses meistens mehr die Aufgabe des rationellen Bereiters, die natürliche Biegsamkeit desselben zu regeln und ihn dadurch stet zu machen als einseitig auf Nachgiebigkeit und Weichheit hinzuarbeiten. Wenn das rohe Pferd anfangs so steif und unbeweglich unter dem Reiter erscheint, so ist dies mehr Folge des Widerstandes, den es dem ungewohnten Zwange entgegensetzt als Mangel an Biegsamkeit, denn daß es diese besitzt, lehrt uns die Beobachtung desselben im Stalle und in der Freiheit. Der Reiter bedarf der Biegung des Halses beim Aufrichten und Herbeizäumen und bei den Seitenbiegungen. Letztere müssen das erstere vorbereiten und bilden daher bei Bearbeitung des Halses die Anfangsübungen, während sie später durch die gewonnene Aufrichtung und richtige Ganaschenbiegung sehr beschränkt werden. Man beginne diese Übungen stets in einer tiefen Richtung von Hals und Kopf, da in dieser die Streckmuskeln des ersteren abgespannt und daher mehr nachgiebig sind. Auch mache man sie dem jungen Pferde erst in ruhigen Gangarten und bei sehr großem Zwange selbst im Stillstehen begreiflich, indem man ihm lehrt, auf die stärkere Wirkung eines Zügels Kopf und Hals nach dieser Seite hin herumzubiegen. Erst in dem Grade, wie es an Willigkeit und Fertigkeit hierin zunimmt, muß der äußere Zügel und die stärker angeregte Schiebkraft der Hinterfüße die Biegung durch allmähliche Aufrichtung des Halses regeln und vervollkommnen. Aber auch beim durchgebildeten Pferde muß die Seitenbiegung des Halses stets nach dem Grade seiner Aufrichtung bestimmt werden und in dem Maße geringer sein als die letztere höher ist, bis bei der vollkommenen Aufrichtung des Halses die nötige Stellung des Pferdes durch die reine Ganaschenbiegung herbeigeführt wird. Die Seitenbiegung des Halses befähigt das Pferd zum Wenden, zum richtigen Einhalten gebogener Linien und zu Schulen auf zwei Hufschlägen. Da sie hierbei stets mit richtiger, entsprechender Biegung der Rippen und des inneren Hinterfußes verbunden ist, so wirkt sie gleichzeitig mäßigend auf die Schiebkraft mit ein, indem sie einer zu festen Anlehnung vorbeugt.

Die Aufrichtung des Halses richtet die Halswirbel aufwärts und bringt dadurch das Gewicht desselben dem natürlichen Schwerpunkte des Pferdes näher. Wenn sie vollkommen und wohlbegründet ist, so ist sie als das Resultat der vollendeten Dressur zu betrachten. In ihr hat dann der Reiter den Hebel, durch welchen er mit Sicherheit den Grad der Belastung der Hinterfüße genau bestimmen kann. Sie sichert ihm außerdem eine stets gleichmäßige Anlehnung in den verschiedenen Abstufungen derselben und bestimmt ebenso genau die Aktion der Vorderfüße. Je höher mit der Aufrichtung des Halses die

Anheftungspunkte der gemeinschaftlichen Muskeln von Hals und Schultern gerichtet sind, um so mehr werden diese auch hebend auf die Arme einwirken können. Die sogenannte schulterfreie Bewegung des Pferdes steht daher stets im Verhältnisse zur richtigen Aufrichtung des Halses und ist nur durch diese allein zu gewinnen.

Diese Aufrichtung des Halses kann aber nur dann als wohlbegründet angesehen werden, wenn ihr stets die sichere und entsprechende Stütze der Hinterhand zu Hilfe kommt und wenn sie mit der herbeigezäumten Stellung des Kopfes verbunden ist, da nur durch letztere die richtige Wirkung der Anzüge gesichert ist. Je mehr daher der natürliche Bau des Halses die herbeigezäumte Stellung zuläßt, um so leichter ist die Bearbeitung des ganzes Pferdes, weil der Reiter dann sogleich in dem Maße zur Aufrichtung schreiten kann als er imstande ist, die Hinterhand zu belasten. Widrige Hälse gewinnen erst nach langer, mühsamer Arbeit in der tiefen Stellung die Fähigkeit, die oberen Wirbel genügend zu biegen, um in der Aufrichtung die Herbeizäumung des Kopfes zu erhalten. Ist die Aufrichtung wegen zu ungünstigen Baues nicht zu gewinnen, so wird das Pferd nie eine angenehme, gleichmäßige Anlehnung an die Kandare finden können, sondern nur auf trensenartigen Mundstücken mit Sicherheit zu führen sein. So notwendig ein biegsamer und geschmeidiger Hals dem durchgebildeten Reitpferde ist, so muß doch vollkommene Stetigkeit desselben damit verbunden sein. Diese ist dadurch bedingt, daß bei allen Biegungen und Richtungen des Halses die Wirbel desselben mit ihren Gelenkflächen genügsam in Berührung bleiben, um die verhaltenden wie auch die vortreibenden Hilfen durch Mitteilung fortpflanzen zu können. Wird aber der Hals an einzelnen Stellen so stark gebogen, daß die Berührungsfläche der betreffenden Wirbel zu klein wird, so entsteht ein falscher Knick, in welchem sich sowohl die Anzüge der Hand, wie auch die vortreibenden Hilfen brechen werden, d. h., um den gewöhnlichen Ausdruck zu gebrauchen, die Hilfen bleiben in der falschen Biegung stecken. Dies erzeugt dann die gefährliche Art des „Hinter-den-Zügeln-sein" beim Pferde, indem nun der Reiter nicht mehr imstande ist, die Gewichtsmasse richtig auszuhalten, um die Hinterfüße dagegen oder darunter arbeiten zu machen. Die Baucher-Methode ist ein vollständiges System, die Pferde in dieser Weise zu verderben, aber auch alle anderen Reiter, die den Hals zu viel und namentlich auf der Stelle bearbeiten, werden mehr oder weniger in diesen Fehler verfallen, denselben anstatt biegsam wackelig zu machen. Hälse, die schon von Natur zur Unstetigkeit neigen, müssen in dieser Hinsicht mit besonderer Aufmerksamkeit behandelt, und können meistens nur in freien oder sehr entschlossenen Gangarten bearbeitet werden.

Im allgemeinen werden bei Bearbeitung des Halses die größten Fehler begangen. Die Steifheit desselben beim rohen Pferde fällt dem Reiter zunächst unangenehm auf, so daß der Fehler vieler leicht erklärlich ist, welche durch einseitiges Biegen und Richten dieselbe zu beseitigen suchen, ohne zu bedenken, daß der Hals seine normale und wohlbegründete Stellung erst allmählich mit der stufenweisen Ausbildung der Hinterhand gewinnen kann. Die Seitenbiegung des Halses geht Hand in Hand mit der Biegung des inneren Hinterfußes, seine Aufrichtung und herbeigezäumte Stellung mit der Biegung der gesamten Hinterhand. Wer daher den Zwang der Vorhand nicht in den Hinterfüßen beseitigt und die Streckmuskeln der ersteren bei der vollen Schiebkraft beherrschen kann, wird niemals eine vollkommene Richtung derselben gewinnen, sondern seinem Pferde die Mittel belassen, von einem Extrem zum anderen überzuspringen, das heißt, sich durch eine zu leichte oder zu stete Anlehnung dem vollkommenen

Das Pferd ist im Hals zu stark beigezäumt, der höchste Punkt ist nicht das Genick. Es entsteht der sogenannte falsche Knick im Hals.

Das Pferd (rechts) trägt sich nicht, sondern stützt sich an der Hand des Reiters ab.

nach vorne vermehrt. In jeder Richtung aber muß der Hals eine sichere Leitkette für die Hand des Reiters verbleiben, das heißt, er muß durch die richtige Verbindung der einzelnen Wirbel die Wirkung des Gebisses den Rückenwirbeln mitteilen.

Wie die richtige Aufrichtung des Halses biegend auf Rücken und Kruppe einwirkt, sehen wir auch aus dem Umstande, daß beim rohen Pferde in gleichem Verhältnisse die Schweifpartie mitgehoben wird. Der rationelle Bereiter bedarf daher nicht des Operiermessers, seinem Pferde die dem Baue desselben entsprechende schönste und vollkommenste Schweifpartie zu geben. Er reitet sie heraus, und verschönert dadurch seine Pferde oft zum „Kaumwiedererkennen". Der natürliche Grund dieser Erscheinung liegt ganz einfach darin, daß die hebenden Schweifmuskeln als Fortsetzung der Rückenmuskeln bei der Biegung des Rückens zu größerer Tätigkeit gezwungen und dadurch allmählich gekräftigt werden. Ein anderes Zeichen der richtig gewonnenen Aufrichtung des Halses ist die Bildung feiner Hautfalten, die vom Kamme abwärts in bestimmten Zwischenräumen voneinander parallel quer über den Hals laufen. Sie entstehen durch die Wölbung des Halses, die durch stärkere Biegung der einzelnen Halswirbelgelenke allmählich gewonnen wird.

Gehorsame zu entziehen. Wir sehen daher oft Pferde, die in der Bahn in verkürzten Gangarten produziert, vortrefflich in ihrer Stellung von Hals und Kopf erscheinen, jedoch auf der langen Linie zu freien Gängen aufgefordert, in vollkommene Unordnung geraten, weil die dadurch geweckte und nicht vollkommen bezwungene Schiebkraft dann den gehemmten Streckmuskeln zur Stütze ihres Widerstandes wird. Das Baucher-System, das bei allen schreienden Fehlern und Mißbräuchen in der edlen Reitkunst als warnendes Beispiel dienen kann, liefert auch hier wieder den schlagenden Beweis, denn jedes bauchierte Pferd wird sich, zum freien Laufe aufgefordert, entweder auf der Volte widersetzen oder durchgehen, wenn ihm sonst noch soviel von seiner natürlichen Kraft gelassen ist.

Beim richtig gearbeiteten Pferde ist Hals und Kopf das Hauptgewicht, wodurch der Reiter die Gewichtsverteilung desselben überhaupt bestimmt. Er wird durch dasselbe nicht nur die Hinterhand belasten und biegen können, sondern auch die Schnelligkeit im Laufe fördern, indem dann die vorgestreckte Haltung das Übergewicht

Es ist keine leichte Aufgabe, die sieben Halswirbel in ihren Gelenken nach allen Richtungen hin dem Bedürfnisse des Reiters entsprechend biegsam zu machen, und sie trotzdem so geschlossen zu erhalten, daß sie aus der vorgeschriebenen Richtung in keiner Weise abweichen können. Es bedarf dies einer großen Tätigkeit von Hand und Schenkel und prompter Zusammenwirkung ihrer Hilfen, deren Maß nur durch ein feines Gefühl von seiten des Reiters bestimmt werden kann. Es artet aber in Pedanterie aus, wenn sehr gelehrte Meister der Kunst sich damit abmühen, in einzelnen Lektionen die einzelnen Wirbel der Reihe nach durch Biegung bearbeiten zu wollen. Wie ich schon einmal bemerkt, ist es nicht einmal möglich, den ganzen Hals für sich allein zu biegen, ohne Kopf, Rücken und Hinterfüße in Mittätigkeit zu ziehen; wie will man also einen so kleinen Teil für sich allein mit Nutzen bearbeiten können. Eine Kunst, die nur durch ihren praktischen Nutzen Wert hat, muß sich nicht durch Gelehrsamkeit einen Nimbus zu geben suchen.

Die richtige Anlehnung der Zügel ist und bleibt der einzig sichere Maßstab für die Resultate der Halsarbeit. Sind in der Seitenbiegung die beiden Zügel in gleichmäßiger Anspannung, so hat das Pferd der Verkürzung des inneren durch Biegung richtig entsprochen, und ein Anzug beider Zügel wird sich bis in die Hinterbeine fortpflanzen. Ist ferner bei gleichmäßiger Wirkung beider Zügel die Anlehnung an dieselben der Richtung des Halses entsprechend, das heißt, wird dieselbe in demselben Grade in der Aufrichtung leichter, wie sie in der tieferen und gestreckteren fester werden muß, so ist dies der Beweis, daß der Hals nicht nur richtig gerade und stet gearbeitet, sondern auch seine Aufrichtung durch eine sichere Stütze auf die Hinterhand wohlbegründet ist.

Die Stetigkeit des Halses, das heißt, die richtige Stütze der einzelnen Halswirbel aufeinander und ihre Richtung zueinander, kann nur durch die ungeschwächte und wohlausgebildete Schiebkraft der Hinterhand, die Biegsamkeit desselben jedoch nur durch die Tragkraft der letzteren sicher angenommen werden. Die Bearbeitung der Vor- und Hinterhand kann daher nur gleichzeitig und wechselseitig geschehen, indem erstere die Hauptgewichte bildet, gegen und unter welche die letztere ihre Kräfte schiebend und tragend äußern muß.

Nach diesem Grundsatze möge der verständige Reiter selbst ermessen, wie groß die Fehler sind, die im allgemeinen bei Dressur des jungen Pferdes begangen werden. Anstatt demselben zunächst, seinem natürlichen Baue entsprechend, diejenige Richtung von Hals und Kopf anzuweisen, die die Schiebkraft seiner Hinterfüße fördert, um dadurch die gesamte Wirbelsäule als die Verbindungskette zwischen Kopf und Hinterfüßen stet und gerade zu richten und durch diese Richtung die Wechselwirkung von Hand und Schenkel des Reiters zu gewinnen, sind die meisten Reiter von Hause aus bemüht, die Gewichte der Vorhand sogleich in die Höhe und zurückzurichten. Unvorbereitet können die Hinterfüße dieselben jedoch nicht auf sich nehmen, sondern werden dadurch in ihrer Tätigkeit gehemmt. Während daher der natürliche Gang verlorengeht, muß der Reiter Kopf und Hals durch die Gewalt seiner Arme tragen und hat dabei noch die Gegenanstrengungen zu bekämpfen, die ihm das Pferd in dieser gewaltsamen Richtung seiner Vorhand notgedrungen entgegensetzen wird. Ermüdet wird der weniger energische Reiter dann seine Zuflucht zu den Biegungen auf der Stelle nehmen, um das störrische Genick und den steifen Hals zunächst weich und gefällig zu machen, und dabei mehr oder weniger dem Baucher-System verfallen und demgemäße Resultate erzielen, oder er wird sich durch Aufsetzzügel, Longe und Peitsche die eigene Arbeit leicht machen wollen, und dadurch sein junges Pferd stumpf und verbraucht arbeiten, ehe es unter dem Reiter Dienste getan. Der kräftige und energische Reiter aber wird die scheinbare Störrigkeit seines Pferdes mit Gewalt brechen und mit Sporn und Peitsche die Hinterfüße zur Tätigkeit zwingen wollen. Diese können sich jedoch unvorbereitet nicht andauernd unter der ungewohnten Last biegen und frei bewegen, sondern werden sich durch gewaltsames Steifen und Ausweichen derselben zu entziehen suchen. Die natürliche Harmonie des Körpers wird dadurch aufgehoben, und seine Bewegungen können nur durch unnatürliche Anstrengungen erfolgen, die schnell verderbend auf den Organismus und zerstörend auf die Kräfte desselben einwirken. Solche Reiter sind daher genötigt, ihre Pferde in ununterbrochenem Kampfe zu lähmen und zu zerbrechen und werden als Resultat ihrer eigenen Anstrengungen sich stets arme, wertlose Geschöpfe vom Halse zu schaffen haben.

Der einsichtsvolle Bereiter dagegen wird bei seiner Arbeit den natürlichen Bau und die Richtung von Hals und Kopf streng berücksichtigen und deren Gewicht nicht eher zurückzurichten suchen, ehe er nicht die Hinterhand genügsam fixieren kann, um diese damit sicher zu belasten. Er wird daher den natürlichen Gang seines Pferdes als Hauptmittel benutzen, sich zuvor eine sichere Anlehnung an die Zügel zu verschaffen, indem er der Wirbelsäule und dem Genicke diejenige Richtung gibt, daß die Schiebkraft der Hinterfüße direkt und ungeschwächt gegen seine Hand wirkt. Ist dies der Fall, so wird seine Hand auch ebenso direkt gegen die Hinterhand wirken, das heißt, er kann nun das Gewicht der Vorhand sicher aushalten, um die letztere damit allmählich zu belasten und durch diese Belastung ein sicheres Mittel zu gewinnen, die rohe Schiebkraft derselben sicher zu beherrschen. Ehe der Reiter sein Pferd sicher aushalten kann, wird es besonders bemüht sein, sich durch Ausweichen von Hals und Kopf frei zu erhalten, weil diese von Natur am beweglichsten sind. Es wird dabei extreme Stellungen derselben anwenden, die aber stets ihrer natürlichen Stellung entsprechend sind. Je nach dem Baue dieser Teile wird es daher durch Herunterbohren oder durch gewaltsames Strecken des Halses und Heben der Nase dem Reiter entgegen arbeiten, und dieser ist oft gezwungen, durch anhaltende Übungen in der entgegengesetzten Richtung die normale Stellung mühsam zu vermitteln. Zu seiner Erleichterung kann er sich hierbei besonderer Hilfsmittel in der Zäumung bedienen, die ihm aber nur dann von Nutzen sein werden, wenn er sie geschickt zu gebrauchen weiß. Alle toten Vorrichtungen und Hilfszügel, das heißt, alle solchen, die durch Festbinden und Schnallen eine gleichförmige Wirkung äußern, sind ohne Ausnahme mehr nachteilig als nützlich, da sie sämtlich verderbend auf das Maul des Pferdes wirken, denn die Eindrücke durch das Gebiß können nur durch die lebende und feinfühlende Hand des Reiters richtig abgewogen werden. Dagegen bedienten sich die Meister solcher Hilfsmittel vermittels des Kappzaumes, und wir können dieselben Vorteile von diesem außerordentlichen Instrumente ziehen, wenn wir es nur unseren jetzigen edlen Pferden entsprechend anzuwenden wissen. *

Im allgemeinen hat der Bereiter mehr Schwierigkeiten, den Hals richtig herunterzurichten als herauf, weil er bei ungünstigem Baue desselben die Genickbiegung nur in der tiefen Stellung gewinnen kann. Diese Genickbiegung, die die herbeigezäumte Stellung des Kopfes bedingt, muß aber vollkommen und sicher sein, wenn das Pferd für die Hebelwirkung der Kandare richtig vorbereitet sein soll. Mängel in dieser Hinsicht werden immer zutage kommen, sobald es sich darum handelt, das Pferd mit den Stangenzügeln allein zu führen, und kann daher die Sicherheit, mit der dies möglich ist als Prüfstein für die Genickarbeit und als Maßstab angesehen werden, zu welchem Grade der Ausbildung für den Reitdienst das Pferd befähigt ist. Je vollkommener die Genickbiegung von Natur oder durch richtige Bearbeitung ist, um so vollkommener wird auch die Ausbildung der Hinterhand möglich sein, weil der Bereiter dann die Gewichtsmasse um so sicherer aushalten kann, um die Hinterhand beliebig dagegen arbeiten zu lassen und sie durch diese Arbeit zu kräftigen und biegsam zu machen. Die Fixierung des Kopfes durch richtige Genickbiegung ist gleichsam der Grundstein der ganzen Halsarbeit und bei allen ungünstig gebauten Hälsen das Hauptziel, wonach der Reiter zu streben hat. Die Aufrichtung des Halses findet sich allmählich in dem Grade, wie die Hinterhand durch Aufnahme der Gewichtsmasse die Vorhand immer mehr erleichtert, nach dem früher ausgesprochenen Grundsatze, daß sich die Hinterfüße die Gewichte selbst holen müssen, indem sie gegen den Schwerpunkt der Masse vorgeschoben werden. Die Möglichkeit der Aufrichtung des Halses richtet sich daher zunächst nach der Genickbiegung, das heißt, nach dem Grade der Fixierung des Kopfes beim Aushalten, sodann aber nach der Fähigkeit der Hinterhand, sich zu belasten. Je mehr die Vorhand durch diese Belastung der Hinterhand erleichtert und die Schiebkraft der letzteren dadurch gemäßigt wird, um so leichter wird der Reiter Hals und Kopf des Pferdes aufrichten und in dieser Aufrichtung erhalten können, aus welcher Aufrichtung dann wiederum die freiere und erhabenere Aktion der Vorderfüße entspringt.

Das Unterzäumen, das heißt, das Ausweichen des Pferdes durch zu starkes Herbeistellen des Kopfes kommt von Natur bei sehr langen, stark gebogenen oder wackeligen Hälsen vor. Ist mit dieser Form der Vorhand ein kräftiges, wohlgebautes Hinterteil verbunden, so ist dieser Fehler zwar nicht leicht, aber allmählich gründlich zu heben, indem durch die Biegung der Hanken die Vorhand gehoben wird und die richtig entwickelte Schiebkraft stets für die richtige Anlehnung am Zügel sorgen wird. Solche Pferde können daher die höchste Ausbildung als Schulpferd erhalten, werden aber während der Dressur von seiten des Reiters eine sehr leichte, feine Hand und prompte Schenkelhilfen und beim späteren Gebrauche eine zweckmäßige Zäumung erfordern, wenn sie nicht in ihren natürlichen Fehlern verfallen sollen. Ist die Hinterhand jedoch nicht befähigt, eine kräftige Hankenbiegung mit genügender Schiebkraft zu entwickeln, dann sollte ein solches Pferd nicht durch verkürzte, stark gesammelte Gang-

---

* Die alten Meister bedienten sich, wie dem Leser bekannt sein wird, zur ersten Bearbeitung des rohen Pferdes nicht der Trense, sondern des Kappzaumes. Dieses Instrument hat nicht nur den Vorteil, daß es das Maul vollkommen intakt läßt, sondern auch den noch größeren, daß dadurch die unbedingte Nachgiebigkeit des Genickes in viel sicherer Weise begründet werden kann als mit der Trense. Da nämlich die Hauptmuskeln des Halses über die Genickverbindung hinweglaufend sich an dem Oberkiefer anheften, so mag das auf Trense gezäumte Pferd, während es dem Drucke auf die Laden mit dem Unterkiefer nachgibt, doch sehr wohl die Halsmuskeln zu steifen und im Genicke vollkommen unnachgiebig zu bleiben, und wenngleich wir diesem Übelstande durch Anwendung der sogenannten Hannoverschen Reithalfter zu begegnen suchen, so können wir dies damit doch nie in so durchgreifender Weise wie mit dem Kappzaume, bei welchem das Gegenhalten der Hand direkt auf den Oberkiefer wirkt. Mein Lehrer, Louis Seeger, pflegte gerade der Arbeit mit dem Kappzaume die unerreichten Erfolge der Alten in bezug auf Biegung der Hanken zuzuschreiben und hat sich viel damit beschäftigt, dieses Instrument mit Rücksicht auf unsere heutigen edleren und empfindlicheren Pferde umzuändern respektive zu ersetzen. Er war denn auch der erste, der das jetzt unter dem Namen „Hannoversche Reithalfter" bekannte Zäumungswerk angewendet hat, welches Verdienst ich ihm hiermit öffentlich vindiciert haben möchte.

Im späteren Verlaufe der Dressur, wenn das Pferd schon auf Stange gezäumt war, benutzten die Alten, insbesondere der Herzog von Newcastle, den Kappzaum zur Anbringung von Hilfszügeln, indem sie bei den starken Biegungen, welche sie anzuwenden pflegten, auf der inwendigen Seite vom Kappzaume nach dem Sattel ein Tau befestigten, welches dem Pferde, wenn es versuchte, aus der ihm mit den Zügeln angewiesenen Biegung sich loszumachen, einen unüberwindlichen Widerstand entgegensetzte. Selbstredend konnte diese Arbeit nur dadurch erfolgreich sein, daß entsprechende vortreibende Hilfen jederzeit dafür sorgten, daß das Pferd dabei nicht nur im Vorgehen blieb, sondern auch an diesem festen Taue sich immer wieder abstieß und weich wurde.

arten unnötig gequält, sondern durch Übung seiner Schiebkraft allein in freien, entschlossenen Gängen sicher an die Hand gebracht, und so nur zu einer gewissen Gebrauchsfähigkeit ausgebildet werden. Die alten Meister fühlten diesen Fehler bei ihren Pferden sehr und mußten deshalb oft ihre Arbeit ganz aufgeben. Dies ist aber sehr einfach dadurch zu erklären, daß sie fast ausschließlich Hengste mit schweren, stark gebogenen Hälsen wählten, die nur bei sehr kräftiger Hinterhand imstande waren, das Gewicht der Vorhand andauernd zu stützen, daß sie nach den Anforderungen der damaligen Zeit fast nur verkürzte und gesammelte Gangarten übten, um ihre Pferde für das Tummeln auf kleinem Terrain zu befähigen und, daß sie genötigt waren, diese massenhaften Pferde mit kolossalen Kandarengebissen zu zäumen, durch deren starke Hebelwirkung sie imstande waren, dieselben mit Leichtigkeit zu regieren. So wurde es den Pferden mit besonders stark gebogenen Hälsen leicht, durch Aufsetzen der langen Anzüge gegen die Brust, die Wirkung der Zügelhand ganz aufzuheben. Wir haben von diesem Fehler weniger zu leiden und werden, solange vorherrschend auf Schnelligkeit gezüchtet wird, mehr mit steifen und gestreckten Hälsen zu kämpfen haben als umgekehrt. Auch haben wir jetzt in unserer leichten Zäumung und flüchtigen Gangarten treffliche Mittel, diesen Fehler unschädlich zu machen, und selbst, wenn ein schwacher Rücken oder Hinterteil nur wenig Aufrichtung zuließe, kann ein solches Pferd dennoch einen angenehmen Reise- oder Feldklepper abgeben, da es nicht nur seinen Weg besser im Auge haben wird, sondern auch in den gestreckteren Gängen, wie sie ein solcher Gebrauch mit sich bringt, eine sichere Anlehnung an die Kandare gewinnen kann. Es ist unter allen Umständen leichter und dankbarer, einen zu tief gestellten und unterzäumten Hals auf und gerade zu richten als einen verkehrten und überzäumten herunter zu stellen und zu biegen. Daher denn auch das Bestreben unserer Zeit, Mittel und Wege zu entdecken, um die in letzterer Aufgabe liegenden Schwierigkeiten, wenn nicht ganz zu heben, doch zu mildern. So sind denn bereits eine Unzahl von Maschinerien und Apparaten erfunden worden, Flaschenzüge von solcher Wirkung, daß man damit das ganze Pferd heben könnte, und doch wird der Kunst damit nicht aufgeholfen. Es sind dies ephemere Erscheinungen, die ebenso schnell vergessen sind als sie vielleicht anfangs Aufsehen erregten und zu denen der verständige Bereiter nur lächeln kann, da er weiß, daß nur eine geduldige, systematische Arbeit dieses Ziel sicher erreicht. Herr Baucher glaubte den Stein der Weisen namentlich in dieser Hinsicht gefunden zu haben, und ein großer Teil der Reiterwelt glaubte es ihm, da er allerdings den Hals in kurzer Zeit so weich zu machen versteht, daß selbst Pferde mit steifen und verkehrten Hälsen sich scheinbar gefällig zeigen und im Stillstehen sich leicht herbeistellen. Bei näherer Prüfung dieses Wunders aber finden wir, daß er nur das meisterhaft versteht, Pferde dadurch zu unterzäumen, das heißt, hinter die Zügel zu bringen, daß er ihnen die Schiebkraft raubt. Ein solches angelerntes oder gewaltsam erzwungenes Unterzäumen ist sehr verschieden von dem durch den Bau des Halses angeborenen. Bei diesem stehen dem Bereiter die ungeschwächten Kräfte der Nachhand und ein unverdorbener Charakter zu Gebote, um diesem Mangel im Baue entgegenzuwirken, bei jenem aber müßte er zunächst durch entsprechende Übungen, den Naturzustand wieder zu gewinnen, das heißt, die unterdrückte oder geraubte Schiebkraft neu zu beleben suchen, was in dem Grade seine Schwierigkeiten haben wird als das Bauchersche System bereits seine Wirkung geübt hat. Wie Cato jede seiner Reden mit der Mahnung beschloß, Karthago zu zerstören, so möchte ich am Schlusse eines jeden Kapitels vor dem Baucher-System warnen.

Das Pferd weicht den Hilfen des Reiters durch zu starkes Beistellen des Kopfes aus: es geht hinter dem Zügel.

Von der Biegung des Genicks

Wenn ich die Bearbeitung des Halses diesem Kapitel vorangestellt habe, obgleich doch die Vorhand mit dem Kopfe beginnt, so geschah dies deshalb, weil der Hals zuvor eine gewisse Stetigkeit gewonnen haben muß, ehe der Reiter mit Erfolg auf das Genick einwirken kann. Durch dieses Gelenk wird der Kopf mit dem ersten Halswirbel verbunden und die Konstruktion desselben läßt eine freie Bewegung nach allen Richtungen zu, wie wir dies auch beim Pferde im Naturzustande beobachten können. Wenn diese Teile beim rohen Pferde unter dem Reiter oft so steif und verwachsen erscheinen, so liegt dies in der ungewohnten Richtung, die derselbe seinen Zwecken gemäß fordern muß und in welcher deshalb die natürliche Beweglichkeit des Gelenkes erst durch allmähliche Übung entwickelt werden muß. Der Bau von Hals und Kopf kann diese Arbeit sehr erleichtern, ihr aber auch große Hindernisse in den Weg legen. Während ich im vorigen Kapitel bereits dargetan, wie die natürliche Richtung des Halses wesentlich auf die Haltung des Kopfes einwirkt, wie ein aufgerichteter, wohlgewölbter Hals den Kopf schon natürlich herbeistellt und wie gerade, kurze oder verkehrte Hälse die herbeigezäumte Stellung des Kopfes in gesteigertem Grade erschweren oder unmöglich machen, werde ich nunmehr auf die Schwierigkeiten aufmerksam machen, die der Bau des Kopfes selbst darbieten kann.

Ein kleiner, feiner und trockener Kopf ist zwar nicht nur viel schöner, sondern auch durch sein absolut geringes Gewicht ungleich günstiger als ein großer und fleischiger; dennoch kommt es mehr noch wie auf das Gewicht des Kopfes auf die Art seiner Verbindung mit dem Halse an. Je kleiner der Winkel ist, den in der natürlichen Haltung Kopf und Hals miteinander bilden, desto mehr wird, wenn dabei die hinteren Ränder des Unterkiefers nicht zu stark und fleischig sind und durch ihre Weite zwischen sich viel Raum gewähren, das Herbeistellen des Kopfes erleichtern, selbst, wenn der natürliche Bau des Halses nicht so günstig wäre und namentlich die ersten Wirbel die gewünschte Richtung nicht hätten. Fehlen aber diese Vorteile mehr oder weniger, so werden auch in demselben Maße die Schwierigkeiten sich mehren, dem Genicke die Richtung zu geben, daß die Wirkung der Zügel sich leicht und ungeschwächt durch die ganze Wirbelsäule fortpflanzen kann.

Es ist das Genick das erste Gelenk, welches die Anzüge zu passieren haben und solange dies nicht in der Gewalt des Reiters ist, beschränkt sich seine Arbeit auf das Maul des Pferdes allein.

Die Seitenbiegung des Kopfes zum Halse kann durch eine kurze, starke Beschaffenheit des letzteren und durch starke, fleischige Ganaschen sehr erschwert werden, doch sind diese Hindernisse durch fleißige und geduldige Übung immer insoweit zu beseitigen, daß sie die Wirkung auf die Hinterhand also die Sammlung nicht beeinträchtigen, obgleich sie auf die Gewandtheit des Pferdes beim Wenden immer von nachteiligem Einfluß sein werden.

Die fleischigen und weichen Teile von Hals und Kopf sind für die künstlichen Stellungen und Biegungen derselben jedenfalls ein Hemmnis, welches aber in dem Maße leicht zu überwinden sein wird als der natürliche Bau der knochigen Grundlage günstig gestellt und verbunden ist. Bei jungen Hengsten finden wir namentlich Hals und Genick oft so mit Fleisch und Fett bedeckt, daß sie dadurch ganz unförmlich und verwachsen erscheinen und erst durch Abschwitzen nach und nach gefällige Form und Beweglichkeit gewinnen. Zu den weichen Teilen, welche die Seitenbiegung oft lange erschweren, gehören auch die Ohrdrüsen. Diese Drüse, das Organ zur Absonderung des Speichels, erstreckt sich in länglicher Form vom Ohr den hinteren Rand des Unterkiefers entlang, während der Speichelkanal im Inneren der Maulhöhle mündet. Dieser zarte und empfindliche Teil ist bei den Seitenbiegungen starken Quetschungen und Pressungen vom Kiefer ausgesetzt, und der dadurch erzeugte Schmerz reizt die jungen Pferde oft zu hartnäckigem Widerstreben und Eigensinn. Es ist daher Pflicht des verständigen Reiters, diese Arbeit mit Schonung zu treiben, da er durch zu großen Eifer nur Zeit verlieren würde, indem entzündliche Affektionen dieses Teiles das Pferd nicht nur am Fressen hindern, sondern auch ein totes Maul zur Folge haben. Bei dem durchgearbeiteten Pferde ist die Drüse scheinbar ganz verschwunden, und manche Leute glauben, sie sei infolge der Bearbeitung resorbiert. In dieser Annahme glauben sie denn auch, den Resorptionsprozeß durch spezielle Bearbeitung fördern zu können, und mühen sich ab, durch Streichen, Kneten und Drücken mit den Händen sie zum Schwinden zu bringen. Es ist dies aber glücklicherweise ein großer Irrtum, denn mit dem Schwinden der Drüse müßte ja auch die Speichelabsonderung aufhören, wodurch dem Pferde ein großer Nachteil für seine Verdauung, dem Reiter aber für eine gute Anlehnung erwachsen würde. Mit dem Anfange der Arbeit schiebt sich die Drüse nach außen, um dem Drucke zu entgehen, und ist dann deutlich sichtbar, später aber, wenn im Verlaufe der Arbeit durch Resorption des Fettes und größere Dehnbarkeit der Muskeln der nötige Raum für sie gewonnen ist, wird sie in die Tiefe zurückgezogen, wo sie bei der Biegung Platz unter dem Rande des Kiefers findet. Erst dann ist die Ganaschenarbeit vollendet, denn erst dann wird die Funktion der Ohrdrüse ungestört und der Zufluß des Speichels während der Stellungen ungehindert sein. Hiermit hört dann auch alle Launenhaftigkeit des Pferdes auf, mit welcher der Reiter bis dahin zu kämpfen hat, indem es einen Tag ein vortreffliches Maul hat, und infolge dessen in allen Stellungen willig und gefällig ist, während es Tages darauf sich nicht abkauen will und den Wirkungen der Hand widerstrebt. Dann erst gewinnt das Pferd nicht nur vollkommene Freiheit, sondern auch Regelmäßigkeit in allen seinen Bewegungen unter dem Reiter, er mag die Richtung und Biegung desselben in mannigfachster Weise wechseln und verändern. Dies ist dann das vollkommene Resultat der vollendeten Arbeit, wo die Zügelhand bei ihren Wirkungen auf kein Hindernis mehr stößt, weder auf eine Härte noch auf eine falsche Nachgiebigkeit, sondern, wo jeder Anzug, auch der leiseste, sich schnell und sicher nur durch gleichzeitige Bearbeitung der Hinterhand zu erreichen ist, versteht sich von selbst, denn, wie ich schon öfter ausgesprochen habe, kann das Skelett des Pferdes als harmonisches Ganzes auch nur in seiner Gesamtheit mit Vorteil gerichtet werden, indem die Schiebkraft der Hinterhand der Vorhand die nötige Stetigkeit gibt, während die Gewichte dieser durch Belastung biegend auf jene wirken.

Dennoch bedarf es einer fleißigen und besonderen Bearbeitung von Hals und Genick, um diesen Teilen diejenige Stetigkeit und Biegsamkeit zu geben, welche der Reiter zu seinen Zwecken nötig hat, und diese speziellen Übungen bezeichnet man mit dem Ausdruck „Abbrechen".

Unter dieser Lektion versteht man das Biegen des Kopfes abwechselnd nach rechts, links und herbei gegen den Hals im Zustande der Ruhe, wobei der Hals und übrige Körper des Pferdes gerade und stet gehalten sein soll, so daß nur das Gelenk des Kopfes mit dem Halse die verlangte Biegung annimmt. So nützlich diese Lektion ist, dem Genick die nötige Weichheit und Freiheit zu geben, wenn sie richtig ausgeführt wird, so nachteilig sind die Folgen einer fehlerhaften Ausführung. Das Pferd hat in der Beweglichkeit seiner sieben Halswirbel und seines Unterkiefers ein achtfaches Mittel, sich den richtigen Biegungen seines Genickes zu entziehen und weiß im Stillstehen, wo es auch noch die sichere Stütze seiner vier Füße zur Verfügung hat, sehr geschickt Gebrauch davon zu machen.

Es gehört von seiten des Reiters ein sehr feines Gefühl dazu, zu beurteilen, ob sein Pferd bei diesen Übungen die gleichmäßige Verteilung seines Gewichtes auf die vier Füße, das heißt, seine gerade Richtung beibehält, ob es sich nicht unmerklich auf die äußeren Füße lehnt, ob es nicht unwillkürlich mit dem Halse der Biegung folgt, oder mit dem Unterkiefer dem Anzuge nachgibt, statt mit dem Genicke, und wenn er es fühlt, so kann er nur durch einen unbedingten Gehorsam auf den Sporn diese Ausflüchte des Pferdes abschneiden. Deshalb kann diese Lektion in ihrer Reinheit auch nur als Schlußübung der Dressur für eine höhere Ausbildung betrachtet werden, indem sie das Pferd befähigt, in hoher Aufrichtung des Halses als Folge der Biegung seiner Hanken, die Stellung des Kopfes leicht und frei zu erhalten. Die alten Meister verwandten viel Fleiß und Zeit auf diese Lektion, und die Art ihrer Arbeit erscheint uns jetzt lächerlich und barbarisch. Wenn wir bedenken, mit welchen Hindernissen sie bei ihren schweren Schulhengsten zu kämpfen hatten und welche Resultate sie trotzdem zu erzielen wußten, so müssen wir gestehen, daß sie uns überlegen waren und es so lange bleiben werden als wir nicht in ihre Fußstapfen treten. Dann aber können wir sie übertreffen, weil uns ein vollkommeneres Material zu Gebote steht. Man denke sich nur einen schweren Brabanter oder Dänischen Hengst, wie wir sie heutzutage als starke Lastschlepper zu sehen bekommen, als Zögling für die Hohe Schule und wir werden uns nicht mehr wundern, wenn die Alten vier Mann brauchten, um den Speckhals und das Bullengenick eines solchen Tieres zu richten und zu biegen. Sie bedienten sich hierbei als Hauptwerkzeug des Kappzaumes, der durch seine reine Wirkung auf das Nasenbein, beim Abbrechen und Biegen das Ausweichen und Verschieben des Unterkiefers unmöglich macht, wodurch sie von Hause aus ganz reine Stellungen gewannen.

Das Abbrechen oder Biegen des Genickes setzt also immer eine hohe, stete Richtung des Halses sowie eine richtige, gleichmäßige Verteilung des Körpergewichtes auf die vier Füße, mit einem Worte die Richtung des Gleichgewichtes im Stillstehen voraus und kann daher erst dann mit Erfolg geübt werden, wenn der Reiter die Hinterhand mit dem Sporn genügend beherrschen kann. Es darf daher nicht verwechselt werden mit den Biegungen auf der Stelle von Hals, Kopf und Rippen, die zu jeder Periode der Dressur vorgenommen werden können.

Diese Biegungen füllen von Anfang an die Pausen aus, die man dem jungen Pferde nach jeder Reprise zu seiner Erholung gönnt. Sie beginnen mit einfacher, natürlicher Biegung des Halses, indem man dem Pferde lehrt, der stärkeren Wirkung eines Zügels auf diese Weise nachzugeben. Die tiefe Stellung von Hals und Kopf erleichtert diese ersten Übungen bei allen Pferden, da die Muskeln des Halses dadurch abgespannt werden, und je steifer, dicker und ungeschickter diese Teile von Natur sind, um so mehr verstärke man anfangs die Biegung und belasse sie einige Zeit in dieser Stellung, um die Muskeln und Bänder an diese stärkere Ausdehnung zu gewöhnen. Wie der Mensch mit steifem oder schmerzhaftem Genicke, wenn er seit- oder rückwärts sehen will, nicht den Kopf, sondern den ganzen Körper drehen wird, so wird das unbeholfene rohe Pferd bei diesen Übungen stets geneigt sein, sich durch Ausweichen mit dem Hinterteil nach der entgegengesetzten Seite hin die Sache zu erleichtern. So lange der Reiter dies durch den äußeren Schenkel noch nicht verhindern kann, benutze er die Wand als Ersatz dafür und richte sein Pferd so gegen dieselbe, daß die äußere Schulter 1 Fuß von derselben entfernt ist, während der äußere Hinterfuß eine Stütze daran nimmt. In dieser scheinbar schiefen Richtung ist das Pferd am meisten gezwungen, sich gerade zu halten, da es nun nicht mit der Vorhand eine Anlehnung an die Wand nehmen kann. Dennoch wird es anfangs nicht daran zu hindern sein, sein Körpergewicht mehr auf die äußeren Füße zu legen und dadurch schief nach außen zu neigen. Der Reiter muß diesem Übelstande deshalb sowohl durch Verteilung seines Gewichtes nach innen, wie durch Annäherung des inneren Hinterfußes an den äußeren mit der Rute oder dem inneren Schenkel nach Möglichkeit entgegenarbeiten. Von der richtigen Haltung des Körpers, das heißt, von der gleichmäßigen Belastung der inneren und äußeren Füße, ganz abgesehen davon, ob dabei die Vor- oder Hinterhand mehr beschwert ist, hängt hauptsächlich der Erfolg des Biegens ab. Übungen dieser Art, wobei Reiter und Roß oft zum Umfallen nach außen hängen, nützen nicht nur nichts, sondern lehren dem Pferde nur die Mittel, sich der Biegung des inneren Hinterfußes zu entziehen und legen den Keim zum Umkehren, Steigen und Unarten aller Art. Die gerade Haltung des Pferdes ist daher von Anfang an erste Bedingung bei allen Biegungen auf der Stelle, während die Richtung des Gleichgewichtes oder die auf die Hanken dabei nur in dem Grade genommen werden kann, als der Reiter mit dem Sporn die Hinterhand zu fixieren vermag. Ist er erst imstande, die Hinterfüße unter die Gewichtsmasse zu schieben und dort festzuhalten, so kann er auch den Hals immer mehr aufrichten und dadurch seine Biegungen vervollkommnen, bis er zuletzt zu der reinen Genick- und

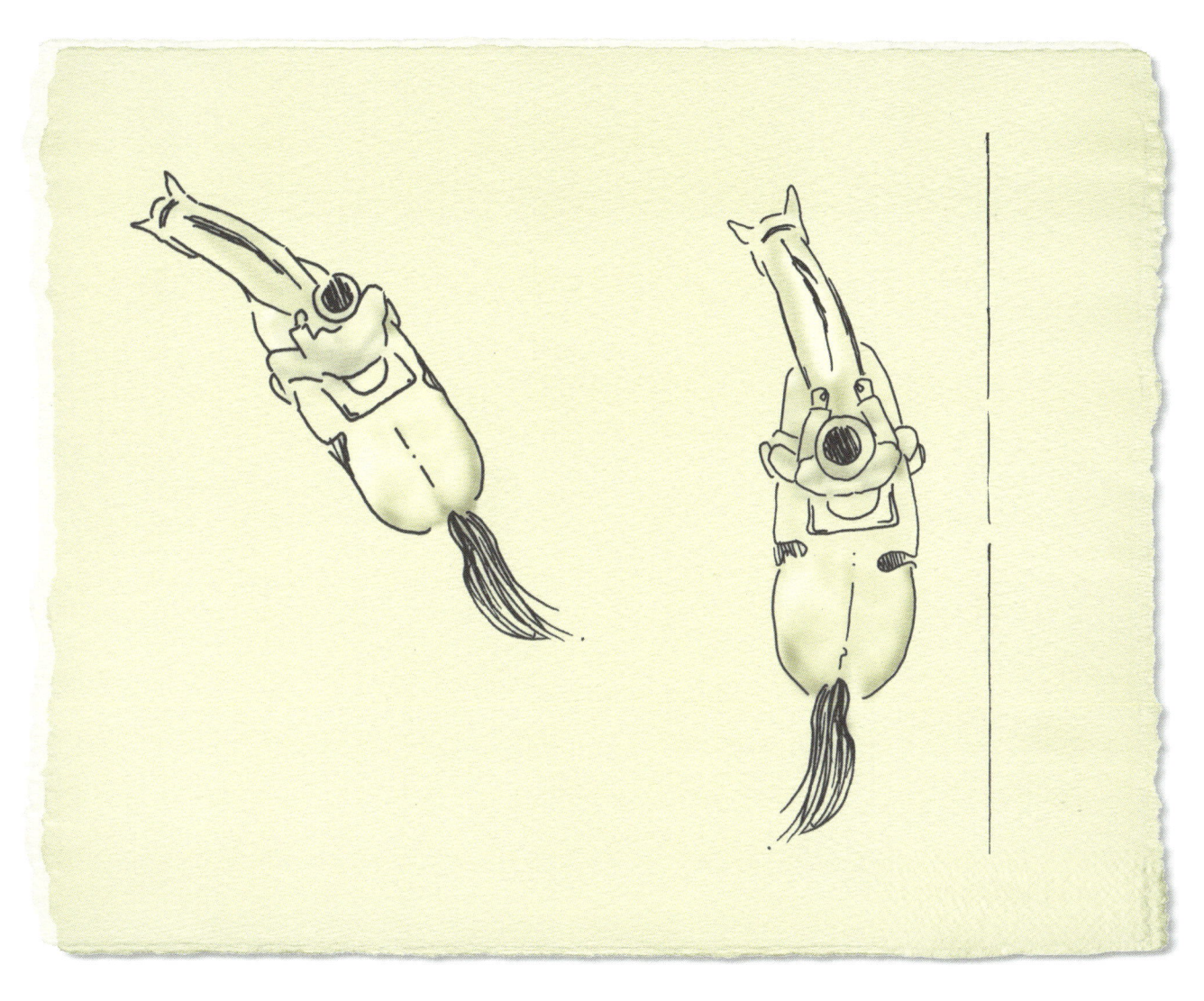

Junge Pferde neigen dazu, sich ersten Übungen in der Biegung durch Ausweichen der Hinterhand zu entziehen. Der Reiter kann sich diese Arbeit erleichtern, indem er durch die Begrenzung der Bande den äußeren Hinterfuß fixiert.

Ganaschenbiegung gelangt. Wie ich schon an einer anderen Stelle bemerkt habe, ist es jedoch viel schwieriger, auf der Stelle die richtige Körperhaltung zu gewinnen, da das Pferd, auf allen vier Füßen ruhend, viel leichter den einen davon in falscher Weise entlasten kann, wie zum Beispiel im Trabe, wo es sich abwechselnd auf zwei Füßen gleichsam balancieren muß und dadurch gezwungen ist, an und für sich seinen Körper mehr im Gleichgewicht zu erhalten. Es ist daher eine falsche Ansicht vieler Reiter, daß durch vieles Biegen und Arbeiten auf der Stelle ihnen selbst und den Pferden die Dressur erleichtert und die Biegsamkeit im Gang gefördert werde. Die allmählich gewonnenen Biegungen im Gang sind vielmehr die Vorbereitung für die Übungen auf der Stelle, indem eine richtige Biegung im Stillstehen stets eine gesteigerte Aufgabe für das Pferd und als ein Prüfstein für den Gehorsam auf Hand und Schenkel zu betrachten ist. Der Reiter hat daher ganz nach den Regeln, wie er im Gange mit Hand, Schenkel und Gewichtsverteilung sein Pferd bearbeitet, es auch auf der Stelle, aber mit verdoppelter Aufmerksamkeit und Energie, zu behandeln, da ihm hier die Unterstützung der Schiebkraft und Balance, die er im Gange hat, abgeht. Reiter, die ihr Pferd gestreckt hinstellen und nun mit ihren Armen allein den Kopf und Hals desselben nach rechts und links, nach oben und unten bewegen, ohne sich darum zu kümmern, wie sein übriger Körper sich dabei dreht und biegt, die sich wohl gar zur Gewinnung der größeren Kraft bei den Anzügen nach außen lehnen und zufrieden sind, wenn zuletzt das Pferd schon von selbst die Stellungen annimmt, werden bald genug mit wackeligen Hälsen, mangelnder Anlehnung und schlaffen Gangarten zu kämpfen haben. Das System des Herrn Baucher, die beste Vogelscheuche bei allem Verkehrten und Fehlerhaften in unserer Kunst, liefert auch in dieser Beziehung die schlagendsten Beweise. Er arbeitet seine Pferde auf der Stelle so weich, wie die Waschlappen und nimmt ihnen alle Fähigkeit zum Vorwärtsgehen. Ich warne daher meinen jugendlichen Leser ernstlich davor, aus den Biegungen auf der Stelle lange und ermüdende Lektionen zu machen. Das Pferd möchte sich sehr bald, vielleicht durch seinen natürlichen Bau dazu begünstigt, durch falsche Biegungen und Knicke seiner Gewalt entziehen, ehe er eine Ahnung davon hat.

Ein solcher Knick im Halse entsteht, sobald zwei seiner Wirbel nicht mehr richtig zueinander gestellt sind, sondern durch zu starke Biegung ihres Gelenkes mit zu geringen Teilen ihrer Gelenksflächen in Berührung bleiben, wodurch eine Lücke in der Verbindungskette zwischen Kopf und Hinterteil entsteht. Die durch die Wirbelsäule vermittelte wechselseitige Wirksamkeit von Hand und Schenkel wird dadurch unterbrochen, indem nicht nur die Schiebkraft der Hinterhand, sondern auch die Anzüge der Hand in solcher falschen Biegung stecken bleiben und das Pferd nun ein Mittel gefunden hat, sich der Gewalt des Reiters zu entziehen. Ein solcher Fehler markiert sich durch alle Gangarten und Lektionen, und kann mitunter ein sonst vorzügliches Pferd zu einem unbequemen und unzuverlässigen machen. Einmal eingewurzelt, ist dieser Fehler oft nur mit den größten Schwierigkeiten zu beseitigen, da es viel leichter ist, einen unbiegsamen Teil biegsam zu machen als einen zu weichen stet und straff. Er entsteht immer dadurch, daß die Antagonisten der gebogenen Seite nicht kräftig genug gegenwirken. Dies ist der Grund, weshalb ich gleich anfangs die gerade Richtung des Pferdes, das heißt, sein gleichmäßiges Ruhen auf den vier Füßen, zur Hauptbedingung bei diesen Übungen machte, da diese gerade Haltung seines Körpers die richtige Gegenwirkung der Antagonisten noch am weitesten bedingt.

Wenn schon ein vereinzelter Fehler dieser Art den Gang und Gehorsam des Pferdes beeinträchtigen kann, wie zerstörend auf beides muß nicht das Baucher-System einwirken, welches nur die Kunst lehrt, die Wirbelsäule in allen nur möglichen Teilen zu verbiegen und zu knicken.

Der noch unerfahrene Reiter befolge daher meinen Rat und arbeite sein Pferd im Vorwärtsreiten. Er kann dann viel zuversichtlicher zu sich selbst sein, denn er hat am Gange selbst den besten Verbündeten gegen die Ausflüchte und Verstecktheiten des Pferdes. Der Hang zwingt dasselbe seiner eigenen Sicherheit wegen zur geraden Haltung, das heißt, der gleichmäßigen Belastung der äußeren und inneren Füße; er wirkt durch die unterhaltene Schiebkraft mehr spannend auf die Muskulatur und das Skelett, so daß die gebogenen Teile nicht so leicht zu viel nachgeben können; er dient endlich dem Reiter als einzig sicherer Maßstab für die Richtigkeit seiner Arbeit, indem er diese durch seine Frische und seinen regelmäßigen Takt bestätigt, durch den Mangel dieser Eigenschaften aber tadelt und davon abmahnt. Reiter, die ihre Pferde im entschlossenen Vorwärtsreiten biegen und bearbeiten, werden zwar ihre eigenen Glieder nicht schonen dürfen und manchen sauren Schweißtropfen im Kampfe mit den rohen Kräften des Pferdes vergießen müssen, sie werden aber bald die Freude haben, Gang und Gestalt ihrer Zöglinge so vorteilhaft verändert zu sehen, daß man sie im Besitze besonderer Geheimmittel glauben wird, durch die sie solche Wunder hervorbringen. Diese Geheimmittel aber sind ein scharfer rechtzeitiger Sporn und eine eisenfeste Hand, so lange, bis der Widerstand des Pferdes gebrochen und die gewünschte Stellung erlangt ist. Für Reiter, die mit langen Zügeln spielend arbeiten, die ihr Pferd nach jedem Dutzend Tritte anhalten, biegen und rückwärts nehmen, wenn es sich einen Moment aus der verlangten Stellung frei macht, die ihre Schenkel ruhen lassen, damit der Gang hübsch ruhig und bequem bleibe, ist diese Regel wahrscheinlich wunderbar und unverständlich; sie würden die volle Schiebkraft und die dadurch erzeugte harte Anlehnung an die Zügel für ein Durchgehen halten und sich in Gefahr glauben; und dennoch gibt es kein anderes Mittel, um wacklige Hälse stet zu machen und verbogene, verschrobene gerade zu richten. Ich warne jedoch bei dieser Arbeit ebenfalls vor Übertreibung, denn durch die harte Anlehnung entsteht oft eine solche Pressung der weichen Teile, daß dadurch nicht nur die freie Zirkulation des Blutes zum und vom Kopfe, sondern auch der Atmungsprozeß gestört werden kann, indem harte Ganaschen sowohl die starken Blutgefäße des Halses als auch Kehlkopf und Luftröhre in ihrer Funktion unterdrücken können. Unverständige und rüde Bereiter mögen sich daher nicht wundern, wenn sie ihre Pferde dumm, schwindelig oder zu Roarern reiten. Erstere Fehler entstehen durch die Anhäufung des Blutes im Kopfe, wodurch eine solche Ausdehnung der Blutgefäße und solcher Druck auf das Gehirn ausgeübt wird, daß momentan Betäubung erfolgt, aus der sich allmählich bei edlen Pferden Schwindel, bei gemeinen Dummheit entwickelt. Das Roaren entsteht bleibend, wenn durch Druck und Quetschung die Schleimhaut des Kehlkopfes entzündet wird und diese Entzündung eine Ausschwitzung zur Folge hat. Durch diese letztere wird der Luftkanal oft so verengt, daß schon bei ruhigem Atmen die Luft geräuschvoll ein- und ausströmt, daß das Geräusch dabei aber pfeifend und brüllend wird, sobald das arme Tier irgend zum schnellen Atmen genötigt wird. Bei katarrhalischen Zuständen als Druse, Bräune etc., wie sie durch Erkältung häufig namentlich bei jungen Pferden vorkommen, hat der Bereiter daher doppelte Vorsicht bei dieser Arbeit anzuwenden und läßt sie besser so lange ganz fort, damit der kranke Zustand dieser Teile nicht durch Reizung noch mehr gesteigert werde. Seit der Einführung der englischen Rennpferde als Zuchtmaterial bei uns ist dieser Fehler sehr verbreitet. Diese Pferde mit ihren gestreckten, steifen Hälsen und engen Ganaschen kommen durch die herbeigezäumte Stellung oft so in Zwang, daß sie in derselben roaren und daher, um dies nicht bleibend werden zu lassen, in ihrer natürlichen Richtung verbraucht werden müssen. Wegen der Enge seines Kehlganges neigt das englische Pferd so sehr zum Roaren, daß unverhältnismäßig viele aus England importierte Pferde nach überstandener Kontinental-Druse, durch welche sie meistens erst bei uns akklimatisiert werden, in diesen Fehler verfallen, und fast ebenso viele während der Dressur. Das arabische Pferd mit seinem kurzen, breiten Kopfe, weiten Ganaschen und rundem Genick neigt selten oder gar nicht dazu.

Der erfahrene und geschickte Bereiter wird daher die Nachteile dieser Pressungen, die auch er mit aller Klugheit nicht vermeiden kann, dadurch unschädlich machen und dauernde Folgen derselben vermeiden, daß er anfangs das geringste Nachgeben des Pferdes durch eigenes Nachgeben und Übergehen zur anderen Hand oder zu einer Pause belohnt, und so allmählich mit großer Geduld den natürlichen Zwang beseitigt. Er wird auch bei sehr schmerzhaftem Zustande einzelner Teile diese so lange durch richtige Wahl seiner Übungen zu schonen wissen, bis dieser Zustand vorüber ist und das junge Pferd wieder mit neuer Lust an seine Arbeit geht. Bei den Seitenbiegungen kann die Zirkulation des Blutes nur teilweise gehemmt werden, da die äußere Seite frei bleibt, in bezug auf die Respiration wirkt dagegen schon dieser einseitige Druck auf den Kehlkopf oft sehr störend und muß daher zur Vermeidung von Nachteilen berücksichtigt werden.

Der gleichzeitige Druck beider Ganaschen bei der heranzäumenden Biegung des Genickes und Halses ist diejenige Gelegenheit, bei welcher ich dem jungen Reiter besondere Vorsicht empfehle. Hierbei wird er auch oft den Zufluß des Speichels unterdrücken, und daher mit trockenem, toten Maule zu kämpfen haben. Wir sehen daher in dieser Periode der Dressur das Pferd oft minutenlang mit keuchendem Atem, gefühllosem, totem Maule und scheinbar halb bewußtlos dahin stieren, indem es mit der vollen Schiebkraft in die aushaltenden Zügel drückt, und es bedarf oft der ganzen Kraft und Energie des Reiters, es hierbei auf der richtigen Linie zu erhalten und der vordrängenden Gewichtsmasse überhaupt nicht nachzugeben. Sobald es aber durch den Reiz des Sporns und die Ausdauer seines Reiters zum Nachgeben gebracht ist, verschwinden alle diese bösen Symptome, das stiere Auge wird wieder beweglich und freundlich, das Maul feucht und lebendig, und die Freiheit des Atmens wird durch frisches Abbrausen bezeichnet, was daher dem Bereiter während der Dressur eine sehr willkommene Musik ist, indem es stets das Nachgeben anmeldet und das Wohlbehagen des Pferdes ausdrückt. Das Nachgeben enthält daher die wiedergewonnene Freiheit des Pferdes durch Biegen des zu biegenden Teiles. Bei diesem Kampfe des Reiters gegen die überlegene physische Kraft des Pferdes nehme er immerhin seine Zuflucht zu zweckmäßigen Hilfsmitteln, wie Martingal, Schleifzügel, Longe und Kappzaum, niemals aber glaube er, seine Arme und Beine schonen und durch tote Maschinen ersetzen zu können als Spanischer Reiter, Aufsetzzaum etc. Solange er die Werkzeuge in der eigenen Hand führt, kann er die Wirkung derselben genau abmessen und berechnen, und wird daher die oben angedeuteten Gefahren dieser Arbeit sicher vermeiden können. Dies hört aber auf, sowie das eigene Gefühl nicht mehr Regulator ist, und wenn er auch nicht alle Pferde dumm, schwindelig oder roarend reitet, so wird er ihnen doch stets von ihrer natürlichen Frische und Elastizität in dem Maße rauben als er diese falschen Hilfsmittel angewendet hat. Maschinen sind zur Bearbeitung toten Materials außerordentlich nützlich und ersparen und in der Jetztzeit unendlich viel Menschenkräfte, auf lebende, organische Wesen aber können sie ohne Ausnahme nur verderbend einwirken.

Pferde, die von Natur zu einem trockenen, toten Maule neigen, können von diesem Fehler nur durch Bearbeitung ihres Genickes und durch vollkommenen Gehorsam auf den Sporn geheilt werden. Manche Reiter suchen Hilfe dagegen in äußeren Reizmitteln als Essig, Sauerteig oder Spielwerke an Gebisse, scharfe Zäumungen und dergleichen. Diese Mittel aber werden immer nur vorübergehend wirken, da sie die eigentliche Ursache des Übels nicht heben können. Diese ist entweder im Zwange zu suchen, durch welchen der Zufluß des Speichels von den Ohrdrüsen erschwert oder ganz unterdrückt ist, und durch welchen die Nerven des Maules in ihrer Tätigkeit gehemmt werden, oder in einer allgemeinen Trägheit und Gefühllosigkeit. Im ersten Falle wird mit der Beseitigung des Zwanges, wobei der Sporn der Hauptagent ist, auch der Fehler verschwinden, im zweiten kann wiederum nur die Furcht vor dem Sporne das Pferd aus seinen Träumen wecken und es zu einem aufmerksamen, schnell reagierenden Wesen machen. Mit der allgemeinen Tätigkeit des Körpers wird sich dann auch die Reizbarkeit der Nerven steigern. Junge Pferde, die bei wenig körperlicher Bewegung verhältnismäßig stark gefüttert sind, die mehr gemästet als zweckmäßig genährt werden, verfallen dadurch in ein schläfriges, phlegmatisches Wesen, während ihr natürliches Temperament vielleicht ein ganz verschiedenes ist. Solche künstliche Temperamente aber schwinden mit dem Fette und faulen Fleische unter Schweiß und Arbeit, und der wahre Geist des Tieres tritt an ihre Stelle. Pferde, bei denen die Furcht vor dem Sporn die natürliche Schlaffheit und Trägheit nicht dauernd zu überwinden vermag, sind keine Reitpferde, sondern gehören vor den Lastwagen, wo sie der Treiber stets unter der Peitsche hat. Der Sporn ist also das richtige Reizmittel, wodurch das tote, gefühllose Maul lebendig und empfindlich gemacht wird, so daß die leiseste Wirkung des Gebisses hinreicht, das ganze Pferd zu beherrschen.

Es ist eine allgemein bekannte Tatsache, daß das rohe Pferd auf einer Seite mehr Zwang hat wie auf der anderen, und daß drei Viertel davon die größten Schwierigkeiten auf der rechten Hand haben. Die eigentlichen Ursachen dieser Erscheinung zu erforschen, ist mehr Aufgabe des Naturforschers, wie des praktischen Bereiters. Diesem kann es ganz gleichgültig sein, ob dieselbe in der Lage des Fötus im Mutterleibe oder in der häufigen Annäherung des Wärters von der linken Seite bei der Wartung und Abrichtung im Stalle ihren Grund hat, da er in beiden Fällen nichts dagegen tun kann. Ich erwähne daher dieses Umstandes nur, um vor dem Fehler zu warnen, zu dem er Veranlassung geben könnte, und der in einseitiger Bearbeitung der Zwangsseite unter Vernachlässigung der anderen bestände. Wohl ist es angezeigt, durch häufigere Übung entsprechender Lektionen die Zwangsseite mehr zu biegen, wie denn auch, unter Berücksichtigung des Umstandes, daß dies meist die rechte ist, bei dem schulgerechten Reiten der alten Meister die Regel galt, alle Lektionen auf der rechten Hand zu beginnen, von dieser zur linken überzugehen und dann nochmals changierend auf der rechten zu schließen, so daß die Biegungen rechts stets doppelt geübt wurden. Ganz fehlerhaft aber würde es sein, durch wochenlange, alleinige Bearbeitung eines Teiles die Gegenkräfte in ein Mißverhältnis zu versetzen. Hierdurch wird der Zwang nicht nur zur anderen Hand übergehen, sondern auch auf der ursprünglichen Seite in das andere Extrem, nämlich fehlerhaften Biegsamkeit umschlagen. Daraus ist der Umstand zu erklären, daß so viele widersetzliche Pferde ihre Unarten mit dem Linksumkehren beginnen. Solche Pferde haben von Natur viel Zwang rechts gehabt, sind deshalb zu gewaltsam und einseitig rechts gebogen worden, bis sie gelernt haben, sich rechts zu verbiegen und dadurch der Gewalt des Reiters zu entziehen. Der Zwang des Genickes und Halses liegt ja nicht, wie ich bereits bemerkt habe, in diesen Teilen allein, sondern findet seine Hauptstütze in den Hinterfüßen. Diese müssen also gleichzeitig, je nach der Biegung als innerer Hinterfuß mit gebogen werden. Geschieht dies aber zu gewaltsam, oder ohne alle Abwechslung, wodurch der betreffende Fuß als äußerer auch wiederum zum kräftigen Schieben genötigt wird, so geht allmählich die sichere Anlehnung am Zügel und mit dieser der Gehorsam des Pferdes verloren. Auf diese Weise ist auch der scheinbar oft plötzliche Wechsel des Zwanges von einer zur anderen Hand erklärt. Ist zum Beispiel das Pferd wegen Zwanges rechts immer nur rechts gebogen, wobei sein linker Hinterfuß weniger zu tragen, aber um so mehr zu schieben hat, so wird er, verwöhnt durch die lange Tätigkeit seiner Streckmuskeln, nicht imstande sein, die nötige Biegung mit Leichtigkeit anzunehmen, wenn er plötzlich zum inneren Hinterfuß gemacht wird. Bei allen Übungen zur Begründung einer richtigen Anlehnung beobachte man daher einen regelmäßigen Wechsel auf beiden Händen, wobei man ja doch die schwierigere durch doppelte oder längere Reprisen besonders berücksichtigen kann, denn die Gegenlektionen wirken dabei immer gegenseitig ergänzend aufeinander.

Wie ich bereits nebenbei bemerkt habe, kann das Pferd bei der Bearbeitung seiner Vorhand, besonders der des Genickes, durch Ausweichen mit der Zunge und dem Unterkiefer große Schwierigkeiten entgegensetzen. Nur in einer wohl fixierten Stellung dieser Teile kann das Mundstück eine sichere und gleichmäßige Lage auf beiden Laden gewinnen, und seine Wirkung ungeschwächt ausüben. Durch Zurücknehmen des Unterkiefers allein oder durch Verschieben desselben nach rechts oder links gibt das Pferd dem biegenden Anzuge scheinbar nach, die Wirkung bleibt aber in den gesteiften Teilen stecken und wird dadurch aufgehoben. Die alten Meister in ihrer praktischen Gediegenheit beugten diesem Übelstande dadurch gründlich vor, daß sie vermittels des Kappzaumes das empfindliche Maul des jungen Pferdes ganz unberührt ließen und dafür auf das Nasenbein ihre ersten Einwirkun-

Das Pferd (links) entzieht sich den Hilfen, es verwirft sich im Genick. Wichtig ist die gleichmäßige Anlehnung beider Laden an das Gebiß.

gen ausübten. Dieser feste, knochige Teil kann dem Druck des Kappzaumes nur durch Biegung des Genickes und der Halswirbel entgehen, und so war es mit Hilfe dieses Instrumentes möglich, die Pferde gründlich für die reine, unvermischte Wirkung des Stangengebisses vorzubereiten. Unsere Zeit mit ihrem Vorurteile gegen den Kappzaum sucht ihn durch Nasen- und Maulriemen zu ersetzen, was aber doch nur teilweise gelingt, weil die Einwirkung auf das Maul des Pferdes nicht vermieden werden wird. Wirklich eingewurzelte Untugenden des Maules, welche die richtige Anlehnung hindern oder stören, sind fast ausnahmslos durch den Bereiter selbst verschuldet. Jedes junge Pferd mit vielem Zwänge wird zwar bemüht sein, so lange es die richtige Biegung und dadurch das Mittel zur Freiheit nicht gewonnen hat, sich dem Drucke des Gebisses zu entziehen, es kann dies aber nicht andauernd, solange der Reiter durch rechtzeitiges Nachgeben den Druck von Zeit zu Zeit mäßigt. Die harte Hand, Folge eines harten, steifen Sitzes, erzeugt daher sehr leicht die Fehler dieser Art, mehr aber noch die Arbeit mit toten Instrumenten, wie ich bereits früher darauf hingewiesen habe. Das sicherste Mittel zur Korrektur dieser Fehler sind daher fleißige Schenkel und, wenn es sein muß, scharfe Sporen, verbunden mit einer leichten, feinen Hand, wobei die Auswahl der Zäumung, wennschon nicht gleichgültig, doch immerhin nur eine Nebenrolle spielen kann. Am hartnäckigsten zeigt sich hierbei die üble Angewohnheit des Zungenstreckens, wobei das Pferd die Zunge über das Gebiß nimmt. Während das Stangengebiß durch besondere Konstruktionen eher Mittel bietet, dies zu erschweren und nach und nach zu beseitigen, erfordert es während der Trensenarbeit oft viel Zeit und Mühe, das Pferd gründlich davon zu korrigieren. Es kann dies nur dadurch geschehen, daß die Furcht vor dem Sporn es so lange dem Schmerz entgegentreibt, den der Druck des Gebisses auf das Zungenband ausübt, bis es in der richtigen Lage der Zunge unter dem Gebisse selbst eine Erleichterung und Wohltat erkennt.

Ich glaube, nunmehr alles Wesentliche dieser Arbeit berührt zu haben, und fasse beim Schlusse des Kapitels die Grundregeln desselben nochmals kurz zusammen, indem ich daran erinnere, beim Biegen nicht, wie dies ja häufig geschieht, den äußeren Schenkel und inneren Zügel, sondern umgekehrt den inneren Schenkel und äußeren Zügel

Der innere Schenkel treibt den inneren Hinterfuß zur vermehrten Gewichtsaufnahme, der äußere Zügel stellt die Schulter auf die Linie der Hinterfüße ein.

vorherrschend wirken zu lassen. Letztere Hilfen müssen die richtige Haltung des ganzen Körpers, das heißt, die gleichmäßige Verteilung der Gewichtsmasse auf alle vier Füße herbeiführen, indem der innere Schenkel den inneren Hinterfuß dadurch belastet erhält, daß er ihn gegen den äußeren treibt, und der äußere Zügel durch seine Wirkung nach innen die Schultern stets so viel nach der gebogenen Seite hin richtet, daß dieselben der Hinterhand richtig vorgerichtet sind, wodurch der innere Vorderfuß belastet bleibt. Ein Ausfallen, das heißt, ein Ausweichen der Kruppe nach außen, vermindert oder hebt zwar die beabsichtigte Biegung mehr oder weniger auf, es hinterläßt aber keinen bleibenden, nachteiligen Eindruck, das heißt, es lehrt dem Pferde nicht die Mittel, sich durch falsche Biegung frei zu machen. Dieses Letztere aber ist der Fall, wenn durch zu starke Wirkung des äußeren Schenkels und inneren Zügels das Pferd in eine schiefe Richtung versetzt wird, das heißt, wenn die Hinterhand so gegen die Vorhand gerichtet ist, daß nicht mehr beide Hinterfüße gleichmäßig gegen die Schultern vorwärtstreibend wirken. Diese Regel und die, daß unter allen Umständen die Hinterfüße eine ungeschwächte Kraft-

äußerung nach vorwärts ausüben müssen, sind es, auf denen eigentlich die ganze Reitkunst beruht.

Wenn dieses Kapitel ein langes geworden ist, so möge der unerfahrene Leser es deshalb nicht für ein langweiliges halten. Eine normale Richtung von Hals und Kopf beim gerittenen Pferde ist stets ein Zeugnis der Meisterschaft des Bereiters, und je größer die Hindernisse waren, welche die Natur dieser normalen Richtung entgegensetzte, um so höher ist seine Geschicklichkeit und sein Talent in der Kunst anzuschlagen. Ein solches Resultat kann nur aus der richtigen Bearbeitung der Hinterhand und des ganzen Körpers hervorgehen und ist die sichere Garantie für die richtige Anlehnung und durch diese auch für den unbedingten Gehorsam des Pferdes. Dasselbe bei größeren Schwierigkeiten zu erreichen, genügen körperliche Geschicklichkeit und Fleiß nicht, sondern der Reiter muß durch aufmerksames Studium seines Pferdes die Wahl der Übungen wohl zu treffen wissen. Dabei muß er in dem Wirken der Naturkräfte seinen Verbündeten suchen, und mit großer Geduld abwarten, bis mit der allmählichen Entwicklung des jungen Pferdes die gewünschte Stellung einzelner Teile befestigt und zu einer natürlichen geworden ist.

Im Anschluß an das bisher über die Bearbeitung der Vorhand Gesagte kann ich folgerichtig gleich die sogenannte Schulterfreiheit erledigen. Diese so hoch geschätzte Eigenschaft des Pferdes, das heißt, die regelmäßige, erhabene und leichte Bewegung seiner Vorderschenkel beim Erheben, Vorgreifen und Niedersetzen derselben in den einzelnen Gangarten ist das Resultat der wohl begründeten Aufrichtung des Halses. Die Halswirbel bilden die festen Punkte zur Anheftung der hebenden Muskeln des Armes, und je höher und mehr zurück die ersteren gerichtet werden, um so kräftiger und wirksamer können die letzteren die ihnen zugeteilten Gewichte handhaben. Die Schulterfreiheit ist daher nicht in den Schulterblättern oder den Vorderschenkeln überhaupt, sondern in der Richtung des Halses und folglich immer mehr oder weniger in der Hinterhand zu suchen, da die Vorhand eine sichere Stütze nur auf dieser finden kann. Von der Kraft der letzteren, das heißt, von dem Grade ihrer Belastungsfähigkeit hängt daher auch hauptsächlich der zu gewinnende Grad der Schulterfreiheit ab; je mehr hierdurch die Vorderfüße entlastet und die hebenden Muskeln in ihrer Funktion unterstützt werden, um so leichter und erhabener wird ihre Bewegung sein. Der im gewöhnlichen Leben sehr gebräuchliche Ausdruck, „das rohe Pferd müsse erst blattlose geritten werden", läßt auf die Ansicht schließen, daß bei manchen Pferden das Schulterblatt von Natur zu fest mit dem Körper verwachsen sei und hieraus ihr gebundener Gang entstände; es seien daher solche Pferde durch Seitenstellungen zum Übertreten zu zwingen, um dadurch diese Teile lose zu arbeiten. Wie falsch diese Ansicht ist, sehen wir aus den Resultaten solcher Arbeit, denn unzeitige und übertriebene Seitengänge rauben dem Pferde nicht nur seine natürliche Beweglichkeit und Haltung, sondern ruinieren ihm auch die Vorderfüße, indem es sich beim fehlerhaften Überschreiten Überbeine und dicke Sehnen schlägt und durch Überlastung derselben in Folge mangelnder Stütze der Hinterhand sich in Schultern und Fesseln steif arbeitet. Jedes Pferd ist von Natur schulterfrei, wie wir dies genügsam sehen können, wenn wir es im freien Zustande beobachten, wo es uns in Momenten der Aufregung durch die Freiheit seiner Tritte in Erstaunen setzen wird. Wenn es daher unter dem Reiter gebunden und gezwungen erscheint, so ist dies nur die Folge der Spannung seines Körpers und der Belastung der Vorhand unter dem ungewohnten und unbequemen Gewicht des Reiters. Mit der natürlichen, zwanglosen Haltung und der allmählichen Entlastung der Vorhand wird sich auch die natürliche Schulterfreiheit wieder finden. Der Vorderschenkel ist ja nur eine Stütze des Körpers, die nicht selbstständig zur Fortbewegung mitwirkt, sondern den Impuls dazu vom Hinterschenkel erhalten muß. Der Reiter kann daher zur Kräftigung und Ausbildung dieses Teiles nur durch möglichste Entlastung wirken, das heißt, er muß ihn dadurch schonen und die Freiheit und Leichtigkeit seiner Bewegungen fördern, daß er so viel von den ihm von Natur zugeteilten Gewichten nach hinten verlegt als die Tragfähigkeit des Hinterteiles zuläßt. Diese Tragfähigkeit durch Biegsammachung der Hinterschenkel vollkommen auszubilden, ist der Hauptzweck der Reitkunst, und zwar teilweise deshalb, um mittels derselben die von Natur schwächer konstruierten und stärker belasteten Vorderschenkel zu jeder Zeit und den Umständen gemäß richtig entlasten, schonen und vor allen gefährlichen Prellungen schützen zu können. Nur hierdurch allein ist es möglich, das Pferd bis ins hohe Alter hinein gesund und frisch auf seinen Beinen und zum Reitdienst angenehm und sicher zu erhalten.

Geschickte und einsichtsvolle Reiter stehen immer in dem Rufe, daß sie ihren Pferden eine schöne Schulterfreiheit zu geben wissen, und man glaubt sie oft im Besitz geheimer und besonderer Mittel, durch welche sie dies bewirken. Es grenzt allerdings die Umgestaltung eines rohen, von Natur sehr überbauten oder in seiner Vorhand sehr belasteten Pferdes nach vollendeter Dressur für den Laien oft an das Wunderbare, wenn er die gebundenen, schwerfälligen Bewegungen in einen leichten, elastischen Gang und den sonst überwiegend nach vorwärts geneigten Körper in eine wohlgerichtete und harmonische Gestalt umgewandelt sieht; wenn er steile Schultern scheinbar zurückgerichtet, den versteckten Widerrist ausgebildet, und dadurch oft die vollkommenste natürliche Sattellage bei Pferden gewonnen findet, auf denen früher der Sattel weder durch Vorgurt, Hintergurt noch Schweifriemen in der richtigen Lage zu erhalten war.

Dennoch verdankt er alle diese Erfolge nur allein der richtigen Bearbeitung der Hinterhand, und es ist eine ganz falsche Ansicht, wenn man glaubt, durch besondere Lektionen die Schultern speziell bearbeiten zu müssen. Herr Baucher und seine Anhänger geben ihren Pferden zwar auch eine sogenannte Schulterfreiheit, indem sie ihnen lehren, auf Peitschenhiebe den Vorderfuß zu heben und in der Erhebung auszuhalten, wobei die Hinterhand steif und gespreizt nachfolgt. Durch solche Mittel aber möge man Hunde und Affen für den Zirkus abrichten, sie sind indessen eines Bereiters unwürdig, da sie vom Unverstand erdacht sind.

Den Schluß dieses Kapitels bilde deshalb die nochmalige Versicherung, daß die Schulterfreiheit nur in der Hinterhand gefunden werden kann, daß daher jedes Pferd mit kräftigem Rücken und Hinterbeinen schulterfrei zu arbeiten ist, und wäre es von Natur auch noch so gebunden in der Vorhand gebaut, daß dagegen bei schwacher Hinterhand alles Bestreben nach gesteigerter Schulterfreiheit vergebens ist, und daß ein solches Pferd in seinen natürlichen Bewegungen verbraucht werden muß, wenn es nicht durch die Arbeit ruiniert werden soll.

Von der Rippenbiegung

Der Ausdruck „Rippenbiegung" ist insofern ungenau, als von einer eigentlichen Biegung der Rippen als steter Knochen, nicht die Rede sein kann. Vielmehr ist das, was wir unter „Rippenbiegung" verstehen, eine Zusammenschiebung der Rippen der gebogenen Seite infolge Biegung der Wirbelsäule. Wenn bei der Halsarbeit die Wirbel nach allen Richtungen hin in der Biegung geübt werden mußten, so handelt es sich bei den Rückenwirbeln hauptsächlich um die richtige und geläufige Seitenbiegung. Das Pferd kann zwar den Rücken heben, das heißt, krümmen, und ihn senken, das heißt, einbiegen, und der Reiter kann beides fördern oder hindern, je nachdem er den Hals hoch oder tief richtet, doch gehört dies nicht in das Kapitel von der Rippenbiegung.

Die Rippenbiegung oder Seitenbiegung der Rückenwirbel, richtig und wohlbegründet ausgebildet, ist mit ein Haupterfordernis des gut gerittenen Pferdes; durch sie wird die harmonische Zusammen- und Wechselwirkung zwischen Vor- und Hinterhand in den schulgerechten Gangarten richtig vermittelt. Durch sie hauptsächlich wird das Pferd befähigt, gebogene Linien richtig einzuhalten, kurze und scharfe Wendungen prompt und leicht auszuführen und hauptsächlich auf zwei Hufschlägen seine Gangarten rein und geläufig zu erhalten. Mit ihrer Hilfe kann der Reiter in allen diesen schwierigen Lektionen den inneren Hinterfuß belastet und die Vorhand entsprechend vorgerichtet erhalten, damit die Wirkung beider Hinterfüße gleichmäßig und ungeschwächt gegen die Vorhand gerichtet bleibt. Sie bildet daher mit die Seele der Reitkunst, und der Reiter hat auf sie dieselbe Aufmerksamkeit zu richten, wie auf die Halsarbeit, wenn er ihren Mangel nicht bei jeder Lektion, ja bei jedem Tritte herausfühlen will. Als ein Teil der gesamten Wirbelsäule müssen die Rückenwirbel nach denselben Regeln wie die Halswirbel seitwärts gebogen werden, doch ist die Bearbeitung der ersteren insofern erleichtert, als sie durch das Rippengewölbe mehr fixiert und deshalb nicht so sehr zu falschen und übertriebenen Biegungen geneigt sind. Um unnötige Wiederholungen zu vermeiden, verweise ich daher auf die vorhergehenden Kapitel, hebe jedoch als Grundregeln auch hier hervor: gerade Richtung des Körpers, das heißt, gleichmäßige Belastung der äußeren und inneren Füße vermittels der richtigen Mitwirkung des inneren Schenkels und äußeren Zügels; desgl. warne ich vor zu häufigen und frühzeitigen Übungen auf der Stelle, die auch bei der Rippenbiegung nur als gesteigerte Aufgabe betrachtet werden können, um den Gehorsam auf den Sporn noch mehr zu steigern und zu befestigen. Überhaupt kann die Arbeit der Rippenbiegung erst dann beginnen, wenn das junge Pferd den Sporn annehmen, das heißt, ihn fürchten gelernt hat, denn es kann nur dadurch in den Rippen gebogen werden, daß es mit dem inneren Sporn zum Weichen aufgefordert, durch den äußeren Schenkel aber daran gehindert wird, worauf es die durch den Sporn bedrohte Seite einziehen, das heißt, biegen wird. Gebogene Linien also Zirkel und Volten, bilden die geeignetsten Anfänge zu diesen Übungen, da sie an und für sich schon das Pferd zur Biegung der Wirbelsäule auffordern. Eine richtig abgerittene Kreislinie erfordert eine derartige Biegung der Wirbelsäule, daß dieselbe einen Teil von ihr ausmacht, und steigert sich daher die Aufgabe für das Pferd mit der Kleinheit der von ihm zu beschreitenden Kreislinie. Durch die Arbeit auf gebogenen Linien genügend vorbereitet, wird das Schulterherein die Rippenbiegung vollenden, und so das Pferd zu allen Schulen befähigen, die es seiner Natur nach zu leisten imstande ist; ich verweise daher zur ferneren Belehrung auf das Kapitel vom Schul-

Der richtig gerittene Zirkel bildet den geeignetsten Anfang zur Rippenbiegung des Pferdes.

terherein. Der natürliche Bau des Rumpfes trägt wesentlich zur Erleichterung oder Erschwerung der Rippenbiegung bei. Ein langer Rücken erleichtert dieselbe, weil er nicht den Widerstand entgegensetzen kann, wie ein kurzer, er hat aber auch nicht die Spannkraft im gebogenen Zustande, und wird daher eher zu falschen Biegungen neigen als dieser.

Das zu kurz gerippte Pferd wird die stärkeren Biegungen niemals, oder nur nach langer mühsamer Arbeit mit Natürlichkeit und Ausdruck annehmen können, da seine Rippen schon von Natur sehr eng zusammenstehen. Derartige Pferde eignen sich daher nicht wohl zur höheren Ausbildung, da bei allen dahin gehörigen Lektionen eine verstärkte Rippenbiegung unentbehrlich ist. Die goldene Mitte ist daher auch hier unendlich viel wert und wird, da sie selten genug vollkommen angetroffen wird, unendlich hoch geschätzt.

Die richtige wohl begründete Rippenbiegung erkennt der Reiter sogleich an dem sicheren, bequemen Sitz mit einem leichten, natürlichen Hange nach innen, den ihm das Pferd von selbst geben muß, wenn er es wendet oder auf zwei Hufschlägen reitet sowie daran, daß sein inwendiger Schenkel stets eine ruhige, ungezwungene Lage finden muß, während er bei mangelnder Biegung sich in der Bewegung abgestoßen fühlt. Diese Annehmlichkeiten entspringen aus der starken Biegung des inwendigen Hinterfußes, die durch eine richtige Rippenbiegung stets bedingt ist, da derselbe dadurch mehr unter die Gewichtsmasse geschoben wird. Diese Biegung erzeugt eine entsprechende Senkung der inneren Hüfte des Pferdes, und diese wiederum den Hang des Reiters nach innen, wodurch beide Körper in Harmonie bleiben und gleichzeitig den Gesetzen der Zentrifugalkraft auf gebogenen Linien entsprechen können. In den Seitengängen befähigt nur die Rippenbiegung das Pferd, die Schiebkraft der Hinterhand ungeschwächt gegen die Vorhand wirken zu lassen, denn die Hinterfüße des gebogenen Pferdes können in diesen Lektionen unter die Last treten, während sie beim ungebogenen seitwärts derselben treten müssen, wenn nicht die Seitwärtsbewegung aufhören soll. Richtige Schulen auf zwei Hufschlägen sind daher ohne Rippenbiegung nicht denkbar, und Mangelhaftigkeit derselben wird sich daher stets durch Ausfallen der Kruppe und Unterbrechungen des Ganges sowie durch ungenügende Anlehnung zu erkennen geben. Gerade diese Fehler aber sind es, welche am leichtesten dem Pferde zu Widersetzlichkeiten Gelegenheit geben, da sie die unbedingte Gewalt des Reiters beschränken. Er wache deshalb ängstlich darüber, sie zu vermeiden, da es immer viel Mühe und Zeit kostet, ein Pferd, welches erst gelernt hat, auf solche Weise seine Kräfte zu verhalten, wieder zur vollen Hergabe derselben zu zwingen.

Herr Baucher, der so vollkommen darin ist, allen naturgemäßen Grundsätzen der Reitkunst direkt entgegenzuarbeiten, versteht es meisterhaft, auch diesen Teil der Wirbelsäule gründlich zu verbiegen und zu knicken. Durch Drehungen der Hinterhand um die festgestellte Vorhand auf den äußeren Sporn raubt er seinen Pferden die sichere Verbindung beider und somit auch jede Kraftäußerung der letzteren gegen die ersteren. Seine Pferde fühlen sich daher so unheimlich, daß der beherzte Reiter eine Ahnung von Lebensgefahr auf ihnen empfinden wird; er weiß ja nicht, wohin das Vorderteil sich wenden und welche Richtung die Hinterhand einschlagen wird.

Von der Biegung des Rückens

Unter Rücken sind hier die Lendenwirbel verstanden, die man in der Reitersprache auch wohl Nierenpartie nennt, da die Nieren unter ihnen ihre Lage haben. Es handelt sich bei diesem Teile der Wirbelsäule weniger um die Seitenbiegung, die schon bei der Rippenbiegung genügend mit ausgebildet wird, da die Lendenwirbel als Fortsetzung der Rückenwirbel sich der Mitbeteiligung dabei gar nicht entziehen können, sondern vielmehr um die Erhebung und Senkung oder Krümmung und Einbiegung desselben. Die Nierenpartie ist bei dem Reitpferde ein sehr wesentlicher Körperteil, der bei der Dressur die sorgfältigste Berücksichtigung erfordert, da sie für die Verbindung von Hinterhand und Vorhand, das heißt, für die richtige Funktion der ersteren von so großer Bedeutung ist. Sie ist es auch, von deren größerer oder geringerer Länge die Trag- und Widerstandsfähigkeit des gesamten Rückens hauptsächlich abhängt, da den Lendenwirbeln die den Rückenwirbeln verliehene Stütze der Rippen fehlt. Im allgemeinen ist die Tragfähigkeit eines Rückens desto geringer, je länger derselbe ist, ähnlich wie ein Rohr, waagerecht auf zwei Stützen gelegt und in der Mitte belastet, an Biegsamkeit verliert oder gewinnt, je nachdem man die Stützen von der Last entfernt oder derselben näher bringt. Das Pferd mit langem Rücken wird sich daher weder für schwere Gewichte noch für die gesammelte Körperhaltung eignen, da es die für beide Anforderungen nötige Annäherung der Hinterhand an die Vorhand wegen der zu großen Entfernung beider nicht bewerkstelligen kann. Es wird auch in seiner natürlichen Körperhaltung nicht imstande sein, mit der Dauer und Entschiedenheit des wohl geschlossenen Pferdes seine Bewegungen auszuführen, da die gesamte Wirksamkeit der Muskeln mit von der Konstruktion des Skelettes abhängig ist. Dagegen wird der lange Rücken durch seine größere Biegsamkeit alle Prellungen, die er von den Extremitäten oder vom Reiter erhält, brechen und die Gänge eines solchen Pferdes für letzteren angenehm und bequem machen.

Der kurze Rücken wird genau die entgegengesetzten Eigenschaften des Pferdes zur Folge haben. Ein solches Pferd wird unter schweren Gewichten unermüdlich sein, es wird in einer gewissen natürlichen Haltung gehen, da es an und für sich schon beisammen ist, es wird aber durch seinen harten, unbiegsamen Rücken alle Prellungen ungeschwächt fortpflanzen, und dadurch nicht nur dem Reiter sehr unbequem werden, sondern auch auf die eigenen Beine sehr nachteilig einwirken. Solche Pferde werden deshalb in ungezwungener Richtung für den strapaziösen

Reitdienst unendlich viel leisten, eignen sich aber für eine höhere Dressur weniger, da sie im Übermaße ihrer Kraft der Biegsammachung ihrer Wirbelsäule und Hinterhand zu viel Widerstand entgegensetzen können, so daß die Langwierigkeit seiner Bearbeitung meist in keinem Verhältnisse zu dem Werte des Objektes stehen würde.

Ein gutgebauter Rücken, das heißt, ein solcher, bei dem Kraft und Biegsamkeit wohl zueinander abgewogen sind, wird deshalb sehr hoch geschätzt und von Niemandem mehr als vom Jagd- und Steeplechase-Reiter, da er ihm Leistungsfähigkeit und Annehmlichkeit zugleich verspricht. Der erfahrene Pferdezüchter strebt daher auch stets dahin, nicht zu kurze Rücken, aber womöglich etwas gewölbte Lenden zu erzielen. Diese Wölbung mit ihrer größeren Tragfähigkeit schützt die Nieren sicherer bei starker Belastung des Rückens und hat daher die sonst so beliebte und als Norm angenommene schnurgerade Linie des Rückens und der Kruppe verdrängt.

Die Halswirbel bilden mit den Rückenwirbeln einen zweiarmigen Hebel, dessen Stützpunkt die Vorderbeine sind; das Erheben des einen Armes wirkt senkend auf den anderen und umgekehrt. Aus diesem Grunde wird das Pferd instinktmäßig beim Bocken, Ausschlagen und Ziehen schwerer Lasten Kopf und Hals tief stellen, beim Steigen und Rückwärtsschieben einer Last dieselben aber hoch richten. Diese hebelartige Wirkung des Halses ist das Hauptmittel des Reiters, die dahinter liegenden Teile zu beherrschen, sowohl den Rücken durch Belastung genügend zu biegen und ihm so viel von der Härte zu nehmen, um seine Einwirkungen auf den Reiter angenehm zu machen, wie auch die Hinterhand zu senken und das Maß ihrer Schiebkraft zu bestimmen. Sich selbst überlassen, wird das Pferd die Senkung des einen Armes der Erhebung des anderen gemäß stets richtig zu finden wissen; der Reiter aber wende die Hebelkraft des Halses mit Vorsicht an, da dieselbe, mißbraucht, schnell zerstörend auf die Hinterhand wirkt. Erzwingt er sich eine Aufrichtung des Halses, ehe die Hinterfüße sich entsprechend belasten und biegen können, so fällt das ganze Gewicht auf die Lendenwirbel, durch deren übermäßige Biegung alsdann die Schiebkraft gebrochen wird. Das Pferd erscheint dadurch in seinem Gange wie im Kreuze gelähmt und wird es mit der Zeit wirklich. Aus diesem Grunde werden Füllen, denen man die Krippe zu hoch anbringt, und junge Pferde, die man im Wagen oder beim Longieren zu hoch aufsetzt, senkrückig. Der einsichtsvolle Bereiter wird daher die Aufrichtung der Vorhand stets nach dem Baue und der natürlichen Kraft des Rückens und der Hinterhand abmessen. Er wird den langen, weichen und schwachen Rücken durch eine tiefe Kopf- und Halsstellung schonen und seine Erhebung fördern, wodurch er ihn allmählich kräftigen kann, dagegen wird er den harten, straffen Rücken durch Übungen in hoher Aufrichtung biegen und nachgiebig machen. Es gehört ein feines Gefühl und viel Erfahrung dazu, die wahre Beschaffenheit des Rückens immer sicher zu erkennen, da auch hier, wie überhaupt beim Pferde der äußere Bau keinen sicheren Maßstab abgibt. Wir finden Pferde mit tiefem Rücken und langer Nierenpartie, die in ihren Leistungen gegen gut gebaute nicht zurückstehen, weil sie durch Energie oder besondere Vorzüge ihrer Hanke das Fehlende ersetzen, wenn der Reiter es nur versteht, die schwachen Partien zu schonen und die stärkeren dafür mehr arbeiten zu lassen. Wir finden ferner Rücken, die sehr kräftig und durch ihre Prellungen sogar rüde erscheinen, solange Sattel und Reiter sie zu einer unnatürlichen Anpassung reizen, die aber mit dem Verschwinden dieses Reizes sich schlaff und weich zeigen und schnell unter ihrem Gewichte ermüden. Der wahre Maßstab für die Stärke des Rückens ist immer die Dauer, mit der er ein entsprechendes Gewicht zu stützen vermag. Ist mit großer Stärke die nötige Biegsamkeit verbunden, um die Kraftäußerungen der Hinterhand bei der Bewegung für den Reiter und die Vorhand genügend zu mäßigen, so gewinnt er dadurch erst seinen eigentlichen Wert, wenigstens beim Reitpferde. Nur durch die richtige Elastizität kann die Nierenpartie zwischen Vor- und Hinterhand sowie zwischen beiden und dem Reiter in ihren gegenseitigen Einwirkungen aufeinander angenehm vermitteln.

Es ist aus diesen Gründen von großer Wichtigkeit für den Bereiter, die wahre Beschaffenheit des Rückens zu ermitteln und danach die Richtung der Vorhand, seinen eigenen Sitz und das Tempo der Gangarten richtig zu wählen. Den harten Rücken mache er nachgiebig durch anhaltende gestreckte Gangarten, wobei die Rückenmuskeln durch erhöhte Tätigkeit ihre Spannung aufgeben müssen, und die Wirbelsäule bei der größeren Entfernung ihrer Stützpunkte auf den Vorder- und Hinterschenkeln sich mehr streckt. Er lasse darauf Reprisen in verkürztem, gesammelten Tempo folgen, wobei er durch Aufrichtung der Vorhand und seine eigene, kräftige Haltung nach hinten die Hinterhand durch vermehrte Gewichte belastet, und wechsele so lange mit diesen Übungen ab, bis er die gewünschte Biegsamkeit erlangt hat. Übrigens eignet sich für die Einleitung im gestreckten Gange vorzugsweise der Galopp, für die gesammelte Lektion mehr der Schritt und

Trab. Hingegen suche der Bereiter den weichen Rücken dadurch zu erheben und tragfähiger zu machen, daß er in belebten, aber nicht zu freien Gangarten die Schiebkraft gegen die tief gerichtete Vorhand wirken läßt, wobei er sein eigenes Gewicht durch einen leichten Spaltsitz möglichst nach vorne zu legen hat. Diese tiefe und herbeigezäumte Stellung von Hals und Kopf ist bei schwachen Pferden um so nötiger, wenn sie durch den natürlichen Bau dieser Teile dazu geneigt sind, sich durch falsche Aufrichtung selbst zu viel zu belasten, wie dies bei verkehrten Hälsen der Fall zu sein pflegt. Die Stütze, die das Pferd durch eine sichere Anlehnung an die Hand des Reiters für seine Vorhand gewinnt, wirkt entlastend auf den schwachen Rücken ein.

 Der Rückenzwang, den fast alle rohen Pferde mehr oder weniger äußern, ist die Folge einer vermehrten Anspannung der Rückenmuskeln aus Anlaß des Reizes, den die ungewohnte Last und Berührung des Sattels und des Reiters ausübt. Es ist sehr unverständig, gegen eine so natürliche Erscheinung gewaltsam einzuschreiten; mit der allmählichen Gewöhnung wird sie von selbst verschwinden. Dennoch gibt sie sehr oft Veranlassung, daß junge Pferde von Haus aus verdorben werden, denn nicht nur lernen sie dabei die Mittel kennen, sich ihres Bereiters zu entledigen, sondern auch sie selbst können sich bei diesen Bocksprüngen, bei welchen der ganze Körper krampfhaft gesteift ist, durch heftige Prellungen für die Lebenszeit Fehler auf den Knochen zuziehen und dadurch ihren ganzen Wert verlieren. Gewaltmaßregeln vermehren nur das Übel, während Ruhe und Geduld es sicher, wenn auch mitunter nur langsam heben. Anstatt daher das ungerittene Pferd durch gewaltsame Aufrichtung von Hals und Kopf sowie durch Strafen mit Sporen und Peitsche bei hartem, anklammerndem Sitze am Bocken zu hindern, wird man gerade noch mehr dazu auffordern, weil dadurch die Angst und das Unbehagen des Tieres nur noch vermehrt werden. Läßt es dagegen der Reiter in seiner natürlichen Richtung, schont er durch einen leichten Spaltsitz den empfindlichen Rücken, berührt er es möglichst wenig mit den Schenkeln und fördert das Angehen durch eine leichte Hand, so wird es unbefangen bleiben und bald durch die Bewegung die künstliche Anspannung verlieren. Bei sehr großer Empfindlichkeit mildere man die Einwirkung des Sattels außer dem leichten Spaltsitze auch durch eine weiche Unterlage und durch nur mäßiges Anziehen der Gurte. Je mehr nun mit dieser Empfindlichkeit ein kräftiger Rücken verbunden ist, desto längere Zeit wird es erfordern, die unnatürliche Spannung zu heben. Wir finden Pferde, die diesen Reiz oder Kitzel nie ganz verlieren, sondern bis ins hohe Alter hinein stets, wenn sie frisch gesattelt sind, mit hohem Rücken angehen. Durch anstrengende und lange Ritte wird scheinbar ihre Empfindlichkeit beseitigt, doch wird sich dieselbe, wenn sie ausgeruht, beim nächsten Satteln wieder zeigen. Wie ein kitzliger Mensch die Reizbarkeit der Nerven nicht zu beherrschen vermag, so ist auch ein solches Pferd trotz aller Gewöhnung und Gehorsam außerstande, dieselbe zu unterdrücken. Ich habe selbst langgediente und wohlgerittene Pferde gekannt, die, wenn sie gleich fest gegurtet wurden, bei der ersten Aufforderung zum Angehen sich überschlugen und dadurch sich und den Reiter in die höchste Gefahr versetzten. Bei solchen Pferden wende man daher viel Geduld und Vorsicht an und scheue die Mühe nicht, sie längere Zeit vor dem Besteigen satteln und den Sattel allmählich in mehreren Pausen fester gurten zu lassen; Gewaltmittel sind hier ganz unangebracht. Der Rückenzwang ist häufig die Ursache, daß unerfahrene Reiter die Pferde falsch beurteilen und demgemäß falsch bearbeiten. Sie halten oft den weichen und schwachen Rücken, wenn sie durch denselben tüchtig aus dem Sattel geprellt werden, solange er durch die Kontraktion der Muskeln gewölbt ist, für kräftig und belasten ihn demgemäß zu stark. Oder sie halten ihr Pferd, wenn auch nicht für schwach, so doch für unregelmäßig und ungünstig zum Reitdienst gebaut, wenn es vielleicht durch einen sehr kräftigen und kurzen Rückenverband in seinen Gängen gebunden, stoßend und unsicher erscheint, während doch mit der Biegsamkeit des Rückens der Gang frei und elastisch werden würde. Die richtige Beurteilung des Pferdes ist erst dann möglich, wenn die Schiebkraft der Hinterhand nicht mehr durch eine falsche Krümmung des Rückens in ihrer Wirkung gegen die Vorhand gehindert ist und die krampfhafte Spannung der Rückenmuskeln nicht mehr eine Aufforderung zu gleicher Tätigkeit für die Muskeln des gesamten Körpers ist. Aus diesem Grunde ist es nötig, das junge Pferd so lange in einfachen Gangarten zu bewegen, bis sich sein Rückenzwang verloren hat, und dann erst mit den eigentlichen Übungen im Biegen und Sammeln zu beginnen. Wer diese Regel nicht befolgt, wird immer die Widersetzlichkeit seines Pferdes herausfordern, und wenn er diese auch nicht für sich zu fürchten hat, muß er sie doch im Interesse des letzteren vermeiden, da ein steif gehaltener Körper bei heftigen Kontakten eine viel stärkere Erschütterung erleidet als ein weicher und biegsamer. Hat der Reiter die wahre Beschaffenheit der Rückenpartie richtig erkannt, weiß er, welchen

Vor den eigentlichen Übungen ist es wichtig, das das Pferd den Rückenzwang verloren hat. Durch eine gewaltsame Aufrichtung klemmt das Pferd in der Nierenpartie und drückt den Rücken weg.

Grad der Belastung sie unbeschadet zu ertragen vermag, dann lasse er sich in seiner Arbeit nicht beirren, wenn während einzelner Perioden derselben dieser Teil schmerzhaft affiziert und angegriffen erscheint. Solange bei der Aufrichtung der Vorhand und Belastung der Hinterhand die Hinterfüße sich nicht genügend zu biegen vermögen, wird das Gewicht hauptsächlich auf die Nierenpartie fallen, die durch die Aufrichtung ohnehin niedergedrückt wird. Hierdurch werden die darunter befindlichen Nieren oft mit affiziert, und das Pferd äußert dies nach dem Reiten durch häufiges Strecken und großen Reiz zum Stallen. Selbst der vorsichtige Reiter kann dies bei vielen Pferden, wenn er ihre Hanken gründlich bearbeiten will, nicht vermeiden, da er sie oft durch diesen Schmerz zwingen muß, die kräftigen, aber starren Gelenke der Hinterhand zu biegen. Sobald dies aber erreicht ist, wird der Rücken wieder frei, weil alsdann die Hinterschenkel die Last auf sich nehmen, und zwar um so vollkommener, je näher sie dem Schwerpunkte der Gewichtsmasse gebracht werden, das heißt, je mehr sie vorgeschoben werden.

Es ist nicht leicht, eine von Natur ungünstig gebaute Nierenpartie richtig zu belasten und dadurch so zu richten, daß sie die Verbindung zwischen Vor- und Hinterhand in möglichster Vollkommenheit herstellt. Eine Überlastung derselben wird die Schiebkraft der Hinterhand schwächen, eine zu geringe Belastung der Beherrschung der letzteren im Wege sein, da zu gewölbte Lenden der Aufrichtung der Vorhand entgege arbeiten. Ein weicher Rücken kann durch kräftige Hinterschenkel teilweise unschädlich gemacht werden, ein harter Rücken wird in Verbindung mit einer kräftigen Hinterhand gleichzeitig mit dieser biegsam werden, ein harter Rücken mit schwachen Hanken aber wird unbezwingbar sein, da er die letzteren eher zugrunde richtet als nachgibt. Man beachte daher die Nierenpartie des Pferdes bei seiner Auswahl zu bestimmten Reitzwecken sehr genau, wenn man sich Zeit und Mühe, die oft ganz vergeblich angewendet werden, ersparen will. Man glaube nicht, daß man durch absolute, direkt wirkende Gewichte als einen schweren Reiter, Sandsäcke etc., bei weitem Zurücksatteln einen hohen, harten Rücken biegsam machen kann; man würde ihn, und mit ihm die gesamte Hinterhand, dadurch wohl schwächen und lähmen, aber nicht elastisch machen. Das einzige richtige Mittel zu diesem Zwecke ist die Hebelwirkung der Vorhand, und je feiner der Reiter diese durch vollkommene Richtung derselben in seiner Gewalt hat, um so sicherer wird er die Kraftäußerung des Rückens bestimmen können.

Aus diesem Grunde hat Herr Baucher, der große Künstler, über diesen Teil des Pferdes keine Macht; er wird ihn wohl bei den Verkrümmungen der Wirbelsäule durch Seitenbiegungen mit verbiegen, er kann aber einen hohen Rücken nicht senken und einen harten nicht nachgiebig arbeiten. Seine Pferde krümmen und erheben vielmehr in dem Grade stärker, als er bemüht ist, sie in dieser Weise zu sammeln, und sie gleichen deshalb dem Gemsbocke auf der Felsspitze mit eng zusammengeschobenen vier Füßen. Daß sie diese Gestalt annehmen, ist sehr natürlich, denn wenn er einerseits durch Unterzäumung von Hals und Kopf die Vorderfüße zurückschiebt, kann das Pferd, wenn er andererseits die unbelasteten und deshalb ungebogenen Hinterfüße in der Richtung der Vorhand gewaltsam vortreibt, die vier Füße nur durch Krümmung des Rückens einander nähern.

Die Bewegungen eines solchen verzerrten, der Schiebkraft beraubten Tieres wirken mehr rück- als vorwärts, und der arme Reiter fühlt sich auf dem hohen, gespannten Rücken vollständig hilf- und ratlos. Beim jungen, zum Bocken geneigten Pferde weiß er, daß die Bewegungen, mögen sie auch noch so rüde sein, vorwärtsgehen, und die ungeschwächte Schiebkraft der Hinterbeine wird auch auf ihn in dieser Richtung wirken, beim bauchierten Pferde kann er aber niemals wissen, wohin es mit ihm geraten wird.

Von der Biegung der Hinterschenkel

Wie ich schon früher bemerkt, sind die Hinterfüße die eigentlichen Faktoren der Fortbewegung. Von ihrer Kraftäußerung und Stärke hängt die Schnelligkeit, Gewandtheit und Ausdauer des Pferdes hauptsächlich ab. Die einzelnen Teile derselben sind so gegeneinander gerichtet und Gelenke miteinander verbunden, daß sie sprungfederartig auf die zu tragende und zu bewegende Gewichtsmasse einwirken. Je richtiger nach den Gesetzen der Mechanik die Länge der einzelnen Knochenteile und ihrer Winkel zueinander abgemessen, je kräftiger die Gelenke von Natur gebaut sind und je entwickelter die Muskulatur der Hinterschenkel ist, um so energischer muß die Gesamtwirkung derselben bei der Bewegung sein. Ein normaler Bau dieser Teile erhöht den Wert des Pferdes ungemein, denn er gibt ihm das von Natur, was der Reiter im anderen Falle mit so viel Mühe zu erstreben hat, nämlich einen regelmäßigen, elastischen und ausdauernden Gang. Mit Hilfe guter, kräftiger Hinterschenkel kann der Bereiter viele Fehler und Mängel der Vorhand oder des Rückens ganz beseitigen oder doch vermindern. Solche biegsam zu machen, ist eher ein Vergnügen als eine Arbeit, da sie es schon von Natur sind, so daß nur eine Belehrung des Pferdes erforderlich ist. Groß aber können die Hindernisse sein, die dem Bereiter durch mangelhafte Konstruktion dieser Gliedmaßen entgegengestellt werden. Sie entspringen entweder aus einer falschen Winkelstellung, aus einem mangelhaften Verhältnisse der einzelnen Teile zueinander oder aus Schwäche. Ist die Schwäche Folge einer im allgemeinen schlaffen Textur des gesamten Organismus, so vermag die menschliche Kunst nichts dagegen zu tun, denn sie kann aus dem Feldstein keinen Diamanten schaffen. Ist sie aber nur Folge der Jugend, der schlechten Ernährung oder der Untätigkeit, so vermag eine allmähliche, wohl abgemessene Übung unendlich viel dagegen. Sind die Hinterschenkel in der Bildung ihrer Knochen offenbar zu schwach im Verhältnisse zu dem übrigen Körper, so gehört ein solches Pferd ins Geschirr, wo es die Last nicht zu tragen braucht und ungehindert seine stärkere Vorhand stärker belasten kann. Man verwechsele aber nicht Feinheit und Schwäche, sondern berücksichtige bei der Beurteilung die Gesamtbildung des Pferdes, denn die Harmonie des Ganzen ist das Entscheidende, und ein in seiner Gesamtbildung fein gebautes Pferd kann mit seinen scheinbar so zarten Gliedern unter einem entsprechenden Gewichte eine unendliche Kraft entwickeln. Die Dicke, das heißt, der Umfang der Knochen gibt durchaus keinen Maßstab für ihre Stärke ab, sondern die innere Textur derselben, ebenso wie nicht das Massenhafte der Muskeln, sondern die Straffheit derselben ihre Kraft bestimmt. Man betrachte nur die Tiere des Waldes, den Hirsch und das Reh, mit ihren trockenen, feinen Beinen, und sehe ihre Leistungen, um sich von dem Vorurteile frei zu machen, daß nur ein starker Gliederbau kräftig sein könne. Im allgemeinen kann jedoch als Regel gelten, daß der starke, kurze Gliederbau mehr zum Tragen schwerer Gewichte geeignet ist daß er aber auch in diesem Verhältnisse an Schnelligkeit und Elastizität einbüßt. Der stämmige Bauernbursche wird einen Sack Weizen mit Leichtigkeit davontragen, der den leichtfüßigen Schneidergesellen zu Boden drücken würde; den Tanzboden aber wird der erstere unter seinen Tritten erdröhnen machen und wird bei dem schnellen Takte der Musik bald atemlos sein, während der letztere bei dieser Arbeit unermüdlich sein wird.

Auch in bezug auf die Winkelbildung oder Gesamtstellung des Hinterschenkels läßt sich das Pferd nicht nach einer Normalschablone beurteilen. Temperament, Elastizität und eine gewisse Zähigkeit können oft viel scheinbar fehlende Kraft ersetzen, während bei Mangel dieser Eigenschaften ein äußerlich guter Knochenbau vielleicht nur mittelmäßiges leistet. Wie ich daher schon öfter erwähnt, daß die äußere Form keinen sicheren Maßstab zur Beurteilung der beim Pferde innewohnenden Kraft abgibt, sondern daß diese nur durch das Reitergefühl ermittelt werden kann, so gilt dies hauptsächlich von den Hinterbeinen im Vereine mit dem Rücken, also der gesamten Hinterhand. Wir finden daher auch, daß Pferdeliebhaber, die mehr theoretische als praktische Reiter sind, die das Pferd bei der Auswahl mit dem Zollstabe ausmessen und mathematisch zergliedern, nie ein gutes, leistungsfähiges Pferd wählen, sondern fast immer schlecht beritten sind.

Im allgemeinen steht jedoch fest, daß der gerade Hinterfuß mit seinen zu stumpfen Winkeln nicht mit der Leichtigkeit und Ausdauer bei stärkeren Biegungen seiner Gelenke ertragen kann als er schon von Natur durch spitzere Winkel verkürzte und gebogene, daß dagegen der in zu spitzen Winkeln gestellte Hinterfuß nicht die Spann- und Schnellkraft bei der Bewegung entwickeln kann, wie der erstere, wenn beide die gebogenen Gelenke wieder strecken. Bei gleicher natürlicher Stärke wird daher der gerade Schenkel mehr Schiebkraft entwickeln können, während der gebogene leichter zu belasten ist. Extreme Bildungen dieser Art müssen daher durch entgegen wirkende Übungen gemäßigt werden. Der erstere ist durch

verkürzte, gesammelte Gangarten allmählich an die Biegung zu gewöhnen, während der letztere durch freie Gangarten zur Entwicklung der Schiebkraft aufgefordert werden muß. Die erste Aufgabe ist immer eine sehr schwierige, und erfordert viel Zeit, Geduld und Geschicklichkeit. Sie ist nur dann lohnend und anzuraten, wenn die Hinterhand von Natur kräftig und die Vorhand günstig für die Hebelwirkung des Halses gebaut ist. Anderenfalls spare man sich die Mühe und bestimme das Pferd für einen anderen Zweck, da es nicht möglich ist, einen geraden und steifen Hinterschenkel biegsam und elastisch zu machen, wenn nicht die gesamte Wirbelsäule die Einwirkungen des Reiters sicher und leicht fortpflanzt und die Gelenke des Beines kräftig genug sind, um die Anstrengungen der ersten Übungen ohne Nachteil zu ertragen.

Das andere Extrem im Baue der Hinterschenkel wird das Pferd, wenn nicht Schwäche damit verbunden ist, insofern zum Reitdienst sehr befähigen, als es dasselbe zu gesammelten Gangarten sehr geneigt machen wird. Der Reiter hat nur darüber zu wachen, daß die zur Aufnahme der Last so willige Hinterhand nicht überlastet und die Schiebkraft nicht unterdrückt wird.

Wenn wir nach diesen allgemeinen Bemerkungen der Frage der Biegung des Hinterschenkels etwas nähertreten, so müssen wir uns zunächst klarmachen, daß von sämtlichen Gelenken der Nachhand die beiden obersten, das Hüft- und das Kniegelenk, die bei weitem kräftigsten sind, sowohl durch die Stärke der Knochen, wie durch die zahlreichen und mächtigen Muskelpartien, von denen sie umgeben sind. Während diese letzteren die sogenannten Hosen des Pferdes bilden, die durch ihre sehnigen Fortsetzungen die unteren Teile des Schenkels mit bewegen, sind die beiden erwähnten Gelenke die eigentliche Hanke desselben. In den Hanken liegen die Hauptkräfte zur Stütze und Fortbewegung des ganzen Körpers, und es ist die vornehmlichste Aufgabe des rationellen Bereiters, diese Kräfte zu entwickeln und sich untertänig zu machen. Es gibt viele Bereiter und sehr viele Reiter, die wohl über Hankenbiegung zu sprechen wissen, und sich auch einbilden, die Hanke ihrer Pferde zu bearbeiten, ohne je eine richtige Hankenbiegung gefühlt zu haben. Ja es gibt deren genug, die das Sprunggelenk für die Hanke halten und kaum eine Ahnung davon haben, daß oberhalb desselben noch stärkere und wichtigere Gelenke sich befinden. Alle diese Reiter kommen mit ihrer Arbeit nicht über die Biegung des Schenkels vom Sprunggelenke abwärts hinaus und erreichen daher nur sehr mittelmäßige Resultate in der Richtung ihrer Pferde. Hunderte von Pferden mit kräftiger

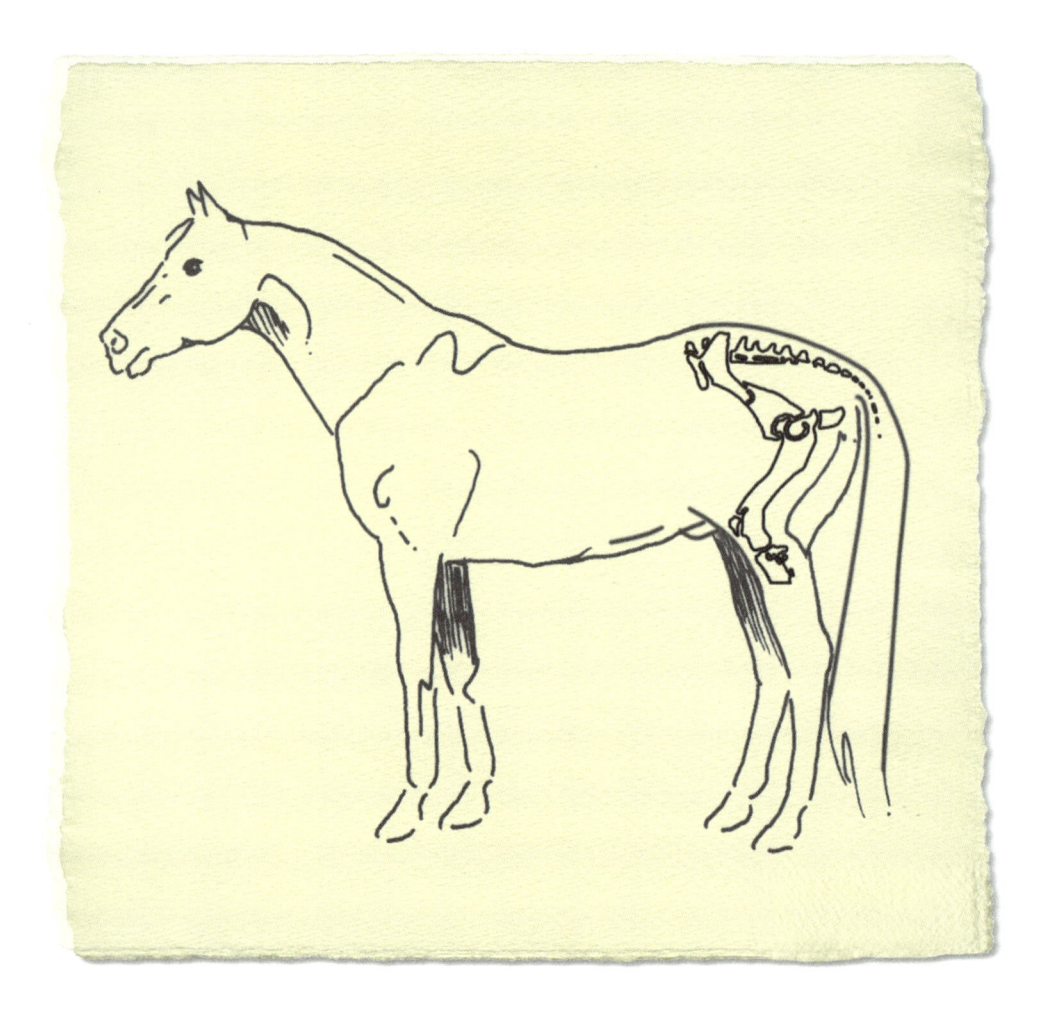

Die Hanke

weder sein Pferd zu ruinieren oder von ihm bemeistert zu werden. Der Anhänger der natürlichen Richtung, wenn er als solcher ein einsichtsvoller Reiter ist, weiß die Kraft der Hanken sehr wohl zu beurteilen und schätzt eine natürliche Biegsamkeit derselben unendlich hoch, weil sie ihm leichte und elastische Sprünge schafft, er vermag aber nicht, sie zu beherrschen, das heißt, sie beliebig, bald schiebend, bald tragend wirken zu lassen. Sie werden daher unter ihm in dem Maße zum schnellen Ruin der überlasteten Vorderfüße beitragen, als sie in ihrer Kraft oder Starrheit überwiegend sind und jeder durch Belastung zu erfolgenden Biegung widerstehen können.

Die alten Meister verstanden es, die Hanke gründlich zu bearbeiten, und sind uns und den fernsten Zeiten dadurch ein bleibendes Vorbild geworden. Ihre außerordentlichen Leistungen, die von der Jetztzeit wie halbe Wunder angestaunt werden, hatten sie nur dieser Arbeit zu verdanken, und wenn es uns Ernst ist, die Reitkunst als schöne Reitkunst zu erhalten und nicht zur Philisterei und zum Puppenspiel herabsinken zu lassen, so gibt es nur den einen Weg, den alten Meistern nachzustreben. Die Grenze zwischen Kampagne und Hoher Schule, wenn man eine solche ziehen will, bestimmt sich dadurch, daß bei ersterer die Richtung des Gleichgewichtes, das heißt, die, wo Vorder- und Hinterschenkel gleichmäßig belastet sind als Norm dient, bei letzterer dagegen die Schulen an Vollkommenheit zunehmen, je mehr der Schwerpunkt des Körpers nach hinten gebracht wird, ohne dabei die Freiheit der Hinterhand zu beeinträchtigen. Wenn wir von einem normal gebauten Pferde, dem sogenannten Reitpferde, sprechen, so verstehen wir darunter dasjenige Pferd, welches von Natur im Gleichgewichte ist, das heißt, dessen natürliche Formen es befähigen, ohne Anstrengung diejenigen Richtungen des Skelettes anzunehmen, bei der es die vier Füße gleichmäßig belastet. Bei diesem Pferde wird die Arbeit des Reiters leicht sein, denn sie beschränkt sich im wesentlichen auf Belehrung und Gewöhnung. Bei Mißverhältnissen aber zwischen Vorder- und Hinterhand oder zwischen einzelnen Teilen einer von beiden muß die Kunst vermittelnd eintreten und durch ein System gymnastischer Übungen das Gleichgewicht herstellen und befestigen. Überladene oder steile Schultern, schwere Vorhand, schwache Vorderschenkel, hohes, überbautes Hinterteil etc. erfordern zum Beispiel öfters

Hanke werden daher vor der Zeit verbraucht, weil die schönen Kräfte dieses Teiles unbenutzt ruhen, während sie zur Erleichterung der Vorderschenkel und zur Schonung der unteren Gelenke des Hinterschenkels bei der Belastung hätten verwendet werden müssen. Eine kräftige Hanke zu biegen, ist freilich keine leichte Aufgabe, denn ihren natürlichen Kräften entsprechend wird sie auch der verlangten Biegung Widerstand entgegensetzen können. Man glaube ja nicht, diesen Widerstand durch physische Kraft überwinden zu können, denn der Reiter kann wohl durch rohe Gewaltmittel den Rücken des Pferdes durchbiegen, auch wohl die Sprung- und Fesselgelenke zerbrechen, aber nicht die Hankengelenke biegen. Es ist dies das Privilegium des wissenschaftlich gebildeten und erfahrenen Reiters allein, der sich durch stufenweise Bearbeitung der Wirbelsäule einen sicheren Hebel zu schaffen und diesen durch sein feines Gefühl stets den Kräften des Pferdes gemäß zu gebrauchen weiß. Die Biegsammachung der Hanke bildet daher stets die Grenze für den handwerksmäßigen Reiter, die er nicht überschreiten kann, ohne ent-

schon eine stärkere Hankenbiegung, und der Reiter muß sich bei solchen Pferden der schwierigen Schularbeit unterziehen, um nur reine Kampagnegänge zu gewinnen. Eine natürliche Biegsamkeit der Hankengelenke im Gegensatz zur künstlichen hat jedes Pferd, selbst das vollständig ungearbeitete, denn bei jedem Erheben und Vorwärtssetzen des Hinterfußes muß es sämtliche Gelenke desselben biegen, um ihn zu verkürzen; wie und in welchem Grade dies aber geschieht, davon hängt die Schönheit und Vollkommenheit des Ganges ab. Je mehr sich dabei der Hinterfuß dem Schwerpunkt des Pferdes nähert, die Last dort aufnimmt und durch Streckung der Gelenke fortbewegt, desto schöner ist der Gang, und bezeichnet man beim rohen Pferde einen solchen Gang mit dem Ausdruck einer guten Folge. Je weniger der Gang diese Eigenschaft besitzt, desto mangelhafter ist er in der einen oder anderen Beziehung, er sei nun verhalten oder zu sehr auseinander, und ist alsdann eine Verbesserung desselben durch die Kunst erforderlich. Unmöglich wird diese nur dann sein, wenn Rücken oder Hinterhand absolut zu schwach sind, um die ihnen zukommende Last zu tragen. Bei einem solchen Pferde kann von einer Richtung ins Gleichgewicht oder gar darüber hinaus auf die Hanke nicht die Rede sein, es muß in seiner natürlichen Richtung verbraucht werden. Eine wirklich dauernde Verbesserung eines solchen fehlerhaften Ganges ist nur durch gründliche Bearbeitung der Hanken, wie sie der Schule eigen ist, möglich, und insofern die letztere zur Dressur mit abnormem Körperbau, sofern sie nur Kraft genug haben, unentbehrlich.

Um nun zu den unteren Gelenken des Hinterschenkels überzugehen, so ist von ihnen das Sprunggelenk das bedeutendste. Diese Benennung ist recht bezeichnend für seine Tätigkeit, da es hauptsächlich die sprungartigen Bewegungen erzeugt. Zu diesem Zwecke ist es aber auch ganz besonders von der Natur eingerichtet, indem seine federartige Kraft und Widerstandsfähigkeit durch die kunstvolle Zusammenfügung von sieben verschiedenen Gelenkknochen, die ein bewegliches, aber geschlossenes Ganzes bilden, bedeutend erhöht ist. Es ist außerdem mit den kräftigen Streckern, die sich als Achillessehne an das Hackenbein anheften, versehen, deren Wirkung durch den hervorspringenden Bau noch bedeutend vermehrt wird. Das Sprunggelenk ist daher ein Hauptfaktor sowohl der Schiebkraft wie der Tragkraft, je nachdem seine Kraftäußerung in der einen oder anderen Weise sich äußert, was davon abhängt, mehr gegen oder unter die Gewichtsmasse gerichtet ist. Es hat daher für jeden prakti-

schen Reiter eine hohe Bedeutung und sowohl der Schul- wie der Jagdreiter wird diesen so wichtigen Teil des Pferdes einer genauen Prüfung unterziehen. So weise ihn die Natur für seine Funktion auch konstruiert hat, so leidet er unter dem Reiter bei Mißbrauch oder falschem Gebrauche doch am meisten, denn kein Gelenk ist so vielen fehlerhaften Gebilden ausgesetzt als gerade dieses, wie Spat, Hasenhacken, Rehbein, Gallen und Piephacken. Es ist dies sehr leicht dadurch erklärt, daß es bei allen stärkeren Biegungen und Anstrengungen des Hinterschenkels die Arbeit allein zu leisten hat, wenn die oberen, noch stärkeren Gelenke nicht zur richtigen Mitwirkung angehalten werden. Die Reiter der natürlichen Richtung werden dadurch nicht nur die Vorderfüße durch Überlastung, sondern auch die Sprunggelenke der Hinterfüße durch Überanstrengung struppieren, wenn sie ihre Pferde viel galoppieren und springen lassen. Die Anhänger der künstlichen Richtung werden ebenfalls das Sprunggelenk zunächst ruinieren, sobald sie durch vorzeitige Belastung oder Überbelastung der Hinterhand bei ihrer Arbeit fehlen. Gewaltsame Aufrichtung der Vorhand, harte Paraden und vor allem Gangarten in nicht gerader Richtung des Pferdes, das heißt, bei welchen ein Hinterfuß statt unter die Last, seitwärts derselben tritt, sind unfehlbare Ursachen zum Verderben der Sprunggelenke.

Beim jetzigen Standpunkt der Reitkunst ist es daher nicht zu verwundern, wenn die oben angedeuteten Fehler des Sprunggelenkes schon in ganzen Stämmen unserer Pferde erblich erscheinen, und wenn man die zur Jagd und anderen anstrengenden Diensten bestimmten Pferde womöglich gleich präservativ gegen Spat und Hasenhacke brennen läßt. Dieses englische Verfahren, das uns mit den englischen Pferden und der englischen Art zu reiten von jenseits des Kanals herüber gebracht ist, hatten wir sonst nicht nötig und war auch bei uns unbekannt, solange noch die gute, alte deutsche Schule gelehrt und geehrt wurde. Als Züchter aller Tiergattungen steht der Engländer unbestritten obenan und kann unbedingt als Lehrmeister anerkannt werden, als Reiter aber hat er kein anderes Verdienst, als daß er mit männlichem Mute die rohen Kräfte seines Pferdes herauszufordern sich nicht scheut und sein mühsam und kostspielig gezüchtetes Material dadurch schnell konsumiert. Wäre er ein ebenso vollkommener Reiter nach richtigen, wissenschaftlichen Grundsätzen als er guter Pferdezüchter ist, so würde er unbedingt das vollkommenste Reitpferd für jede praktische Verwendung besitzen. Bei der Wichtigkeit des Sprunggelenkes für die Funktion der Hinterschenkel muß es offenbar eine Hauptaufgabe des Bereiters sein, dasselbe nicht nur gesund zu erhalten, sondern seine Kraftäußerungen durch entsprechende Übungen noch möglichst zu steigern. Das einzige Mittel, dies zu erreichen, ist die Biegsammachung nicht nur des Sprunggelenkes selbst, sondern auch der Hankengelenke, weil hierdurch allein allen Zerrungen und Ausdehnungen der Gelenkbänder und Kapseln sowie Quetschungen der Knochenhaut in und an den Gelenken vorgebeugt werden kann. Das richtige durchgebildete, das heißt, in seinen Hanken gebogene Pferd ist daher für immer gegen krankhafte Bildungen seiner Hinterhand geschützt, indem es durch die federartige Biegsamkeit seiner Gelenke jede harte Belastung oder Prellung unschädlich macht. Die Biegung der Hanken bedingt auch die der Sprung- und unteren Gelenke, da das Pferd zunächst in diesen schwächeren und nachgiebigeren Teilen sich biegen wird, ehe es den Widerstand der stärkeren aufgibt. Diese Biegung der unteren Gelenke muß daher mit um so größerer Vorsicht geübt werden, je weniger die Hanke diese Arbeit durch eine natürliche Biegsamkeit erleichtert, sondern vielmehr durch ihr Widerstreben so härter nach unten wirkt. Je kräftiger und steifer also die Hinterhand von Natur ist, um so behutsamer und geduldiger muß ihre Bearbeitung bewirkt werden. Der Erfolg wird aber auch um so größer sein, je größer sie Spannkraft in diesen Teilen nach ihrer Bearbeitung geblieben ist.

Bei der Bearbeitung des praktischen Gebrauchspferdes handelt es sich heutzutage vielfach nur um die Biegung der unteren Gelenke, denn da sich unsere Zeit im allgemeinen mit der Richtung des Gleichgewichtes gern begnügt, so wird bei allen den Pferden, deren Bau diese Richtung auch ohne stärkere Hankenbiegung, als sie die Bewegung an sich bedingt, zuläßt, den Anforderungen schon durch Bearbeitung der unteren Gelenke zu genügen sein. Muß sich daher der Reiter aus Mangel an Zeit und aus Rücksicht auf den Kostenpunkt mit dieser Aufgabe begnügen, so begründe er wenigstens die Biegsamkeit des Sprung- und Fesselgelenkes nach Möglichkeit, damit sie durch weiches Nachgeben solche Momente unschädlich machen, wo der Widerstand des Erdbodens und der Druck der Belastung gleichzeitig stark auf sie einwirken. Er wird dieses Ziel sicher und unbeschadet für sein Pferd erreichen, wenn er die natürliche Kraft desselben in diesen Teilen richtig zu beurteilen versteht und dieser gemäß mit leichten und kurzen Übungen beginnt.

Mag nun aber eine mehr oder weniger gründliche Biegung der Hinterhand beabsichtigt werden, so müssen die ersten Übungen zu diesem Zwecke vor allen Dingen stets im Vorwärtsgehen vorgenommen werden, weil im Gange stets die Last von einem auf den anderen Hinterfuß wechselt und die dabei tätige Schiebkraft dem Reiter gleichzeitig zum Maßstabe wird, wie stark er durch Belastung biegend einwirken kann. Unterdrückt er den Gang, das heißt, können sich die Gelenke nach dem Moment der Biegung nicht mehr frei strecken, sondern müssen sich zusammengedrückt unter ihrer Last mühsam fortbewegen, so ist die Belastung für die Anfangsübungen zu stark und muß soweit vermindert werden, bis die frische Tätigkeit der Schiebkraft dem Reiter wieder fühlbar wird.

Ferner müssen die Hinterfüße erst einzeln an die stärkere Biegung gewöhnt werden, bis sie durch abwechselnde Übungen so weit vorbereitet sind, daß sie beide gleichzeitig gebogen werden können. Der Reiter wird auf diese Weise stets nur den Widerstand eines Hinterfußes also nur den halben Widerstand zu überwinden haben und das Pferd beim Wechseln von einer zur anderen Hand stets den vorher belasteten Fuß wieder ruhen können. Hierbei nun handelt es sich nun um die gebogene Stellung des Pferdes, durch welche es allein möglich ist, den inneren Hinterfuß durch stärkere Belastung stärker zu biegen. Je vollkommener daher die Wirbelsäule die nötige Richtung und Biegung aufzunehmen vermag, um so feiner und sicherer vermag der Reiter auf den einzelnen Hinterfuß einzuwirken. Die Bearbeitung der Wirbelsäule und diejenige der Hinterschenkel hängen so innig miteinander zusammen, daß sie getrennt gar nicht gedacht werden können. Die Wirbelsäule findet in den Hinterfüßen ihre Hauptstütze, der Widerstand, den das Pferd der ersteren entgegensetzt, ist daher zumeist in den letzteren zu suchen. Biegt sich das Pferd richtig in der Wirbelsäule, so hat es auch den inwendigen Hinterfuß gebogen und eine vermehrte Biegung des einzelnen Hinterfußes ist nur denkbar in der gebogenen Richtung des Pferdes. Die Biegung der Wirbelsäule ist daher positiv das einzige Mittel zu derjenigen vorherrschenden Bearbeitung des einzelnen Hinterfußes, welche der gleichmäßigen Biegung beider notwendig vorausgehen muß. Diese Bearbeitung des inwendigen Hinterfußes durch die gebogene Richtung beginnt auf einem Hufschlage auf dem Zirkel und anderen gebogenen Linien. Hieraus entwickelt sich dann das Schulterherein in seinen verschiedenen Graden, welches so vervollkommnet werden muß, daß die übrigen Lektionen auf zwei Hufschlägen richtig daraus hervorgehen. Diese Übungen müssen zunächst mit wenig Aufrichtung beginnen und durch Steigerung derselben vervollkommnet werden. Sie müssen in allen natürlichen Gangarten geübt werden, die man nach der Disposition des Pferdes anfangs mit Sorgfalt wählen muß, und die in freiem Tempo beginnen und nach und nach versammelter verlangt werden müssen.

Hat das Pferd diese Stufenfolge glücklich durchgemacht, so wird es zur gleichzeitigen Biegung der Hinterfüße übergeführt. Es geschieht dies durch stärkere Mitwirkung des äußeren Zügels, wodurch die Biegung der Wirbelsäule vermindert, die Aufrichtung der Vorhand aber erhöht und der äußere Hinterfuß mit belastet wird. Vervollkommnet und befestigt wird diese Arbeit durch ganze Paraden, durch das Aushalten auf der Stelle nach denselben und durch Zurücktreten, und damit das Pferd zu den höheren Schulen übergeführt.

Was das Fessel-, Kron- und Hufgelenk anbetrifft, so werden dieselben bei allen Übungen zur Biegung der Hinterfüße selbstverständlich mit bearbeitet, da sie bei der allgemeinen Tätigkeit ihr Teil mit beizutragen haben. Bei der Kürze der unteren Knochen besteht die Funktion dieser Gelenke weniger in der Mitwirkung zur Entwicklung der Schieb- und Schnellkraft als in der Milderung der durch die Berührung des Erdbodens herbeigeführten Erschütterung. Pferde mit weichen Fesseln, das heißt, solche, die das Fesselgelenk stark durchbiegen, haben deshalb einen sehr sanften, bequemen Gang. Ist dieser Bau mit Schwäche verbunden, so ist er allerdings ein großer Fehler; wir finden ihn bei den edelsten und energischsten Pferden vertreten, und bei solchen kann dann die Elastizität der Hinterhand sogar bedeutend vermehrt werden. Eine weiche Fessel ist daher nicht unbedingt ein Mangel, sondern kann sogar für manche Reitzwecke ein großer Vorteil sein. Der Reiter hat jedoch diesen unteren Teil des Schenkels in bezug auf seinen Bau und die ihm innewohnende Kraft wohl zu berücksichtigen, um so mehr als er nicht nur der schwächere, sondern auch am unmittelbarsten dem Kontakt mit dem Erdboden ausgesetzt ist. Solange daher nicht die oberen Gelenke durch Biegsamkeit dem Gange Elastizität geben und bei stärkerer Belastung durch Nachgeben die unteren Gelenke schonen, werden diese durch Berührung mit dem Erdboden leiden, und zwar um so mehr, je härter dieser und je stärker die Belastung der Hinterhand ist. Wir sehen daher, daß Pferde, die in ihrer natürlichen Richtung viel auf dem Pflaster gebraucht werden, schnell stumpf und struppiert in den Fesseln erscheinen, und daß dies durch ruhigen Gebrauch auf weichem Boden wieder gehoben werden kann. Wir sehen ferner, daß Reiter, die ihre jungen Pferde zu Lektionen und Evolution forcieren, zu denen sie nicht genügend vorbereitet

Ist die Bearbeitung des inneren Hinterfußes auf der Zirkellinie gefestigt, beginnt die Arbeit im Schulterherein, in der der innere Hinterfuß vermehrt unter den Schwerpunkt tritt.

sind, dieselben sehr schnell ruinieren, indem sie außer den erwähnten Fehlern des Sprunggelenkes auch noch Fesselgelenksgallen, Schale, Überköten, Gelenklähmungen durch Verrenkungen und Verstauchungen zu fürchten haben werden.

Bei dieser Gelegenheit sei bemerkt, daß es Pflicht des verständigen Reiters und jedes wahren Pferdefreundes ist, stets das günstigste Reitterrain aufzusuchen. Der erstere scheue keine Mühe und Versäumnis, sich zu seiner Arbeit einen ebenen, weichen und elastischen Reitplatz zu verschaffen, der letztere setze sich gern der Gefahr der Pfändung aus, wenn er statt der harten, trockenen Chaussee einen guten Feldweg benutzen kann. Ein Reiter, der aus Gleichgültigkeit oder Bequemlichkeit sein Pferd auf schlechten Wegen unnütz ermüden und struppieren kann, wenn ihm bessere zu Gebote stehen, ist kein echter Pferdefreund und verdient kein edles, wohlgerittenes Pferd zu besteigen. Die Wichtigkeit des Reitterrains für Leistungen und Ausdauer des Pferdes weiß auch der Rennreiter sehr wohl zu würdigen; er schätzt eine gleichmäßige feste, aber elastische Rennbahn sehr hoch, während er eine harte und trockene ebensosehr fürchtet, da er sehr wohl weiß, daß er von dieser durch den gewaltsamen Hufschlag Sehnenentzündung, Gelenkslähmungen, ja selbst Knochenbrüche zu befürchten hat. Kann der Reiter durch diese Sorgfalt es möglich machen, sein Pferd barfuß zu reiten, so gewinnt er dadurch einen doppelten Vorteil. Die Natur hat den Huf mit einer solchen Zähigkeit und Elastizität versehen, daß er nicht nur die inneren weichen Teile genügend schützt, sondern auch durch letztere Eigenschaft die Berührung mit dem Erdboden mildert. Infolge dessen wird der Gang des unbeschlagenen Pferdes nicht nur angenehmer für den Reiter, sondern auch weniger strapaziös für die eigenen Glieder desselben sein als der des beschlagenen, und nebenbei werden die Hufe nicht durch den Unverstand der Schmiede in ihrer gesunden Naturwüchsigkeit gestört. Die Kunststraßen unserer Kulturländer lassen es im praktischen Leben zwar nicht oft zu, diese Vorzüge zu nutzen, wo es aber möglich ist, versäume man es ja nicht.

Um dieses wichtige Kapitel mit einem kurzen Resümee zu schließen, vergleiche ich den Hinterschenkel mit seinen Gelenken, namentlich den drei oberen, nochmals einer Sprungfeder. Wie diese bei vernünftigem Gebrauche ihre Kraft relativ ungeschwächt behalten, obgleich sie durch denselben weicher und gefälliger in ihrer Wirkung werden wird, so jener auch, nur mit dem Unterschiede, daß sich die organische Kraft gleich der magnetischen durch Übung vermehrt; durch vernünftige Bearbeitung werden daher die Hinterschenkel nicht nur weicher und elastischer werden, sondern auch an allgemeiner Kraft gewinnen, während man der toten Feder im günstigsten Falle immer nur diejenige Leistungsfähigkeit erhalten kann, welche durch die Spannkraft ihrer Bestandteile bedingt ist. - Wie die Sprungfeder durch eine überwiegende, auf sie einwirkende Last in ihrer Wirkung unterdrückt, das heißt, in ihrem Bestreben gehindert wird, zum Zustand der Ruhe also zur gestreckten Lage zurückzukehren, und wie dieses Bestreben, oder mit anderen Worten ihre Spannkraft durch zu häufige oder zu lange Einwirkung einer Last, die sie nicht bewältigen kann, allmählich abgeschwächt und zuletzt ganz aufgehoben wird, so werden auch die Gelenke der Hinterschenkel durch Überlastung geschwächt oder ganz und gar ihrer Kraft beraubt also gelähmt. - Wie endlich die Sprungfeder auf eine

Kraft, der sie gewachsen ist, in derselben Art zurückwirken wird, und zum Beispiel einen Stoß schnellend zurückgeben wird, so werden auch die Hinterfüße ohne Vorbereitung eine Belastung nicht aufnehmen, sondern plötzliche Einwirkungen durch harte, ruckende Anzüge durch Gegenschnellen ihrer Gelenke von sich abwehren.

Gebogen können die Hinterbeine nur durch Belastung werden, es gibt kein anderes Mittel für den Reiter. Zur stärkeren Biegung bedarf er der stärkeren Belastung, und die Gewichte dazu kann er nur von der Vorhand entnehmen. Indem er dadurch das Gewicht von Kopf und Hals zurück, dem Schwerpunkt des Pferdes näherbringt, wirkt er nicht nur hebelartig herunterdrückend auf die Rücken- und Lendenwirbel, sondern kann diese Wirkung auf die Hinterschenkel fortpflanzen, wenn er dieselben genug hervorholt.

Herr Baucher, das stets bereite, warnende Beispiel, kann uns für dieses Kapitel ganz speziell als solches dienen. Anstatt die natürlichen Kräfte der Hinterbeine, ihre vorwärtstreibende Wirkung zu fördern und zu regeln, stört er sie auf alle mögliche Weise, denn er sieht sie als seine natürlichen Gegner an. Aus diesem Grunde zäumt er das junge, rohe Pferd, das noch keine Anlehnung an das einfachste Trensengebiß finden kann, vollständig auf Kandare, und übt mit dem haltungslosen Tiere, das noch keine gerade Linie abgehen kann, Biegungen und Drehungen auf der Stelle, die nur das in seiner Arbeit vollendete Pferd ausführen kann. Hiermit ruht er nicht eher, bis er durch vollständige Unterzäumung und Verdrehung der Wirbelsäule die Schiebkraft der Hinterfüße unmöglich gemacht. Er unterdrückt und zerstört sie nicht durch Überlastung, wie es der rüde Reiter tut, sondern er hindert nur ihre Wirkung, indem er alles beseitigt, wogegen sie sich richten könnte. Hat er sie in dieser Weise soweit abgeschwächt, daß sie ihm das gründliche Hinter-dem-Zügelsein des Pferdes nicht mehr stören kann, dann beginnt er durch seine Rückwärts-Lektionen in allen Gangarten sowie durch die Attacken auf der Stelle, das heißt, sinnloses Spornieren, die Hinterhand seiner Meinung nach zu biegen. Da er jedoch bei der mangelnden Anlehnung keine Hebelwirkung hat und also dieselbe nicht belasten kann, so bleibt sie hoch, während die Vorhand gelenkt ist. In dieser Stellung kann das Pferd durch Krümmung des Rückens die vier Füße gleich einem Gemsbocke zusammenschieben, wie ich dies bereits erörtert, die Gelenke aber bleiben ungebogen und verlieren zuletzt auch noch ihre natürliche Biegsamkeit durch die unnatürlichen und krampfhaften Anstrengungen, zu denen sie durch die unaufhörlichen, zwecklosen Spornstöße gezwungen werden. Auf diese Weise raubt er seinen Pferden alle natürlichen Fähigkeiten und zwingt sie zur Unnatur, deren er sich als ganz neu entdeckter Dressurleistung rühmt. Neu ist diese Art der Dressur allerdings, denn den Ruhm muß man Herrn Baucher lassen, daß noch niemand vor ihm die edle Kunst in der Weise verunglimpft hat, wie er dadurch tut, daß er allen natürlichen Grundsätzen derselben entgegenarbeitet und dies systematisch lehrt. Die Resultate seiner Arbeit sind daher eine Reihenfolge von Unarten, Ungehorsam und Widersetzlichkeiten, von denen der ordentliche Bereiter jede einzelne ängstlich vermeidet, und wenn er dies nicht kann, mit Ernst und Strenge bekämpft, während Herr Baucher sie dem Pferde lehrt, möglichst fest begründet und sie dann Hohe Schulen tituliert. Ein jeder Reiter, der bereits das Gefühl für einen richtigen Gang und richtige Anlehnung gewonnen hat, braucht nur auf fünf Minuten ein bauchiertes Pferd zu besteigen, um sich von der Richtigkeit dieser Behauptung vollkommen zu überzeugen. Schon die äußeren Manieren dieser armen Geschöpfe, ihr Schweifwedeln, ihr Schnappen mit den Zähnen, ihr Schreien und Stöhnen aus Kitzel gegen den Sporn, verraten es, daß sie nur durch eine grausame, unnatürliche Behandlung dahin gebracht sein können, ihrem natürlichen Baue entgegenzuarbeiten.

Somit schließe ich dieses Kapitel und mit ihm denjenigen Abschnitt dieses Buches, in dem ich ein Bild davon entwerfen wollte, wie die einzelnen Teile des Pferdes beurteilt und bearbeitet werden müssen, um bei der Gesamttätigkeit die allgemeine Harmonie nicht zu stören. Ich gehe nunmehr zu den speziellen Übungen und Lektionen über, durch welche stufenweise das Ziel der Dressur erreicht wird. Ich werde dabei die Reihenfolge beachten, welche durch Steigerung der dem Pferde zu stellenden Aufgaben bedingt wird, muß aber dem praktischen Reiter überlassen, sich für das einzelne Pferd nach dessen Individualität seinen Lektionsplan speziell zu entwerfen, und selbst diesen wieder vielleicht zeitweise den obwaltenden Umständen gemäß zu verändern. Nach Schematen und toten Buchstaben kann man das Pferd wohl zur Maschine machen, aber nicht dressieren; dies vermag der Reiter nur nach seinem Gefühle und seiner eigenen Beurteilung.

Vom Reiten auf gebogenen Linien auf einem Hufschlage

Jede Linie, welche das Pferd abschreitet, wird bedingt durch die eigene Körperrichtung desselben. Das ungebogene Pferd wird eine gerade fortlaufende Linie verfolgen, das gebogene eine seiner Biegung entsprechende Zirkellinie. Beide können, solange sie die Füße gerade nach vorwärts setzen und ihre Körperrichtung nicht ändern, ihre Linien nicht verlassen, weil sie durch die Gesetze der Mechanik daran gebunden sind, und das letztere befindet sich daher ebensowenig im Wenden begriffen wie das erstere, obgleich dies so scheinen mag, weil es nur der natürlichen Tendenz seines Körpers folgt. Das ungebogene Pferd kann unmöglich einen Zirkel beschreiben, es kann aber in die Runde geführt werden auf geraden, in Winkeln zueinander stehenden Linien. Ebenso kann das gebogene Pferd in der geraden Richtung geführt werden, wenn es veranlaßt wird, die Füße seitwärts, statt gerade vorwärts zu setzen. In der natürlichen Art sich fortzubewegen aber muß das Pferd die der Richtung seines Körpers entsprechende Linie einhalten und kann dieselbe nur durch Änderung der Richtung verlassen.

Die Vorhand gibt die Richtung der Bewegung an, der Impuls dazu aber geht von der Hinterhand aus; je direkter diese gegen jene gerichtet ist, um so vollkommener wird der Gang und die Haltung des Pferdes sein, ein Abweichen der Vor- oder Hinterhand von der gemeinsamen Richtung aber muß beides beeinträchtigen. Eine Veränderung der bisher innegehabten Richtung kann sowohl von der Vorhand wie Hinterhand ausgehen oder gleichzeitig durch beide bewirkt werden, so daß zum Beispiel beim Wenden rechts die Vorhand nach rechts, die Hinterhand nach links von der bisherigen Linie abweicht. Je nach Verlegung des Schwerpunktes im Pferde wird es geneigt sein, beim Verändern seiner Richtung oder Wenden seinen Stützpunkt mehr auf den Vorder- oder Hinterfüßen zu nehmen, wobei stets der stärker belastete Teil der weniger bewegliche ist, der daher beim Wenden weniger mitwirken kann.

Nach der Lage des Schwerpunktes beim Wenden müssen wir daher Wendungen auf der Vorhand, auf der Nachhand und im Gleichgewichte unterscheiden. Bei den ersteren liegt der Schwerpunkt vorn, die Vorderfüße bilden die Stütze, um die sich die leichtere und beweglichere Hinterhand wie um eine Achse so viel wendet als nötig ist, die beabsichtigte Direktion zu gewinnen. Bei der Wendung im Gleichgewichte liegt der Schwerpunkt in der Mitte; die Vorhand ist daher durch die Hinterhand genügsam gestützt und erleichtert, um eine neue Richtung ohne Störung für den Gang gewinnen zu können, wobei die Schwerpunktslinie gleichsam die Achse der Drehung bildet und die Hinterhand durch richtige und prompte Folge auf dem Hufschlage der Vorhand stets das Gleichgewicht zu erhalten hat. Bei der Wendung auf der Hanke liegt der Schwerpunkt nach hinten, die stark belasteten und gehobenen Hinterschenkel bilden die Achse, um die sich die ganz entlastete Vorhand mit Leichtigkeit drehen kann.

Die erste Art des Wendens kann man die natürliche nennen, nicht weil das Pferd im Zustande der Freiheit sich ihrer bedient, sondern weil die Reiter, die der natürlichen Richtung huldigen, allein darauf angewiesen sind.

Sich selbst überlassen wird das Pferd zwar oft aus Hang zur Trägheit mehr auf der Vor- als Hinterhand wenden, und in ruhigen Bewegungen ohne die fremde Last des Reiters schadet es sich dadurch nicht; man beobachte aber nur die jungen Tiere in ihren Paddocks, wenn sie gejagt oder spielend in einem beschränkten Raume zu häufigen und raschen Wendungen gezwungen sind, wie sie die Hinterhand als Stützpunkt bei denselben zu gebrauchen und die Vorhand pfeilschnell um dieselbe zu drehen wissen; wie sie ferner im vollen Laufe die Richtung ihrer Bewegung schnell ändern können, indem sie auf gebogenen Linien nach rechts oder links abschwenken, und dazu die nötige Biegung und Sammlung ihres Körpers instinktartig nehmen, weil sie eben durch ihr natürliches Gefühl belehrt werden, daß sie sich nur hierdurch vor Schaden bewahren können. - Ganz anders aber verhält sich das rohe oder, besser gesagt, das auf die Schultern gerichtete Pferd unter dem Reiter beim Wenden. Durch ein fremdes Gewicht auf seinen Schultern noch mehr belastet und in seinen natürlichen Bewegungen und Neigungen dadurch sowie durch die Führung gehemmt, wird es aus Mangel an Biegsamkeit und Sammlung stets geneigt sein, die beschwerte Vorhand als Stützpunkt seiner Wendung zu benutzen. Daher das Schwerfällige und Unbeholfene eines solchen Pferdes, wenn es sich auf einem beschränkten Raume bewegen muß, wie man dies im Gegensatze zum gerittenen Pferde so recht in der Reitbahn beobachten kann. Während dieses letztere durch seine Haltung und Biegsamkeit mit Leichtigkeit von einer geraden zur gebogenen Linie übergehen, die Ecken scharf und sicher im stets gleichen Tempo seines Ganges passieren und nach kurzen Paraden blitzschnell die Vorhand herumwerfen kann, wobei es nur wenige Fuß Raum nötig hat, wird das erstere nicht imstande sein, die Richtung geradeaus zu verändern, ohne den Gang zu unterbrechen und eine Stütze in der Hand des Reiters zu suchen. Dieser ist daher genötigt, die Vorhand gewaltsam in die gewünschte Richtung zu ziehen, während er sie beim gerittenen Pferde gleichsam heben und dann mit Leichtigkeit bewegen kann. Aus diesem Grunde scheuen die Anhänger der natürlichen Richtung das Reiten in der Manege, und verzichten lieber ganz auf dieses Vergnügen, wenn die Promenaden nicht passierbar sind, als daß sie sich mit ihren unwendsamen Pferden vergebens auf einem kleinen Raume abmühen. Aus diesem Grunde wird ferner das natürliche, gewandte Renn- und Steeplechase-Pferd oft den Sieg über einen schnelleren Gegner davontragen, weil es sich durch seine Gewandtheit beim Wenden um die Ecken und beim Sammeln vor dem Sprunge viel Terrain ersparen kann.

Im Gegensatze zu den Wendungen auf der Vorhand des in der natürlichen Richtung gerittenen Pferdes zerfallen alle regelrechten Wendungen, mögen sie einen Namen führen, welchen sie wollen, in zwei Klassen, nämlich in solche, wo die Hinterhand der Vorhand richtig folgt, sei dies auf einem oder auf zwei Hufschlägen, und in solche, wo die fixierte Hinterhand die Achse bildet, um die sich die Vorhand so weit dreht, bis sie die gewünschte Direktion gewonnen hat. Biegsamkeit ist die Quelle der Gewandtheit des Pferdes. Wendungen, die seine Gewandtheit ausbilden, bewirken dies nur durch seine Biegsammachung. Es handelt sich aber hierbei nicht allein um die Seitenbiegung der Wirbelsäule, sondern mehr noch um die Biegsamkeit der Hinterschenkel. Nur diese allein kann das Pferd unter dem Reiter zu schnellen und sicheren Wendungen befähigen, denn nur durch ihre stets prompte Stütze kann es die Vorhand ohne Gefahr für die Gesundheit seiner Gliedmaßen leicht drehen und wenden. Die Biegsamkeit der Wirbelsäule ist im wesentlichen Mittel zum Zwecke; bedürften wir ihrer nicht als Hauptmittel, die Hinterhand biegsam zu machen, so würden wir ihre Bearbeitung bedeutend abkürzen können. Den Beweis für die vorherrschende Wichtigkeit der Biegsamkeit der Hinterschenkel liefern uns die wenigen ausgezeichneten Pferde, die von Natur mit einer kräftigen und doch biegsamen Hinterhand begabt sind. Sie werden sich von Anfang an unter dem Reiter geschickt beim Wenden und im Gange zeigen, weil die Hauptstütze allen Zwanges, das Steifen der Hinterschenkel, nicht vorhanden ist.

Die Übungen im Wenden müssen stets danach abgemessen werden, wie das Pferd mit der Hinterhand zu folgen, also zu stützen vermag. Ist die Gehlust groß, also die Schiebkraft von Natur wohl entwickelt, so beginne man bald damit, dieselbe auf einem größeren Zirkel zu mäßigen, indem man die demselben entsprechende Seitenbiegung und stärkere Biegung des inneren Hinterfußes fordert. Ist dies nicht der Fall, so muß Anlehnung und das Vorwärts im Gange zunächst auf geraden Linien verstärkt werden. Wendungen wirken immer in dem Grade störend auf den Gang ein, als dabei die Schiebkraft der Hinterschenkel durch eine schräge Richtung gegen die Vorhand gehemmt wird. Die regelrechte Wendung bedingt daher von seiten des Reiters, daß er stets die ersteren dazu anhalte, die letztere ununterbrochen genügend zu stützen und fortzubewegen. Aus diesem Grunde wird der Reiter mit seinem Gefühle sein Pferd für jede Wendung je nach der Natur derselben richtig vorbereiten. Er wird durch vorhergehende Arrêts sowohl für die nötige Sammlung, wie durch Verstärkung der Stellung für die erforderliche Biegung zur beabsichtigten Wendung Sorge tragen, und hierdurch jeder Unordnung in der Haltung und im Gange vorbeugen. Der ungeübte Reiter dagegen wird weder richtige Linien einhalten, noch Störungen im Gange auf dem besteingerittenen Pferde vermeiden können, weil er Biegung und Sammlung desselben nicht richtig abzumessen versteht.

Wie der ungeübte Reiter durch seine falschen Wendungen geradezu hemmend auf den Gang seines Pferdes einwirkt, so wird der geschickte Reiter durch richtige Anwendung derselben den Gang nur mäßigen und regulieren. Er wird daher heftige und solche Pferde, deren Gehlust zu groß ist, durch fleißiges Wenden nicht nur biegsam machen, sondern auch ihre Schiebkraft vermindern können, und bewirkt dies durch die stärkere Belastung eines der beiden Hinterfüße, wie sie durch die Wendung bedingt ist. Er wird aber auch unter Umständen die ausartende Schiebkraft seines Pferdes gewaltsam durch eine schiefe Richtung brechen können, wenn er fühlt, daß er die rohe Kraft nicht anders meistern kann. Er wird daher das durchgehende Pferd zu einem plötzlichen Halt bringen, wenn es ihm gelingt, die gerade Richtung der Hinterhand gegen die Vorhand zu unterbrechen, und er wird den stürmischen Lauf allmählich in dem Grade mäßigen, wie es ihm glückt, das stiere Pferd auf eine Zirkellinie zu zwingen. Diese kann dasselbe ohne entsprechende Biegung nicht einhalten, wird daher durch Ausfallen der Hinterhand in eine schiefe Richtung geraten und dadurch seine Schiebkraft brechen. Außergewöhnliche Umstände erfordern außergewöhnliche Maßregeln; auch der schulgerechte Reiter kann zuweilen zu regelwidrigen Wendungen gezwungen sein.

Während nun die Wendungen auf der Nachhand der Besprechung in späteren Kapiteln vorbehalten bleiben, beschäftigen wir uns zunächst mit denjenigen Wendungen, bei welchen die Hinterhand der Vorhand auf einem Hufschlage genau folgt, aus denen sich, wenn die dadurch bedingte gebogene Körperrichtung des Pferdes beibehalten wird, das Reiten auf gebogenen Linien ergibt. Dieses Reiten auf gebogenen Linien, respektive Wenden auf einem Hufschlage, beruht in erster Linie auf der Biegsamkeit der Wirbelsäule, je mehr diese ausgebildet ist, ähnlich wie Fischbein mit Leichtigkeit durch eine gebogene Röhre zu führen sein wird, weil es die Form derselben anzunehmen vermag, während ein steifer Stab darin zerbrechen oder steckenbleiben würde.

Das rohe, unbiegsame Pferd wird auf ununterbrochenen geraden Linien seinen natürlichen Gang schnell entwickeln und dadurch eine sichere Anlehnung an die Hand des Reiters gewinnen. Soll es aber von dieser Richtung rechts oder links abwenden, so kann es zwar durch gewaltsame Wirkung der Zügel mit seiner Vorhand mühsam dahin gerichtet werden, die Hinterhand aber wird nicht richtig folgen können, sondern entweder durch Ausfallen oder durch Verbleiben auf der alten Linie eine schiefe Richtung herbeiführen. Solange dies der Fall ist, wird Gang und Anlehnung gestört, wenn nicht unterbrochen werden; wir sehen daher das ungeübte Pferd bei den ersten Wendungen stocken oder seinen Gang übereilen und wechseln, bis es mit Mühe die Anlehnung und damit die sichere Leitung auf der neuen Linie wieder gewonnen hat. Indem wir uns nun die Besprechung der Art und Weise, wie der Bereiter die zum Einhalten gebogener Linien erforderliche Rippenbiegung dem Pferde nach und nach abgewinnt, noch vorbehalten, vergegenwärtigen wir uns, um zunächst gewissermaßen unseren Lektionsplan zu entwerfen, wie das junge Pferd in der Reitbahn zum einmaligen Umgehen derselben von vornherein zu vier Wendungen gezwungen ist. Es ist dies für ein Pferd mit vielem Zwange keine leichte Aufgabe und erfordert von seiten des Reiters viel Geduld und Ruhe. Die Lösung dieser Aufgabe wird er dem Pferde nur dadurch ermöglichen, daß er es bestimmt, jede Ecke seiner natürlichen Fähigkeit entsprechend abzurunden, das heißt, auf eine gewisse Entfernung vor der Ecke die Wand zu verlassen, und in gebogener Linie in gleicher Entfernung hinter der Ecke an die andere Wand wieder anzuschließen. Während er auf diese Weise beim jedesmaligen Umritt viermal einen Teil einer Zirkellinie passiert, geben ihm die geraden Linien Gelegenheit, nach der jedesmaligen Wendung die Schiebkraft frisch

Ist die Biegung des Pferdes in der Ecke sicher geworden, kann zum Reiten der halben Bahn übergegangen werden.

anzuregen und die Anlehnung zu regeln, wenn beide durch die ungewohnte und noch mangelhafte Biegung beim Wenden gestört sein sollten. Die Abrundung der Ecken soll, wenn sie richtig ist, je einen Teil eines Zirkels bilden, welcher nach dem Grade der Biegung größer oder kleiner ausfallen wird.

Hat das Pferd in diesem Passieren der Ecken genügend Sicherheit, so steigere man die Aufgabe dadurch, daß man öfter die halbe Bahn reitet. Hierdurch gibt der Reiter nicht nur die langen Linien auf und erhält dafür vier gleichmäßige kurze, vorausgesetzt, daß die Bahn doppelt so lang als breit ist, sondern er gewinnt dadurch auch eine freie Linie, auf der das Pferd die gewohnte Stütze an der Wand entbehren muß. Während der Halt, den die Bande dem Pferd gewährt, eine große Hilfe für den Reiter ist, da sie es ihm möglich macht, den inneren Zügel und Schenkel stärker arbeiten zu lassen und die Seitenbiegung der Wirbelsäule zu erlangen, wird die freie Linie ihn zwingen, den äußeren Zügel und Schenkel stärker gegenwirken zu lassen, um das Ausfallen zu hindern, was ihm eine Gelegenheit gibt, die Folgsamkeit des Pferdes auf diese Hilfe zu prüfen.

*Die korrekte Biegung
auf dem Zirkel*

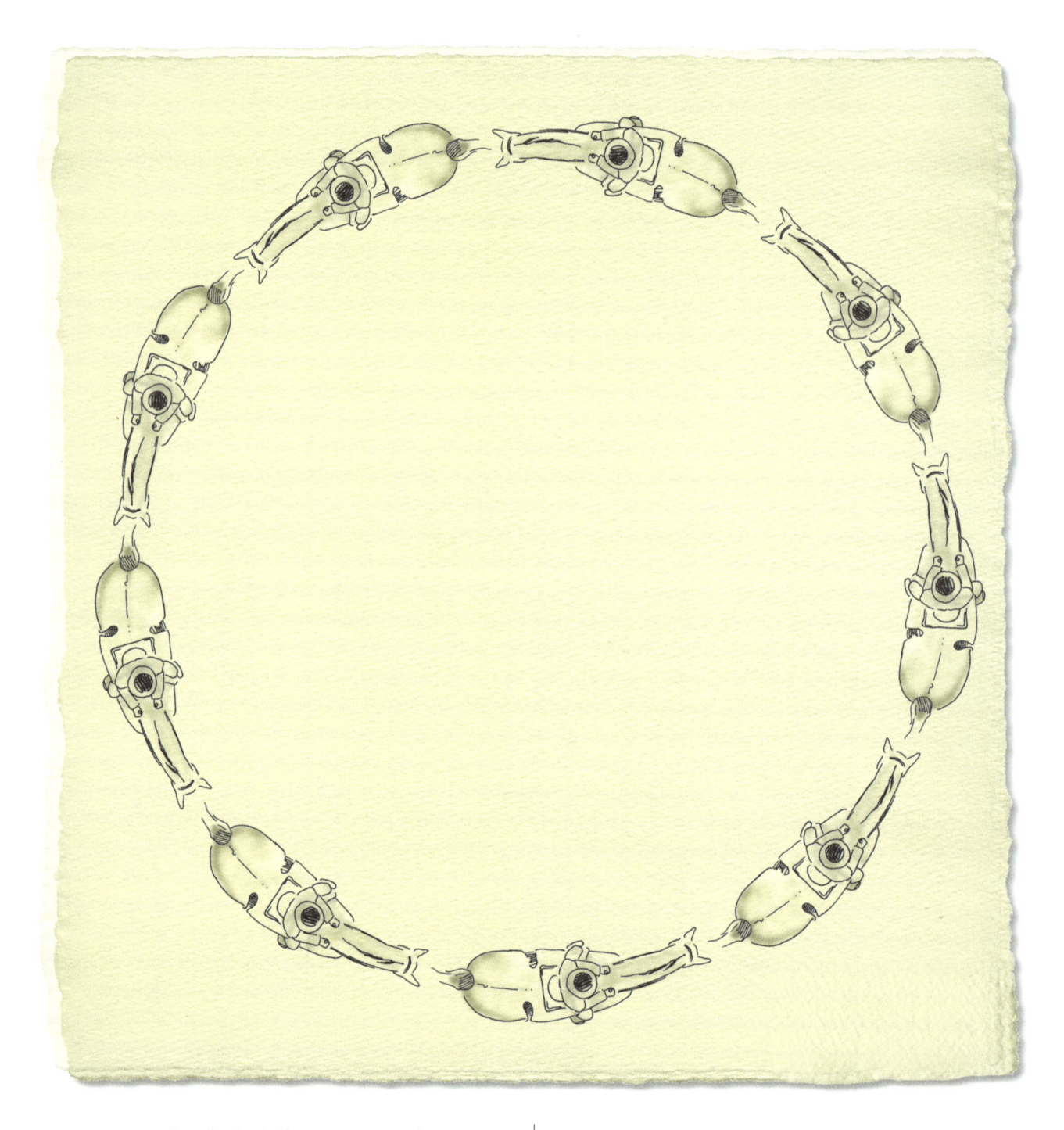

Erst wenn dasselbe die halbe Bahn richtig abzugehen vermag, kann der Reiter daran denken, den ersten großen Zirkel dadurch zu bilden, daß er die vier Ecken seines Quadrates gleichmäßig abrundet, bis die Peripherie des Zirkels die Mitte jeder Seite eben berührt. Durch diese Berührungen der Bande, welche ihm immer noch eine kleine Stütze gewähren, wird dem Pferde anfangs die Arbeit erleichtert. Hat es jedoch die Biegung für diesen Kreis gewonnen, so verengere man ihn allmählich, jedoch immer nur fußweise, damit sich die vom Pferde zu leistende, im gleichen Verhältnisse größere und stärkere Biegung nicht zu plötzlich steigere. Diese Steigerung muß bei den jungen Tieren, deren Gliederbau noch zart und weich ist, denn auch eine bestimmte Grenze haben, um ihre Spannkraft nicht durch zu starke und anhaltende Biegung abzuschwächen. Hat man daher einen Durchmesser von etwa drei Pferdelängen erreicht, so reite man die engeren Kreise in Form von Volten, die den Vorteil gewähren, daß man

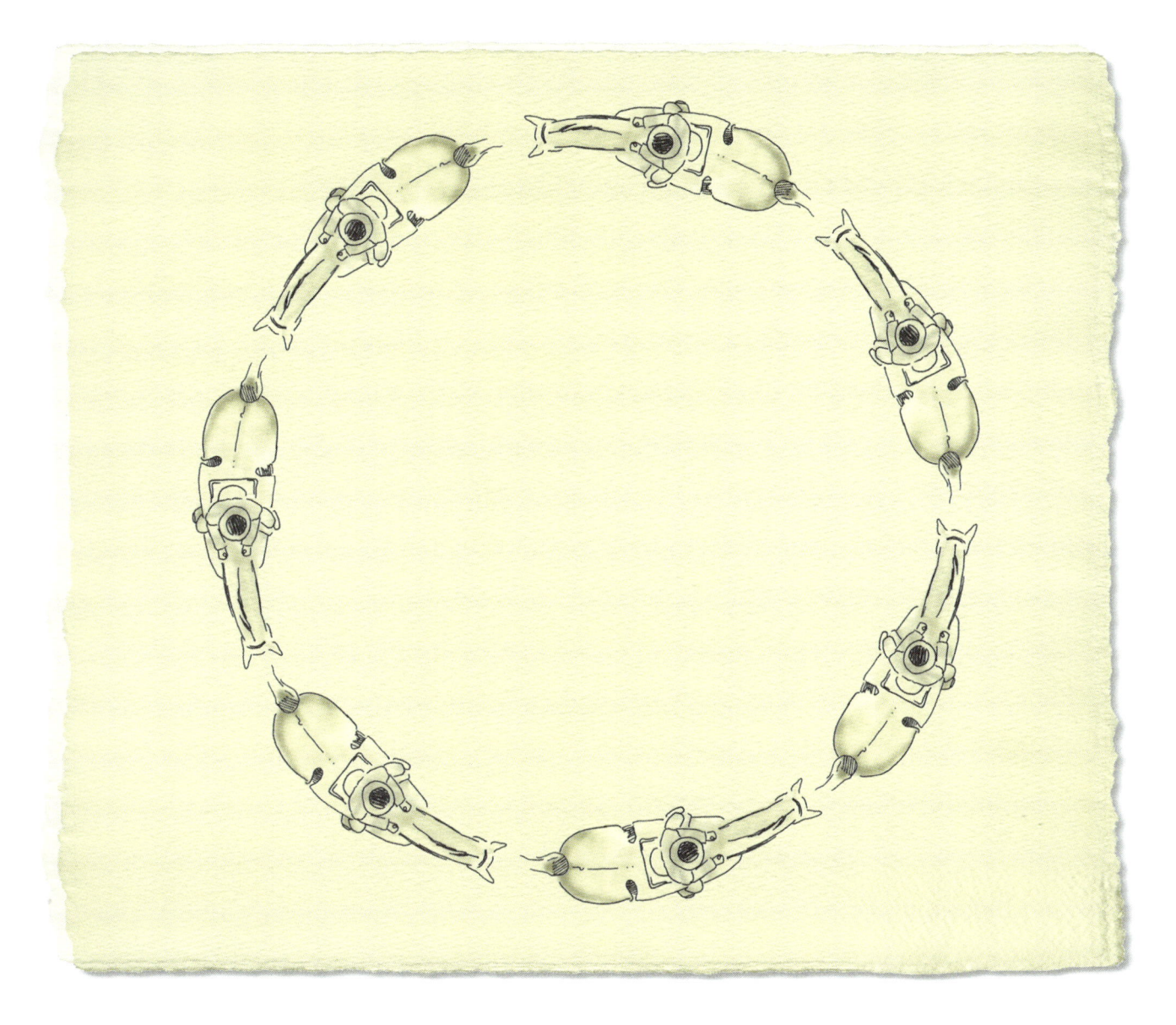

Die Steigerung der Biegung in der Volte

sie mit der geraden Linie wechseln läßt, indem man sie von dem Hufschlage der ganzen Bahn aus beliebig oft und groß anwenden kann. Dieser Wechsel in den Linien, folglich auch in der Führung des Reiters wird das Pferd gleichzeitig zu größerer Aufmerksamkeit zwingen, weshalb der Übergang zu den Volten als eine Steigerung der Aufgabe zu betrachten ist, selbst wenn man sie nicht enger fordert als die vorhergehenden Zirkel. Es ist vorteilhaft, sich für die ersten Volten der Ecken zu bedienen, weil das Pferd dann an der Bande von zwei Seiten mehr Haltung finden wird. Dieser Halt, den die Bande dem Pferd gewährt, ist zwar nur eingebildet, indem es sich doch nicht eigentlich mit seinem Körpergewichte an die schräg gerichtete Wand anlehnen kann, wenigstens nicht ohne Gefahr für den Reiter, wie dies andrängende, stetige

Pferde genügsam beweisen, gewährt aber dennoch der Arbeit eine ungeheure Unterstützung, teils weil die Bande eine sichtbare Richtschnur für Pferd und Reiter ist, teils weil das letztere fürchtet, sich beim Ausfallen nach außen daran zu stoßen.

Wie wesentlich für die Sicherheit der Bewegung die Tätigkeit des Auges ist, sehen wir daran, daß der Mensch mit verbundenen Augen nicht imstande ist, auch nur wenige Schritte lang eine gerade Richtung einzuhalten, und daß ihm dies auf einer Fläche, die kein Anhaltspunkt fürs Auge bietet, ebenfalls sehr schwer werden wird. Die Reitbahn mit ihrer festen Begrenzung gewährt daher große Vorteile, das Pferd durch Wendungen biegsam und gewandt zu machen, obgleich sie beim rohen Pferde mit vielem Zwange die Entwicklung des Ganges und Gewinnung der Anlehnung erschwert, und von seiten des Reiters eine größere Gewandtheit und Überlegung erfordert.

Auch dieser durch die Bande erleichterten ersten Übung der Volten müssen dieselben allmählich vervollkommnet werden, indem man sie in jeder Größe und in jedem beliebigen Teile der Bahn übt.

Was nun die Art und Weise betrifft, wie die hierzu erforderliche Biegsamkeit der Wirbelsäule und damit zusammenhängend des inwendigen Hinterfußes stufenweise erlangt wird, so ist die Basis, auf der dies überhaupt nur möglich ist, eine sichere Anlehnung. Solange das junge, rohe Pferd keine Anlehnung am Zügel gewonnen hat, kann der Reiter weder die Linien, noch das Tempo des Ganges mit Sicherheit bestimmen; er ist daher mehr oder weniger der Willkür des Pferdes preisgegeben, da die physischen Kräfte beider in zu großem Mißverhältnisse stehen. Da aber diese erste Bedingung zur Führung, die Anlehnung, nur durch die Schiebkraft der Hinterfüße also durch Vorwärtsgehen gewonnen werden kann, so wird der verständige Reiter alles vermeiden, was dem entgegenwirkt. Gleich dem klugen Feldherrn, der den überlegenen Feind solange zu vermeiden sucht, bis er die nötige Verstärkung gewonnen, wird er daher das Vorwärtsgehen unterhalten, unbekümmert ob das Pferd den Gang willkürlich wechselt und von der beabsichtigten Linie abweicht. Er wird diesen Unregelmäßigkeiten zwar entgegenwirken und beides wieder zu gewinnen suchen, aber nicht durch aktiven, sondern durch passiven Widerstand, indem er, eingehend auf die Bewegung des Pferdes, es allmählich durch die Hand- und Gewichtsverteilung auf die richtige Bahn zurückführt. Auf diese Weise bleibt es unbefangen, lernt seine Kräfte nicht zu Widersetzlichkeiten gebrauchen, und gewinnt Vertrauen und Anlehnung. Je mehr Leichtigkeit des Sitzes und der Hand und Feinheit des Gefühls beim Reiter hierbei zu Gebote stehen, um so größer wird der Erfolg sein, weil er hierdurch befähigt ist, die Harmonie mit seinem Pferde, das heißt, das richtige Zusammenfallen der Schwerlinien beider Körper stets so vollkommen zu erhalten, daß sie gleichsam eins miteinander werden. Aus diesen Gründen ist es so fehlerhaft, das erste Anreiten junger Pferde ungeschickten und rüden Reitern zu überlassen.

In der Reitbahn bieten, wie schon erwähnt, die Ecken die ersten Schwierigkeiten für das Regelmäßigerhalten des Ganges. Das ungebogene Pferd wird in Verfolgung der geraden Richtung zu tief in dieselben hineingehen, aber nicht herauswenden können, weil ihm die Biegsamkeit dazu fehlt. Der Reiter hat sie daher künstlich abzurunden, indem er mit beiden Zügeln und seinem Gewichte dem Pferde die einzuschlagende Richtung andeutet, wobei ich voraussetze, daß die Zügel so verkürzt geführt werden, daß sie den Hals sicher einschließen und dem unerfahrenen und haltungslosen Pferde stets fühlbar sind. Der erste Eindruck der zum Wenden nötigen Wirkung beider Zügel nach rechts und links wird für das Pferd ein verhaltender sein, weshalb es nötig ist, schon vorher und vielleicht auch während des Wendens die vortreibenden Hilfen der Schenkel zu verstärken und sie noch mit der Gerte zu unterstützen, wenn es erstere anfangs nicht genug respektieren sollte, damit die nötige Schiebkraft nicht fehle. Die Zügelwirkung muß deshalb so wenig wie möglich verhaltend, sondern mehr ein Druck beider Hände nach innen sein, wobei der innere Zügel allerdings mehr direkt angezogen wird als sollte er Kopf und Hals biegen, der äußere aber durch entsprechende Gegenwirkung und gleichzeitige Wirkung nach innen ein zu starkes Nachgeben durch Biegung hindert und dafür die äußere Schulter nach innen zwingt. Unterstützt der Reiter diese Hilfen noch geschickt mit seinem Sitze, indem er nicht nur den inneren Bügel stärker belastet, sondern auch seinen Oberkörper dadurch sanft mitwendet, daß er seine äußere Schulter entsprechend vorschiebt, so wird das Pferd diesem dreifachen Impuls Folge leisten müssen und seine Wendung mit geringer Biegung, aber prompt und ohne Verhalten ausführen. Es wird hierbei anfangs stärker auf die Hand lehnen, weil es die Stütze dadurch zu ersetzen sucht, die ihm während des Wendens momentan vielleicht durch mangelhafte Folge der Hinterhand verlorengeht, oder es wird vielleicht auf die stärkeren vortreibenden Hilfen seinen Gang übereilen und wechseln; beides aber bedarf keiner speziellen Beachtung, solange die Hauptbedingungen, genügend Schiebkraft und Anlehnung, erfüllt bleiben. Das junge Pferd ermüdet sich durch lebhafte und unregelmäßige Bewegungen sehr bald, und wird dann von selbst zur richtigen Gangart zurückkehren. Als solche wähle man anfangs nur den Trab und lasse sein Tempo ein mäßiges, aber belebtes sein, ohne dabei eine künstliche Richtung des Pferdes anzustreben; der Gang sei daher natürlich und fleißig, aber nicht gesammelt. Man lasse den Trab öfter zur Erholung des Pferdes mit dem Schritt wechseln und schließe den Galopp nicht pedantisch aus, wenn junge, lebhafte und gewandte Pferde ihn freiwillig wählen. Man fördere ihn dann nicht durch Annahme entsprechender Hilfen und des Sitzes, man unterdrücke ihn aber auch nicht gewaltsam durch Verhalten, sondern erwarte in ruhiger Haltung die Wiederaufnahme des Trabes. Jedenfalls muß aber die Reprise so lange fortgesetzt werden, bis diese freiwillig erfolgt ist.

Dieses naturgemäße Verfahren wird leider vielfach nicht beobachtet, sondern teils durch zu frühzeitige Aufrichtung, teils durch zu starke Biegung des Halses davon abgewichen. In beiden Fällen wird die Schiebkraft beschränkt, ehe sie richtig entwickelt ist, und dem Pferde dadurch die natürliche Haltung geraubt. Es ist daher kein Wunder, wenn man es bei solcher Behandlung bald gegen die Bande, bald nach innen drängen sieht, oder der Gang zuletzt ganz aufhört, wenn er nicht durch rüde Strafmittel gewaltsam erzwungen wird. Durch diese aber wird das geistvolle junge Tier, wenn nicht für immer, doch gewiß für lange Zeit verdorben, denn die ersten Eindrücke sind, wie beim Menschen, die bleibenden.

Ich wiederhole daher nochmals, die sichere Anlehnung, das heißt, die bestimmte Anspannung der Zügel durch den Gang, kann am schnellsten und leichtesten nur in der natürlichen Haltung des Pferdes gewonnen werden. Unter dieser Haltung verstehe ich nicht unbedingt diejenige, die das einzelne Pferd gerade annimmt und beizubehalten sucht, sondern im allgemeinen die Richtung auf die Schulter, zu der meist das Pferd zu seinem natürlichen Bau und Hang zur Bequemlichkeit mehr oder weniger neigt. Hat es diese Neigung, so belasse man es darin, trägt es sich aber infolge besonderen Baues mit Kopf und Hals zu hoch, so suche man durch Sitz und Führung die tiefere Stellung zu gewinnen. Ist die feste Anlehnung wohl begründet, geht das Pferd auf Rute und Schenkel entschlossen vorwärts, so benutze der Reiter zunächst dazu, es an der Wand richtig gerade gehen zu lehren. Jedes rohe Pferd wird, auf dem Hufschlag, an der Wand geführt, mit dem äußeren Vorderfuße derselben ebenso nahe bleiben, wie mit dem äußeren Hinterfuße. Hierdurch aber kommt es in eine schiefe Richtung, weil die Schultern schmaler im Baue sind als die Hüften. Um diesen Fehler aufzuheben, muß die auswendige Schulter etwas entfernter von der Wand gehalten werden als die auswendige Hüfte, damit der inwendige Hinterfuß nicht mehr seitwärts tritt, sondern gegen die Last wirkt. Die Hilfen bei dieser Arbeit sind dieselben wie beim Abrunden der Ecken, nur in geringerem Grade, aber andauernder und öfter wiederholt angewendet. Der äußere Zügel hat durch seinen Druck nach innen hauptsächlich auf die äußere Schulter zu wirken, wobei der innere Zügel halb zurück, halb einwärts

Ein in seiner natürlichen Schiefe laufendes Pferd hält mit der äußeren Schulter und der äußeren Hüfte den gleichen Abstand zur Bande (links). Der innere Schenkel und der äußeren Zügel des Reiters richten die Schultern des Pferdes auf die Spur der Hinterhand (rechts).

Die natürliche Schiefe

Die gebogen gerade Richtung

angezogen wird. Während beide Schenkel den Gang unterhalten, muß der innere gleichzeitig das Abweichen der Hinterhand nach innen verhindern und deshalb durch eine bestimmte Annäherung zur augenblicklichen Wirkung vorbereitet sein. Die vorherrschende Wirkung bei dieser Arbeit haben daher äußere Zügel und innere Schenkel. Reiter, die dieser Regel entgegen ihr Pferde mit dem inneren Zügel biegen und mit dem äußeren Schenkel nach innen treiben, ehe sie es gerade gerichtet haben, werden die schiefe Haltung desselben, bei welcher der inwendige Hinterfuß seitwärts der Last tritt, nur vermehren, und es darin bestärken. Sie dürfen sich daher nicht wundern, wenn sie den Schritt und Trab ihrer Pferde nicht zu befestigen und vervollkommnen vermögen, sondern ihnen im Verhältnisse zu ihrer Arbeit die natürliche Schulterfreiheit immer mehr rauben. Steigern wir nun das Abführen der auswendigen Schulter von der Bande so weit, daß die inwendige Schulter gerade vor die inwendige Hüfte gerichtet ist, so bedingt dies den ersten Grad von Rippenbiegung, wenn nicht ein Ausfallen des auswendigen Hinterfußes dadurch entstehen soll. Diese Richtung des Pferdes, welche die Grundlage aller gebogenen Lektionen auf einem wie auf zwei Hufschlägen bildet, bezeichnen wir ein für allemal mit dem Ausdruck „Schulter vor", und wird dadurch die erste Stufe der „gebogen geraden Richtung" des Pferdes repräsentiert. Zur Annahme dieser Richtung muß der auswendige Schenkel zur Erzielung der Rippenbiegung dem inwendigen die nötige Gegenwirkung leisten und damit zugleich den auswendigen Hinterfuß fixieren.

Um jedoch auf die so wichtige Arbeit des Biegens näher einzugehen, so wird, sobald das Pferd durch die Übung des Schulterabführens gelernt hat, dem äußeren Zügel Folge zu leisten und der Reiter es mit seiner Hilfe gerade erhalten kann, damit zu beginnen sein, den inneren Zügel biegend wirken zu lassen, was einfach dadurch bewerkstelligt wird, daß die innere Hand so lange stärker anzieht, bis die gewünschte Biegung von Hals und Kopf gewonnen ist. Diese Biegung ist aber nur dann richtig und von Nutzen, wenn das Pferd sie freiwillig annimmt und nicht durch die fortwährende gewaltsame Wirkung des biegenden Zügels darin erhalten wird. Deshalb muß der Reiter nicht nur durch abwechselndes Anziehen und Nachgeben mit diesem Zügel, sondern auch durch öftere Gegenwirkung des äußeren Zügels das stärkere Auflehnen oder Entgegenstreben auf den inneren Zügel verhindern, und das Pferd nach und nach daran gewöhnen, sich in der Stellung selbst zu tragen. Dies erreicht er schnell und sicher nur durch rechtzeitiges, abwechselndes Nachgeben, wodurch er dem Pferde momentan die gewonnene oder gesuchte Stütze raubt, nicht aber durch ein gewaltsames Aushalten, was nur ein totes Maul, aber kein Nachgeben zur Folge haben würde. Das Richten und Biegen durch Aushalten gehört einer späteren Periode der Dressur an, wenn es gilt, die Hinterhand durch Belastung zu biegen und den Gehorsam gegen Hand und Sporn stets zu begründen. Dennoch bedarf die Hand auch bei diesen ersten Übungen im Biegen der tätigen Mitwirkung der Schenkel, einmal, damit sie den Gang frisch und den übrigen Körper gerade gerichtet erhalten, und zweitens, damit die der genommenen Halsbiegung entsprechende Biegung der Rippen und übrigen Wirbelsäule gewonnen werde, die dann wiederum die stärkere Belastung des inneren Hinterfußes bedingt. Während beide Schenkel, durch die Gerte unterstützt, dafür zu sorgen haben, daß der Gang durch die Tätigkeit der Hände nicht leide, muß der innere Schenkel durch seine speziellen Einwirkungen die Rippenbiegung veranlassen. Er bewirkt dies durch rechtzeitige kurze und lebhafte Berührung mit dem Sporne, dem sogenannten Spornstechen, wodurch er das junge, unbefangene Pferd zunächst mit diesem Instrumente bekannt zu machen hat. Geschieht dies in einer munteren, wohl unterhaltenen Gangart, so hat das Pferd die vier Füße zur Stütze des Körpers nötig und kann sie nicht als Waffe gegen den Reiter verwenden. Die Aufmerksamkeit desselben wird gleichzeitig durch die Arbeit der Hände von der ungewohnten Spornhilfe abgelenkt, und es wird bald mit derselben vertraut werden und ihr Folge leisten. Das Bedürfnis ihrer Anwendung richtet sich nach der Folgsamkeit auf den biegenden Zügel; sobald dieser auf Härte und Widerstand stößt, muß ihn der innere Schenkel oder Sporn unterstützen, denn beide sind bei dieser Arbeit unzertrennliche Gefährten, durch deren harmonische Zusammenwirkung allein der Erfolg gesichert werden kann. Der richtige Moment zur Anwendung der Schenkelrespektive Spornhilfe ist der, wenn das Pferd den inneren Hinterfuß erhebt, weil es sich dann nicht mit demselben steifen kann, und somit die Hauptstütze des Widerstandes gegen die Biegung der gesamten Wirbelsäule fehlt. Diesen Moment richtig aufzufassen ist nicht so schwer, wie es scheinen mag, weil ihn das Pferd dem Reiter mit natürlich leichtem Sitze durch seinen Gang angibt. Der Körper des Reiters wird nämlich in jeder Gangart in eine entsprechende Schwingung versetzt, wenn sie nicht durch künstliches Steifen daran gehindert werden, die taktmäßige Bewegung des Ganges mitmachen. Die Hände werden demgemäß mit dem Erheben und Niedersetzen der Vorderfüße gleichmäßig auf und ab bewegt, ebenso die Unterschenkel durch die Bauchwandungen infolge der Aktion der Hinterfüße vor- und rückwärts in eine baumelnde Bewegung versetzt, welche gleichsam den Text des Ganges angibt. Wer eine deutliche Anschauung hiervon haben will, der beobachte den Bauernburschen, wenn er sein Spannpferd zur Schwemme reitet und es auf der Heimkehr in Trab oder Galopp versetzt; er wird dabei natürlich Hilfen und Beweglichkeit von Armen und Beinen studieren können. Wieviel Mühe macht es ferner dem pedantischen Reitmeister, diese natürlichen Bewegungen bei seinen Schülern gänzlich zu unterdrücken und einen steifen, bewegungslosen Körper aus dem Manne zu machen. Das Prinzip, den Reiter bei seiner Ausbildung möglichst steif und gestreckt zu gewöhnen, um ihm Stetigkeit und Festigkeit zu Pferde zu geben, ist die Ursache, daß wir so viele Reiter ohne Gefühl und Reitertakt besitzen. Während der geschickte Reiter eins mit seinem Pferde wird, indem er durch sein feines Gefühl die Bewegungen desselben schon im voraus berechnen kann und durch seine nie fehlenden Hilfen das Pferd für jede Fußbewegung vorzubereiten weiß, bleibt der unnatürliche, geschrobene Reiter stets eine fremde, unbequeme Last für sein Pferd, durch die es an jeder freien und schwunghaften Bewegung gehindert wird. Wer ein Gefühl für den Gang seines Pferdes gewonnen hat, dem sind die rechtzeitigen Hilfen durch Hände und Schenkel instinktmäßig verliehen, wer dies nicht hat, wird sie sich niemals aneignen können, sondern stets darüber in Zweifel und Unsicherheit bleiben. Lehren läßt sich dies nicht, denn die Momente der Fußbewegung sind viel zu kurz, als daß der Lehrer sie rechtzeitig bezeichnen und der Schüler danach die Hilfe prompt genug ausführen könnte. Daher kommt es denn, daß die Reitschulen wohl Reiter mit zierlicher eigener Haltung ausbilden, ihnen aber nicht die Fähigkeit zu geben wissen, die Haltung und den Gang ihrer Pferde zu regeln. Man gebe dem Schüler die nötige Stetigkeit und Haltung, damit er nicht wie ein Bauer zu Pferde sitze, man nehme ihm aber nicht die Schmiegsamkeit seiner Glieder, damit er durch diese den Takt des Ganges und dadurch die Momente zur Nachhilfe instinktmäßig fühlen lerne.

Diese Momente sind für die Hand die, wo sie sich in ihrer natürlichen Bewegung hebt, für den Schenkel die, wo er in seiner Schwingung an den Leib des Pferdes heranfällt, weil ersteres durch das Erheben eines Vorderfußes oder der Vorhand überhaupt, letzteres durch das Erheben eines oder beider Hinterfüße bewirkt wird.

Der Grad der Hilfen und die Art ihrer Anwendung richtet sich dabei nach der Absicht des Reiters, ob er biegend, aufrichtend oder belebend einwirken will. Der unerfahrene Reiter wird an der Wirkung der Hilfen bald einen sicheren Maßstab finden, wenn er nur erst rechtzeitig, das heißt, in Harmonie mit dem Gange des Pferdes zu helfen

Durch falsche Einwirkungen des Reiters verwirft sich das Pferd im Genick und die äußere Schulter fällt aus.

weiß. Das ungebogene Pferd wird zunächst geneigt sein, auf die biegenden Hilfen nach innen zu wenden, weil dies eine natürliche Folge des inneres Zügels und Schenkels ist. Erst wenn es durch entsprechende Gegenwirkung der äußeren Hilfen daran gehindert ist, wird es begreifen, daß es nur durch Biegung seines Körpers die unangenehme Wirkung jener Hilfen aufheben kann, und so gewinnt es, indem es den Zügeln und Schenkeln weicht, allmählich Biegsamkeit. Diese benutzt der Reiter nun dadurch praktisch, daß er sein Pferd auf gebogenen Linien übt, wobei er mit dem richtigen Abrunden der Ecken beginnt, dann zum Zirkel übergeht, und mit kleinen Volten diese Übungen vollendet. - Durch die Seitenbiegung der Wirbelsäule wird die Vorhand nach innen gerichtet und der innere Hinterfuß mehr vorgeschoben, so daß sich beide inneren Füße einander nähern, ähnlich wie man einen biegsamen Körper durch Annäherung beider Endpunkte biegt. Die Streckmuskeln der gebogenen Seite werden dadurch in dem Maße abgespannt, wie die der äußeren stärker ange-

spannt werden, und die inneren Füße durch die Neigung des Schwerpunktes nach innen um so viel stärker belastet als die äußeren entlastet werden. Nur dadurch ist es dem Pferde möglich, auf einer Zirkellinie, auf der es mit den inneren Füßen einen viel kleineren Kreis beschreibt als mit den äußeren, den Gang gleichmäßig zu erhalten, daß es die Tätigkeit jener durch Vermehrung der Belastung und die Verminderung der Spannkraft so viel beschränken muß als durch die Differenz der beiden Zirkel bedingt wird.

Wie das richtig gerade gerichtete Pferd an eine gerade Linie, so ist das richtig gebogene an eine Zirkellinie gebunden, deren Durchmesser ebenso sicher durch den Grad seiner Biegung bestimmt wird, wie die Zirkelbewegung eines Wagens durch die Winkelstellung der Deichsel bestimmt werden kann. Der Reiter könnte daher mit geschlossenen Augen seinen Zirkel vollkommen sicher einhalten, wenn er durch sein Gefühl die entsprechende Biegung des Pferdes zu erhalten weiß. Diese Biegung kann nur richtig sein, wenn jeder einzelne Wirbel der gesamten Wirbelsäule dabei in Mitleidenschaft gezogen ist, so daß dieselbe genau den Teil des Zirkels deckt, den sie durch ihre Länge einnimmt. Sie bedingt aber auch, eben weil sie naturgemäß ist, die Gleich- und Regelmäßigkeit der Fußbewegung, weshalb der Gang auch zur Beurteilung der Biegung als sicherer Maßstab benutzt werden muß. Haben die inneren Füße zu viel Aktion gegen die äußeren, so ist die Biegung zu gering, im umgekehrten Falle ist sie entweder zu stark oder in einzelnen Teilen falsch.

Aufgefordert zur Biegung wird das Pferd durch den inneren Zügel und Schenkel, wobei ersterer die Ganaschen und den Hals, letzterer die Rippen biegt; den Grad dieser Biegung aber bestimmen äußerer Zügel und Schenkel durch ihre Gegenwirkung. Diese richtige Gegenwirkung ist daher der wichtigere Teil der Arbeit und das Nichtbefolgen dieses Grundsatzes ist die Ursache, daß so häufig trotz vielen Biegens der Erfolg ausbleibt. Der äußere Zügel hat nicht nur zu verhindern, daß die beabsichtigte Biegung der Vorhand überschritten werde, er muß sie auch dadurch richtig erhalten, daß er die nötige Aufrichtung von Hals und Kopf erhält und die Schultern nicht nach außen abweichen läßt. Außer einer bestimmten durchgehenden Gegenwirkung gegen den inneren Zügel muß er daher bald durch hebende Anzüge aufrichten, bald durch einen Druck nach innen die äußere Schulter vor zu starker Belastung schützen. Um namentlich die Aufrichtung wirksamer erhalten zu können, wird er im allgemeinen etwas höher geführt als der biegende Zügel, der in der tieferen Stellung wiederum besseren Erfolg finden wird.

Der innere Zügel hat nicht nur durch stärkere Wirkung die Biegung zu nehmen, sondern sie auch zu erhalten, wobei er dahin zu wirken hat, daß sie allmählich eine freiere werde, das heißt, daß das Pferd in der gewonnenen Stellung verbleibe, wenn er die Anspannung bis zur gewöhnlichen Anlehnung ermäßigt. Er bewirkt dies durch abwechselndes Anziehen und Nachgeben, damit das Pferd keine andauernde, feste Stütze auf das Mundstück nehmen kann, sondern sich selbständig tragen lernt. Aufgehoben wird die Biegung nicht durch bloßes Nachgeben des inneren Zügels, sondern durch gleichzeitige, stärkere Wirkung des äußeren, damit beim Wechsel der Stellung die Anlehnung nicht einen Augenblick unterbrochen wird.

Wie die Vorhand nur durch richtige Wechsel und Zusammenwirkung beider Zügel, so können Rippen und innerer Hinterfuß auch nur durch gleiche Arbeit beider Schenkel gebogen werden. Der äußere Schenkel hat hierbei die wichtige Aufgabe, das Ausfallen, das heißt, das Ausweichen der Hinterhand nach außen zu verhindern. Seine Lage ist daher mehr zurückgezogen, damit er dem äußeren Hinterfuße möglichst nahe gebracht wird und dessen Ausweichen um so wirksamer hindern kann. Außerdem aber hat er auch im Verein mit dem inneren die nötigen vortreibenden Hilfen zu geben, damit der Gang stets gleichmäßig und frisch unterhalten werde. Der innere Schenkel hat eine dreifache Aufgabe: die Biegung zu nehmen, das Hereinfallen, das heißt, das Abweichen der Hinterhand nach innen zu hindern und die vorherrschenden Hilfen zur Erhaltung des Ganges zu geben. Diese komplizierte Arbeit erfordert viel Tätigkeit und Gewandtheit seinerseits und läßt sich mit einer einförmigen, steifen Haltung desselben nicht vereinigen. Seine Lage ist mehr vorgeschoben, kurz hinter den Sattelgurten, wo er zur Biegung der Rippen einzuwirken hat. Er muß diese aber oft momentan verlassen und mehr nach hinten wirken, wenn es gilt, den inneren Hinterfuß am Ausweichen zu hindern, oder gemeinsam mit dem äußeren Schenkel kräftig vorwärts zu treiben. Wie der innere Zügel sich anfangs die Biegung durch starke Anzüge fordert und allmählich zur gewöhnlichen Anlehnung zurückkehrt, so muß sich der innere Schenkel durch den Schmerz und Reiz des Spornes die Rippenbiegung anfangs erzwingen, sie aber allmählich so auszubilden wissen, daß schließlich ein sanfter, ruhiger Druck genügt, das Pferd gebogen zu erhalten. Der Reiter bewirkt dies durch stufenweise Verminderung seiner Einwirkungen, in dem Grade, wie die Furcht vor denselben zunimmt. Er wird daher von den Spornstößen und -Stichen zur drohenden Schenkelstellung übergehen, von dieser zum festen Drucke mit angespannter Wade, bis er auch diesen nach und nach so weit vermindern kann, daß ein sanft verstärktes Anlegen des natürlich gehaltenen inneren Schenkels genügt, das Pferd zum Weichen zu veranlassen, sei dies nur in Form der Rippenbiegung oder von Seitwärtsbewegungen der Hinterhand, je nachdem die Gegenwirkung des äußeren Schenkels dies bestimmt.

Der Sitz des Reiters muß bei dieser Arbeit unterstützend mitwirken, indem er die Hilfen von Hand und Schenkel erleichtert und fördert. Es geschieht dies, wenn

Der Reiter unterstützt die Biegung des Pferdes mit einer stärkeren Gewichtsverteilung nach innen, um das Pferd zu einer vermehrten Gewichtsaufnahme durch das innere Hinterbein aufzufordern. Ganz falsch ist es, den äußeren Sitzknochen zu belasten (links).

er diejenige Richtung seines Körpers einstweilen künstlich einhält, die ihm das richtig gebogene Pferd von selbst gibt. Ich meine den Sitz mit verstärkter Gewichtsverteilung nach innen, bei welchem durch das Vorrichten der inneren Hüfte der äußere Schenkel mehr zurück-, der innere mehr vorgeschoben wird. Dieser Sitz erleichtert nicht nur die richtige Lage der Schenkel, sondern ist auch eine Herausforderung für das Pferd, seinen Schwerpunkt ebenfalls mehr nach innen zu verlegen, um mit dem des Reiters in Übereinstimmung zu kommen. Wie ich bereits bemerkt, muß das richtig gebogene Pferd seine inneren Füße durch Verlegung des Schwerpunktes dahin stärker belasten; die innere Hüfte wird dabei durch die stärkere Biegung des Hinterfußes gesenkt, und diese Senkung ist es, die dem Reiter alsdann den natürlichen Hang nach innen gibt und seinen Schwerpunkt mit dem des Pferdes in Übereinstimmung zu kommen. Wie ich bereits bemerkt, muß das richtig gebogene Pferd seine inneren Füße durch Verlegung des Schwerpunktes dahin stärker belasten; die innere Hüfte wird dabei durch die stärkere Biegung des Hinterfußes gesenkt, und diese Senkung ist es, die dem Reiter alsdann den natürlichen Hang nach innen gibt, und seinen Schwerpunkt mit dem des Pferdes in Übereinstimmung bringt, so daß beide Körper, zu eins geworden, sich mit derselben Leichtigkeit und Sicherheit auf gebogenen Linien bewegen können, wie das ungebogene Pferd auf geraden Linien unter dem gerade gerichteten Reiter. Die künstliche Richtung des Reiters in seinen Hilfen darf sich jedoch nicht auf seine Schultern erstrecken, weil eine zu stark vorgeschobene innere Schulter die äußere zurückrichtet, wodurch die Zügelanzüge eine Richtung von Innen nach außen erhalten. Dies aber würde einer stärkeren Belastung des inneren Vorderfußes gerade entgegenarbeiten, indem dadurch die Vorhand nach außen getrieben und das Pferd in eine schiefe Stellung mit falscher Biegung gebracht wird. Die Anzüge müssen vielmehr, wenigstens vorherrschend, von außen nach innen in der Richtung gegen den inneren Hinterfuß wirken, damit die Schultern stets vorgerichtet bleiben und die Biegung eine richtige wird. Beobachten wir den Reiter im richtigen Sitze auf richtig gebogenem Pferde auf der Zirkellinie, so sehen wir die innere Seite beider gesenkt, wodurch der innere Bügel dem Erdboden senkrecht näher kommt. Die stärkere Belastung des inneren Bügels ist daher der Hauptzweck dieses Sitzes, weshalb er sich nur auf die Richtung der Hüfte beschränken darf, während die Schultern im allgemeinen nach den Schultern des Pferdes eingerichtet werden müssen, wenn ihre Stellung fördernd für die führenden Hilfen der Hand sein soll. Wie die Hüften die Lage der Schenkel, so bestimmen die Schultern die Stellung der Arme, und wirken somit wesentlich auf ihre Tätigkeit ein. Wenn daher der Reiter auf gebogenen Linien, wo die äußere Schulter des Pferdes den größeren Bogen beschreiben muß, dieselbe wohl vorgerichtet zu erhalten hat, so nehme er die seinige diesem entsprechend ebenfalls vor, damit der äußere Zügel leicht und bequem die nötigen Anzüge zur Entlastung und Wendung geben könne. Hierbei wird also die innere Hüfte und Schulter in entgegengesetzter Richtung wirken müssen, eine Aufgabe, die nur von einigen Reitern gelöst wird, da es den meisten leichter und natürlicher scheint, beide gleichmäßig gestellt zu erhalten. Dieser Sitz des Reiters, auf welchen ich in der Folge bei allen gebogenen Lektionen zurückkommen werde, und den wir der Einfachheit halber den „gebogenen Sitz" nennen wollen, ist richtig und durch die Haltung des Pferdes sicher begründet, wenn der Reiter ihn nicht mehr durch künstliche Mittel als Schenkelschluß und Vorrichten der Hüfte zu erhalten braucht, sondern in passiver Ruhe der Bewegung folgt, mit anderen Worten, seine Balance gewonnen hat.

Obgleich ich nunmehr der deutlicheren Ansicht wegen die einzelnen Hilfen beim Biegen speziell besprochen habe, wird der Erfolg doch immer von der richtigen Zusammenwirkung aller und der prompten Unterstützung untereinander abhängen. Hierbei ist das Gefühl des Reiters der einzige richtige Ratgeber, und bis dieses sicher gewonnen, muß der Gang des Pferdes die Richtschnur für die Arbeit abgeben. Im allgemeinen unterstützen sich innere Zügel und Schenkel zur Erlangung und Erhaltung der Biegung, äußere Zügel und Schenkel zur Erhaltung der Aufrichtung, beide Zügel gegenseitig zur Regelung der Anlehnung und beide Schenkel gemeinsam zur Erhaltung derselben. Äußerer Zügel und innerer Schenkel führen das gebogene Pferd nach außen, äußere Schenkel und innere Zügel ebenso nach innen, wobei es mit Vor- und Hinterhand gleichzeitig hinaus oder herein gedrückt wird, und die entgegengesetzten Hilfen die nötige Mitwirkung zu leisten haben.

Wenn das junge Pferd im Vorwärtsgehen weniger leicht falsche Biegungen annehmen wird, so wird es dagegen der Biegung überhaupt mehr Widerstand entgegensetzen können. Namentlich wird es sich den Hauptagenten desselben, den inneren Hinterfuß, frei zu erhalten suchen, deren Biegung ihm von Natur am schwersten fällt. Der Reiter richte daher auf diesen seine Hauptaufmerksamkeit und nötige ihn durch die Tätigkeit des inneren Schenkels respektive Spornes nicht nur zum Vortreten, sondern gleichzeitig zum Treten gegen den äußeren Hinterfuß. Hierdurch wird er richtig unter die Gewichtsmasse geschoben und gebogen. Diese Regel, so einfach sie scheint, ist die Grundregel der ganzen Dressur bis zu ihrer höchsten Vollkommenheit. Sie bildet den richtigen Anfang des so hoch gerühmten „Schulterherein", oder ist vielmehr das Grundprinzip desselben. Ohne sie ist weder der Gang noch die Biegsamkeit des Pferdes vollkommen auszubilden, durch sie ist jedes Hindernis zu beseitigen, was beiden entgegenwirkt. Die Wichtigkeit dieser Regel ist so groß, daß sich nicht nur alle Fehler in den Gangarten, sondern auch alle Widersetzlichkeiten des Pferdes ohne Ausnahme auf die Nichtbeachtung derselben zurückführen lassen.

Manche Pferde sind sehr geschickt, durch scheinbare Nachgiebigkeit auf die biegenden Hilfen zu täuschen, und trotz der teilweisen Biegung der Wirbelsäule den inneren Hinterfuß durch sein Seitwärtstreten nach innen unbelastet zu erhalten. Reiter mit richtigem Gefühle erkennen dies leicht, teils an der fehlerhaften Anlehnung und dem unreinen oder ausdruckslosen Gange, hauptsächlich aber an der mangelnden Senkung der inneren Hüfte, wodurch man gezwungen wird, seinen eigenen Schwerpunkt künstlich nach innen zu verlegen, während dies die natürliche Folge der richtigen Biegung des Hinterfußes sein soll. Kräftige vor- und seitwärtstreibende Hilfen mit innerem Sporne und mit Peitsche in flinken Gangarten auf entsprechenden Zirkellinien sind allein geeignet, solchen Widerstand zu heben und den Gehorsam auf den Schenkel zu begründen.

Ein Freimachen des Hinterfußes durch Ausfallen der Kruppe nach außen ist weniger täuschend, da selbst der ungeübtere Reiter eine solche Abweichung von der Richtung des Pferdes bemerken muß und durch stärkere Gegenwirkung des äußern Zügels und Schenkels derselben rechtzeitig entgegenarbeiten kann.

Beim Biegen und Wenden muß im allgemeinen der innere Schenkel stets die größere Tätigkeit entwickeln. Wird die Übung an der Bande vorgenommen, so ersetzt dieselbe den äußeren schon zum größten Teil, und derselbe braucht nur in dem Momente stärker gegenzuwirken, wo beim Passieren der Ecken das Pferd die Bande entbehrt. Auf der Kreislinie, wo zwar die Kruppe frei ist, hat die äußere Seite den größeren Weg zu beschreiben, und es ist daher fehlerhaft, durch festes Anschließen des äußeren Schenkels die freie, energische Bewegung des äußeren Hinterfußes zu erschweren. Bei großem Zwange der Gana-

Durch die Biegung kommt der innere Hinterfuß unter den Schwerpunkt des Pferdes: der Anfang von Schultervor - und in der Steigerung Schulterherein.

sche oder eines Teiles der Wirbelsäule ist die Neigung zum Ausfallen zwar oft groß, und wenn der Gehorsam auf den Sporn noch nicht fest begründet ist, so muß der Reiter zum Fixieren des äußeren Fußes zeitweise nicht nur sein Gewicht auf denselben konzentrieren, sondern auch die Vorhand durch überwiegende Wirkung des äußeren Zügels nach außen führen, damit hierdurch die gerade Richtung des Pferdes insoweit erhalten werde, daß keine Stockungen im Gange vorkommen, die den Anfang zum Umkehren und anderen Widersetzlichkeiten bilden würden. Die Vorwärtsbewegung des Pferdes ist überhaupt das sicherste und wirksamste Mittel, seine natürlichen Hindernisse zu überwinden, wenn sie sich auch in unregelmäßigen und selbst falschen Gangarten so lange äußert als der Reiter nicht imstande ist, regelnd darauf einzuwirken. Die Unregelmäßigkeit derselben ist oft gerade dadurch, daß sie das junge Pferd um so schneller ermüden, das Mittel, es um so leichter zur Nachgiebigkeit zu stimmen, weil es dann oft die Teile, die es bis dahin hartnäckig geschont hat, freiwillig zur Unterstützung der ermüdeten Teile hergeben und dem Reiter unterwürfig machen muß. Ermüdung durch Gehen ist daher nicht nur ein erlaubtes, sondern sogar ein Hauptmittel des rationellen Reiters, sich

Die Steigerung vom Schultervor in das Schulterherein

den Gehorsam des Pferdes zu schaffen, solange er ihn noch nicht mit dem Sporne erzwingen kann. Es ist da natürlichste und einfachste, da es dem Organismus nicht schadet, sondern vielmehr die Kräfte desselben vergrößert und stählt. Unnatürlich und grausam aber ist es, sich den Gehorsam durch Unterdrückung der natürlichen Kraftäußerungen zu verschaffen, wie dies Herr Baucher uns lehrt; es ist dies der Gehorsam eines armen, verstümmelten Sklaven.

Der Reiter vergesse bei der ganzen, im Obigen geschilderten Arbeit nie, daß der Gehorsam auf den Schenkel und Zügel gleichbedeutend mit der Biegsamkeit des Pferdes ist, denn diese wird durch jene bedingt, und beide können nur gleichmäßig und stufenweise gewonnen werden. Obgleich dieser Gehorsam aus der Furcht vor Hand und Sporn entspringt, so ist es doch töricht, zu glauben, daß eine gewaltsame Anwendung derselben die Arbeit abkürzen könne. Ein Mißbrauch derselben wird vielmehr zu Widersetzlichkeiten führen, die das Pferd entweder ruinieren, oder es ganz aus der Gewalt des Reiters bringen. Beweise hierfür werden uns nur zu oft durch die rüden Reiter geliefert, die sich durch ihre physische Gewalt Stellungen und Lektionen erzwingen, für die sie das Pferd nicht genügend vorbereitet haben. Gutmütige und schwache Tiere richten sie in kurzer Zeit gänzlich zugrunde, kräftige und energische machen sie widerspenstig und boshaft.

Der vernünftige Bereiter wird sich die Arbeit des Biegens in drei Epochen einteilen und von dieser Einteilung nicht abweichen. Die erste davon ist die in diesem Kapitel besprochene Seitenbiegung der Wirbelsäule und stärkere Belastung des inneren Hinterfußes auf einem

Hufschlage, die zweite die gesteigerte gleiche Aufgabe durch die Richtung des Pferdes auf zwei Hufschläge und die dritte die Biegung beider Hinterfüße vermittels stärkerer Belastung. Ehe ich dieses Kapitel über die erste Epoche schließe, will ich nochmals darauf aufmerksam machen, daß dieselbe zwar nur eine mäßige Biegung des Pferdekörpers, wie sie abgerundete Ecken, Zirkel und Volten bedingen, erfordert, durch die seine natürlichen Bewegungen noch wenig erschwert werden, daß das Pferd aber durch dieselbe gelernt haben muß, seine äußere Schulter richtig vorgerichtet zu erhalten und mit dem inneren Hinterfuße gegen den äußeren zu treten, wenn es für die erste Lektion der zweiten Epoche, nämlich das Schulterherein, genügend vorbereitet sein soll. Nur dies allein beweist die Richtigkeit der Biegung und muß dem Reiter als Maßstab bei Beurteilung derselben dienen. Beide Bedingungen werden immer gleichzeitig erfüllt, indem eine von der anderen abhängig ist, und können daher als das eigentliche Ziel dieser Arbeit betrachtet werden.

Die Arbeit selbst mache der Reiter bei jungen Pferden dadurch leicht, daß er oft von einer zur anderen Hand wechselt, wozu er, so lange er auf geraden Linien übt, gerader, wenn er zu gebogenen Linien übergangen ist, gebogener Linien sich bediene. Beim Wechseln der Stellung muß das Pferd stets zwischen beiden Zügeln gestellt bleiben, indem der Reiter den biegenden Zügel in dem Grade allmählich nachläßt, als er den anderen, die neue Biegung nehmenden Zügel anzieht, wobei er ebenso vorsichtig die Stellung der Hände, die Richtung seines Körpers und mit dieser den Bügeltritt zu wechseln hat. Harte, plötzliche oder mangelhafte Ausführung dieser Obliegenheiten wird immer die Anlehnung und mit ihr den Gang des Pferdes stören. Um beides zu erhalten, gehe der Reiter bei den ersten Übungen auf dem Zirkel stets zur geraden Linie über, ehe er die Reprise durch Anhalten beschließt, teils weil er auf letzterer die Biegung aufgeben und das Pferd nochmals entschlossen in die Hand hineintreiben kann, teils, weil er beim Anhalten in der geraden Richtung sicherer beide Hinterfüße mit seinem Anzuge belasten kann als dies auf der gebogenen Linie und in der Biegung des Pferdes möglich ist. Aus gleichen Gründen gehe der Reiter anfangs nicht gleich von einer Stellung zur anderen beim Changieren über, sondern hebe zunächst die alte Stellung auf, sichere sich durch Anregung der Schiebkraft eine gute Anlehnung, was in der geraden Richtung viel leichter ist, und nehme dann erst die neue Stellung ein. Die gerade Richtung des Pferdes und gerade Linien müssen daher stets den Gang des jungen Pferdes wieder regeln und anfrischen, wenn er in den ersten Übungen auf dem Zirkel und in Volten irgend mangelhaft geworden ist. Die Gangart und ihr Tempo bestimme der Reiter nach der Individualität des Pferdes. Der Trab muß immer die Hauptgangart bilden, doch ist der Galopp unter Umständen sehr nützlich und der Schritt aus vielen Gründen nötig. Im allgemeinen gilt dabei der Grundsatz, daß eine starke Schiebkraft den Widerstand des Pferdes beim Biegen vermehrt, daß also sowohl heftige Pferde, wie solche mit vielem natürlichen Zwange in ruhigen Gängen und Tempos, dagegen träge, zu falschen Biegungen geneigte Pferde in frischen Bewegungen und freien Tempos geübt werden müssen.

Die regelrechte Wendung beruht also, um dieses Kapitel kurz zu resümieren, von seiten des Pferdes auf der Fähigkeit, diejenige Biegung und Richtung seines Körpers anzunehmen, die die von ihm abzuschreitende, mehr oder weniger gebogene Linie genau erfordert, und von seiten des Reiters, ihm diese Richtung seines Körpers wohl berechnet rechtzeitig zu geben.

Von den Lektionen auf zwei Hufschlägen

Unter Lektionen auf zwei Hufschlägen müssen wir alle die Übungen verstehen, in denen das Pferd durch seine Richtung gezwungen ist, mit seiner Vor- und Hinterhand zwei verschiedene parallel laufende Linien zu beschreiben, im Gegensatze zu den Lektionen auf einem Hufschlage, wo die Hinterfüße auf der Linie der Vorderfüße folgen. Je größer die Entfernung dieser beiden parallelen Linien voneinander ist, um so schräger wird die Richtung der Hinter- gegen die Vorhand sein, und um so mehr wird das Pferd genötigt werden, zur Vorwärtsbewegung mit den inneren über die äußeren Füße oder umgekehrt fortzuschreiten.

In dem Grade dieser schiefen Richtung wird aber auch die Schiebkraft der Hinterfüße beeinträchtigt, und diese Lektionen erfordern deshalb ein sehr richtiges Gefühl von seiten des Reiters, wenn sie nicht mißbraucht werden und hindernd oder nachteilig auf den Gang einwirken sollen. Wir finden dies auch in der Praxis bestätigt, da die meisten jungen Pferde durch zu frühzeitige und falsche Seitengänge verdorben werden, indem man ihnen dadurch erst den Gang raubt und sie dann durch harte vortreibende Hilfen eigensinnig macht. Die Seitenstellung des Pferdes kann nur unter zwei Bedingungen eine richtige Schule auf zwei Hufschlägen werden, nämlich, daß erstens durch eine richtige Biegung die Schultern stets vorgerichtet bleiben, das heißt, die Vorhand in der Richtung der Seitenbewegung der Hinterhand so viel vorschreitet, daß sie gleichzeitig durch die Bewegung der letzteren den nötigen Impuls nach Vorwärts erhält, und daß zweitens durch die entsprechende Sammlung des Pferdes die Hinterfüße der Vorhand näher gebracht und daher auch beide parallele Linien aneinander genähert werden. Nur durch die gesteigerte Stütze der Vorhand durch die Hinterhand können die Nachteile einer schiefen Richtung beider zueinander aufgehoben werden, und der Grad der Seitenstellung muß sich daher stets nach dem Grade richten, in welchem man sein Pferd zu sammeln, das heißt, seine Hinterhand vorzuschieben und zu belasten vermag. Seitenbewegungen ohne Biegung und Sammlung sind daher immer falsche Lektionen; sie sind mit dem Aus- und Hereinfallen der Kruppe, dessen ich im vorigen Kapitel erwähnt, zu vergleichen und haben dieselben Nachteile zur Folge. Sie sind es, die dem Pferde dicke Knie und Sehnen, Überbeine und Kronentritte verursachen und ihm den Gang rauben, weil es mit dem tretenden Fuße nicht richtig über den ruhenden hinfort passieren kann. Es ist überhaupt eine irrige Anschauung, wenn man glaubt, daß das Übertreten an sich die Glieder des Pferdes gewandt machen könne; die richtigen Seitengänge machen das Pferd gewandt, weil sie eine stärkere Biegung der Wirbelsäule und der Hinterhand erfordern, wobei die Seitwärtsbewegung eine natürliche Folge, aber mehr Nebensache ist. Eine allgemein nützliche Wirkung dieser Bewegung für die Gelenke und Muskeln der Extremitäten ist selbstverständlich, doch kann dadurch allein der Gang nicht geregelt und vervollkommnet werden. Dennoch lassen sich viele Reiter durch dieses Vorurteil verleiten, Seitengänge viel zu früh und in zu starkem Grade zu üben und ihren Pferden dadurch zu schaden, statt die Arbeit zu fördern. Diese Lektionen müssen vielmehr mit derselben Geduld und Vorsicht begonnen und durch stufenweise Steigerung vervollkommnet und vollendet werden, wie die vorhergehenden Übungen auf einem Hufschlage, indem sie nur eine Fortsetzung derselben sind, um den Gehorsam des Pferdes auf Hand und Schenkel mehr zu befestigen. Dieser Zweck wird durch sie in hohem Grade erfüllt, und erhalten sie dadurch ihre große Bedeutung für jeden erfahrenen Bereiter.

Wenn es schon schwer war, in den Gängen auf einem Hufschlage bei Biegungen und Wendungen die vier Füße auf ihren zwei Linien richtig zu erhalten, so muß es viel mehr Tätigkeit vom Reiter und größere Aufmerksamkeit und Gehorsam auf Hand und Schenkel vom Pferde erfordern, um Vor- und Hinterhand nicht nur auf ihren speziellen Linien, sondern auch so zueinander gerichtet erhalten, daß die Schiebkraft der letzteren zwar entsprechend gemäßigt werde, aber doch genügend wirksam bleibe. Schon mit der Biegung des Pferdes tritt eine Mäßigung der Schiebkraft ein, da der mehr belastete innere Hinterfuß dabei mehr tragend als schiebend wirkt, während dem äußeren noch seine volle Schiebkraft verbleibt. Bei den Lektionen auf zwei Hufschlägen jedoch ist auch die Schiebkraft des äußeren Hinterfußes durch die schräge Richtung teilweise unterdrückt. Diese Mäßigung derselben, nachdem sie wohl ausgebildet, respektive wenn sie überwiegend vorhanden, ist nötig, um die ersten Grade der Belastung auch des äußeren Hinterfußes zu erleichtern. Mit dem Beginne der Seitenstellung muß daher auch die Sammlung des Pferdes, das heißt, die Belastung beider Hinterfüße beginnen, was bei dem inneren durch die Biegung, bei dem äußeren durch die aufrichtenden Anzüge des äußeren Zügels erreicht wird. Beide Zwecke dieser Arbeit, Biegung und Sammlung, ergänzen sich daher gegenseitig und müssen gleichmäßig zueinander abgewogen werden. Beide zusammen, wohl miteinander harmonierend, sind es, die das Verhältnis von Schieb- und Trag-

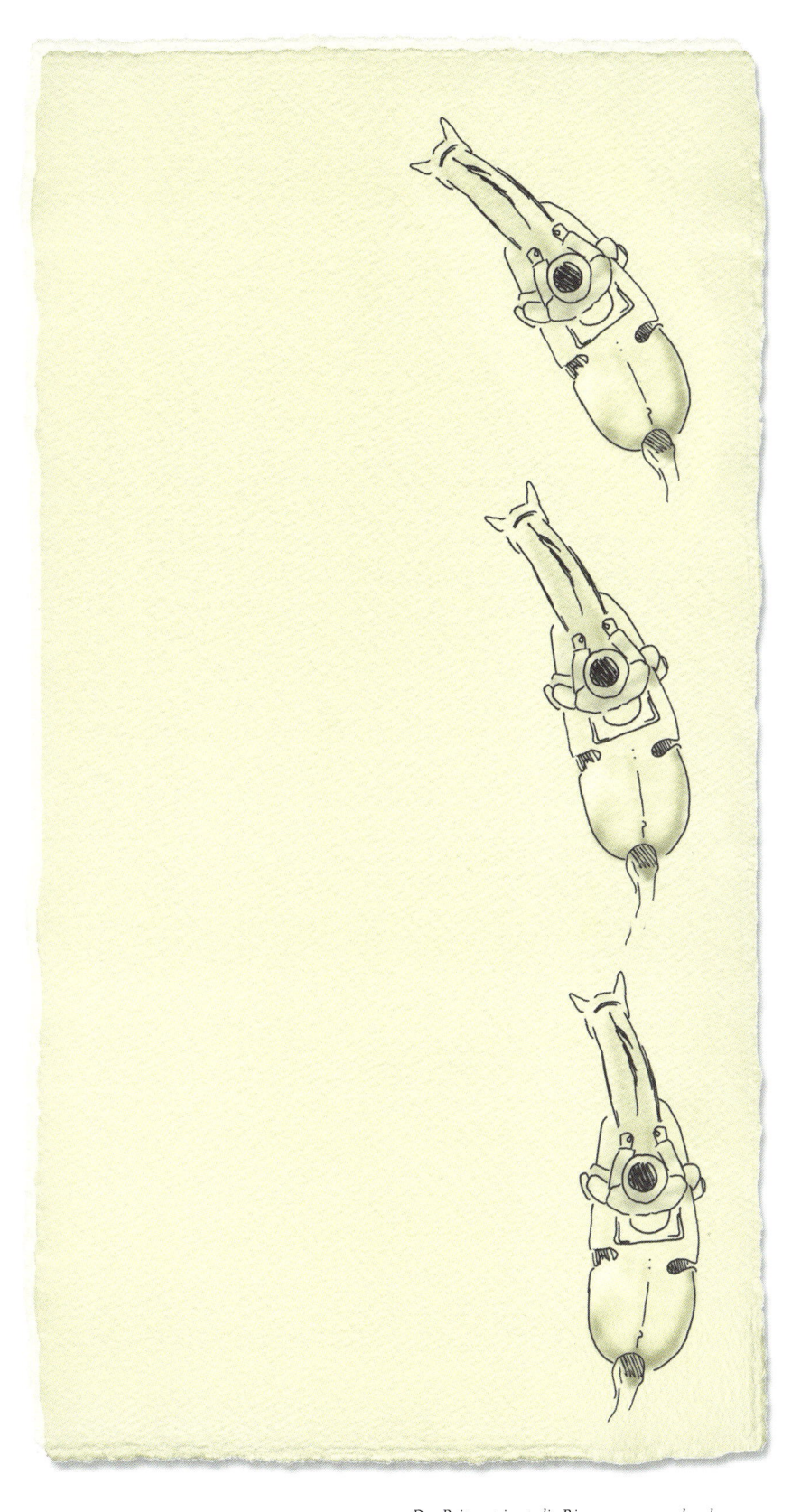

Der Reiter steigert die Biegung vom gerade gebogenen Pferd bis zum Schulterherein auf zwei Hufschlägen.

kraft der Hinterhand regulieren, wozu der Grad der Seitenstellung die beste Handhabe ist. So oft das Übergewicht der Schiebkraft der Belastung der Hinterhand entgegenwirkt, muß der Gang durch momentan verstärkte Seitenstellung gemäßigt werden, während umgekehrt sofort eine Verminderung der Seitenstellung eintreten muß, sobald durch matten oder unreinen Gang eine zu starke Beschränkung der Schiebkraft fühlbar wird.

Sammlung und Biegung sind es, die das Pferd befähigen, auf zwei Hufschlägen richtig zu gehen. Durch die erstere wird diejenige Aufrichtung der Vorhand bedingt, die dem Gange Regelmäßigkeit und Aktion verleiht, durch die letztere wird ein zwangloses, natürliches Überschreiten möglich gemacht. Wenn nun zwar Biegung und Sammlung durch die Seitenstellung erleichtert werden können, so muß doch andererseits der Grad der Seitenstellung nach dem Grade der gewonnenen Biegung und Sammlung wohl abgemessen werden, wenn nicht die Nachteile der schiefen Richtung in den Vordergrund treten sollen.

Der praktische Nutzen der Seitenlektionen ist so groß, daß nach dem Grade ihrer Ausbildung die ganze Dressur des Pferdes beurteilt werden kann. Mit ihrer Vollendung kann die Bearbeitung des Kampagnepferdes als abgeschlossen betrachtet werden, denn sie erfordern vollkommenen Gehorsam auf Hand und Schenkel und einen für den Kampagnedienst genügenden Grad von Biegung und Sammlung. Das Soldatenpferd wird dadurch nicht nur befähigt, sich in Reih und Glied mit Leichtigkeit und Präzision nach allen Richtungen hin zu bewegen, sondern es wird auch, so ausgebildet, den Reiter in die Lage versetzen, seinen Gegner stets in Front so zu umschwärmen, daß er ihm die schwache Seite abgewinnen kann, während er die seinige geschickt dadurch deckt. Eine korrekte und feine Ausbildung der Seitenlektionen erfordert außer einem guten Gebäude des Pferdes viel Zeit und Mühe von seiten des Reiters. Wir sehen dieselben daher in unserer Zeit nur selten in ihrer Vollkommenheit, und dann werden sie meist als höhere Schulen betrachtet. Hohe Schulen aber sind in der Meinung vieler der heutigen Reiter nutzlose Kunststücke, die das Pferd nur unpraktisch machen. Die alten Meister dagegen sahen in ihnen den Schluß der Kampagne- und den Anfang der Hohen Schule. Ihr Schultrab und Schulgalopp war der geregelte Trab und Galopp in richtigen Stellungen auf zwei Hufschlägen und war stets die Grundlage für die höhere Ausbildung ihrer Schulpferde. Diese Lektionen sind freilich himmelweit verschieden von den schiefen Stellungen und haltungslosen Bewegungen, die man in unserer Zeit für Lektionen auf zwei Hufschlägen hält, und die eine der Hauptursachen bilden, daß mit dem schlechten Erfolge der Dressur der Kredit unserer Kunst immer mehr sinkt.

Möge diese allgemeine Betrachtung genügen, um die spezielle Besprechung der einzelnen Lektionen dieser Gattung verständlicher zu machen und ihre Wichtigkeit hervorzuheben.

Vom Schulterherein oder Plié

Diese Lektion hat für die weitere Ausbildung des Pferdes in der Biegsamkeit dieselbe Wichtigkeit, wie das „Schultervor" und die „gerade Richtung" für die erste Entwicklung derselben in den Biegungen und Wendungen auf einem Hufschlage, wobei, wie wir wissen, unter „gerader Richtung" nicht etwa die ungebogene Richtung des Pferdes zu verstehen ist, sondern die richtige Einrichtung der Nachhand gegen die Vorhand, respektive umgekehrt. Das Schulterherein ist eigentlich das gesteigerte Schultervor, und bildet daher für diese Epoche den eigentlichen Kern der Dressur. Ein Travers und Renvers, ein scharfes Passieren der Ecken, ein Wenden der Vor- um die Hinterhand ist undenkbar ohne Schulterherein, das heißt, ohne die richtige Biegung und Schulterstellung, wie sie das wahre Schulterherein erfordert. Alle die genannten Lektionen können vielmehr nur als Resultate aus dem wohl begründeten Schulterherein hervorgehen.

Der alte französische Meister und Schriftsteller Guérinière hat sich ein großes Verdienst erworben und ist berühmt geworden dadurch, daß er diese Schule in ihrer hohen Wichtigkeit erkannt, vervollkommnet und unter ihrer jetzigen Benennung in seinem Werke durch eine klare, überzeugende Beschreibung der Nachwelt hinterlassen hat. Als eigentliche Erfinder oder Entdecker derselben aber ist der hochgerühmte, unübertroffene Herzog von Newcastle zu betrachten, der durch das Eigentümliche dieser Lektion, nämlich vorgerichtete Schultern und richtige Belastung des inwendigen Hinterfußes, seine außerordentlichen Erfolge leicht und naturgemäß erlangte, Erfolge, die seine Zeitgenossen nur teilweise erreichen konnten, und dann stets mit großer Zeit- und Kraftverschwendung. Das von diesem großen Meister hinterlassene geistreiche Werk legt Zeugnis davon ab, daß er dadurch als Reformator der schönen, damals hochgeehrten Kunst zu betrachten ist, und allmählich Vorurteile beseitigte, die durch Pedanterie und Dünkelhaftigkeit entstanden, und zur allgemeinen Regel geworden waren.

Durch die Benennung ist die Stellung des Pferdes in dieser Lektion bereits ausgesprochen; die Schultern oder die Vorhand sollen herein also auf die innere, die Kruppe demnach auf die äußere Linie gerichtet sein, wodurch das Pferd gezwungen ist, je nach dem Grade seiner Seitenstellung mit den inneren Füßen vor und über die äußeren zu treten. Dieses Vor- und Übertreten kann leicht und natürlich nur dann geschehen, wenn die inneren Füße durch richtige Biegung vorgeschoben, die äußeren jedoch durch entsprechende Gegenwirkung der äußeren Hilfen am Aus-

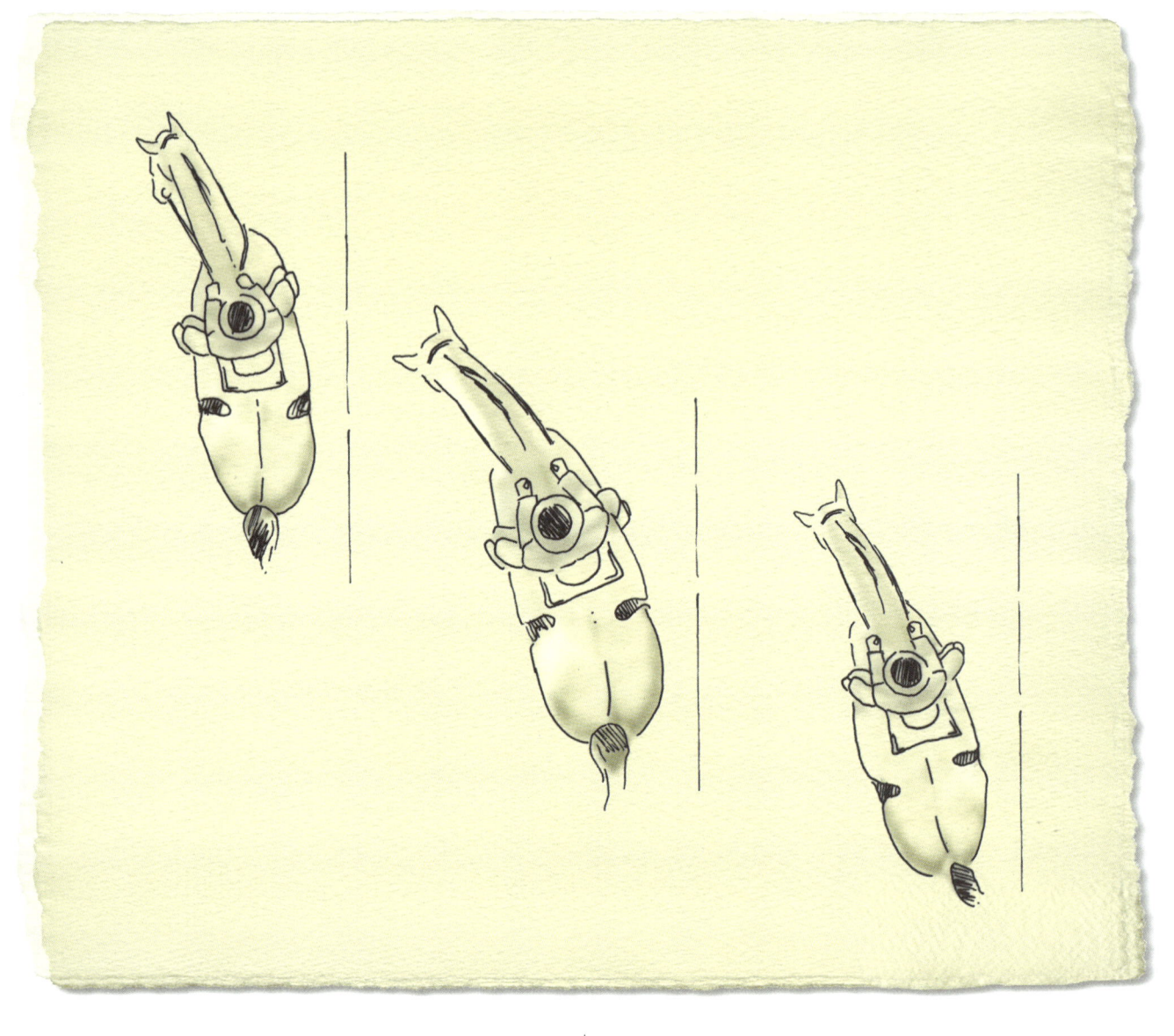

Falsche Hilfengebung: die äußere Schulter des Pferdes fällt aus.

Korrektes Schulterherein: hier führt der äußere Zügel, das Pferd biegt sich um den inneren Schenkel.

Die Hinterhand fällt aus.

fallen, das heißt, am zu weiten Seitwärtstreten gehindert sind. Man bildet die Lektion dadurch, daß man, nachdem das Pferd in die richtige Biegung genommen, die Vorhand so viel nach innen wendet, daß die Vorderfüße die beabsichtigte innere Linie gewinnen, worauf sie dann ebenso erhalten werden, wie die Hinterhand auf der ursprünglichen Linie verbleiben muß. Hierbei bewirkt zunächst der äußere Zügel die Wendung der Vorhand, wobei beide Schenkel die Hinterhand auf der äußeren Linie zu erhalten haben. Ist dies geschehen, so beginnt die Seitwärtsbewegung, wobei der äußere Zügel führt, und der innere Schenkel durch seine stärkere Wirkung nicht nur mit dem inneren Zügel die Biegung erhält, sondern auch das Weichen des Pferdes bewirkt, während der äußere Schenkel beim Sammeln unterstützt. Da in dieser Schule der biegende also innere Schenkel auch gleichzeitig der seitwärtstreibende ist, so liegt es nahe, daß das Pferd, indem es dieser doppelt kräftigen Einwirkung desselben weicht, sich durch Ausfallen mit der Nachhand der Biegung zu entziehen suchen wird. Der Wirkung des inneren Schenkels muß daher durch wohl abgewogenen Gebrauch des auswendigen Zügels und Schenkels die richtige Gegenwirkung entgegengesetzt werden, wenn der Gang geregelt bleiben und nicht in ein Seitwärtsfallen ausarten soll. Der Reiter muß daher oft ausnahmsweise im Schulterherein den äußeren Zügel und Schenkel stärker arbeiten und selbst sein Gewicht mehr auf die auswendige Seite wirken lassen, damit er dieselbe stets beherrsche, das heißt, das Wieviel des Seitwärtstretens der äußeren Füße bestimmen könne, weil hiervon hauptsächlich das richtige und ungezwungene Überschreiten der inneren Füße abhängt. Dieses Beherrschen der äußeren Seite geschieht aber durch das Sammeln oder stärkere Belasten des äußeren Hinterfußes, wodurch er in seiner Freiheit entsprechend beschränkt werden muß. Es kann daher als allgemeine Regel aufgestellt werden, daß beim Beginne dieser Lektion, und überhaupt so lange als der äußere Hinterfuß noch ungebogen ist, die äußeren Hilfen überwiegend sein müssen, damit er durch dieses Übergewicht allmählich bearbeitet werde. In dem Grade, wie dies geschieht, kann der Reiter dann zu gleichmäßiger Wirkung der inneren und äußeren Hilfen übergehen, bis er im richtigen und festbegründeten Schulterherein eigentlich keiner sichtbaren Hilfen mehr bedarf, sondern die sanfte Wirkung des äußeren Zügels zur Seite zur Führung der Vorhand und der weiche Hang des Reiters nach innen schon zum Seitwärtstreiben der Nachhand genügt.

Pferde, die dem inneren Schenkel nicht genug weichen, sind mangelhaft oder falsch gebogen, meistens zu viel im Halse und zu wenig im Genicke oder den Rippen. Solche Pferde müssen erst den Sporn fürchten und respektieren lernen, und eignet sich zur Korrektur durch kräftige Spornstöße die Konterschulterhereinstellung besser als das einfache Schulterherein. Konterschulterherein und Schulterherein sind in bezug auf Biegung und Fußsetzung und infolge dessen auch Hilfen genau dieselben Lektionen und unterscheiden sich nur dadurch, daß ersteres der Biegung entgegengesetzt herumgeritten wird, wodurch die Vorhand an die Bande kommt, also die äußere Linie betritt, während die Nachhand, in die Bahn gestellt, die innere Linie einhält. Im Konterschulterherein rechts ist das Pferd rechts gebogen und geht, Vorhand an die Bande, Nachhand in die Bahn gestellt, mit den inwendigen also rechten, über die auswendigen also linken Füße tretend, die Bahn links herum und umgekehrt. In dieser Lektion gewährt dem Reiter die Bande, wenn es das Pferd gegen den Schenkel drängt, eine Stütze, welche im einfachen Schulterherein, wo der seitwärtstreibende Schenkel die innere Seite der Bahn hat, fehlt. - Ich werde mir erlauben, die spezielle Arbeit in den Konterstellungen mit ihren Abstufungen insgesamt in einem besonderen Kapitel abzuhandeln, da dieselben von zu großer Wichtigkeit sind, um nebenher erledigt zu werden.

Wie die Biegung des jungen Pferdes auf einem Hufschlage nur durch allmähliche Übung auf gebogenen Linien und in Wendungen gewonnen werden konnte, so muß das Schulterherein ebenfalls nur durch stufenweise Steigerung ausgebildet werden. Man richte daher anfangs die Vorhand nur um einen bis einen halben Fuß nach innen, damit das Pferd zunächst lerne, mit dem inneren Fuße nicht gegen, sondern vor den äußeren zu treten. Dieser erste Grad der Lektion wird sehr richtig „Trabstellung" genannt, weil in dieser Richtung dem jungen Pferde der Galopp sehr erschwert wird, und sie deshalb das sicherste und natürlichste Mittel ist, dasselbe am übereilen und selbst genommenen Galopp zu hindern.

Von dieser Basis ausgehend steigere man mit der Biegung die Seitwärtsstellung und durch diese die Anforderung im Übertreten der inneren über die äußeren Füße. Man vergesse dabei aber nie, daß dieses Übertreten nicht der Zweck der Lektion ist, sondern vielmehr nur den Maßstab für die Richtigkeit der Stellung abgibt. Solange es an Biegung und Sammlung fehlt, muß die Seitwärtsstellung gemäßigt sein, damit die Vorhand stets wohl vorgerichtet bleibe, mit der zunehmenden Biegung und Sammlung aber nähert sich die Linie der Hinterhand derjenigen der Vorhand durch Unterschieben der ersteren.

Niemals aber, weder im Schulterherein, noch in irgendeiner anderen Lektion auf zwei Hufschlägen sollte die Entfernung der beiden Linien mehr als drei Fuß betragen. Es ist daher sehr fehlerhaft, wenn man Reiter beim Beginne der Schulterherein-Lektion ihre Pferde mit dem inneren Sporne gewaltsam seitwärtstreiben sieht, weil sie glauben, das Weichen vor dem Sporn und das Übertreten sei der Zweck der Übung. Derartige Experimente bringen das ungesammelte Pferd nur noch mehr auf die Schultern, weil diesen durch die schiefe Richtung der Hinterhand gegen die Vorhand die Stütze der ersteren mehr, wie auf gerader Linie genommen ist. Man erkennt dies auch sogleich an der steifen, gezwungenen Bewegung der Vorderfüße, die dann zu sehr belastet sind, um sich ungezwungen erheben und bewegen zu können. So kommt es, daß Reiter, welche den Zweck und das Wesen des Schulterherein derartig verkennen, in dem Bestreben, durch diese Lektion ihre Pferde schulterfrei zu machen, sie gerade schultersteif und lahm reiten. Das richtige Schulterherein als Grundpfeiler der Dressur macht allerdings die Schultern frei und mit ihnen die gesamten Glieder des Pferdes, nicht aber durch die Seitwärtsbewegung, sondern durch die Biegung und Sammlung, die hierbei bedingt ist.

Daß das Schulterherein so ausschließlich als Mittel betrachtet wird, im Schritt und Trab die Schultern frei zu machen, ist sehr leicht dadurch erklärt, daß seine stärkeren Grade, die des wirklichen Untertretens, keinen Galopp zulassen, welcher sich nur auf die Trabstellung als die des

Vortretens beschränken muß. Dennoch ist die Schulterfreiheit in allen Gangarten immer nur Folge der Aufrichtung des Halses, und diese wiederum Folge der richtigen Belastung der Hinterhand. Die richtige Sammlung des Pferdes also erzeugt die Schulterfreiheit oder Entlastung der Vorhand, ganz gleich, ob dies in einer geraden, gebogenen oder seitwärtigen Richtung des Pferdes geschieht. Diese Sammlung aber wird vom jungen, rohen Pferde leichter und naturgemäßer gewonnen, wenn seine Schiebkraft zunächst durch Biegung des inwendigen Hinterfußes auf gebogenen Linien, später durch Seitwärtsrichtung der Hinterhand gegen die Vorhand gemäßigt wird, weil eine zu starke Äußerung derselben der durch Belastung herbeizuführenden Biegung der Hinterfüße entgegenwirkt. Aus diesem Grunde, daß Sammlung das Wesentliche der Schulterherein-Lektion ist, sind auch Schritt und Trab, die sich leichter in dem entsprechenden Tempo erhalten lassen, so lange allein für dieselbe geeignet, bis der Galopp genügend vorbereitet ist, das heißt, bis das Pferd Haltung genug gewonnen hat, aufgerichtet und gebogen zu galoppieren. Dann aber liefert gerade der Galopp in der Schulterhereinstellung den Beweis für die richtige Ausbildung dieser Gangart, weil in ihr das Pferd gebogen gerade galoppieren muß, und ist daher die Grundlektion zur Vervollkommnung und Befestigung der sprungartigen Bewegungen des Pferdes, worüber wir in den betreffenden Kapiteln noch des Weiteren verhandeln werden. Nach der Disposition des Pferdes, besonders nach seiner Gehlust abgemessen, übe man die Lektion abwechselnd im Schritte und Trabe, wobei das Tempo, wenn auch belebt, doch stets verkürzt gehalten, das heißt, die Vor- und Seitwärtsbewegung der äußeren Füße genügend beschränkt sein muß, damit die inneren leicht darüber passieren können. Freie, gestreckte Gangarten auf zwei Hufschlägen sind ein Unding, denn sie lassen ja nicht die nötige Biegung für diese zu. Statt frei und gestreckt wird die Bewegung im richtigen Schulterherein erhaben nach dem Grade der Sammlung, und hierdurch eben wird das leichte und graziöse Übertreten möglich gemacht.

Bei der Arbeit im Schulterherein ist der äußere Zügel von großer Wichtigkeit, denn er hat die doppelte Funktion der Führung und Sammlung zu erfüllen. Durch seine Wirkung nach innen führt er zunächst die Schultern auf die innere Linie und verhindert alsdann das Abweichen derselben nach außen also gleichsam das Ausfallen der Vorhand sowie das zu weite Aus- und Seitwärtsschreiten des äußeren Vorderschenkels. Durch seine Wirkung nach außen führt er die Vorhand auf der ihr bestimmten Linie seitwärts und durch seine aufrichtenden Anzüge belastet, biegt er den äußeren Hinterfuß. Beim Wenden und Sammeln wird er durch den äußeren Schenkel unterstützt, indem dieser das Ausfallen der Kruppe zu hindern hat, beim Führen dagegen durch den inneren, der ganz harmonisierend mit seiner Führung der Vorhand die Hinterhand seitwärts zu treiben hat. Äußerer Zügel und innerer Schenkel haben daher insofern die Hauptarbeit, als sie die Fortbewegung und richtige Seitenstellung zu erhalten haben, wobei die andern Hilfen entsprechend und gleichzeitig gegenwirken, und nur dann verstärkt und selbst überwiegend angewandt werden, wenn Abweichungen von der richtigen Stellung vorkommen. Pferde, die wegen mangelnder Rippenbiegung zum Ausfallen der Kruppe geneigt sind, müssen mit innerem Zügel und äußerem Schenkel darin erhalten werden, wobei die Gegenhilfen mehr unterstützend wirken, wogegen solche, die durch falsche Biegung des Halses die richtige Schulterstellung vermeiden, mit innerem Schenkel und äußerem Zügel korrigiert und dabei durch Mitwirkung des äußeren Spornes kräftig in die Hand getrieben werden müssen.

Solange das Pferd geneigt ist, sich aus der ihm noch lästigen und gezwungenen Stellung frei zu machen, und dies wird in dem Maße der Fall sein, als es dabei Schwierigkeiten zu überwinden hat, muß der Reiter die größte Aufmerksamkeit und Tätigkeit entwickeln, um durch Gewandtheit und prompte Hilfen dies zu hindern und Unordnungen vorzubeugen. Die Erhaltung des Ganges sei auch hierbei sein Hauptaugenmerk, denn es ist viel leichter, in der Fortbewegung eine momentan verlorene oder aufgegebene Stellung wiederzugewinnen als einen unterbrochenen Gang wiederherzustellen. Diesen erhalte er sich auf jede Weise, sei es, daß er beim Ausfallen der Kruppe, wenn er es mit äußerem Zügel und Schenkel noch nicht hindern kann, die Vorhand schnell nach außen der Linie der Hinterhand zuführt, oder beim Stocken der Vorhand die Biegung vermindert und die Hinterhand nach innen der Linie jener zu richten, damit durch rechtzeitige Annäherung zur geraden Richtung stets die Wirkung der Schiebkraft gegen die Vorhand erhalten werde. Das reine Tempo des Ganges gibt, wie bei den Übungen auf einem Hufschlage, so auch bei den Lektionen auf zwei Hufschlägen stets den Maßstab für die richtige Biegung und Anlehnung ab, hier jedoch noch vereint mit dem natürlichen, ungezwungenen Überschreiten. Jede Berührung des übertretenden Fußes mit dem anderen ist ein Beweis, daß Biegung oder Sammlung des Pferdes der genommenen Seitenstellung nicht entsprechen. Es zeugt daher von großem Unverstande, wenn wir Reiter ihre Pferde zu starkem Übertreten zwingen sehen, ehe sie dieselben dazu genügend sammeln können; wenn es solchen Reitern an dem Gefühle fehlt, das Falsche dieser Bewegungen zu erkennen, so hätten sie doch nur ihre Ohren zu gebrauchen, um das Zusammenschlagen der Knochen und Hufe beim Übertreten zu hören. Anstatt Fehler dieser Art durch Verminderung der Seitenrichtung und Verstärkung der Sammlung zu korrigieren, werden sie oft so vermehrt, weil der Reiter glaubt, durch stärkeres Seitwärtstreten die überschreitenden Füße befleißigen zu müssen; wie sollen diese aber räumig genug treten, wenn die zu passierenden Füße nicht durch Belastung genügend verkürzt gehalten werden! Reiner Gang und reines Übertreten müssen daher stets bei dieser Arbeit der Leitfaden sein, das heißt, bestimmen, wie viel der Reiter die Vorhand vorzurichten und die zu überschreitenden Füße in ihrer Seitwärtsbewegung zu beschränken hat.

Im Schulterherein, wo die inneren Füße über die äußeren treten, wo der innere Schenkel des Reiters die Rippen biegt und gleichzeitig seitwärts treibt, hängt die Richtigkeit der Biegung und des Ganges von der Fixierung des äußeren Hinterfußes ab. Weicht dieser nach außen ab, so wird dadurch nicht nur die Biegung aufgehoben, sondern die Hinterhand eilt auch der Vorhand voraus, und die Bewegung wird eine mehr rück- als vorwärtsgehende; es ist dies das Ausfallen der Kruppe, wozu die Pferde in dieser Lektion vorzugsweise neigen, solange ihnen die stärkere Seitenbiegung schwerfällt. Fällt der auswendige Hinterfuß nicht geradeaus, bewegt sich aber nur seit- und nicht genügend vorwärts, so fehlt es der Vorhand nicht nur an der nötigen Stütze, wodurch die Aufrichtung von Hals und Kopf unmöglich wird, sondern es geht auch die Anlehnung verloren und mit ihr die Frische und Reinheit des Ganges. Solche Pferde kriechen unmerklich hinter die Hand und schleichen sich dann rückwärts von ihren richtigen Linien und aus der richtigen Stellung. Während der erstere grobe Fehler den Gang mehr oder weniger hemmt und unterbricht und das Pferd durch seine Widernatürlichkeit sehr bald zu Widersetzlichkeit und Verweigerung reizt, so daß nur ganz rüde und taktlose Reiter ihn als Lektion erzwingen werden, täuscht der zweite schon besser, unerfahrene Reiter durch die scheinbare Gefälligkeit des Pferdes in der Biegung und Seitenbewegung, wobei sie es aber weder aufzurichten, noch auf der bestimmten Linie zu erhalten vermögen. Beide Fehler werden durch die richtige Gegenwirkung des äußeren Zügels und Schenkels verhindert, respektive korrigiert.

Beim Ausfallen macht sich der äußere Fuß gewaltsam frei und muß daher wieder fixiert werden. Dies vermag der Sporn allein, wenn die Furcht vor demselben bereits größer ist als vor der geforderten Biegung; ist dies nicht der Fall, so muß der äußere diese so weit mäßigen, bis der Sporn den Fuß beherrschen kann, wobei dessen stärkere Belastung durch die Gewichte der Vorhand vermittels aufrichtender Anzüge des äußeren Zügels und durch das Gewicht des Reiters in einem Sitze mit zurückgerichteter äußerer Hüfte den Erfolg des Fixierens um so schneller sichern wird.

Zeigt sich der zweite Fehler, das heißt, tritt der äußere Hinterfuß nicht genügend vor, so muß er durch den äußeren Sporn vorwärts gegen die Vorhand getrieben werden, wobei der äußere Zügel die durch seine Kraftäußerung erzeugten Gewichte genügend aushält, damit dieselbe nicht bloß eine schiebende, sondern auch eine tragende oder stützende wird. Es sind dies die Arrêts im Schulterherein, wodurch der Reiter dasselbe korrekt erhält, indem er Anlehnung, Gang und Sammlung damit reguliert. Sie bestehen darin, daß er sein Pferd von Zeit zu Zeit in der Richtung desselben gerade vorwärts treibt, als wolle er es auf einem Hufschlag in die Bahn hinein reiten, wobei er es entweder wirklich etwas vorwärts läßt, wenn es gilt, die Anlehnung zu verstärken und seine Neigung zum Verkriechen zu heben, um es darauf sogleich wieder seitwärts in der Schultereinstellung weiter zu führen, oder er erhält es dadurch auf seinen Linien, daß er genau so viel mit der Hand aushält, als er mit den Schenkeln vorwärtstreibt, damit die Wirkung eine rein sammelnde werde, indem die vorwärtsgetriebenen Hinterfüße sich nur unter der Gewichtsmasse biegen müssen.

Das Schulterherein fest zu begründen, und die vielen Fehler, zu denen es leicht Veranlassung geben kann, sicher zu vermeiden, gibt es nur ein Mittel, nämlich geduldige, konsequente Übung desselben mit langsamer Steigerung seiner Grade. Diese sich stufenweise folgenden Grade einer künstlichen Stellung sollen ja weiter nichts sein als das Mittel, um die Folgsamkeit auf Hand und Schenkel weiter auszubilden und hierdurch den eigentlichen Zweck der Dressur zu erfüllen. Da sich Biegung und Sammlung als praktische Resultate des Gehorsams auf Zügel und Schenkel mit der verstärkten Seitenstellung gleichmäßig steigern müssen, so wäre es ja ein Überspringen in der stufenweisen Ausbildung des jungen Pferdes, wollte man nach mühsam gewonnener Stellung auf einem Hufschlage, bei der die richtige Folge der Hinterhand auf der Linie der Vorhand das Hauptmoment bildete, plötzlich zu einer

Die Steigerung des Schulterhereins

Händen auf geraden und gebogenen Linien. Bei der nächsten Steigerung richte er die äußere Schulter vielleicht um zwei bis drei Zoll nach innen und gehe nicht eher weiter, als bis er auch diese Stellung mit voller Sicherheit beherrscht. So steigere er ganz systematisch mit der Zunahme der Biegsamkeit seines Pferdes die Richtung desselben auf zwei Hufschlägen. Mit dieser Steigerung muß der Gang erhabener und sein Tempo gemessener und ausgeprägter werden, wenn anders die Tätigkeit der Hinterhand eine richtige geblieben, das heißt, ihre Schiebkraft ungeschwächt und genügend gegen die Vorhand gerichtet ist. Mit der Verkürzung des Ganges als notwendige Folge der stärkeren Biegung und Sammlung darf also die Frische desselben nicht verlorengehen, sondern diese muß sich durch lebhaftes Erheben und längeres Aushalten des gebogenen Fußes kundgeben als Beweis, daß der Körper sich auf den stützenden Füßen in sicherem Gleichgewichte befindet. Die Abkürzung des Ganges ist daher kein Maßstab für die Richtigkeit der Schule, sondern die Aktion des Ganges, da diese stets mit der Sammlung in gleichem Verhältnisse steht. Ein ausdrucksloser, schläfriger Gang ist, wie immer, so besonders in dieser Schule ein Zeichen, daß die Hinterhand nicht genug belastet ist respektive unter der Belastung nicht Tätigkeit genug entwickelt.

Bei dieser Sammlung des Pferdes im Schulterherein hat der Reiter besonders dafür Sorge zu tragen, den äußeren, freien Hinterfuß richtig mit unter die Last zu bringen, da der innere durch die Biegung und die verstärkte Wirkung des inneren Schenkels genügsam gesichert ist, während im Travers und Renvers, wenn diese vorgreifende Bemerkung erlaubt ist, der innere Hinterfuß wohl überwacht werden muß, damit er sich nicht durch Zurückbleiben oder zu weites Seitwärtstreten der Belastung entziehen kann. Bei ersterer Schule muß daher der äußere Zügel und äußere Schenkel, bei den letzteren der äußere Zügel und innere Schenkel bei den sammelnden Arrêts vorherrschend tätig sein.

Körperrichtung übergehen, bei der Vor- und Nachhand auf zwei, mehrere Fuß voneinander entfernten Linien gehalten würden. Diese Entfernung der beiden Linien muß vielmehr nur zollweise gewonnen werden, und der Reiter darf nicht ermüden, wenn er Monate dazu gebraucht, diese Skala gründlich zu passieren.

Er beginne daher seine Lektion damit, die äußere Schulter auf die Linie des inneren Hinterfußes zu richten, so daß also zunächst die innere Schulter um die Breite der Brust die Richtung auf einem Hufschlage verläßt. Diese Stellung befestige er wohl in Schritt und Trab auf beiden

Wie der Reiter die größte Vorsicht bei der Steigerung der Seitenstellung zu beobachten hat, und mit vieler Geduld oft lange Zeit bei den ersten Graden derselben, also bei der Trabstellung, verweilen muß, so wähle er auch die Linien dazu mit Umsicht, damit er dem jungen Pferde

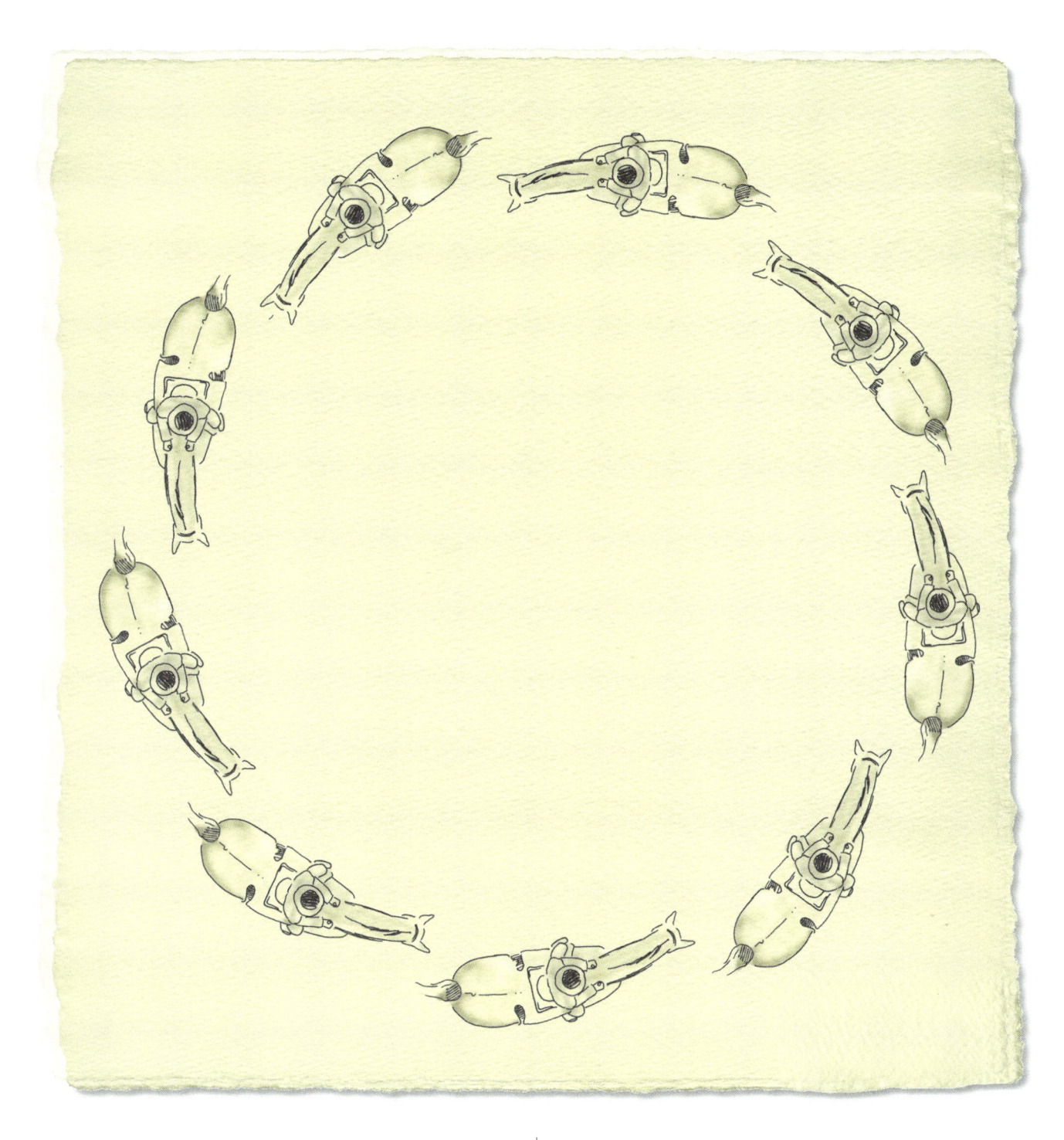

Schulterherein auf dem Zirkel

die Aufgabe nicht unnütz erschwere. Er benutze zunächst wie bei den Biegungen auf einem Hufschlage, die Bande der Bahn nicht nur als Richtschnur, sondern auch als Hilfe für den äußeren Schenkel, das Ausfallen zu hindern. Die Ecken runde er ab und gewöhne dadurch sein Pferd an die ersten Übungen auf gebogenen Linien. Vermag es erst, die vier Ecken mit guter Haltung zu passieren, das heißt, mit sicherem Vorbehalte seiner richtigen Stellung, dann nehme man die halbe Bahn und bilde aus dieser allmählich durch gleichmäßige Abrundung der Ecken den ersten großen Zirkel.

Die Kreislinie sowie jede Wendung auf gebogener Linie im Schulterherein erfordert ein entsprechendes Verhalten der Vorhand, da diese den kleineren Zirkel gleichmäßig mit der auf dem größeren tretenden Hinterhand zu passieren hat. Auf einem Hufschlage bewirkte die richtige entsprechende Biegung durch Belastung der inneren Füße das gleichmäßige Treten der inneren und äußeren Füße, im Schulterherein aber muß außer dieser Biegung die Vorhand noch künstlich soviel verkürzt gehalten werden, daß die Hinterhand auf dem größeren Bogen gleichmäßig folgen kann. Es erfordert dies vom Reiter ein sehr sicheres und feines Gefühl für den richtigen Gang und große Tätigkeit mit Hand und Schenkel, um nicht nur die vier Füße des Pferdes auf den vier verschiedenen Linien, sondern auch den Gang gleichmäßig zu erhalten. Von diesen vier Linien hat der innere Vorderfuß den kleinsten, der äußere Hinterfuß den äußersten also größten Kreis zu beschreiben. Während es nicht schwerfällt, die Vorhand durch die Zügelwirkung verkürzt zu halten, besteht die größte Schwierigkeit darin, den äußeren Hinterfuß räumig genug treten zu lassen und ihn dennoch genügend belastet zu erhalten. Dies ist die Aufgabe des äußeren Schenkels, der durch seine rechtzeitige Gegen- und belebende Wirkung nicht nur das Vor- und Untertreten herbeizuführen hat. Solange daher der äußere Hinterfuß durch Belastung noch nicht genügend fixiert werden kann, muß der äußere Schenkel, vorausgesetzt, daß das Pferd dem inwendigen willig weicht, auf Linien, wo die Unterstützung der Bande fehlt, verdoppelt tätig sein, um seine zwiefache Funktion zu erfüllen. Er wird dies um so leichter können, je weniger die Kreislinien der einzelnen Füße von einander entfernt sind, das heißt, je weniger das Pferd auf zwei Hufschläge gerichtet ist, weil hierdurch die erforderliche Biegung und somit die Neigung zum Ausfallen geringer ist. Die Bewegung in der Schulterhereinstellung hat für das ungeübte Pferd eine dreifache Schwierigkeit, nämlich, daß die Richtung der Fortbewegung der Biegung entgegengesetzt ist, daß demzufolge die Stellung von Hals und Kopf im Verhältnisse zu dem Grade der Biegung das Übersehen des Hufschlages erschwert, und daß die durch die Biegung stärker belasteten inneren Füße die übertretenden sind. Für den Reiter dagegen liegt die Hauptschwierigkeit für eine korrekte Ausführung der Schule in dem Umstande, daß die Hinterhand die äußere Linie hat. Die durch den inneren Zügel herbeigeführte starke Biegung der Vorhand erfordert eine große Folgsamkeit auf den äußeren Zügel, der dieselbe zu leiten und zu erleichtern hat, die starke Biegung der Rippen erfordert vollkommenen Gehorsam auf den Sporn, der die Neigung zum Aufheben dieser Biegung durch Ausfallen der Nachhand zu unterdrücken hat, und der Umstand, daß die Hinterhand den größeren Weg hat, bedingt ein starkes Unterschieben derselben gegen die Vorhand, damit er durch Annäherung an diese verringert werde. Ungeachtet dieser Schwierigkeiten muß das Schulterherein die Anfangs- und Grundlektion nicht der Schulen auf zwei Hufschlägen allein, sondern der korrekten Kampagne- und höheren Schulen überhaupt bilden, da dadurch dasselbe allein die Rippenbiegung und Biegung des inneren Hinterfußes am sichersten stufenweise und vollkommen gewonnen werden kann. Ist aber der einzelne Hinterfuß als innerer bereits an stärkere Biegung durch Belastung gewöhnt, so wird er sich auch als äußerer leichter dazu hergeben, wenn sie im Travers und Renvers oder bei den gleichmäßigen stärkeren Belastungen beider Hinterfüße von ihm gefordert wird.

In der richtigen Rippenbiegung liegt das Wesentlichste dieser Lektion, denn sie bedingt vollkommenen Gehorsam auf den inneren und äußeren Sporn, da das Pferd zur Gewinnung derselben dem ersteren weichen, den letzteren respektieren muß. Auf die Rippenbiegung richte daher der Reiter seine Hauptaufmerksamkeit und messe nach ihr die Biegung der Vorhand ab, damit die Biegung der gesamten Wirbelsäule eine gleichmäßige sei. Nur dadurch ist die schnelle, direkte und ungeschwächte Wirkung der Zügelanzüge zu erlangen, worauf der Gehorsam beruht. Reiter, die hiervon abweichen, nicht die Rippenbiegung zur Norm der Lektion machen, sondern durch starkes Hineinstellen von Hals und Kopf das Schulterherein zu gewinnen suchen, werden ihre Pferde nur auf die Schultern und hinter den Zügel bringen, indem sie die nötige Sammlung unmöglich und den Hals durch falsche Biegung welk machen. Pferde, die durch ihren Bau, namentlich durch unstete, weiche Hälse zu falschen Biegungen neigen, müssen mit doppelter Vorsicht im Schulterherein gearbeitet werden, da sie sich gern durch dieselben der Rippenbiegung entziehen. Sie geben dem inneren Zügel zu viel nach, während sie dem inneren Schenkel nicht richtig weichen; hierbei bleibt der innere Hinterfuß ungebogen und schiebt die Gewichte, die er tragen sollte, den äußeren Stützen zu, deren freie Bewegung dadurch gehemmt wird. Das dabei notwendigerweise verloren gehende Gleichgewicht sucht das Pferd durch eine künstliche Stütze auf die Hand des Reiters zu ersetzen, indem es eine zu starke Anlehnung am auswendigen Zügel nimmt. In diesem Falle gilt es, das Pferd vom äußeren Zügel wieder loszuarbeiten, das heißt, durch kräftige Anzüge mit demselben die Vorhand nicht nur zu erleichtern, sondern auch durch energisches Wenden derselben nach innen und gleichzeitige Wirkung des inneren Sporns die inneren Füße zu belasten und dadurch die gerade Haltung wiederherzustellen. Solche Pferde müssen zuvor in ihrer Halsrichtung wohl befestigt werden, ehe sie in stärkerem Grade auf zwei Hufschläge genommen werden können. Man arbeite sie daher fleißig in der Trabstellung, die ein munteres Tempo des Ganges und eine kräftige Gegenwirkung des äußeren Zügels zuläßt. Durch beides wird eine sichere Anlehnung gewonnen, die allein den Hals fixieren kann.

Die Trabstellung, also der Grad des Schulterherein, wo die inneren Füße nicht eigentlich über-, sondern nur vorschreiten, ist nicht nur die eigentliche Praxis dieser Schule für das Kampagnepferd, sondern überhaupt als das A und O der Dressur des Pferdes für den Kampagnegebrauch zu betrachten. Sie dient dem Reiter als sicheres Mittel, jederzeit die Schiebkraft entsprechend mäßigen und die gleichmäßige Belastung der inneren und äußeren Füße, also die gerade Richtung des Pferdes in der Biegung, erhalten zu können. Durch sie vermag daher der Reiter sein Pferd auch in freien Gängen sicher zu wenden und auf beschränktem Raume zu tummeln, durch sie vermag er ferner jeder durch Freimachen des inneren Hinterfußes entstehenden Übereilung und Unregelmäßigkeit des Ganges vorzubeugen, respektive dieselbe zu korrigieren. Durch feste Begründung der Trabstellung in allen Gangarten, besonders im Galopp, in dem sie nur bei sicherer Fixierung des auswendigen Hinterfußes möglich ist, die wiederum nur durch richtige Belastung des inwendigen Hinterfußes in einem Grade erreicht werden, der für das Kampagnepferd als ausreichend betrachtet werden kann. Der Bereiter, welcher nur die Ausbildung zum Kampagnegebrauch bezweckt, mühe daher nicht unnötigerweise sich und sein Pferd in starken Seitenstellungen desselben ab, sondern sehe die Trabstellung des Schulterherein und später die Galoppstellung des Travers und Renvers als die Quintessenz seiner Arbeit an. Er wird zwar, um beide vollkommen auszubilden, das heißt, sie dem Pferde ganz geläufig und natürlich zu machen, auch zeitweise die stärkeren Grade auf zwei Hufschlägen üben müssen, doch tue er dies nur in kurzen Reprisen und ruhigen Tempos und kehre stets wieder zur ersteren Stellung zurück, um die Schiebkraft stets in ausreichendem Grade wirken zu lassen und damit sich die Anlehnung ungeschwächt zu erhalten. Er wird hierdurch seine Pferde vor körperlichem und geistigen Schaden bewahren und sicher und schnell sein Ziel erreichen, indem er sich und dem Pferde Mühe und Kräfteverbrauch erspart.

Was die Trabstellung zur Gewinnung und Sicherung des Gleichgewichtes, ist das vollständige Schulterherein

In der Trabstellung des Schulterherein auf zwei Hufschlägen tritt das innere Hinterbein genau unter den Schwerpunkt. Das Pferd zeigt mit der Front nach innen.

für die Richtung auf die Hanke, also für die hohe Schule. Es gehört daher mehr dieser an, um die Wendungen auf der Nachhand sicher vorzubereiten, kann nur durch stufenweise Steigerung gewonnen werden und auch nur mit solchen Pferden, die von Natur dazu befähigt sind. In dem wahren Schulterherein zeigt sich die höchste mögliche Rippenbiegung und Biegung des inneren Hinterfußes ohne Beeinträchtigung der richtigen Vorwärtsbewegung. Das Pferd zeigt dabei durch seine gleichmäßig halbkreisförmige Biegung die ganze Front der Vorhand nach innen und ist mit seiner Hinterhand so weit untergeschoben, daß die Hufschläge sich bis auf anderthalb bis zwei Fuß Entfernung nähern. Von der Fähigkeit, die Hinterhand belasten zu können, wird daher stets die Vollkommenheit des Schulterherein abhängig sein.

Die alten Meister legten einen großen Wert, und das mit Recht, auf diese Schule, und begannen ihre Produktion stets mit dem Schultrabe im Schulterherein. Sie passierten dabei die Ecken nicht immer auf zwei Hufschlägen, sondern benutzten dieselben sehr oft zur erneuten

Sammlung ihrer Pferde, indem sie sie ein bis zwei Pferdelängen vorher auf einen Hufschlag führten, und sie mit der ganzen Biegung des Schulterherein scharf durch die Ecken drückten, wobei zunächst die äußere Schulter, darauf die äußere Hüfte den äußersten Winkel der Ecke passieren mußten. Der innere Zügel und Schenkel bewirkten dabei das Hineinführen der Vor- und Hinterhand, der äußere Zügel und Schenkel aber das Hinausführen und das Wiederaufnehmen der Schulterhereinstellung hinter der Ecke. Durch das Schulterherein befähigen sie ihre Pferde, alle schwierigen Wendungen prompt und korrekt auszuführen, denn es nötigt den inneren Hinterfuß, ohne Rückhalt direkt unter die Gewichtsmasse zu treten, und durch die Übernahme derselben den äußeren Hinterfuß genügend zu entlasten, damit durch seine Schiebkraft der Gang erhalten werde. Wenn daher das Schulterherein so recht eigentlich als die Grundlage aller Wendungen betrachtet werden kann, so sind doch die Wendungen im Schulterherein ganz besonders schwierig, weil die Hinterhand den größeren Weg und dabei doch die Vorhand zu stützen hat. Man gehe daher erst nach vollkommen genügender Vorbereitung zu kleinen Zirkeln und Volten im Schulterherein über, wenn man sich sein Pferd nicht auf die Schultern und hinter die Hand bringen will.

Das richtige Schulterherein, mag es in beliebigem Grade geritten werden, erkennt der Reiter an seinem Sitze und der Anlehnung seiner Zügel und Schenkel. Jede wahre Schule, das heißt, jede regelrechte Biegung des Pferdes gibt auch dem Reiter diejenige Haltung seines Körpers, aus welcher die zur Erhaltung der Schule notwendigen Hilfen am meisten gefördert und erleichtert werden. So ist es denn auch mit dem Schulterherein und den Lektionen auf zwei Hufschlägen überhaupt. Wie bei der Biegung auf einem Hufschlage wird der Reiter in dem Grade derselben seinen Hang nach innen erhalten, weil durch die stärkere Belastung des inneren Hinterfußes seine innere Hüfte sich senkt. Der innere Schenkel kommt hierdurch sowohl, wie durch die Biegung der Rippen in stärkere Berührung mit dem Pferde. Diese natürliche stärkere Berührung reicht beim wohlgeschulten Pferde bereits hin, um es zum Weichen auf den inneren Schenkel zu veranlassen, und der Reiter bedarf daher bei einem solchen Pferde keiner künstlichen Verstärkung der Schenkelhilfe, um es in der Schulterhereinstellung zu erhalten. Nachdem er die Rippen richtig gebogen und die Seitenstellung genommen hat, genügt hierzu nebst der beschriebenen verstärkten Anlehnung des inneren Schenkels sein ebenso naturgemäß entstehendes sanftes Heranfallen ans Pferd im Takte seiner Bewegung. Der äußere Schenkel, der zwar durch die zurückgerichtete äußere Hüfte schon mehr nach hinten plaziert ist, wird an den gewölbten äußeren Rippen nicht die ruhige und natürliche Anlehnung finden, wie der innere an der konkaven Seite, und muß daher mehr künstlich mit derselben in Berührung erhalten werden in dem Grade, wie die nötige Gegenwirkung desselben es erfordert. Der innere Zügel hat die der Rippenbiegung entsprechende Biegung des Halses und der Ganaschen zu nehmen und muß gegen den äußeren so viel verkürzt geführt werden, als die durch die Biegung entstehende Verkürzung der inneren Seite es bedingt, damit der inneren Hand Raum genug verbleibe, die nötigen Anzüge ungezwungen ausführen zu können, ohne dabei die Schulter zu weit zurückrichten zu müssen. Ein gewisses Zurückrichten der inneren Schulter ergibt sich jedoch aus der Biegung der Vorhand ebenso natürlich, wie durch dieselbe Biegung die äußere Schulter so weit vorgenommen wird, daß die Schultern des Reiters zu denen des Pferdes in eine parallele Lage kommen. In dieser Richtung der Schultern wird die auswendige Hand ihre dreifache Funktion des Bestimmens des Biegungsgrades, des Bestimmens des Sammlungsgrades und der Führung der Vorhand allein richtig erfüllen können, ebenso, wie die zu den Hüften des Pferdes parallele Richtung der Hüften des Reiters die Schenkel allein richtig plazieren kann. In dieser Haltung des Reiters, welche ihm das korrekte Schulterherein naturgemäß anweist, ergibt sich auch ganz von selbst die vorherrschende Wirkung des inneren Schenkels und äußeren Zügels in einem Grade, daß man beinahe sagen kann, das in allen Teilen wohl gebogene Pferd vermag der Reiter allein mit diesen Hilfen im richtigen Schulterherein zu erhalten, während die Gegenhilfen nur parat gehalten werden brauchen.

Solange das Schulterherein dem Reiter die beschriebene Führung, den beschriebenen Sitz und Schenkelhang, wie sie aus der richtigen Anlehnung, der richtigen Biegung der Wirbelsäule und des inneren Hinterfußes sich naturgemäß ergeben, nicht ganz zwanglos anweist, sind noch Mängel in diesen Grundlagen der Schule vorhanden. Wenngleich jedoch diese Mängel sich oft an einer ganz bestimmten Stelle zeigen, wäre es doch töricht, sie durch örtlich beschränkte Übungen heben zu wollen. Vielmehr muß die Ursache derselben stets im Ganzen gesucht, und durch gemeinschaftliche Tätigkeit von Hand, Sitz und Schenkel beseitigt werden. Übungen à la Baucher, wo das Pferd durch alleinige Wirkung des inneren Zügels und Spornes zum Weichen und Drehen der Hinterhand um die festgestellte Vorhand gezwungen wird, können daher niemals von Nutzen sein, das Schulterherein vorzubereiten oder zu bessern, sie werden vielmehr dem Pferde die Mittel lehren, sich der richtigen Ausführung desselben durch falsche Biegungen zu entziehen, da sie es in kurzer Zeit hinter die Zügel und dadurch aus der Gewalt des Reiters bringen.

Das eigentliche Wesen des Schulterherein besteht nicht im Weichen auf den inneren Zügel und Schenkel, sondern in einer Seitenbewegung, basiert auf verstärkter Seitenbiegung der gesamten Wirbelsäule und geregelt durch richtige Verteilung der Gewichtsmasse auf die vier Füße. Diese richtige Gewichtsverteilung allein befähigt das Pferd, in einer so künstlichen Stellung natürlich frei fort- und überzuschreiten. Man nennt dieses Gleichgewicht im gewöhnlichen Leben die gute Haltung des Pferdes, und sie äußert sich durch die richtige Anlehnung, welche aus ihr hervorgeht. Mängel in der Anlehnung sind daher stets eine Aufforderung für den Reiter, die Schiebkraft der Hinterfüße durch Mäßigung oder Steigerung richtiger abzumessen, und die Gewichte regelmäßiger zu verteilen.

Reiter, die den Vorzug genossen haben, auf richtig durchgearbeiteten Pferden und unter der Leitung eines tüchtigen Lehrers ihr Reitergefühl auszubilden, werden bei der Prüfung der Schulterhereinstellung nicht im Zweifel über die Korrektheit derselben sein; alle anderen aber mögen wohl acht haben, daß sie falsche Biegungen im Halse und geschicktes Ausfallen mit der Kruppe nicht für wohlbegründeten Gehorsam auf inneren Zügel und Schenkel halten. Solche weniger durchgebildeten Reiter mögen das Fehlerhafte ihrer Lektion, wenn nicht durch das Gefühl der Anlehnung und des Sitzes, doch daran erkennen, daß ihr Pferd stets die Neigung hat, die vorgeschriebene Linie nach rückwärts zu verlassen und im Gange unregelmäßig zu werden. Doch kann es ihnen auch kaum entgehen, daß sie in dieser fehlerhaften Seitenbewegung gezwungen sind, ihren Sitz künstlich zu erhalten, das heißt, die bei dem richtigen Schulterherein entsprechende Richtung ihres Körpers mit eigener Anstrengung zu suchen. Während die richtige Schule die innere Hüfte des Reiters vorschiebt und senkt und ihm dadurch einen sanften Hang nach innen gibt, der fördernd auf die Seitwärtsbewegung der Hinterhand einwirkt, wird die falsche, das heißt, Seitwärtsweichen des Pferdes ohne Rippenbiegung, die äußere Hüfte des Reiters vorwärts drängen und ihn dadurch in eine Richtung bringen, die das Ausfallen, das heißt, das Seitwärtsweichen der Hinterhand fördert, aber nicht hindern kann.

Wenn ich nunmehr dieses wichtige Kapitel schließen muß, geschieht es mit der ernsten Mahnung an jeden Reiter, das Studium des richtigen Schulterherein unermüdlich zu betreiben und es als die Hauptstütze der ganzen Dressur zu betrachten, durch die er nicht nur alles das aus dem Pferde gewinnen und entwickeln kann, was die Natur in dasselbe hineingelegt hat, sondern auch Fehler in Haltung und Gang, die sich durch falsche Arbeit eingeschlichen haben, gründlich zu heben vermag. Reiter, welche die wunderbare Macht dieser Lektion vollkommen erkannt haben, mühen sich nicht ab, ihre Pferde durch steten Wechsel der verschiedensten Stellungen biegsam und gehorsam zu machen, sie wissen, daß aus dem richtigen Schulterherein alle Schulen hervorgehen, deren sie zur Erreichung des vorgesteckten Zieles bedürfen, sei dies die wohlbegründete Richtung ins Gleichgewicht, sei es diejenige auf die Hanke.

VOM TRAVERS

Bei Besprechung dieser Lektion wiederhole ich von vornherein, daß sie nur aus dem Schulterherein hervorgehen kann, das also das richtige Travers ein richtiges Schulterherein in sich schließen muß. Alles, was ich bereits im allgemeinen von den Lektionen auf zwei Hufschlägen und insbesondere vom Schulterherein gesagt habe, findet daher auch auf das Travers seine Anwendung mit denjenigen Modifikationen, welche sich aus den Unterschieden zwischen beiden Lektionen ergeben. Diese Unterschiede näher zu beleuchten, wird die hauptsächliche Aufgabe dieses Kapitels sein.

Schulterherein und Travers, diese beiden in ihrem Wesen so nahe verwandten Lektionen, sind doch in dem äußeren Bilde, welches sie darbieten, sehr voneinander verschieden, denn im Travers ist 1) die Hinterhand auf die innere Linie gerichtet, 2) schreiten die äußeren Füße vor und über die inneren, und 3) weicht das Pferd dem äußeren Schenkel des Reiters, schreitet also in der Richtung der gebogenen Seite vor- und seitwärts.

Die Richtung der Hinterhand auf die innere Linie bedingt bei allen Wendungen auf gebogenen Linien ein entsprechendes Verhalten derselben gegen die Vorhand, damit beide in gleichem Takte der Bewegung ihre an Weite verschiedenen Wege gleichzeitig zurücklegen. Diese Beschränkung der Hinterhand bewirken die Schenkel, besonders der innere, während in der vorigen Lektion die Zügel, besonders der äußere, bei der Vorhand dasselbe zu erreichen hatten. Dahingegen muß die Vorhand auf ihrem weiteren Wege in der Bewegung gefördert werden, teils durch fleißiges Herumführen mit beiden Zügeln, teils durch Entlastung auf Kosten der Hinterhand. In dem Grade dieser Entlastung wird sie beweglicher werden und deshalb auch geräumiger treten können, wenn dies erforderlich ist. Von dem Grade der Sammlung hängt daher auch in dieser Lektion die Vollkommenheit derselben ab, indem dadurch nicht nur, wie im Schulterherein, die Aktion erhöht und damit das Überschreiten erleichtert, sondern auch die Hinterhand mehr fixiert und die Vorhand wendsamer wird. Das kürzere Treten der Hinterfüße auf ihrer engeren Linie erfordert überhaupt eine stärkere Belastung derselben in dieser, wie in der vorher besprochenen Seitenlektion, daher denn dieselbe auch als eine gesteigerte Aufgabe betrachtet werden muß.

Das Überschreiten der äußeren über die inneren Füße würde an sich leichter sein, weil die Füße der ungebogenen Seite freier sind und die Seitwärtsbewegung in der Richtung der Biegung durch diese gestört wird, wenn nicht durch das Weichen der Kruppe in die Biegung hinein andere Schwierigkeiten entständen. Durch dasselbe wird nämlich nicht nur die Rippenbiegung und mit ihr die Belastung des inneren Hinterfußes verstärkt, sondern auch der äußere Hinterfuß mehr unter die Gewichtsmasse getrieben, wenn sonst die Lektion richtig ist. Weil der biegende Zügel und seitwärtstreibende Schenkel sich entgegenarbeiten, ist das Weichen der Kruppe in dieser Lektion sehr erschwert und kann bei jungen Pferden nicht wie im Schulterherein erzwungen werden. Es muß vielmehr aus diesem hervorgehen und kann gewissermaßen als Resultat desselben betrachtet werden, weil die richtige und geläufige Biegung, wie sie aus dem Schulterherein resultiert, allein das Hindernis beseitigen kann, welches dem Weichen auf den äußeren Schenkel entgegensteht. Das Travers mag daher dem Reiter während der Dressur als Probe für das Plié dienen. Je williger sich nach und nach das Pferd in jenem zeigt, um so sicherer ist es in diesem geworden. Es ist aber sehr fehlerhaft, wenn Reiter ihre jungen Pferde zu unvorbereiteten Travers-Stellungen zwingen, oder solche auch nur gleichmäßig mit den ersten Plié-Übungen wechseln lassen, weil falsche Travers-Richtungen noch viel nachteiliger einwirken als solche im Plié. In diesem bleibt der äußere Hinterfuß stets frei und wird durch seine Schiebkraft den Gang erhalten, wenn sie nur einigermaßen gegen die Gewichtsmasse gerichtet bleibt, bei jenem aber entzieht sich der innere tragende Fuß seiner Last durch Ausweichen nach innen und belastet dadurch den äußeren dergestalt, daß seine Schiebkraft gebrochen wird. Unregelmäßiger, verhaltener Gang und mangelnde Anlehnung sind die unmittelbaren Folgen davon in viel höherem Grade als beim Ausfallen der Kruppe im Plié, und geben daher leicht Veranlassung zu den hartnäckigsten Widersetzlichkeiten, weil diese immer aus dem Freimachen des inneren Hinterfußes entspringen.

Wie in der vorigen Lektion der innere Schenkel die Rippenbiegung und Führung der Hinterhand zu übernehmen hatte, so muß in dieser der innere Zügel die Biegung der Vorhand und ihre Führung zugleich befolgen. Der äußere Schenkel führt die Hinterhand, das heißt, er bewirkt ihre Seitenstellung, wobei der innere durch seine Gegenwirkung nicht nur die Rippenbiegung zu erhalten, sondern auch den inneren Hinterfuß zu fixieren also streng auf seiner ihm zukommenden Linie zu erhalten hat. Der innere Zügel und äußere Schenkel haben daher die Führung oder Fortbewegung in der Seitenstellung, die Gegenhilfen aber die Biegung und Sammlung zu bewirken. Solange diese noch nicht genügend erreicht und begründet ist, muß der Reiter sein Travers mehr mit dem äußeren Zügel und inneren Schenkel also den vorherrschenden Hilfen des Schulterherein üben, ähnlich wie er im Schulterherein anfangs mehr den äußeren Schenkel zur Fixierung des äußeren Hinterfußes nötig hatte. Erst wenn er das Plié im Travers nicht mehr künstlich zu erhalten braucht, kann er letzteres als vollkommen ansehen. Er wird es dann scheinbar auf inneren Zügel und äußeren Schenkel produzieren, das heißt, es mit einer leicht überwiegenden Wirkung dieser Hilfen und gleichmäßigen Gegenwirkung der anderen leicht und natürlich erhalten können.

Travers unterscheidet sich vom Schulterherein dadurch, daß die Hinterhand auf die Spur der Vorderhand gerichtet ist, die äußeren Füße über und vor die inneren treten und das äußere Hinterbein unter den Schwerpunkt des Pferdes tritt.

Das richtige Travers ist eine der schönsten Schulen, und hebt die Gestalt und Geschicklichkeit des Pferdes am vorteilhaftesten hervor, einmal, weil die kürzere Linie der Hinterhand eine stärkere Belastung derselben bedingt, wodurch die Vorhand an Freiheit und Leichtigkeit der Bewegung gewinnt, sodann aber, weil die Fortbewegung in der Richtung der Biegung stattfindet, wodurch diese gleichsam natürlicher wird, weil das Pferd dabei seinen Schwerpunkt nach innen neigt und seinen Weg übersehen kann. Die naturgemäß stärkere Sammlung sowie der Umstand, daß die äußeren über die inneren Füße zu passieren haben, läßt ferner eine stärkere Biegung der Vorhand zu, denn indem dadurch die innere Schulter mehr zurückgerichtet wird, wird das Überschreiten des äußeren Vorderfußes erleichtert.

Wie das Plié fördernd und befestigend auf den Trab bei jungen Pferden dadurch einwirkte, daß die inneren Füße zur Fortbewegung vor- und überschreiten mußten, was nur in den Gängen der diagonalen Fußbewegung vollkommen, im Galopp aber nur beschränkt möglich ist, weshalb bei geringerem Grade desselben, wie sie zu den Anfangsübungen passen, auch Trabstellung genannt wurden, so ist das Travers fördernd und vorbereitend für den Galopp, weil dieser ein Vorrichten der inneren Seite und fast gleichzeitiges Vorgreifen der inneren Füße erfordert. Man nennt deshalb die ersten Grade des Travers die Galoppstellung und bedient sich ihrer, um jungen Pferden die ersten Übungen im Angaloppieren zu erleichtern, indem sie in dieser Stellung naturgemäß am leichtesten die richtige Fußsetzung für den Galopp finden werden. Man wende sie aber zu diesem Zwecke mit Vorsicht an und mißbrauche sie nicht durch zu frühzeitige oder unnötige Versuche, da sie sonst die Nachteile des falschen Travers zur Folge hat und dem jungen Pferde leicht lehrt, den inwendigen Hinterfuß freizumachen. Im Trabe markiert sich das Fehlerhafte des Travers deutlich durch Unreinheit des Taktes und des Übertretens sowie durch Zurückweichen von den richtigen Linien; im Galopp aber ist es oft so versteckt, daß seine Entdeckung schon ein sehr feines Gefühl vom Reiter verlangt, weil eben der Galopp mit der Travers-Stellung natürlich verwandt ist. Man folge daher dem Beispiel der alten Meister. Diese beurteilen die Vollkommenheit ihrer Schulen nach der Reinheit der Gänge in den nicht verwandten Stellungen und stellen daher den Trab als Probe für das Travers, den Galopp aber als die des Plié auf. Sie erlaubten sich im Galopp nicht eher Travers-Stellungen, als bis sie dieselben im reinen und gesammelten Trabtempo vollkommen befestigt und den Galopp in einer möglichst vollkommenen Plié-Trabstellung so ausgebildet hatten, daß sie den inneren Hinterfuß vollkommen beherrschen. Dann aber bedienten sie sich des Galopps in der Travers-Stellung vielfach, um die Hinterhand ihrer Pferde, besonders die Tragkraft derselben höher auszubilden, und zeigten die Resultate davon später als Redopp und Wendungen auf der Nachhand, was im Kapitel vom Galoppe noch ausführlich besprochen werden wird.

Wenn schon das vollkommene Plié, das heißt, der Grad desselben, der ein wirkliches Überschreiten der inneren über die äußeren Füße erfordert, mehr den höheren Schulen zugerechnet werden mußte, weil es einen Grad von Biegung und Sammlung erfordert, der die gewöhnlichen Anforderungen an die Kampagneausbildung überschreitet, so muß dies mit dem vollkommenen Travers noch viel mehr der Fall sein, da dies eine noch stärkere Belastung der auf der kürzeren Linie schreitenden Hinterhand erfordert, indem der innere Fuß die Biegung des Plié beibehalten soll, während der äußere mehr unter die Gewichtsmasse gerichtet wird. Der Reiter sei daher mit doppelter Vorsicht darauf bedacht, den Grad der Seitwärtsstellung wohl nach dem Grade abzumessen, indem er sein Pferd zu sammeln vermag.

Gewonnen wird die Travers-Stellung dadurch, daß der Reiter die Hinterhand seines zuvor wohlgebogenen Pferdes mit dem äußeren Schenkel nach innen richtet, während die Vorhand auf ihrer Linie erhalten wird. Beide Schenkel und Zügel erhalten darauf durch wohl abgewogene, gegenseitige Tätigkeit Vor- und Hinterhand in der ihnen angewiesenen Richtung zueinander, wobei erstere gleichzeitig für die Unterhaltung eines belebten Ganges Sorge tragen. Bei dieser Führung unterstützen sich innere Zügel und Schenkel zur Erhaltung der Biegung, äußerer Zügel und Schenkel zur Erhaltung der Seitwärtsstellung dergestalt, daß bei geschickter Anwendung derselben das Pferd zwischen inneren und äußeren Hilfen gleichsam balanciert wird. Da innere Zügel und äußere Schenkel der Natur der Stellung gemäß die Hauptwirkung haben, daß sie das Pferd in derselben erhalten, so müssen sie bei mangelnder Sammlung, das heißt, Haltung des Pferdes durch kräftige Mitwirkung der Gegenhilfen also des inneren Schenkels und äußeren Zügels bei den Arrêts unterstützt werden. Innere Schenkel und äußere Zügel sind daher die sammelnden Hilfen des Travers. Reiter, die das Travers mit einem Hange nach außen und weggestrecktem innerem Schenkel reiten, werden noch traurigere Resultate ernten als solche, die das Plié mit dem inneren Schenkel

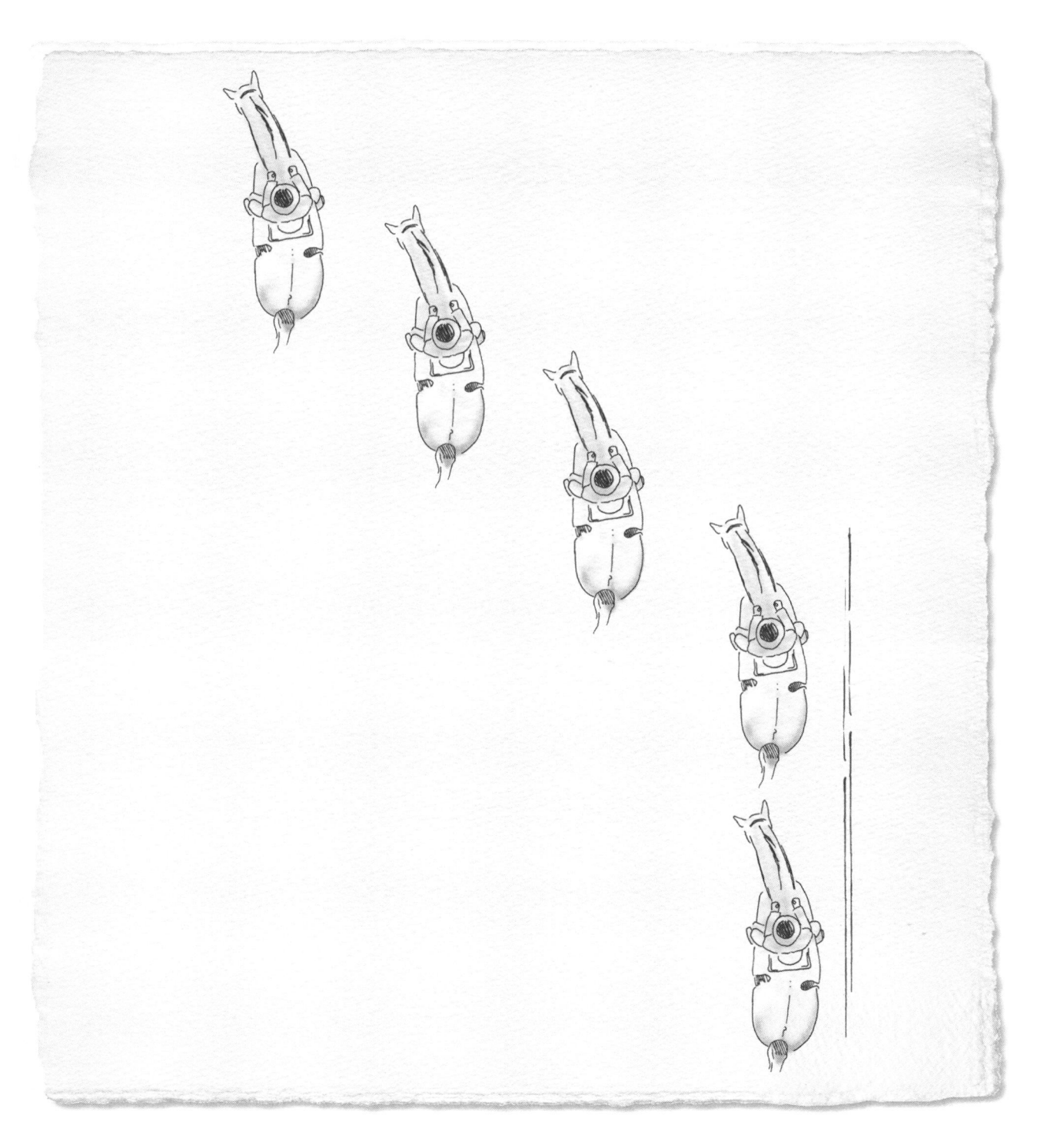

Der Reiter entwickelt die Travers-Stellung indem er mit dem äußeren Schenkel die Hinterhand des Pferdes auf die Linie der Vorhand richtet.

allein erzwingen. Dennoch ist dies der gewöhnliche Fehler aller derer, welche die Seitenstellungen beider Lektionen ohne genügende Vorbereitung fordern. Wegen Mangel der nötigen Biegsamkeit wird das Pferd nicht leicht und willig weichen können, sondern muß durch gewaltsame einseitige Anwendung von Zügel und Sporn dazu gezwungen werden. Aus momentaner Furcht wird es alsdann dem einzelnen Sporne vielleicht weichen, doch wird dadurch nicht nur kein nachhaltiger Einfluß auf seine Haltung ausgeübt, sondern ihm vielleicht sogar das Mittel gelehrt, sich durch falsches Weichen der Gewalt des Reiters zu entziehen. Der verständige Reiter wird sich daher sein junges Pferd in ruhiger, geduldiger Weise durch gebogene Linien auf einem Hufschlage für die ersten Grade des Plié vorbereiten, dieses dann stufenweise ausbilden und nicht eher zum Travers übergehen, als bis er die ersten Grade dieser Schule mit einiger Sicherheit erhalten kann. Das Plié ist vollkommen ausreichend, alle dem Travers entgegenstehenden Hindernisse zu beseitigen, denn diese bestehen in der Hauptsache immer in dem Mangel der nötigen Biegsamkeit, welche durch das Plié dem Pferde in der ungezwungensten Weise gegeben wird.

Das richtige Travers erfordert eine stärkere Biegung der Vorhand als das Plié, teils damit der Schwerpunkt mehr in die Richtung der Fortbewegung falle und die Vorhand auf ihren weiteren Linien wohl vorgerichtet bleibe, teils damit das Überschreiten des äußeren Vorderfußes nach Möglichkeit erleichtert werde. Durch die eingehaltenen Tritte der Hinterhand auf den engeren Kreisen und die freiere Bewegung der Vorhand auf den weiteren nähern sich alle Wendungen im Travers schon den gesammelten auf der Hanke und können daher als sichere Vorbereitung derselben betrachtet werden.

Das Pferd im richtigen Travers gibt seinem Reiter denselben sanften Hang nach innen, wie das Plié, wegen der gleichen, stärkeren Belastung des inneren Hinterfußes. Es richtet aber die innere Hüfte des Reiters mehr vor in dem Grade, wie seine eigene innere Hüfte mehr vorgerichtet ist. Hier verfalle wiederum der Reiter nicht in den gewöhnlichen Fehler, die Schulter der Richtung der Hüften folgen zu lassen, sondern stelle diese mit den Schultern des Pferdes übereinstimmend. Wenn ich schon bei der vorigen Lektion davor warne, so geschieht es im Travers um so dringender, da in diesem die äußere Schulter des Pferdes besonders vorgerichtet und erleichtert erhalten werden muß, wenn die Seitwärtsbewegung auch eine richtig vorwärtsgehende bleiben soll. Dies vermag aber nur der äußere Zügel durch tätige und rechtzeitige Mitwirkung, und der Reiter beachte daher weniger seine innere Schulter, sondern stelle die äußere so, daß er den äußeren Zügel bald wendend, bald sammelnd mit Erfolg könne wirken lassen.

Der Hang des Reiters nach innen bringt den inneren Schenkel in nähere Berührung mit dem Pferde. Wenn dies im Plié seitwärtstreibend auf die Kruppe wirkte, so muß es im Travers die entgegengesetzte Wirkung äußern, was den Vorteil gewährt, daß hierdurch der innere Hinterfuß stets in Schach gehalten wird. Wie im Plié die richtige Körperstellung und Biegung von der Fixierung des äußeren Hinterfußes abhängig war, so ist sie es im Travers von der des inneren.

Die mit dem leichten Hange verbundene sanfte Vermehrung des Körpergewichtes vom Reiter wirkt im Travers, wo die Fortbewegung in gleicher Richtung mit der Hinneigung der Last stattfindet, so lange fördernd auf den Gang ein als die Schwerlinie des Reiters mit der des Pferdes zusammenfällt. Hört diese Harmonie zwischen beiden Körpern auf, so wirkt der Reiter als fremder Körper überhaupt hindernd auf die Biegung ein. Ebenso wird eine, wenn auch übereinstimmende, so doch zu starke Neigung der gemeinschaftlichen Last nach einer Seite hin zwar die Bewegung dahin vermehren, aber im Ganzen das Gleichgewicht stören. Mangelnde Haltung und unreines Tempo des Ganges sind die Zeichen davon.

Im Plié, wo der Hang des Reiters und die Biegung der gemeinschaftlichen Last der Fortbewegung entgegengestzt wirkt, muß nicht nur die entschiedenere führende Tätigkeit des äußeren Zügels, sondern auch der gemäßigtere Grad dieser Neigung den für den Gang störenden Folgen diese naturgemäßen Umstandes entgegenarbeiten. Aus diesem Grunde wird beim wohlgeschulten Pferde im Travers die richtige Stellung der Vorhand schon genügen, dieselbe auf ihrer Linie zu erhalten, so daß der innere Zügel weniger führend als biegend zu wirken hat, während sie im Plié nur durch die bestimmte Führung des äußeren Zügels darauf erhalten werden kann.

VON DEN KONTER-LEKTIONEN

Jede der im Bisherigen besprochenen gebogenen Lektionen und Stellungen hat ihre Konter-Lektion, worunter man im allgemeinen diejenigen gebogenen Lektionen versteht, bei denen das Pferd in seiner Biegung entgegengesetzter Richtung wenden muß, das heißt, rechts gebogen links, und links gebogen rechts. Konter-Lektionen sind daher nur denkbar, solange der Reiter sein Pferd auf Zirkel oder Viereck übt; auf gerade fortlaufenden Linien ist keine Konter-Lektion zu bilden, denn ihr Unterschied gegen die einfachen zeigt sich nur im Wenden. Die Konter-Lektionen sind nicht sowohl als etwas abgeschlossenes und für sich Bestehendes zu betrachten als vielmehr als eine Fortsetzung der entsprechenden einfachen Übungen unter veränderter Hufschlagsrichtung. Sie dienen dem Bereiter daher zur Befestigung und Geläufigmachung der einfachen sowie zur sicheren Vorbereitung der folgenden Lektionen. Richtig gewählt und angewendet sind sie von außerordentlicher Wirksamkeit und helfen oft schneller zum Ziele, wie das zu lange und einseitige Verweilen bei den einfachen Lektionen.

Die Konter-Lektionen erfordern genau dieselben Hilfen von seiten des Reiters wie die einfachen, nur mit Berücksichtigung der veränderten Hufschlagsrichtung. Ich kann es nicht genug betonen und bestimmt genug aussprechen, daß der Wechsel des Hufschlages den einzigen Unterschied zwischen den Konter- und den entsprechenden einfachen Lektionen bilden muß; Stellung, Biegung und Gang des Pferdes müssen in beiden dieselben sein. Hält der Reiter stets an diesem Grundsatze fest, so wird er nicht nur sehr bald eine richtige Einsicht in die Konter-Schulen gewinnen, sondern auch überhaupt die gesamten Schulen richtig zu unterscheiden und zu ordnen wissen. Die Biegung des Pferdes entscheidet stets, auf welcher Hand es sich befindet; ist es rechts gestellt und gebogen, so ist seine rechte Seite die innere, mag sie auch der Bande der Bahn zugewendet sein und das Pferd sich links in derselben herumbewegen. Es ist dann eben eine Konter-Lektion rechts, und der Reiter hat sich in Sitz und Führung genau so zu verhalten, als ritte er sein Pferd in gleicher Stellung rechts herum. Ist also die innere gebogene Seite des Pferdes dem inneren Raume der Bahn zugewendet, wendet es also in der Richtung seiner eigenen Biegung, so ist es eine einfache Lektion, mag sie jeden beliebigen Namen führen; ist aber das Umgekehrte der Fall, so wird es dadurch eine Konter-Lektion, daß die innere, gebogene Seite des Pferdes nach außen gerichtet und es dadurch gezwungen ist, seiner Biegung entgegengesetzt zu wenden. Dieser Umstand erschwert das Wen-

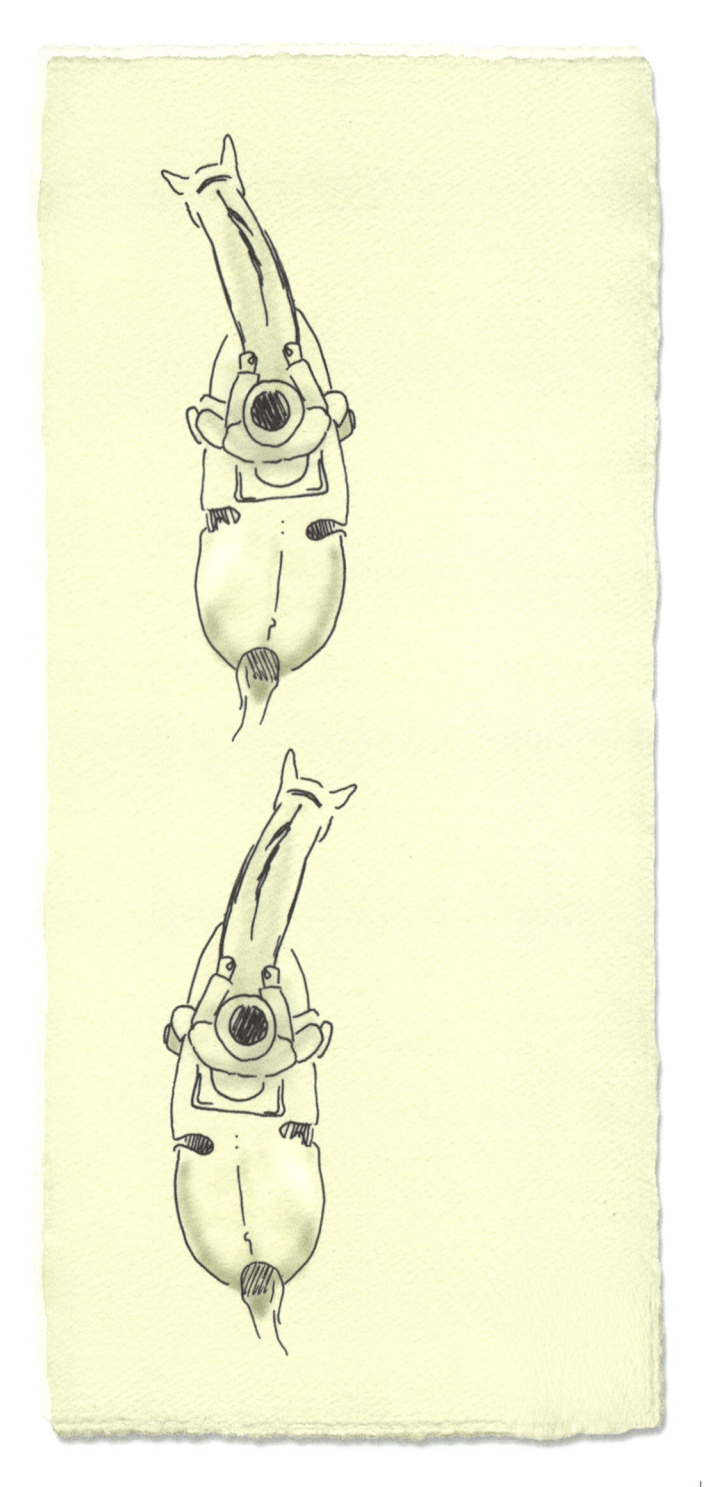

Biegung und Stellung rechts und Konter-Lektion.

Anzüge, wenn sie von Erfolg sein sollen, durch die entsprechenden, mitwirkenden Hilfen unterstützt sein müssen, versteht sich von selbst. Es sind dies namentlich der Hang des Reiters nach innen, das heißt, nach der Biegung des Pferdes und die kräftige Mitwirkung seiner Schenkel gemäß den Umständen, damit der innere stärker gebogene Hinterfuß sich nicht freimache. Ist hierdurch die richtige Biegung und gesteigerte Sammlung des Pferdes gesichert, so hat der Reiter noch zu berücksichtigen, daß die äußeren, freieren Füße in allen Konter-Wendungen die inneren, kürzeren Linien des Hufschlages einzuhalten haben, daß sie also demgemäß zurückgehalten werden müssen, wenn der Gang rein und im richtigen Tempo bleiben soll. Die stärkere Wirkung des äußeren Zügels sei daher nicht nur sammelnd, das heißt, belastend für die Hinterhand, sondern auch verhaltend, das heißt, speziell hemmend für die äußeren Füße. Um jedoch hierdurch nicht die Frische des Ganges zu beeinträchtigen, gebe man den inneren Füßen durch ein wohl abgewogenes Nachlassen der Biegung verhältnismäßig etwas mehr Freiheit zum Ausschreiten, damit die Harmonie des Ganges dadurch erleichtert werde. Wenn die Konter-Lektion also stets eine stärkere Sammlung des Pferdes und Verkürzung des Ganges, was eines aus dem anderen folgt, erfordert, so ist damit hinreichend erklärt, daß sie eine Steigerung der einfachen, entsprechenden Lektionen sein und daher wesentlich zur Vervollkommnung und Befestigung derselben beitragen muß. Mangelhaft oder falsch geübt, werden aber aus dem gleichen Grunde die Konter-Lektionen geeignet sein, das Pferd um so schneller auf die Schulter und in Unordnung zu bringen. Ihre größeren Schwierigkeiten werden den unfähigen Reiter bald seine Mängel verraten lassen, und das Pferd diese sehr schnell zu benutzen wissen.

Nach diesen allgemeinen Bemerkungen über das Wesen der Konter-Lektionen will ich noch über ihre Ausbildung und Anwendung im allgemeinen bemerken, daß sie stets aus den entsprechenden einfachen Lektionen hervorgehen müssen, das heißt, nur als eine Fortsetzung derselben unter veränderten und erschwerten Umständen zu betrachten sind. Sie müssen daher in derselben Ordnung aufeinander folgen, und jede einzelne mit derselben Vorsicht durch stufenweise Steigerung der Anforderungen ausgebildet werden, wie jene. Erst nachdem das Pferd eine gewisse Sicherheit in der einfachen Lektion gewonnen, kann der Reiter daran denken, es zur entsprechenden Konter-Schule überzuführen, und hat in dieser anfangs die Linie so zu wählen, daß er jede kurze und schwierige Wendung möglichst vermeidet. Um dem Pferde die Auffas-

den, weil die Gewichtsmasse der natürlichen Neigung des Schwerpunktes nicht folgen kann, sondern dieser entgegengesetzt sich bewegen muß. Deshalb hat der Reiter hier doppelt auf die gute Haltung des Pferdes zu achten, und muß im allgemeinen besonders durch rechtzeitige und verstärkte Anzüge mit dem äußeren Zügel das zu starke Belasten des äußeren Vorderfußes verhindern. Daß diese

sung zu erleichtern, bildet man sie anfangs so, daß man, mit der einfachen Lektion beginnend, es unter strengem Beibehalte der durch diese angewiesenen Stellung durch die Changementslinie über die Bahn oder auf einer großen halben Volte zur Konter-Lektion überführt, dabei die Ecken wohl abrundet und sich mit einer kurzen Reprise begnügt.

Beendet wird die Konter-Lektion anfangs am besten durch den Wechsel zur entgegengesetzten einfachen Stellung auf einem Hufschlage, zum Beispiel von der Konter-Trabstellung rechts zur einfachen Stellung links, in der man es dann anhalten oder parieren kann. Zeigt sich das junge Pferd in der Konter-Lektion noch sehr unbeholfen oder rückhaltig, so zwinge man es nicht gewaltsam dazu, sondern sehe es als ein Zeichen an, daß es nicht genügsam vorbereitet ist, und gehe geduldig zur einfachen Lektion zurück, oder übe im Schritt, was im Trabe und Galoppe noch nicht gehen will. Balgereien in Konter-Schulen sind doppelt gefährlich für die Glieder des Pferdes, weil dieselben den natürlichen Bewegungen sehr hinderlich sind. Mit zunehmender Fertigkeit des Pferdes kann der Reiter die einfache mit der Konter-Lektion häufiger und schneller auf fortlaufender Linie wechseln lassen, wobei er nicht zu vergessen hat, daß er im Momente des Wechsels der Stellung stets von einer Hand zur anderen übergeht und demgemäß seinen eigenen Sitz zu wechseln hat. Ich gehe nunmehr zur speziellen Beschreibung der einzelnen Abstufungen dieser Schulen über und beginne mit der Konterstellung auf einem Hufschlag oder der einfachen Konter-Biegung. Wie es in der entsprechenden einfachen Lektion die Hauptaufgabe war, das Pferd gebogen-gerade gehen zu lehren, das heißt, die Hinterhand richtig auf den Linien der Vorhand folgen zu machen, und dabei den inneren Hinterfuß gegen den äußeren treten zu lassen, so kommt es hierbei auch in der Konterbiegung an, und der Reiter erreicht dies durch dieselben, bereits angegebenen Hilfen. Da jedoch jetzt die inneren Füße auf die äußere Linie gerichtet sind, und die gebogene Seite der Bande der Bahn zugewendet ist, so wird der äußere Zügel beim Wenden dadurch zum führenden, daß er die Vorhand zur entgegengesetzten Richtung bestimmen muß als die naturgemäße Neigung des Pferdes seiner Biegung gemäß sein würde. Ferner muß der äußere Zügel durch seine stärkere, verhaltende Wirksamkeit den äußeren Hinterfuß im weiten Aufschreiten derart beschränken, daß der mehr belastete, innere Hinterfuß genügend folgen kann. Der äußere Schenkel hat bei diesen Funktionen den äußeren Zügel kräftig zu unterstützen, damit seine bald führenden, bald sammelnden Anzüge stets von Erfolg sind. Hierin liegt der Grund, weshalb die Konterstellung sehr schnell das junge Pferd auf äußerem Zügel und Schenkel folgsamer und aufmerksamer macht, was dem Reiter bald durch die bessere Haltung in der einfachen Stellung fühlbar werden wird. Aus diesem Grunde werden auch geschickte Reiter bei solchen Pferden, die sich der Biegung durch eigensinniges Ausfallen der Kruppe oder Drängen gegen den inneren Sporn widersetzen, durch Konterbiegung schneller zum Ziele gelangen, wenn sie diese als Mittel zur Gewinnung der einfachen benutzen. Denn da, wie wir gesehen haben, in der Konterstellung der äußere Hinterfuß durch den Umstand, daß er die innere Linie hat, erfolgreicher bearbeitet werden kann, so kann der innere Sporn die Rippen und den inneren Hinterfuß, der überdies durch die Bande fixiert ist, viel sicherer biegen, während die Kopfstellung nach außen einen größeren Schutz gegen das Andrängen an die Bande eigensinniger Pferde gewährt. Nur muß alsdann der Reiter die Geschicklichkeit besitzen, durch gewandtes Führen der Vorhand den Gang nicht ins Stocken geraten zu lassen, da dies stets der Anfang zur Widersetzlichkeit ist.

Zur Übung der Konterstellung eignen sich anfangs nur Schritt und Trab und letzterer auch nur im verkürzten oder Mitteltempo. Der Kontergalopp setzt schon eine gute Haltung des Pferdes im Galopp überhaupt voraus, wenn er von Nutzen sein soll. Es ist daher unverständig von vielen Reitern, sich abzumühen, ihre Pferde konter zu galoppieren, ehe sie dieselben durch Wendungen auf der einfachen Hand in dieser Gangart genügend vorbereitet haben. Es zeugt aber von gänzlichem Mangel an Reitertakt und Verständnis, wenn sie beim Tummeln ihrer Pferde dieselben zu Konterstellungen überführen, ohne dieselben als solche besonders zu berücksichtigen. Wie ich schon einmal erwähnt, erfordern sie stets eine stärkere Sammlung und Abkürzung des Tempos im Gange und beim Wenden noch eine besondere Vorbereitung für das Pferd durch Erleichtern seiner äußeren Schulter. Sehr kurze und scharfe Wendungen in der Konterstellung erfordern eine starke Sammlung, das heißt, eine vollkommene Hankenbiegung, und sind daher nur Aufgaben für das Schulpferd. Der Kampagnereiter begnüge sich daher mit mäßig abgerundeten Ecken, mit Zirkeln und größeren Volten.

Den nächst höheren Grad einer Konterbiegung geben wir dem Pferde durch die Konter-Trabstellung oder das halbe Konter-Schultereherein. Wenn ich schon die entsprechende einfache Lektion als die Hauptstütze der Kam-

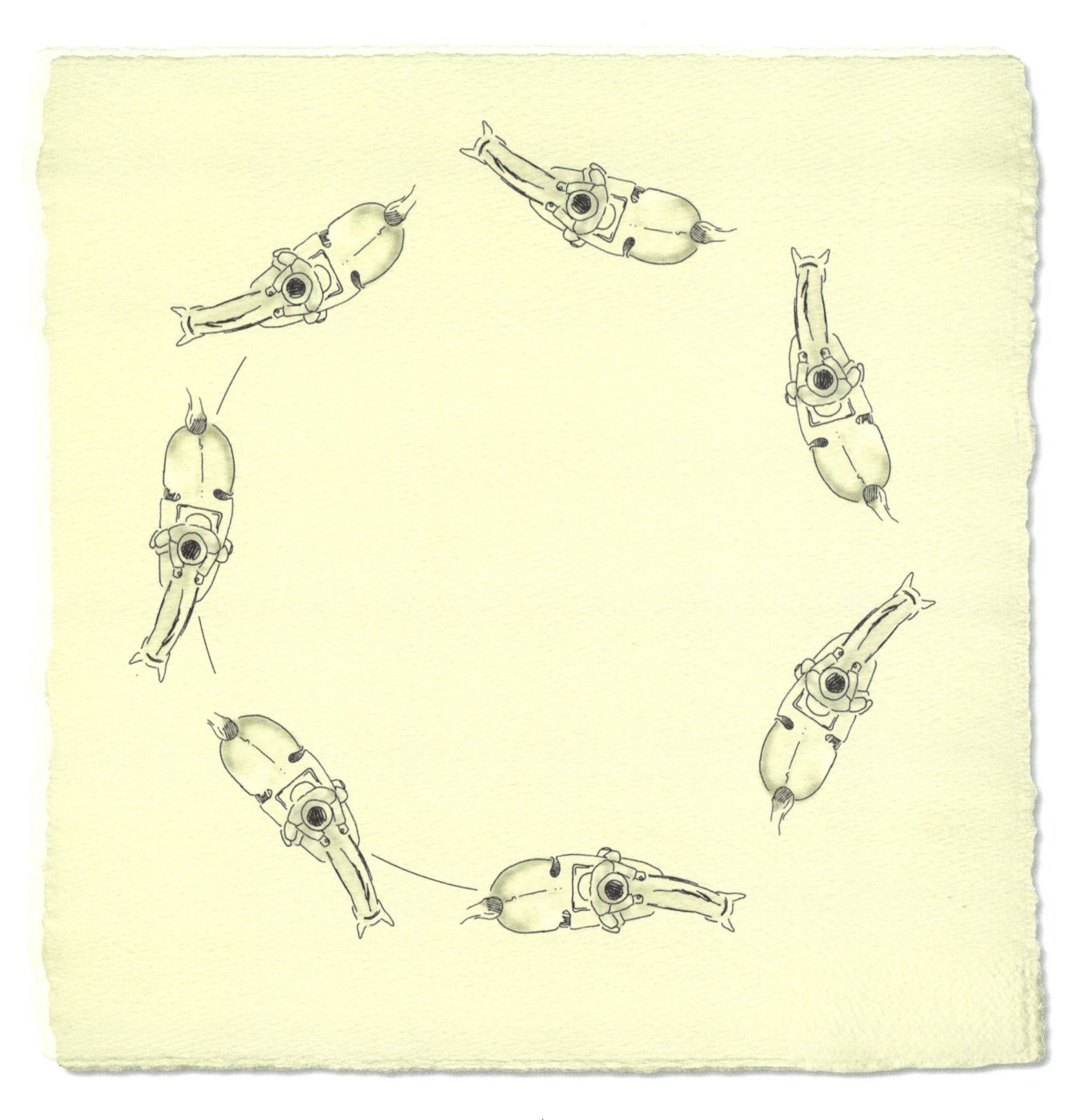

*Konter-Schulterherein
auf dem Zirkel*

pagne-Dressur erklärte, so ist diese Schule es noch im erhöhten Grade. Richtig ausgeführt und angewendet ist sie die wirksamste in dieser Periode der Dressur, das junge Pferd nicht nur in der vorhergegangenen Lektion zu befestigen, sondern auch die nachfolgenden wohl vorzubereiten. Ich kann sie daher nicht genug empfehlen, da ich durch sie stets sichere und glänzende Erfolge gehabt habe, und tue dies um so eindringlicher, als ich sie im allgemeinen nur selten korrekt habe üben sehen. Das Hauptmoment derselben ist natürlich das Treten der inneren Füße vor die äußeren, mit Erhaltung der geraden Richtung in der Biegung, das heißt, mit gleichmäßiger Belastung der inneren und äußeren Füße. Der Reiter erlangt dies durch seinen sicheren Hang nach innen und fleißiges Entlasten der äußeren Füße durch den äußeren Schenkel und Zügel. Durch diese Hilfen hat er sein Pferd stets zu überwachen, da es in der Konter-Lektion ohne dieselben volle Freiheit hat, mit den die inneren Linien betretenden äußeren Füßen nach außen zu fallen und den inneren voranzueilen, während durch jene sammelnden Hilfen, wie wir bereits erwähnten, in der Konterbiegung mehr noch wie in der einfachen, der auswendige Hinterfuß bearbeitet werden kann. Für den ungeübten Reiter ist das Freiwerden der äußeren Seite, das stets mit einer falschen Biegung und unreinem Gange verbunden ist, weil es diese bedingt, in der Konter-Lektion schwieriger zu erkennen, weil eben das Ausfallen der äußeren Füße auf den kürzeren Linien nur ein geringeres zu sein braucht, um das Gleichgewicht des Körpers zu stören. Der fein fühlende Reiter erkennt diesen Fehler schon in seinem ersten Entstehen an dem stärkeren Auftritte der äußeren Füße infolge der mehr oder weniger stärkeren Belastung derselben, wenn hierdurch auch der gleichmäßige Takt des Ganges noch nicht gestört ist. Im höheren Grade wird das Pferd seine nach außen drängende Gewichtsmasse nicht nur durch eine stärkere Anlehnung auf den äußeren Schenkel und Zügel, sondern auch durch weitere und schnellere Tritte mit den äußeren Füßen zu unterstützen suchen, wodurch der Gang ungleich, rollend und fallend wird. Die inneren Füße, hierdurch zwar entlastet, durch die falsche Biegung aber in ihrer Freiheit gehemmt, und nicht genügend unter den Schwerpunkt der Gewichtsmasse geschoben, werden durch ihre stumpfe, gezwungene Bewegung nicht mehr tragend mitwirken, sondern die Unordnung des Ganges nur vermehren.

Die Konter-Lektionen des Schulterherein in ihrer stufenweisen Folge sind insofern verwandt mit den einzelnen Abstufungen des Travers, als bei beiden die Hinterhand auf die innere Hufschlagslinie gerichtet ist. Sie bilden daher die natürlichste Vorübung und Übergangslektion zu den letzteren, denn sie bedingen bereits diejenige stärkere Belastung der Hinterfüße, die das Travers erfordert, während sie dem Reiter noch den Vorteil gewähren, daß die Biegung des Pferdes seine Seitwärtsrichtung erleichtert, während beim Travers das Umgekehrte der Fall ist. Deshalb sind sie so wirksam, den Gehorsam des Pferdes auf den inneren Sporn so weit zu begründen, daß es demselben Sporne als äußerem genügend weichen wird. In dieser Periode der Dressur wechsele der Reiter denn auch oft mit beiden Lektionen dergestalt, daß er zum Beispiel von der Konter-Trabstellung rechts zum halben Travers links übergeht. Bei diesem Wechsel hebe er erst ganz allmählich die Biegung rechts durch Nachgeben des biegenden Zügels auf, drücke sein Pferd, wenn es die gerade Stellung gewonnen, zuvor kräftiger mit beiden Schenkeln an die Hand heran und gehe dann ebenso behutsam zur Biegung und Travers-Stellung links über. Der Reiter wechsele dabei ganz gleichmäßig mit der Biegung des

Übergang von der Konterstellung rechts zum halben Travers links

Pferdes nicht nur seinen Sitz, das heißt, seine Gewichtsverteilung, sondern auch seine Schenkellage, indem er mit dem Nachlassen des inneren Zügels auch die stärkere Belastung des inneren Bügels vermindert, so allmählich die gerade Richtung zu Pferde gewinnt, wobei er beide Bügel gleichmäßig belastet und darauf mit der Biegung links zur stärkeren Belastung des linken Bügels übergeht. Folgerecht werden mit der veränderten Richtung seiner Hilfen die Schenkel ihre Lage wechseln, und der rechte bis dahin mehr vorgerichtete, um kurz hinter der Gurte nicht nur die biegende, sondern auch die seitwärtstreibende Funktion zu erfüllen, wird nunmehr die zurückgerichtete Lage annehmen, da er zum äußeren, die Biegung bestimmenden, während der linke, zum inneren, biegenden geworden, sich demgemäß mehr vorwärts, kurz hinter der Gurte zu plazieren hat. In bezug hierauf muß ich aber besonders hervorheben, daß das Hauptmoment der gesamten Wechselung in der wechselnden Funktion der Hinterfüße des Pferdes besteht. Dasselbe wird sehr bereit sein, den bis dahin inneren, rechten Hinterfuß mit der gewonnenen Freiheit dazu als äußeren wirken zu lassen, es wird aber weniger willig den bisherigen äußeren, linken so stark belasten, daß er zum richtig gebogenen inneren wird. Ohne diese Bedingung aber kann die ganze Biegung keine richtige sein und das Changement wird notwendig ein falsches oder mangelhaftes werden. Aus diesem Grunde ist es nötig, daß die Schenkel des Reiters während des Changements nicht ängstlich die Hinterhand in der Seitwärtsstellung des Konter-Schulterherein erhalten, sondern vielmehr, der bisherige äußere durch stärkere Einwirkung diese allmählich aufhebt, so daß im Momente der geraden Richtung des Pferdes sich dasselbe, wenn nicht vollkommen, doch annähernd auf einem Hufschlage befindet. Dieser Moment wird vom Reiter dazu benutzt, nicht nur den Gang frisch zu beleben, sondern auch sich und sein Pferd für die neue Stellung vorzubereiten. Bei der Bildung derselben hat er es dann leichter, durch richtige Wirkung und Gegenwirkung seiner Schenkel den linken Hinterfuß zu biegen, als wenn er in der Seitwärtsrichtung derselben plötzlich seine schiebende Aktion in eine tragende umwandeln muß. Wie ich bereits an einer anderen Stelle bemerkt, gilt diese Regel bei allen Wechselungen von einer Biegung zur anderen, besonders aber, wenn sie mit Seitwärtsrichtung, also mit Stellung auf zwei Hufschlägen verbunden ist. Wer sie nicht beachtet, wird sein Pferd in Unordnung bringen, das heißt, den Gang oder das richtige Tempo, im günstigsten Falle wenigstens die Frische desselben einbüßen. Die alten Meister mit ihrem feinen Reitertakte versäumten diese Regel nie, wie rapide auch die Evolutionen ihrer sicher geschulten Pferde erscheinen mochten. Wie viel mehr sind wir mit unserer im allgemeinen so oberflächlichen Arbeit dazu aufgefordert!

Richtig ausgeführt, gewähren Wechselungen von der einfachen zur entsprechenden Konter-Lektion große Vorteile. Sie ersparen dem Reiter viele für den Gang oft störende Wendungen, indem er das vielleicht mühsam gewonnene gute Tempo seines jungen Pferdes ungestört auf dem großen Hufschlage mit der Stütze der Wand zur Seite fortsetzen kann. Das Pferd wird ferner nicht nur aufmerksamer auf Hand und Schenkel bleiben, wenn diese öfter in ihrer Richtung wechseln, sondern es wird auch selbst eine Erleichterung der Arbeit darin finden, wenn seine Stellung, Biegung und Belastung der Füße öfters verändert wird, indem hierbei stets die An- und Abspannung der tätigen Körperteile mit wechselt. Der Reiter wende sie daher fleißig an, jedoch stets nach den Fähigkeiten des Pferdes. Er beginne mit der einfachen Biegung auf einem Hufschlage und der entgegengesetzten Konter-Biegung, lasse die einfache Trabstellung mit der Konter-Trabstellung der anderen Hand in Abwechslung folgen, darauf das vollkommene Schulterherein mit dem Konter-Schulterherein und zuletzt erst die Travers-Stellungen mit dem Renvers oder Konter-Travers.

Die Konter-Schulterherein-Lektionen sind für den gewandten Reiter ferner vortreffliche Hilfen, um durch kurze und prompte Anwendung derselben Unarten und Widersetzlichkeiten des jungen Pferdes zu parieren. Was ich in dieser Hinsicht schon von der einfachen Konterbiegung bemerkte, gilt hier in viel erhöhtem Maße. Ungeduldige oder bereits mißtrauisch gemachte Pferde, die Neigung zeigen, sich gewaltsam dem auferlegten Zwange zu entziehen, können dadurch am Umkehren, Durchgehen und Kleben an der Bande gehindert werden, daß man den äußeren Hinterfuß in dem Momente, wo er seine Schiebkraft zur gewaltsamen Befreiung benutzen will, zum inneren macht, und hierdurch seine rohe Kraft bricht.

Bei all den Vorteilen, die diese meine Lieblingsschule gewährt, vergesse man aber nicht, daß die beste und wirksamste Medizin in ungeschickter Hand verderblich sein kann. Man gebrauche sie daher weder unvorbereitet, noch unzeitig, mit einem Worte nur, wenn man das Bewußtsein des Verständnisses hat. Zu ihrer Übung wendet man vorläufig nur Schritt und Trab in stets gemäßigtem Tempo an, welches allmählich zwar mehr belebt, aber auch in gleichem Maße mehr verkürzt werden muß, damit die Sammlung sich stufenweise steigere. Hierdurch nur kann man langsam und mit Geduld den richtigen Konter-Schulterherein-Galopp, insofern diese Stellung den Galopp überhaupt zuläßt, gewinnen. Wenngleich im Kapitel vom Galopp auch die Konter-Lektionen desselben ausführlich zur Besprechung kommen werden, so kann es doch nur zum Verständnisse der gegenwärtig in Rede stehenden Lektionen beitragen, wenn ich wiederholt darauf hinweise, daß der Galopp in der Trabstellung deshalb eine so hohe Ausbildung dieser Gangart repräsentiert, weil er die vollkommene Fixierung des äußeren und die möglichste Annäherung des inneren Hinterfußes an den äußeren bedingt. Hierdurch ist die Wirkung beider Hinterfüße gegen die Gewichtsmasse direkt und ungeschwächt, was dem Reiter dieses unendlich sichere und angenehme Gefühl auf einem solchen Pferde gibt, weil es von der ihm angewiesenen Richtung nicht um ein Haarbreit abzuweichen vermag. Der Konter-Galopp dieser Schule erfordert außer derselben Stetigkeit des Pferdes zwischen Hand und Schenkel vom Reiter noch eine feinere und gewandtere Führung, da die Wendungen durch die Konterstellung ungleich erschwert sind. Jeder, der ein wohlgeschultes Pferd in dieser Lektion sicher zu produzieren vermag, kann daher den Anspruch auf das Prädikat eines feinen und gewandten Reiters machen, wer aber ein Pferd bis zu diesem Grade der Ausbildung korrekt zu schulen vermag, hat gerechten Anspruch auf die Meisterschaft in der Kampagneschule. Ich brauche daher wohl nicht erst zu bemerken, daß dieser Konter-Galopp himmelweit von jenem verschieden ist, den wir in mangelhaften oder falschen Renvers-Stellungen täglich von Laien und falschen Jüngern der edlen Reitkunst praktiziert sehen.

Die weitere Steigerung der Konter-Trabstellung zum vollkommenen Konter-Schulterherein gehört, wie die entsprechende einfache Lektion, schon mehr der hohen Schule an. Es erfordert einen solchen Grad von Biegsamkeit des Pferdes und Belastung der Hinterhand, wie man ihn jedenfalls nicht von jedem Pferde verlangen kann. Will aber der Kampagnereiter die Schulterhereinstellung in einer für seine Zwecke wirklich vollkommenen genügenden Weise begründen, so muß er sie doch über die Trabstellung hinaus einfach und in der Konter-Lektion üben. Er erreicht dies allein durch ein stufenweises Steigern seiner Anforderungen in bezug auf Biegung, Sammlung und Seitwärtsrichtung. In dem Maße, wie sich der Gehorsam auf Hand und Schenkel befestigt, wird sich das Pferd in jenen drei Anforderungen vervollkommnen und entwickeln. Da ich die Mittel dazu im Kapitel vom Schulterherein bereits ausführlich abgehandelt habe, so habe ich hier nur noch zu bemerken, daß in der Konter-Lektion beim Wenden die Hinterhand in dem Grade mehr angekürzt werden muß, als durch den Grad der Seitwärtsstellung dieselbe auf eine engere, das heißt, kürzere Linie gerichtet ist. Diese Verkürzung der Hinterfüße in ihren Tritten muß aber nicht eine Verminderung, sondern Vermehrung ihrer Aktion zur Folge haben, damit sie hierdurch die Vorhand beim Beschreiben des größeren Bogens um so kräftiger stützen. Der Reiter hat daher die Hilfen seiner Hand durch lebhaft anregende Schenkelhilfen zu unterstützen, wenn die Anzüge nicht bloß verhaltende, sondern richtig abkürzende werden sollen.

Je vollkommener das Konter-Schulterherein ausgebildet worden, um so sicherer ist die Grundlage für das nachfolgende Travers und Renvers. Die darauf verwendete Zeit ist niemals verloren, sondern bringt sich bei den letzteren Lektionen reichlich wieder ein. Überhaupt wiederhole ich hier nochmals, daß aus dem Schulterherein mit seinen Abstufungen und Formen allein die anderen Lektionen sicher und korrekt hervorgehen können. Ehe nicht der innere Hinterfuß gewonnen, das heißt, ehe er nicht geübt ist, rückhaltlos unter die ihm bestimmte Last zu treten, kann von reinen Stellungen und Gängen keine Rede sein. Diese Gewinnung des inneren Hinterfußes aber erreicht der Reiter schneller und sicherer, wenn er diesen gegen vor und über den äußeren treten läßt als umgekehrt, weil ein Ausfallen des äußeren Hinterfußes leichter zu fühlen und zu verhindern ist als ein Abweichen des inneren.

Es versteht sich von selber, daß das Konter-Schulterherein ebenso, wie das einfache, in seinen stärkeren Graden nur im Schritte und Trabe, und zwar der nötigen Sammlung wegen auch nur in möglichst gehaltenem Tempo geübt werden kann. Der Galopp läßt seiner Natur nach kein eigentliches Überschreiten des inneren Fußes über den äußeren zu, und ist daher in dieser Schule eine physische Unmöglichkeit. Die höchste Vollkommenheit im Galopp ist erreicht, wenn darin der innere Fuß vor den äußeren tritt, also in der Trabstellung.

Die Konterstellungen des Travers, die man auch Renvers-Stellungen nennt, eröffnen wir mit der Konter-Galoppstellung oder dem halben Renvers. Es gibt viele Reiter, die unter Konterstellungen immer nur die Renvers-Lektionen verstehen, das heißt, diejenige Richtung des Pferdes, in welcher die äußeren Füße gegen oder über die inneren zu treten haben. Sie überspringen daher aus Unkenntnis die vorhergehenden, so wichtigen Lektionen, und treten der Renvers-Übung unvorbereitet gegenüber.

Bahn in dem Bestreben, Schulter und Hüfte von der Bande in gleicher Entfernung zu halten, naturgemäß neigt, und welche durch den zu starken Gebrauch des inneren Zügels und äußeren Schenkels immer mehr bestärkt wird. Reiter mit diesem Fehler werden immer Neigung zu falschen Travers- und Renvers-Lektionen zeigen, falsch, weil ihnen das richtige Untertreten des inneren Hinterfußes fehlt. Sie werden auf dieser schiefen Grundlage niemals ein korrektes Gebäude zu errichten vermögen, und so folgsam ihre Pferde auf Hand und Schenkel auch scheinen mögen, so wird ihnen doch stets das richtige Gleichgewicht und die nötige Sammlung fehlen, wodurch der Gang verhalten, matt und unsicher bleibt.

Das wirkliche, auf einem richtigen Schulterherein basierte Renvers in allen seinen Abstufungen hingegen ist eine ebenso schöne als wirksame Übung für das Pferd. Die Lektion Renvers findet ihre vollständige Erklärung durch die Bezeichnung Konter-Travers, und ist dem Schulterherein insofern verwandt, als bei beiden die Hinterhand auf den äußeren Hufschlag gerichtet ist, insofern aber entgegengesetzt, als die Biegung im Renvers in der Richtung der Fortbewegung des Pferdes genommen wird, wodurch sie der Seitwärtsbewegung der Kruppe entgegenwirkt. Hierdurch gibt die Lektion, wie das Travers dem Reiter eine große Gewal, durch den Grad der Biegung, wenn diese nämlich richtig ist, den inneren Hinterfuß überwachen zu können, da das Renvers denselben starken Grad der Sammlung erfordert als das Travers, und die stark belastete Hinterhand dennoch räumiger treten muß als die auf die innere Linie gerichtete Vorhand, so erfordert es eine lebhafte und kräftige Aktion vom Pferde. Der Reiter muß es deshalb durch seine Hilfen dazu auffordern, wenn es solche nicht von Natur hat, besonders in den Momenten des Wendens, wo die Hinterhand sich um die mehr fixierte Vorhand im größeren Bogen zu bewegen hat. Er bewirkt dies einesteils durch eine stärkere Wirkung des äußeren Zügels, wodurch er die Vorhand verhält, und ein gleichzeitiges sanftes Nachgeben des inneren Zügels, um durch eine unmerkliche Verminderung der Biegung dem inneren Hinterfuß mehr Freiheit zu geben, andernteils aber durch ein entsprechendes, lebhaftes Anregen mit dem äußeren Sporne,

Renvers   Es werden zu dieser falschen Arbeit zumeist diejenigen Reiter neigen, welche an jenem Kardinalfehler leiden, vor dem ich bei Besprechung der einfachen Biegung auf einem Hufschlage so sehr warnte, welche es nämlich nicht verstanden, die schiefe Richtung vollkommen auszurotten, zu welcher das junge Pferd bei den ersten Übungen in der

um die Hinterhand räumiger treten zu machen. Diese weiteren Tritte oder Sprünge müssen aber vom äußeren Hinterfuße ausgehen und nicht Folge eines Ausweichens des inneren sein, was das Pferd sogleich auf die Schultern bringen würde. Der Reiter muß deshalb hierbei durch seinen richtigen Hang nach innen und die kräftige Gegenwirkung mit dem inneren Schenkel den inneren Hinterfuß unter seiner Last wohl gebogen erhalten und nie vergessen, daß namentlich in den Stellungen auf zwei Hufschlägen die richtige Sammlung stets von dem Biegsamhalten der Hinterfüße abhängt, welches nur durch ein wohl abgewogenes, wechselseitiges Wirken seiner inneren und äußeren Hand- und Schenkelhilfen erreicht werden kann, wodurch je nach Bedürfnis der innere Fuß gegen den äußeren und umgekehrt gerichtet wird. Wie die Galoppstellung des Travers, so genügt die Konter-Galoppstellung des Renvers für den Kampagnezweck, kann jedoch ebenfalls nur mit Hilfe der stärkeren Grade des Renvers, in entsprechenden Tempos von Schritt und Trab geübt, so befestigt werden, daß die Kampagnegänge darin sicher und rein sind. Die Regeln für die Arbeit in den verschiedenen Graden des Renvers sind genau dieselben im Travers, namentlich bemühe sich der Reiter, vor dem Beginne des Galoppes auch in dieser Lektion den Trab wohl zu begründen. Er erinnere sich stets, daß die Trab- wie die Galoppstellung von der Verwandtschaft mit den betreffenden Gangarten ihren Namen haben, daß daher eine wahre Prüfung der Sicherheit nur in der umgekehrten Anwendung beider Lektionen liegen kann. Ich kann es nicht oft genug wiederholen, daß der Galopp ebensosehr an Vollkommenheit gewinnt, je mehr er sich der Trabstellung nähert, wie der Trab, je sicherer er in den Travers- und Renvers-Stellungen ausgebildet ist. Der beste Beweis dafür, daß der Galopp nicht zu frühzeitig, zu überwiegend oder falsch geübt worden, ist immer der, wenn er der Trabbewegung in jenen Lektionen nichts von ihrer Frische und Reinheit raubt.

Während in den Konter-Lektionen des Schulterherein bei ihrer Übung auf dem großen Hufschlage die Bande der Bahn die Richtschnur für die Vorhand bildet, so daß Reiter und Pferd dieselbe bequem als solche benutzen können, muß im Renvers, wie im Schulterherein die Vorhand mehr durch das richtige Gefühl des Reiters stets in gleichmäßiger, wohl abgemessener Entfernung von derselben gehalten werden, wenn anders die Seitwärtsrichtung der Hinterhand ungestört bleiben soll. Reiter, deren Gefühl noch nicht so ausgebildet ist, daß sie des Auges zum Einhalten ihrer Linien nicht mehr bedürfen, sehen wir oft sich vergeblich abmühen, die Kruppe des Pferdes in der Renvers-Stellung seitwärts zu treiben, während sie ihr nicht durch richtige Entfernung der Schultern von der Wand den nötigen Raum zum Weichen schaffen. Namentlich werden sie dies beim Passieren der Ecken dadurch versäumen, daß sie die Vorhand nicht zeitig und genügend fixieren, und deshalb der neu gewonnenen Wand mit derselben zu nahe kommen. Der Reiter richte daher im Renvers seine Hauptaufmerksamkeit auf die innere Linie der Vorhand, daß er dieselbe stets in gleicher Entfernung parallel laufend mit der Bande erhalte, und richte die Hinterhand mit seinen Schenkeln entsprechend gegen die Schultern. Wie er ein Verhalten oder Zurückweichen seines Pferdes im Konter-Schulterherein durch ein entschlossenes Vorwärtstreiben gegen die Wand zu korrigieren hat, so muß er es im Renvers in der Richtung, die dem Grade seiner Seitwärtsstellung entspricht, in die Bahn hinein vorwärtstreiben. Bei Pferden, die dem äußeren Schenkel zu willig weichen und den inneren nicht genügend respektieren, suche der Reiter an der Bande eine Unterstützung für den letzteren, daß er die innere Schulter derselben möglichst nahe führe, damit für die Hinterhand wenig Raum zum Weichen bleibe. In solchem Falle können Renvers-Übungen sehr zur Verbesserung des Travers benutzt werden, und diesen ausnahmsweise vorangehen. Überhaupt gründet sich das Übergewicht des verständigen und erfahrenen Bereiters hauptsächlich auf die Kunst, für die natürlichen Eigenschaften und Dispositionen seines jungen Pferdes die entsprechenden Übungen richtig zu wählen, ohne sich dabei ängstlich und pedantisch an eine bestimmte Ordnung zu binden, im Falle jene Ausnahmen bedingen.

Die vollkommene Ausbildung des Renvers oder Konter-Travers ist, wie die des richtigen einfachen Travers, keine Aufgabe der Kampagnedressur. Die Richtung im Gleichgewichte, das heißt, die Sammlung des Pferdes bis zu diesem Grade genügt dazu nicht. Je mehr sich aber der Bereiter diesem Ziele nähern kann - vielleicht begünstigt durch glückliche Anlagen seines Pferdes oder genügende Muße zur gründlichen Arbeit -, um so größer wird eine vorteilhafte Wirkung dieser Schule sein, um so mehr wird das Pferd an äußerer Schönheit, Gewandtheit und an Erhabenheit und Reinheit des Ganges gewinnen.

Die alten Meister liebten und schätzten diese Schule sehr hoch und benutzten sie vielfach, die Kraft und Gewandtheit ihrer Pferde darin, besonders im Galopp, Redopp und den Courbetten zu zeigen. Diese Schule hatte aber auch in jener Zeit, wo noch Mann gegen Mann zu

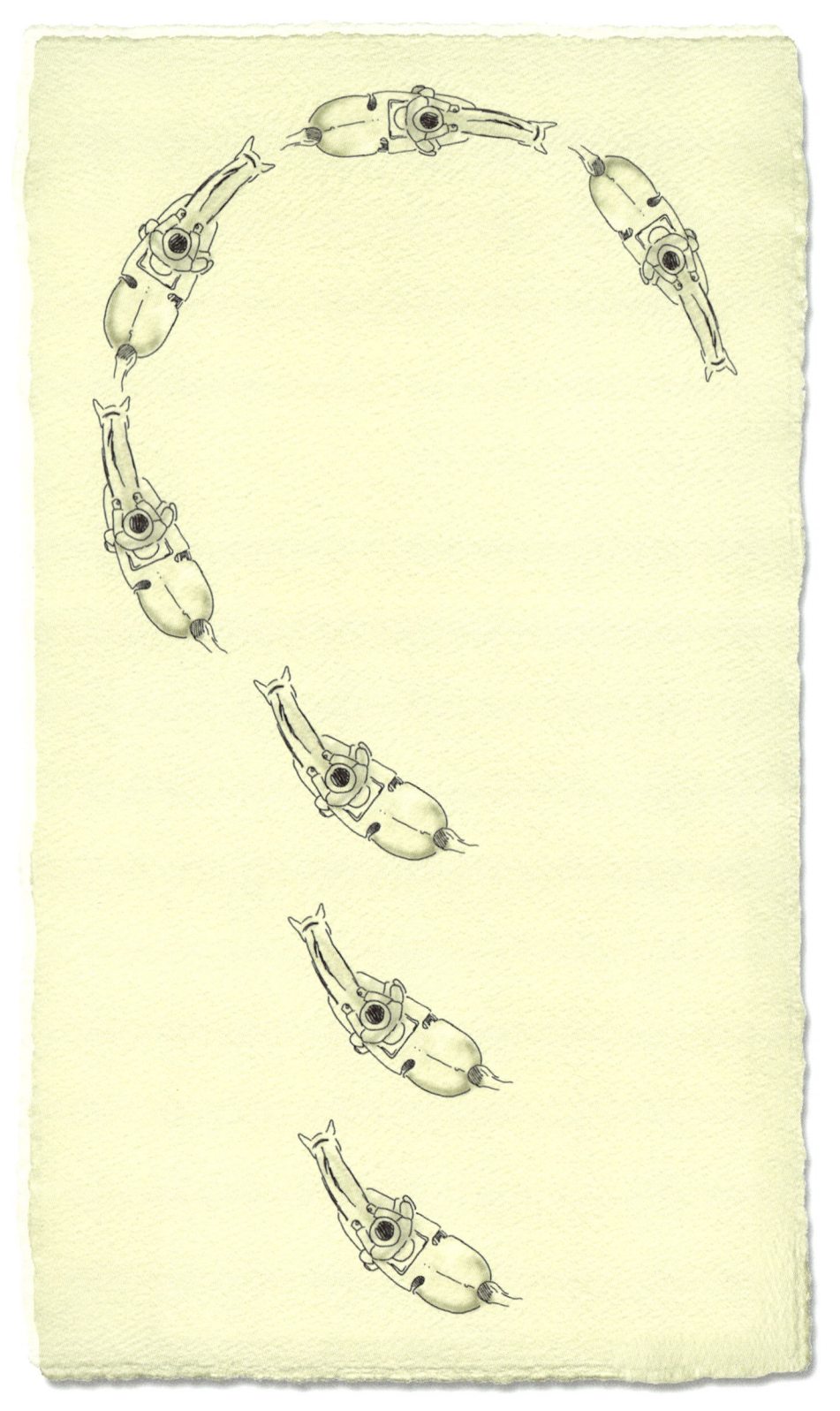

Pferde gefochten wurde, eine hohe praktische Bedeutung, indem sie den Reiter am meisten befähigte, seinen Gegner Auge in Auge gewandt zu umkreisen. Sie bildet den Schlußstein der Lektionen auf zwei Hufschlägen und auch mit Recht, da es schwieriger ist, die Hinterhand auf der äußeren Linie in der Belastung des richtigen Travers zu erhalten, wie auf der inneren.

Ehe ich diesen Abschnitt so wichtiger Lektionen beschließe, will ich für die Prüfung der Richtigkeit bei sämtlichen Konter-Schulen noch auf die Regel aufmerksam machen, daß das Pferd aus denselben leichter nach der inneren gebogenen Seite zu wenden sein muß als nach der äußeren, daß es also zum Beispiel aus dem Renvers rechts williger eine Volte oder halbe Volte rechts ausführen muß als links in der Konterstellung. Ist dies der Fall, so liegt darin der Beweis, daß durch die richtige Biegung der Schwerpunkt genügend den inneren Füßen zuneigt, wodurch die Bewegung in dieser Richtung erleichtert ist.

Im umgekehrten Falle können die zu stark belasteten äußeren Füße nicht plötzlich die weiteren äußeren Linien gewinnen, sondern neigen mehr den kürzeren Linien der Konterstellung zu. Wendungen in dieser Richtung scheinen dann erleichtert, sind aber stets falsch. Eine zu starke Belastung der äußeren Füße kann nur Folge einer falschen Biegung sein, und diese bedingt wiederum das Mangeln der Stütze des inneren Hinterfußes. Solche Wendungen werden daher stets auf den Schultern ausgeführt. Es versteht sich übrigens von selbst, daß diese Prüfung der Konter-Lektionen nur auf dem Zirkel vorgenommen werden kann, da die ganze Bahn nicht den genügenden Raum nach außen dazu bietet.

In bezug auf die gesamten Schulen auf zwei Hufschlägen ermahne ich meine jungen, eifrigen Leser zur fleißigen Übung derselben. Richtig ausgeführt, werden sie immer den gleichen schnellen und guten Erfolg haben, falsch dagegen, ebenso schnell dem Pferde die Schiebkraft, das heißt, den Gang rauben.

Das letztere zu vermeiden, erinnere ich noch einmal an die Hauptregel, weniger die starke Seitwärtsrichtung zu suchen als die Biegung und die Sammlung zu verstärken. Übungen, bei denen der Reiter ängstlich darüber zu wachen hat, daß sich sein Pferd nicht die Nase oder die Hacken an der Bande stoße, sind keine Schulen auf zwei Hufschlägen, sondern nur ein unnatürliches Seitwärtsziehen und Schieben des Pferdes. Im korrekten Schulterherein bildet die äußere, im Renvers die innere Hüfte, die äußere Grenze des Hufschlages. Bei beiden sind die Hacken durch das weite Untertreten der Hin-

Eine Wendung sollte dem Pferd immer leichter in die Richtung der nach innen gebogenen Seite fallen.

terschenkel reichlich vor jeder Berührung mit der Bande geschützt.

Im Travers muß die äußere Schulter diese Linie bezeichnen, und Kopf und Hals durch ihre Biegung den Schultern in der Richtung der Fortbewegung vorgerichtet sein. Ich verweise hierbei auf die in den alten Reitbüchern auf uns überkommenen bildlichen Darstellungen der Meister jener Zeit. Wenn dieselben in der Technik auch meist sehr unvollkommen und oft in bezug auf die Ausführung des Pferdes recht fehlerhaft sind, immer finden wir ihre Hankenbiegung und die Gesamtbiegung des Körpers so bezeichnend ausgedrückt, daß wir davon wohl mit Recht auf die Vollkommenheit derselben bei den lebenden Originalen schließen können. Hätte sich das kräftige, lebende Bild nicht tief in jeden Beschauer eingeprägt, wie hätten die untergeordneten und oft stümperhaften Pferdemaler jener Zeit wohl den Ausdruck festhalten und wiedergeben können!

VOM GALOPP

Der Galopp ist eine natürliche Gangart des Pferdes - diese Wahrheit schicken wir unseren Betrachtungen über denselben voraus. Aus ihr geht hervor, daß die Lehre früherer Zeiten, nach welcher das junge Pferd in der Dressur erst dann galoppiert werden durfte, wenn es im Schritte und Trabe vollkommen ins Gleichgewicht, ja nach der Vorschrift einiger durch Piaffé und Passage auf die Hanken gerichtet war, dasselbe während dieser Zeit einer natürlichen Art sich fortzubewegen beraubte. Demgegenüber können wir heute vielfach von nachdenkenden und strebsamen Reitern die Ansicht aussprechen hören, daß der Galopp gerade in den ersten Stadien der Dressur von außerordentlichem Nutzen, ja sogar, daß das Training gewisse vorteilhafte Folgen für die spätere Dressur habe. Denselben Gegensatz finden wir auch beim Gebrauche des Reitpferdes. In früheren Tagen war die Hauptgangart der Kavallerie der Trab, so sehr, daß sich die Anwendung des Galoppes eigentlich auf die letzten paar hundert Schritte der Attacke beschränkte. Heute ist der Trab durch den Galopp gänzlich in den Hintergrund gedrängt. Auf dem Exerzierplatze sehen wir den Trab eigentlich bloß noch bei den schulmäßigen Evolutionen; sobald Kavallerie zu manövrieren anfängt, tritt der Galopp in den Vordergrund. Auf der Promenade sehen wir nur noch galoppierende Pferde, selbst für Tourenritte können wir heute den Galopp empfehlen hören. Ebenso ist für die Auswahl und Beurteilung des Pferdes heutzutage nicht mehr der Trab, sondern der Galopp der hauptsächliche Maßstab, was bei dem über den Gebrauch Gesagten auch nur natürlich ist. In dem so allgemein verbreiteten Buche des Grafen Lehndorff über die Pferdezucht können wir lesen, daß bei uns in Deutschland immer noch bei Beurteilung des Pferdes viel zuviel Wert auf den Trab gelegt werde, welchen Fehler der praktische Engländer nicht mache. Der Trab sei eigentlich eine ganz nebensächliche Gangart, denn habe man Zeit, so reite man Schritt, habe man Eile, so galoppiere man. Es gilt teilweise immer noch der Grundsatz: „ein Gentleman trabt überhaupt nicht, er galoppiert nur", und bei der Beschreibung eines Pferdes können wir heute alle Tage in erster Linie hören: „es galoppiert wundervoll."

Ich habe all dies ohne jede Animosität angeführt, denn, obgleich es wohl natürlich ist, daß die Neigung des Stallmeisters zur Schulbahn zieht, so darf man doch nicht verkennen, daß auch die Grundsätze der Galoppierbahn ihre Berechtigung haben. Ein tüchtiger Jagd- und Steeplechase-Reiter ist mir jederzeit lieber als die Mehrzahl unserer sogenannten Stallmeister, die steif, verschroben und ohne Verständnis von dem Wesen der Dressur in verbissenem Kniebeln die arme Kreatur quälen und ihrer natürlichen Kräfte berauben. Mit ersteren habe ich eine Verständigung sehr wohl möglich gefunden, die letzteren machen sich persönlich nur lächerlich und bringen unser Fach in Mißkredit.

Wie es bei so schroffen Gegensätzen meistens der Fall ist, so dürfte auch hier bei der Trab- und Galoppfrage das Richtige in der Mitte liegen, während beide Extreme zwar von an sich richtigen Gesichtspunkten ausgehen, dieselben aber teils zu weit einseitig verfolgen, teils andere Gesichtspunkte außer acht lassen. Der Degout der Alten gegen den Galopp war begründet auf ihrer Ansicht, daß derselbe, insbesondere wenn noch nicht mit Vordergewicht ausgeführt, in unverhältnismäßiger Weise das Pferd abnutze, und ist es ja Tatsache, daß sie ihre Pferde durchschnittlich ungleich länger frisch und gebrauchsfähig erhielten. Die Vorliebe der heutigen Zeit für den Galopp ist teils eine Reaktion gegen die ins Kleinliche und Pedantische getriebene Richtung der Alten, teils aber auch aus dem Bedürfnisse hervorgegangen, da insbesondere in der Kavallerie die heutigen taktischen Verhältnisse eine Schnelligkeit der Bewegung verlangen, welche nur im Galopp zu erreichen ist. Für die Dressur bietet der Trab so große Vorteile, daß er wohl immer die Hauptgangart derselben bleiben muß; während er ein solches Maß an Tätigkeit des Körpers also Arbeit mit sich bringt, wie es für eine auf Entwicklung des gesamten Organismus zielende Gymnastik erforderlich ist, wirkt er doch anderseits vermöge der gleichmäßigen Inanspruchnahme der vier Beine relativ wenig abnutzend auf das Pferd. Wenn es ferner einerseits möglich ist, den Trab zu einer solchen Schwunghaftigkeit zu steigern, wie sie für die Mehrzahl der Fälle zur Entwicklung der Schiebkraft genügend ist, gestattet derselbe doch anderseits auch bei dem rohen Pferde eine solche Mäßigung, daß einem Überhandnehmen der Schiebkraft vorgebeugt werden kann. Aus diesem Grunde ist er auch die Gangart, welche allein für die Bearbeitung des jungen Pferdes in gebogenen Lektionen geeignet ist, denn während der Schritt durch seinen Mangel an Schwung demselben zu viel Gelegenheit zum Ausweichen gibt, verleiht ihm die überwiegende Schiebkraft im Galopp zu viel Macht zum Widerstande gegen die Biegung, abgesehen davon, daß gebogene Stellungen in dieser Gangart, so lange sie noch nicht im Gleichgewichte ausgeführt wird, den Beinen zu gefährlich werden dürften. Endlich macht die Gleichmäßigkeit der Takte im Trabe ihn ganz besonders geeignet zu jenem feinen, leichten Balancieren des Pferdes in losem, weichem Sitze, welches Erfolge erzielt, die keine physische Kraft jemals erreichen kann. Hingegen hat der Galopp als natürliche Gangart des Pferdes den Vorzug der größten Entwicklung der Schiebkraft, und hierin liegt der Grund jener oben erwähnten, heute viel verbreiteten Ansicht, daß er gerade in den ersten Stadien der Dressur so nützlich sei, in denen es auf Entwicklung der Schiebkraft gegen die Hand des Reiters vorzugsweise ankommt. Dies wäre zweifellos richtig, wenn nicht die Rücksicht auf Konservierung der Vorderbeine uns doch sehr gebieterisch zum Maßhalten in Anwendung des Naturgaloppes aufforderte, denn abgesehen davon, daß an und für sich in dieser Gangart die Körperlast mit großem Schwunge der Vorhand zugeworfen wird, so tritt zu dieser Last jetzt noch diejenige des Reiters hinzu, während das junge Pferd unter demselben auch nicht annähernd die Geschicklichkeit zu entfalten vermag, die ihm im freien Zustande zu Gebote steht. Man sollte deshalb bei Pferden von ausgesprochener Ungeschicklichkeit unter allen Umständen vom Galopp, so lange es sich nur um Gewinnung der festen Anlehnung handelt, Abstand nehmen, wenngleich man zur Erreichung dieses ersten Zieles allein durch den Trab längere Zeit brauchen wird. Dahingegen ist es gewiß unbedenklich, bei Pferden von einigem natürlichem Geschicke verbunden mit Kraft und Gewandtheit, den Galopp zur Beschleunigung der Arbeit auszunutzen. Den sicheren Maßstab dafür, ob es geraten ist, den Galopp anzuwenden oder nicht, gibt jederzeit die größere oder geringere Leichtigkeit, mit der es möglich ist, das rohe Pferd aus dem Trabe anzugaloppieren. Je leichter dies gelingt, desto unbedenklicher kann man sein Pferd angaloppieren, und wird gewiß dann in kürzerer Zeit die unbedingt notwendige Grundlage der festen Anlehnung erreichen. Außerdem hat der Galopp des jungen Pferdes auch den Vorteil, daß er es am schnellsten zum Loslassen des Rückens veranlaßt, ihm den Stallmut sehr bald benimmt und es am besten an Faseleien verhindert, wozu schließlich noch der Umstand kommt, daß jenes mehr erwähnte erste Ziel mit sehr viel weniger Anstrengung für den Reiter im Galopp erreicht wird als durch das ohne denselben notwendige sehr anhaltende Traben. Alles in allem bin ich dafür, den Naturgalopp, wo es nach dem oben gedachten Maßstabe angezeigt erscheint, schon in den ersten Stadien der Dressur ruhig anzuwenden, und behalte mir vor, darauf im weiteren noch näher einzugehen.

Was nun die Trab- und Galoppfrage für den Gebrauch des Reitpferdes anbelangt, so entscheidet dieselbe die Natur dadurch, daß der Galopp die nächst schnellere Gangart nach dem Trabe ist. Wo also keinerlei andere Rücksichten mitsprechen als nur die Schnelligkeit der Fortbewegung, ist es wohl keineswegs richtig, zu galoppieren, solange man es im Trabe schaffen kann, denn, wenn auch die Gefahr für die Beine in einem losgelassenen Gleichgewichtsgaloppe keineswegs so groß ist, wie es die Pedanterie mitunter behauptet, geringer ist sie im Trabe denn doch. Es ist deshalb vollkommen richtig, daß für den Exerzier-Galopp der Kavallerie ein Tempo festgesetzt ist, welches das Durchschnittspferd im Trabe nicht mehr erreichen kann. Außer zur Einübung des längeren Galopps sich eines kürzeren Galopptempos zu bedienen, würde hier eine entschieden unmotivierte Abnutzung des Materials sein, derselbe Grundsatz trifft natürlich für Tourenritte zu. Anders jedoch gestaltet es sich, wenn es sich darum handelt, sein Pferd zu tummeln, wie im Einzelgefechte. Hier tritt der Galopp entschieden in sein Recht, denn er ist die Gangart, in welcher das gerittene Pferd die größte Gewandtheit entfalten und am leichtesten von seinem Reiter herumgeworfen werden kann. Aus diesem Grunde ist auch der Galopp die Hauptgangart für alle Reiterspiele, wie Caroussels, Quadrillen und dergleichen. Endlich gebührt ihm natürlich der Vorzug, wo die Bequemlichkeit des Reiters berücksichtigt werden kann oder muß, wie bei alten oder kranken Personen, ebenso hat er seine Berechtigung auf der Promenade, wo man mit seiner Gesellschaft ungeniert Konversation machen und außerdem ein möglichst vorteilhaftes Bild abgeben will, wozu ebenfalls der Galopp des gerittenen Pferdes die geeignete Gangart ist.

Nach diesen einleitenden Bemerkungen, die in dieser galoppierenden Zeit vielleicht nicht ganz überflüssig gewesen sein mögen, um dem Trabe sein Recht nicht ganz verkümmern zu lassen, gehen wir nunmehr zur eigentlichen Besprechung des Galopps über und betrachten denselben von zwei Gesichtspunkten aus, nämlich von seiner Eigenschaft als Gebrauchsgangart und in der als Dressurmittel.

Die Beschreibung der Gangart als bekannt voraussetzend, wollen wir in dieser Beziehung nur an eines erinnern, was man sich nicht oft genug in das Gedächtnis zurückrufen kann: der Galopp ist eine sprungartige Gangart. Mit dem Begriffe des Sprunges hängt aber der des Schwunges eng zusammen, und der Galopp ist deshalb eine schwunghafte Gangart. Die Schwunghaftigkeit muß unter allen Umständen den Galopp charakterisieren, sei er nun frei oder noch so versammelt. Wenn ihm aber diese Eigenschaft im freien Tempo im allgemeinen durch die Schnelligkeit der Bewegung an und für sich mehr oder weniger eigen ist, so vermissen wir sie im versammelten Tempo nur zu häufig. Das Ideal eines versammelten Galopps ist das, bei dem der Zuschauer den Eindruck bekommt, als wäre das Pferd vom lebhaftesten Eifer zum Vorwärtsgehen beseelt, während es doch nicht mehr Terrain gewinnt, als daß man im Schritte nebenherreiten kann. Ein falscher Galopp ist natürlich nur möglich durch die sprungfederartige Wirkung der drei Hauptgelenke der Nachhand: Hanken, Knie- und Sprunggelenke, welche aufs vollkommenste entwickelt und in dieser Entwicklung so unbedingt in die Hand des Reiters gelegt sein muß, daß der leise Druck auf die Laden bei wohlgerichteter Vorhand genügt, um vermittels der dadurch herbeigeführten Belastung die Federn zusammenzudrücken, während doch dieselben so viel Kraft in sich haben, um sich bei Verminderung jenes Druckes und der damit Hand in Hand gehenden Entlastung sofort elastisch zu öffnen. Töricht wäre es, diesen Galopp von jedem Pferde erwarten zu wollen. Nur das edle und temperamentvolle Pferd, dem die Natur eine wohlgestaltete Vorhand, einen die richtige Mitte haltenden Rücken und vor allem eine kräftige, biegsame und wohlgewinkelte Nachhand verliehen, wird ihn in der Perfektion zu leisten vermögen, das Bild desselben aber muß der Bereiter bei der Bearbeitung jedes Pferdes vor Augen haben, wenn er nicht bei der Versammlung des Galopps auf Abwege geraten soll. Sind jenem Pferde die körperlichen Bedingungen nicht schon von der Natur verliehen, so ist es seine Aufgabe, durch wohlgewählte und systematisch durchgeführte gymnastische Übungen dieselben annähernd zu erreichen; fehlt es dem Pferde an Blut und Temperament, so gibt es nur ein Mittel, dasselbe wenigstens teilweise zu ersetzen, nämlich den scharfen, rechtzeitigen Sporn. Ist das Pferd nur phlegmatisch, dabei aber edel und nervig, so kann der Sporn Wunder tun. Fehlt es aber an Blut, ist die Grundfaser schlaff und kein Nerv da, so gebe man sich da keinen Illusionen hin. Der schärfste Sporn wird hier immer nur momentane Erfolge erzielen, denn hier ruft die Natur gebieterisch: Schuster bleib bei deinen Leisten.

Dieser ideale versammelte Galopp, bei dem so zu jagen jeder Sprung den folgenden schon in sich enthält, ist dann auch der Vater jenes freien Galoppers, bei dem der Reiter das einzige und herrliche Gefühl hat, daß die ganze Welt ihm gehört. Das Nachgeben der Hand und das Vorgehen des Oberkörpers aus der zurückgeneigten in die senkrechte Richtung entledigen die Hanken von der überwiegenden Belastung, welche nun ihre Schiebkraft um so freudi-

Bewegungsablauf im Galopp

ger und energischer wirken lassen werden, dabei aber jeden Augenblick bereit sind, durch das Annehmen der Hand und das Zurückneigen des Oberkörpers sich wieder beliebig belasten zu lassen. Es ist dies das unbezahlbar köstliche Gefühl des Reiters nur mit der Hand oder besser, nur mit dem vierten Finger, wo die Hinterfüße keiner Anregung durch Schenkel oder Sporn mehr bedürfen, wo der Geist ihre Kräfte in Bewegung setzt und die Gewichte dabei so genau um den Sitzpunkt des Reiters verteilt sind, wie bei der Goldwaage um den Unterstützungspunkt, so daß das leise Annehmen oder Nachgeben der Hand, unterstützt durch unmerkliche Richtungsänderungen des Oberkörpers, genügt, sie beliebig in Bewegung zu setzen. Doch dieses Gefühl ist so herrlich, daß das Schicksal seinen Genuß dem Sterblichen nur selten verleiht, wie ja die Augenblicke wirklich ungetrübter Wonne überhaupt so selten im Leben sind. Nur das geistig und körperlich tadellose Pferd vermag dieses Glück zu gewähren und auch diese nur nach verständiger und sorgfältiger Ausbildung. Mehr oder weniger vermag aber die Kunst, zwar nicht jedes, aber doch so manches Pferd dahin zu bringen, daß es jenem Ideale nahe kommt. Freilich bedarf es zur Erreichung dieses Zieles oft langer Zeit, und die wird heute leider dem Bereiter so selten gewährt. Die Vorstellungen über diesen Punkt haben sich in einer Weise ver-

schoben, daß die in dieser Beziehung an den armen Fachmann gestellten Anforderungen oft geradezu ans Lächerliche streifen. Erscheinungen, wie die, daß sich ein Offizier vier Wochen vor Beginn der Exerzier-Periode vom Händler eine stockrohe oder gar verdorbene, stetische englische Bestie mit verkehrtem Halse und breiten, engen Ganaschen kauft, und dann als ob das gar nicht anders sein könnte, von dem unglücklichen Bereiter verlangt, ihm diese abnorme Kreatur in den vier Wochen zuzureiten, sind gar nichts Auffallendes mehr. Es täte wirklich not, daß sich alle Bereiter zunftmäßig vereinigten, und denjenigen mit den härtesten Strafen belegen, der ein solches lächerliches Ansinnen nicht mit Entrüstung zurückwiese. Der einzelne ohne den Hinterhalt einer Allgemeinheit kann das doch nur dann, wenn er bereits einen über jeden Zweifel erhabenen Ruf besitzt. Bei den Ansichten über Pferdedressur, wie sie aus dem angeführten Beispiele hervorgehen, kann man sich allerdings nicht wundern, wenn viele Leser die obige Schilderung des idealen Galopps sehr übertrieben vorkommen wird, weil sie ein derartiges Gefühl niemals auch nur annähernd genossen haben. Die Überwindung körperlicher Schwierigkeiten in der Dressur ist naturgemäß eine langwierige Arbeit und läßt sich nicht beschleunigen - das müßte jeder sagen, der jemals irgendeine Leibesübung getrieben hat.

Die Überwindung sogenannter Temperamentsfehler aber ist, wenn solche wirklich und nicht nur scheinbar vorhanden sind, wenn überhaupt, so nur in Jahren zu bewerkstelligen. Häufig aber sind diese Fehler eben nur scheinbar solche des Temperamentes und haben ihren Sitz in körperlichen Schwierigkeiten.

Um diese letztere Wahrheit zu illustrieren, sei es mir gestattet, einige Worte über Englische Pferde zu sprechen, was gewiß zeitgemäß ist und in dieses Kapitel paßt, denn es will eigentlich niemand andere, wie englische Pferde reiten, weil sie stete Antwort auf die Frage, warum denn durchaus ein englisches Pferd gekauft werden soll, die ist: da habe ich doch wenigstens Chancen, ein gut galoppierendes Pferd zu bekommen. In der Tat läßt sich auch nicht leugnen, daß die englischen Pferde vielfach, sei es nun durch Vererbung oder durch die ungekünstelte, naturgemäße Erziehung oder durch beides, einen schönen schwunghaften Galoppsprung haben und daß sie, wenn durchgearbeitet, häufig ein herrliches Gefühl in dieser Gangart gewähren. Eines der häufigsten Bearbeitungsobjekte ist heutzutage seit Einführung der englischen Pferde der schon erwähnte verkehrte Hals mit breiten und engen Ganaschen. Hat nun das mit einem solchen Halse behaftete Tier viel Geist und Gehlust und eilt mit dem unten herausgedrückten Halse gegen die Hand des Reiters, so wird durch die breiten, engen Ganaschen eine solche Quetschung der Blutgefäße herbeigeführt, daß das arme Tier vor Schmerz die Besinnung und jedes Gefühl im Maule verliert und zur wilden, direktionslosen Bestie wird. Gelingt es aber dem Bereiter, den Hals oben lang zu machen und den Unterhals hineinzuarbeiten, so daß genügend Raum für die Ganaschen wird und dadurch die Blutzirkulation ungestört vor sich gehen kann, so wird vielleicht gerade dieses Pferd, wenn es sonst einen guten Mittelrücken und einigermaßen biegsame Hanken hat, dem Reiter jenes Göttergefühl verschaffen, denn der jetzt nicht mehr durch Schmerz zur Exaltation gesteigerte Eifer äußert sich nun als das Angenehmste, was es für den Reiter gibt, nämlich als Gehlust, welche die vorherrschende Anwendung vortreibender Hilfen entbehrlich macht. Es sind deshalb diese Art Pferde, die einen großen Bestandteil der aus England importierten Tiere bilden, wenn sie noch jung in die Hand des Bereiters kommen, eine keineswegs undankbare Aufgabe für denselben. Nur darf er sich selbst und seinen Arbeitgeber nicht durch den bei fachgemäßer Behandlung hier in der Regel sehr schnell eintretenden Erfolg blenden lassen. Da die hier erforderliche Arbeit, welche in dem richtigen Gegenhalten der Hand gegen die vorwärts drängende Masse, bis das Pferd diesem Drucke nachgebend, den Hals umkippt, besteht, durch das Temperament sehr erleichtert wird, so wird ein geschickter Mann meist schon nach wenigen Tagen imstande sein, ein solches Pferd mit tiefer Nase vorzureiten, und durch die hiermit verbundene, augenscheinlich vorteilhafte Veränderung sowohl für das Gefühl wie für das Auge läßt sich der Unerfahrene leicht zu Illusionen verleiten. Diese werden aber sehr bald sich als solche herausstellen sowie Verhältnisse eintreten, die entweder das Pferd erregen oder die dem Reiter nicht gestatten, ungeteilte Aufmerksamkeit auf die Führung zu verwenden, oder wenn durch Ermüdung die Gehlust nachgelassen hat. Alsdann wird das Pferd doch immer wieder in seine natürlichen Formen zurückfallen, das heißt, mit herausgedrücktem Unterhalse und hoher Nase gehen. Erst, wenn durch längere Gewöhnung die Muskulatur in der umgekehrten Form nicht den geringsten Zwang mehr empfindet, wird es möglich sein, den Hals unter allen Umständen rund zu erhalten, und damit stets die unbedingte Herrschaft über das Pferd zu besitzen. Doch wird man Enttäuschungen nur dann vermeiden, wenn man selbst bei sonst günstigen körperlichen Bedingungen diesen Erfolg nicht vor einem Jahr erwartet; womit aber nicht gesagt sein soll, daß es notwendig ist, das Pferd so lange in Hand des Bereiters zu lassen, da nach einigen Monaten der Bearbeitung wohl ein solcher Grad der Sicherheit eingetreten sein kann, daß es in der Hand des Besitzers, wenn dieser ein leidlich geschickter und verständiger Reiter ist, trotz gelegentlicher Störungen nach und nach sich vervollkommnen wird. Da der Engländer eine Bearbeitung der Pferde in unserem Sinne nicht kennt, sondern sie in ihren natürlichen Formen gebrauchen will, so liegt es nahe, daß er eine große Menge derartiger Pferde für seinen Dienst untauglich findet, weil sie in der Aufregung der Jagd natürlich leicht sehr unangenehm werden können. Es soll hiermit keineswegs gesagt sein, daß es nicht in England Leute genug gibt, die es verstehen, auch ein solches Pferd selbst auf der Jagd nach und nach in die richtige Form zu bringen, denn es ist dies keineswegs unmöglich, sondern es gehört nur eine gefühlvolle Hand und ein ruhiges eigenes Temperament dazu nebst so viel Passion, um auf einem derartigen Tiere vorerst ohne Ehrgeiz zu reiten, das heißt, nicht an die Jagd, sondern nur an sein Pferd zu denken. Das Gros der Reiter ist aber natürlich dort ebensowenig wie hier dieser Aufgabe gewachsen und gibt dann solche Pferde um billige Preise weg, so daß sie durch die Händler zahlreich zu uns nach dem Kontinent kommen.

Aus diesem Grunde braucht man auch bei dieser Kategorie weniger wie sonst bei den Englischen Pferden soupconneur zu sein, sondern findet unter ihnen oft Tiere von ausgezeichneten Eigenschaften. Nur ist es allerdings Bedingung, daß erstens das betreffende Pferd in einem Alter steht, in welchem noch nicht durch langen Gebrauch in der natürlichen Form die Muskulatur zu sehr an Bildungsfähigkeit verloren hat, und zweitens, daß die sonstigen körperlichen Verhältnisse, das heißt, Rücken und Nachhand leidlich günstig sind. Das Ungünstige für die beschriebene Form der Vorhand ist ein zu weicher Rücken. Bei dieser Zusammenstellung findet eine höchst nachteilige Wechselwirkung zwischen Vorhand und Rücken statt, indem einerseits der weiche Rücken nicht Spannkraft genug besitzt, um unter der Last des Reiters die für die tiefe Stellung von Hals und Kopf erforderliche aufwärtige Wölbung leicht anzunehmen und zu halten, anderseits diese Teile immer geneigt sind, eine fehlerhafte Aufrichtung anzunehmen und dadurch den an und für sich schon wenig widerstandsfähigen Rücken noch mehr durchzubiegen. Vor dieser Art Pferde warne ich entschieden, denn selbst nach jahrelanger sorgfältiger Bearbeitung wird immer nur ein geschickter Reiter imstande sein, sie dauernd gut zu erhalten. Außerdem sind diese Tiere, solange sie noch nicht in der tiefen Stellung befestigt sind, meist schlechte Fresser, weil ihnen, wenn sie längere Zeit die Last des Reiters getragen, die Nieren wehe tun. Um so mehr hüten muß man sich vor dieser Sorte, weil sie meist sehr blendende Gänge zeigen, die aber nur ein Resultat des Schmerzes und der Exaltation sind, deren Verschwinden daher der verständige Bereiter als ein Zeichen der Besserung ansehen wird.

Wenn wir nun auch den entgegengesetzten Temperamentsfehler, das verhaltene, laurige Wesen mit Anlage zur Stetigkeit besprechen, so erledigen wir damit eine zweite Hauptkategorie unserer englischen Pferde. Auch hier liegt häufig der Fehler weniger im Temperamente als in körperlichen Schwierigkeiten und zwar ebenfalls meistens solchen des Halses und Genickes, wenn er nicht, was auch sehr oft der Fall ist, im Maule zu suchen ist. Es soll damit keineswegs gesagt sein, daß nach Befestigung der körperlichen Schwierigkeiten das verhaltene laurige Pferd zu einem solchen werden wird, das man nur mit der Hand reiten kann, aber es wird bei Anwendung der allerdings notwendigen vortreibenden Hilfen gehorsam und willig vorwärtsgehen. Wie gesagt, ist diese eine zweite Hauptkategorie der importierten englischen Pferde, die die Engländer weggeben, weil sie eben Pferdedressur nicht kennen. Wenn man also beim Händler ein englisches Pferd probiert, und dasselbe zeigt sich unlustig zum Vorwärtsgehen und immer geneigt, umzudrehen, so untersuche man zunächst sein Maul. Findet man in demselben veraltete Schäden, so ist damit die Erklärung gegeben, und man kann, wenn dieselben überhaupt noch heilbar sind, was aber oft sehr lange dauern kann, hoffen, wenigstens die geradezu unangenehmen Äußerungen des Temperamentes beseitigt zu finden. Ist das Maul intakt, so prüfe man Hals und Genick. Sind diese Teile günstig geformt, und erkennt man bei der Reitprobe, daß es dem Pferde nicht schwer wird, die Nase heranzustellen, so ist anzunehmen, daß die Laurigkeit doch allein im Charakter des Pferdes begründet also Temperamentsfehler ist, und ist in diesem Falle wenig Aussicht vorhanden, auch durch die sorgfältigste Dressur, viel zu erreichen. Sind dagegen Hals und Genick ungünstig, der Hals verdreht und wohl gar dabei noch kurz, die Ganaschen breit, der Kehlgang eng, der Kopf zu hoch angesetzt, kurz, gewinnt man die Überzeugung, daß ein Zusammenschieben im Halse dem Pferde große Schwierigkeiten bereitet, es also den Zwang und Schmerz scheut, den das Herangehen an die Hand des Reiters mit sich bringen würde, so ist das verhaltene Wesen hierdurch zwar nicht ganz, aber doch teilweise erklärt; eine Grundlage davon wird immer in dem Temperamente zu suchen sein, denn das eifrige Pferd würde bei solchen Schwierigkeiten stürmen, und die Hand des Reiters zu forcieren suchen. Dennoch ist hier wiederum der deutsche Arbeiter an seinem Platze, und kann hoffen, daß, nachdem durch längere Übung der Schmerz beim Zusammenstellen verschwunden ist, das Pferd also das Herangehen an die Zügel nicht mehr fürchtet, auch der Temperamentsfehler so weit beseitigt sein wird, daß er wenigstens nicht mehr geradezu unangenehm ist. Aber auch hier warne ich davor, sich zuviel zuzutrauen, und namentlich keinen überraschend schnellen Erfolg zu erwarten. Daß das Pferd die Nase heranstellt, erreicht man ja vielleicht bald, aber es bereitet ihm Schmerz, und solange das noch der Fall ist, wird es kräftiger vortreibender Hilfen bedürfen, um es zum Hineingehen in den Zwang anzuhalten. Auch hier sehen wir also wieder die Dressur sich als rein körperliche Gymnastik darstellen, die naturgemäß ihr Ziel nur allmählich erreichen kann. Bei dieser Aufgabe kann die Pilarenarbeit demjenigen, der sie versteht, nicht nur viel Schweiß und Arbeit abnehmen, sondern auch in verhältnismäßig kurzer Zeit zum Ziele führen; denn ist nur das Pferd erst so weit gebracht, daß es mit

Sicherheit piaffiert, und läßt man es nun, die Pilarenzügel in die Trense geschnallt, an das Gebiß hineinpiaffieren, daß es mit gesenkter Kruppe und senkrechter Nase auf demselben sich bei jedem Tritte abkaut, so ist dies eine gymnastische Übung, deren bei genügend langer Fortsetzung durchgreifende Wirkung wohl unschwer einleuchtet. Aber auch hier wieder heißt es, sich nicht durch den Augenschein betrügen lassen, und nicht erwarten, daß das Pferd die Stellungen, die es aus Furcht vor der Peitsche annimmt, wenngleich sie ihm noch Schmerz und Unbequemlichkeiten verursachen, auch beibehalten soll, wenn die Furcht aufgehört hat stärker zu sein wie der Schmerz. Geduld und Ausdauer, bis nach und nach der Schmerz und die Unbequemlichkeiten aufhören, Ernst und Strenge, aber auch gelegentlich Nachsicht, und vor allem Lob für jedes Entgegenkommen führen zum Ziele, und so macht der deutsche Stallmeister aus manchem stetischen, laurigen englischen Pferde eben so ein brauchbares Tier wie aus dem bis zur Direktionslosigkeit heftigen und nervösen, die der Engländer beide weggab, weil er sie nicht mehr reiten konnte. Ich bin weit entfernt, den Engländern etwa den Vorwurf machen zu wollen, als seien sie zu ungeschickt oder zu wenig fleißig mit ihren Pferden, denn ich weiß, daß sie sowohl Geschicklichkeit als Sorgfalt in hohem Grade besitzen, wie es auch bei einem für das Pferd so passionierten Volke nur natürlich ist; ihr Reichtum erlaubt ihnen aber in der Auswahl des Materials für ihren Gebrauch sehr wählerisch zu sein, und alle diejenigen Pferde, welche nicht geborene Reitpferde sind, ohne weiteres auszustoßen. Daher ist es denn erklärlich, daß die Reit- oder besser Dressier-Kunst, welche uns ganz unentbehrlich ist, seit Generationen von ihnen nicht gepflegt wird und ihnen jetzt nur noch vom Hörensagen bekannt ist. Wohlverstanden ist hier Dressur immer nur als diejenige Gymnastik aufzufassen, welche die mangelhaften natürlichen Formen des Pferdes umwandeln will, denn in einer gewissen Abrichtung des Pferdes, der Gewöhnung an die Requisiten des Reitdienstes, an die Last des Reiters, an die Erscheinungen der Straße und des Jagdfeldes, im Eingaloppieren und Einspringen entwickelt der Engländer eine große Ausdauer und Geschicklichkeit, und können wir ihm in dieser Art der Vorbereitung für den Gebrauch, auf die er ja auch seine ganze Sorgfalt verwendet, gerne den Vorrang zugestehen. Die importierten englischen Pferde bringen uns daher der großen Mehrzahl nach die angenehmen Eigenschaften mit, daß sie nicht scheu sind, sondern dreist an alles herangehen, daß sie gut springen und einen schwunghaften, langen Galopp gehen. Es ist aus diesen Gründen die so allgemein verbreitete Vorliebe für englische Pferde wenigstens nicht allein auf der leidigen Bewunderung des Deutschen für alles Fremde begründet, und würde ich demjenigen, der ein unnormales Gestell mit in den Kauf nehmen will und sich genug Reitfähigkeit zutraut, um dasselbe in die nötigen Formen zu bringen und darin zu erhalten, nicht unbedingt vom englischen Pferde abraten. Wer aber ein korrektes Gebäude haben will, der muß, wenn es sich um einen importierten Engländer handelt, sehr die Augen aufmachen, denn außer einigen Exemplaren dieser Gattung, welche der Engländer wegen unbeliebter Farbe oder Abzeichen, oder wegen eines augenfälligen Schönheitsfehlers billig weggibt, kann kein korrekt gebautes englisches Pferd zu uns rüberkommen, welches nicht den Keim zu großen Sorgen für seinen Käufer in sich trägt. Hierüber kann sich nur derjenige Illusionen machen, der sich selbst betrügen will, oder der keine Ahnung von den Preisen hat, welche für gute Reitpferde in England gezahlt werden.

Möge diese Abschweifung über die englischen Pferde die Verzeihung meiner geneigten Leser finden, und vielleicht dem einen oder anderen jungen Reitersmanne von Nutzen sein, der bisher immer nur gehört hat: „Kaufen Sie doch nur englische Pferde, die können doch wenigstens galoppieren".

Um nun zu unserem Thema zurückzukehren, so möchte ich, um das Bild des idealen versammelten und des aus ihm sich entwickelnden freien Galopps noch mehr hervorzuheben, auf die gewöhnlichsten Karikaturen des versammelten Galopps hinweisen, nämlich den verkürzten Lauf-Galopp und den schwerfälligen, schleppenden Galopp. Der verkürzte Lauf-Galopp - der Leser wolle diese eigenmächtige Bezeichnung verzeihen - charakterisiert sich dadurch, daß ihm das Sprungartige fehlt. Das Pferd springt dabei nicht, sondern es läuft, das heißt, bewegt unter dem waagerecht bleibenden Rücken die Beine in der Reihenfolge des Galopps meist sogar in vier Tempos. Sieht der Beschauer - und das wird vielleicht das Bild am deutlichsten machen - ein derartig galoppierendes Pferd auf sich zu kommen, so kann er nicht unterscheiden, ob dasselbe trabt oder galoppiert, weil das zum Sprunge nötige Heben der Vorhand fehlt, für den Reiter dagegen kennzeichnet sich dieser Galopp durch ein unangenehmes, drehendes Gefühl unter dem Gesäße, welches nicht die für den guten Galopp so charakteristische Ruhe im Sattel finden kann. Dieser fehlerhafte Galopp entsteht meist dadurch, daß zur Verkürzung des natürlichen Galopps eine falsche Aufrichtung, das heißt, eine Aufrichtung ohne

Genickbiegung und senkrechte Nase angewendet ist. Dieses Mittel erzielt allerdings eine Abkürzung des Ganges, weil es die feste Anlehnung auf die Zügel unterbricht und daher der Schiebkraft den Punkt nimmt, gegen den sie wirkte, da dabei aber der Rücken durchgebogen wird, so werden gleichzeitig die Rückenmuskeln zu sehr abgespannt und dadurch dem Pferde eine energische Arbeit der Nachhand unmöglich gemacht. So gearbeitete Pferde bleiben daher mit den Hinterfüßen weit hinter dem Schwerpunkte, und haben infolgedessen nicht die Kraft, die Vorhand zu heben. Meist entsteht dieser Galopp, wenn die Versammlung der Gangart voreilig angestrebt wird, indem dann unwillkürlich das Mittel der falschen Aufrichtung angewendet wird, welches eine momentane Bewältigung der Schiebkraft ermöglicht. Wenn wir nun, um diesen fehlerhaften, verkürzten Galopp gleich vollständig zu erledigen, die Korrektur desselben besprechen wollen, so ist dieselbe offenbar dadurch zu bewerkstelligen, daß zunächst wieder der Naturgalopp des Pferdes aufgesucht wird, bei dem es mit tiefgestellter Nase die Schiebkraft richtig wirken läßt, um allmählich durch die durchgehenden Anzüge sich die Nachhand belasten zu lassen und die Tragkraft derselben zur Tätigkeit zu bringen; anfangs werden derartige Pferde bei jeder Andeutung der Versammlung immer gern ihren fehlerhaften Laufgalopp nehmen wollen; sie müssen dann sofort wieder in ein freieres Tempo genommen und mit dem Sporne zu einer energischen Tätigkeit der Nachhand angehalten werden. Dieser animierende Sporn darf denn auch bei keinem Versuche zur Versammlung fehlen, bis es gelingt einige Sprünge mit untergeschobener Nachhand herauszubekommen. Aus diesen gehe man stets wieder zu einem freieren Tempo über und beschränke die Versammlung zuvörderst stets nur wenige Sprünge, diese aber mit untergeschobener Nachhand. Je günstiger das Pferd von Natur im Halse gestellt ist und je kräftiger man daher die belastenden Anzüge der Hand auf die Nachhand wirken lassen kann, desto schneller wird man mit der richtigen Versammlung des Galopps vorgehen können; in dem Maße aber als der Hals ungünstig geformt und zur falschen Aufrichtung geneigt ist, wird man langsamer und vorsichtiger zu Werke gehen müssen, da sowie es dem Pferde gelingt, den Hals unten herauszudrücken und die Nase über die Senkrechte zu erheben, die Anzüge nicht mehr die Nachhand belasten und dadurch biegen, sondern einfach im Rücken steckenbleiben, wobei jene fehlerhafte Gangart sofort wieder zum Vorschein kommen wird. Wer Gefühl und Urteil genug besitzt, um mit einem beinehmenden Hilfszügel arbeiten zu können, wird in solchem Falle natürlich schneller zum Ziele gelangen, da derselbe ihm das Durchgehen der Anzüge sichert und daher gestattet, energischer auf die Nachhand zu wirken. Die Hauptsache bei der Korrektur dieses fehlerhaften Galopps ist die, daß man es sich zum Gesetze macht, keinen Sprung zu dulden, bei dem die Nachhand nicht energisch arbeitet. Überhaupt möchte ich bei dieser Gelegenheit die Warnung aussprechen, doch ja nicht, wie man es bei Laien und Anfängern in der Reitkunst so oft findet, seinen Ehrgeiz darein zu setzen, einen möglichst kurzen Galopp zu entwickeln. Das Charakteristische des Galopps muß immer die Schwunghaftigkeit bleiben. Eine Abkürzung desselben auf Kosten dieser Eigenschaft ist immer fehlerhaft. Man vergesse doch nie, daß der versammelte Galopp nicht bloß dazu da ist, sich damit zu zieren, sondern daß er einen praktischen Zweck hat. Dieser Zweck ist ein doppelter. Einmal wollen wir durch den versammelten Galopp den freien Galopp verbessern, sodann aber wollen wir in ihm ein Mittel haben, unser Pferd auf kleinem Raume zu tummeln. Beide Zwecke werden aber nur dann erreicht, wenn das Pferd seine Hinterfüße in lebhafter Tätigkeit stets

Im Naturgalopp wirkt die Schiebkraft der Hinterhand auf die Vorhand - im versammelten Galopp wird das Pferd animiert, mit der Hinterhand zu tragen und weiter unter den Schwerpunkt zu treten.

unter sich hat. Ein kurzer Galopp mit hinten herausgestreckter Nachhand kann weder den freien Galopp verbessern, noch können wir in ihm das Pferd kurz herumwerfen.

Der schwerfällige, schleppende kurze Galopp charakterisiert sich schon durch seine Bezeichnung. Diese Abart hat etwas an sich, was den Unerfahrenen leicht täuscht und verführt, sie gerade zu kultivieren, statt sie schon im Entstehen zu unterdrücken. Es gibt nämlich eine große Anzahl von Pferden, und zwar sind es diejenigen von phlegmatischem Temperamente und kräftiger Nachhand, welche schon sehr frühzeitig in der Dressur eine Verkürzung des Galopps anbieten, weil dieselbe ihrem Charakter sympathisch ist und ihnen körperlich keine Schwierigkeiten bereitet. Diesem selbstgewählten, abgekürzten Galoppe fehlt dann natürlich das Haupt-Charakteristikum dieser Gangart, das Feurige und Schwunghafte, doch wird gerade durch seine Fehler der Nichtkenner häufig bestochen. Diese Fehler bestehen in der Hauptsache darin, daß die Sprünge einander zu langsam folgen und die Vorhand zu hoch gehoben wird, was beides gar leicht besonders schön gefunden wird. Wer aber jemals einen wahren versammelten Galopp gefühlt oder auch nur gesehen hat, dem wird diese Abart als das erscheinen, was sie ist, nämlich als Karikatur. Für die Ausbildung des Pferdes ist dieser schleppende, kurze Galopp deshalb nutzlos, weil die Tätigkeit der Nachhand dabei keineswegs diejenige ist, welche wir durch die Versammlung anstreben und welche in dem federartigen Zusammendrücken und Auseinanderschnellen aller drei Gelenke der Nachhand, Hanken-, Knie- und Sprunggelenke, besteht. Gerade das Hanken- und Kniegelenk, deren federartige Funktion, da sie die kräftigsten Gelenke der Nachhand sind, den guten versammelten Galopp hauptsächlich bedingt, werden in dieser Karikatur desselben vollständig gesteift, während das Pferd nur aus dem Sprunggelenke sich zu seinen schwerfälligen Sprüngen hebt. Es liegt hiernach auf der Hand, daß auch diese Abart für beide Zwecke des versammelten Galopps nutzlos bleiben muß, indem weder die Verbesserung des freien Galopps noch das gewandte Tummeln auf kleinem Raume oder die richtige Tätigkeit der Nachhand erreicht werden können. Auch wird in diesem schleppenden Galoppe niemals eine gleichmäßige und richtige Anlehnung am Zügel erreicht werden, vielmehr wird in jedem seiner schwerfälligen Sprünge das Pferd mehr oder weniger seine Last in die Hand des Reiters hineinwerfen, letzterer also bei dem Endtempo eines jeden Sprunges mehr Gewicht wie sonst in seiner Hand fühlen. Auch hier kann die Korrektur nur dadurch erfolgen, daß zunächst das Pferd zu einem munteren freien Galoppe angehalten wird, aus welchem dann die Versammlung unter lebhaftem Anregen durch den Sporn und kräftigem Aushalten des Gewichtes immer zunächst nur auf kurze Reprisen angestrebt werden muß. Der Sporn veranlaßt das Pferd, die Hinterfüße vorzusetzen, während das ausgehaltene Gewicht, welches, wie erwähnt, dasselbe bei jedem Sprunge dem Reiter in die Hand zu werden bemüht ist, durch Belastung biegend auf die Gelenke der Hinterschenkel wirken soll.

Somit glaube ich, sowohl durch die Schilderung seiner selbst als auch seiner Abarten, dem Leser ein deutliches Bild des guten versammelten Galopps entworfen zu haben, welches, wie schon gesagt, jedem Bereiter bei der Bearbeitung seines Pferdes vorschweben muß. Machen wir uns klar, was der Bereiter bei der Bearbeitung des Pferdes im Galoppe anstrebt, so ist es doch nichts anderes als das, was überhaupt Ziel der Dressur ist, nämlich durch systematisch gesteigerte Übungen das Pferd in den Stand zu setzen, auch in dieser Gangart sich mit Leichtigkeit in solchen Formen zu bewegen, welche ihm selbst eine möglichste Konservierung seiner Glieder, dem Reiter aber neben möglichster Annehmlichkeit eine unbedingte Herrschaft garantieren. Dieses Ziel kann nur durch eine richtige Versammlung erreicht werden, und darum muß unsere Besprechung des Galopps in der Frage gipfeln: wie versammeln wir den Galopp? Hierzu aber gibt es nur zwei Mittel, nämlich Aufrichtung und Biegung, deren Anwendung jedoch nicht etwa getrennt, sondern Hand in Hand zu erfolgen hat. -

Was die naturgemäße Entwicklung des Galopps anbelangt, so sehen wir im freien Zustande das Pferd fast immer aus dem Trabe in den Galopp übergehen. Obgleich das Naturpferd imstande ist, aus dem Schritte und auch von der Stelle fortzugaloppieren, so wird es doch dies nur sehr selten tun, sondern wird meist eine wenn auch noch so kurze Einleitung von ein paar Trabtritten wählen, um aus diesen in den Galopp zu fallen. Dieser ganz bezeichnende Ausdruck sagt schon, daß der Übergang auf der Vorhand geschieht, indem das Pferd das Tempo des Trabes, in welchem inwendiger Vorder- und auswendiger Hinterfuß zu Boden kommen, in einer durch vermehrtes Vordergewicht übereilten Weise dem vorigen Tempo folgen läßt, dergestalt, daß in der Notwendigkeit, die vordrängende Last zu stützen, der inwendige Vorderfuß weiter als in der normalen Fußfolge des Trabes vorgreift und einen Moment früher den Boden berührt als der auswendige Hinterfuß. Der letztere, welcher durch diesen Vorgang in seinem Vortreten gehemmt ist, überträgt um so schneller die Last auf die beiden anderen diagonalen Füße, von denen der inwendige Hinterfuß naturgemäß, um den kräftigen Schub zu besorgen, um so mehr vorgreift, je mehr der auswendige zurückbleiben mußte. – Es liegt nahe, daß, wenn wir bei dem noch auf die Schultern gerichteten jungen Pferde zur kräftigeren Entwicklung der Schiebkraft gegen die Hand den Galopp anwenden wollen, wir allein diese Art seiner Entwicklung zu unserer Verfügung haben. Die Hilfen, welche wir dazu anwenden, werden darin bestehen, daß wir mit dem auswendigen Zügel die auswendige Schulter gegen die inwendige zu verhalten suchen, um letzterer dadurch mehr Freiheit zum Vorgreifen zu gewähren, während der inwendige Schenkel den inwendigen Hinterfuß zum weiteren Vortreten animiert. In der Reitbahn werden wir hierzu am besten eine Ecke wählen, wo an und für sich schon die inwendigen Füße gegen die auswendigen vorgerichtet sind. Sobald das Pferd infolge dieser Einwirkung sich in den Galopp hineingefunden hat, sind wir zuvörderst nur darauf bedacht, durch vortreibende Hilfen denselben zu erhalten. Die Hände enthalten sich, sobald die Gangart gesichert ist, möglichst jeder Einwirkung, nehmen vielmehr die angemessen kurzen, den Hals einschließenden Zügel nahe beieinander eine tiefe, ruhige Stellung am Widerrist ein, um der vordrängenden Last eine sichere Stütze zu gewähren. Der Oberkörper des Reiters ist entsprechend der Richtung des Pferdes auf die Schultern leicht vorwärts geneigt, während die Unterschenkel zurückgerichtet den Pferdeleib lose umfassen, um jederzeit zu vortreibenden Einwirkungen bereit zu sein. Der Sitz ist leicht und lose, um sich möglichst weich der Bewegung anzuschmiegen und zu fühlen, wann und wo das Pferd einer Unterstützung bedarf. Die Ecken runde man wohl ab, und sei darauf bedacht, in ihnen durch entsprechendes Hineinneigen des Körpers mit vorgerichteter äußerer Schulter genau in Harmonie mit dem Pferde zu bleiben, um die auf diesen Bogen fehlende Stütze der Bande durch äußern Zügel und Schenkel zu ersetzen. Fühlt man, daß das Pferd die Neigung hat, häufig abzuchangieren, so begegnet man derselben am besten dadurch, daß man bei angemessenem Gebrauche von auswendigem Zügel und Schenkel den auswendigen Gesäßknochen verstärkt auf den Sattel wirken läßt. Die dadurch herbeigeführte vermehrte Belastung fixiert den auswendigen Hinterfuß und hindert ihn, zu weit vorzugreifen. Gelingt es aber dennoch dem Pferde, abzuchangieren, so führe man es zum Trabe zurück und suche, in der nächsten Ecke mit Ruhe den richtigen Galopp wieder zu entwickeln, denn ein Herumrasen in der Bahn im falschen oder Kreuzgaloppe ist geradezu gefährlich. Fühlt man, daß das Pferd so überwiegend auf die Schultern hinstürmt, daß man das Tempo des Ganges nicht mehr genügend in der Hand hat und die Sicherheit desselben gefährdet ist, so muß man durch wiederholte, ziemlich kräftige, aber wohl abgemessene Arrêts die Vorhand etwas zu entlasten suchen. Zu diesen Arrêts nehme man das Pferd wohl zwischen die Knie, um aus dem Hüftgelenke das Gesäß wirksam in den Sattel vorschieben zu können, und mache bei aufgestützter inwendiger Hand mit der auswendigen entsprechend kräftige und gemäßigt aufwärts gerichtete Anzüge. Man bedenke indessen wohl, daß der Zweck dieses Galoppierens vorläufig kein anderer ist als die Schiebkraft gegen die Hand zu entwickeln, und daß derartige Arrêts ihrer Entwicklung entgegenwirken. Man halte daher Maß in der Anwendung derselben und beschränke sie auf die vorher angegebenen Fälle, d. h., wenn man das Tempo sich aus der Hand gehen und die Sicherheit des Ganges gefährdet fühlt. Solange man dieses Gefühl nicht hat, vermeide man sie auch bei ganz starker Belastung der Hand, sondern halte mit kurzen Zügeln und eventuell aufgestützten Händen die Last ruhig aus. Ein zu frühzeitiges Zurückwirken mit der Hand vereitelt den Zweck der

Erste Galopparbeit: der Reiter unterstützt sein Pferd mit leicht vorgeneigtem Oberkörper und tiefer Stellung der Hand.

ganzen Übung, denn es ist unumgänglich notwendig, daß man längere Zeit hindurch, selten weniger als vier bis sechs Wochen, bei der Bearbeitung des jungen Pferdes jeden Gedanken an Versammlung grundsätzlich zurückweist, und zwar nicht nur im Galoppe, sondern überhaupt in allen Gängen. Nur wenn die Schiebkraft voll und ganz entwickelt ist, kann sie dem späteren Zurückverlegen der Last sicher standhalten, ist sie es nicht, so fehlt den rückwärtigen Einwirkungen der Gegenhalt. Durch zu frühzeitiges Versammeln entstehen entweder entnervte oder ungezogene Pferde. Der Trieb nach vorwärts ist die Grundlage aller Dressur und kann nicht sicher genug begründet werden.

Diesen Grundsatz unverrückt im Auge habend, kehre man daher auch in denjenigen Fällen, in denen schon in dieser ersten Periode die Anwendung der beschriebenen Arrêts im Galoppe notwendig wurde, stets sobald wie möglich wieder zum passiven Verhalten der Hand zurück. Meistenteils jedoch möchte die Notwendigkeit solcher Arrêts uns zum Nachdenken veranlassen, ob die Anwendung des Galopps in dieser ersten Dressurperiode überhaupt bei dem betreffenden Pferde angezeigt ist. Der Grund zu dieser Notwendigkeit kann doch nur entweder in großer Ungeschicklichkeit und Mangel an natürlicher Haltung, verursacht durch körperliche Mißverhältnisse, in allgemeiner körperlicher Schwäche, oder endlich in Heftigkeit des Temperamentes zu suchen sein. In den ersten beiden Fällen ist von der Anwendung des Naturgaloppes, wie ich schon früher erwähnte, jedenfalls abzuraten, weil er dann mit zu großen Gefahren für die Vorderbeine verbunden ist.

Bei heftigem Temperamente können wir ihn zur Entwicklung der Schiebkraft zwar entbehren, weil ein solches auch im Trabe uns das Pferd genügend in die Hand treiben wird. In diesem Falle ist jedoch der Galopp nicht unbedingt zu verwerfen, weil er die so notwendige Beruhigung schneller wie der Trab herbeiführen wird. Ist mit dem heftigen Temperamente ein reichlich kräftiger Rücken verbunden, so ist sogar entschieden dazu zu raten, weil im Trabe zu viel Zeit dazu gehören würde, um das Temperament zu mäßigen und den Rücken zum Loslassen zu bringen, und beides ist doch unbedingt notwendig, ehe man überhaupt anfangen kann, zu arbeiten. Dieses wird also vorzugsweise der Fall sein, indem jene Arrêts zunächst notwendig werden dürften, immer jedoch nur zur notdürftigen Regulierung der Haltung und des Tempos, um stets wieder zum passiven Aushalten der Last zurückzukehren. Glaubt man in besonders schwierigen Fällen sich vom Galoppe in der ersten Dressurperiode große Vorteile versprechen zu dürfen, während man fühlt, daß seine Anwendung wegen aus körperlichen Mißverhältnissen entstehender Ungeschicklichkeit des Pferdes nicht nur für die Beine desselben, sondern auch für die eigene Sicherheit bedenklich ist, so rate ich, solches Pferd an der Longe zuvor etwas einzugaloppieren. Insbesondere wird sich dies bei denjenigen Pferden praktisch erweisen, die wegen abnormer Gestaltung des Halses und Genickes sich nicht in die tiefe Stellung der Nase hineinfinden können, ohne welches dieses Galoppieren ganz zwecklos ist, weil nur in ihr die volle Entwicklung der Schiebkraft gegen die Hand möglich ist. Dieses Eingaloppieren an der Longe geschieht ganz in der Weise, welche am Eingang dieses Werkes für das Longieren junger Pferde empfohlen ist, das heißt, so, daß das Pferd mit der einfachen Trense ohne Aufsetzzügel in einer dem beabsichtigten großen Zirkel entsprechenden Biegung anfangs leicht, später schärfer ausgebunden und nach einer entsprechenden Einleitung im Trabe ruhig zum Angaloppieren animiert wird. Das Tempo muß so gewählt werden, daß sich der Gang durch seinen eigenen Schwung erhält, ebenso müssen sich alle Unregelmäßigkeiten, falscher Galopp und Kreuzgalopp von selber korrigieren, was auch durch die Notwendigkeit, auf dem Zirkel zu bleiben, sehr bald geschehen sein wird. Die Neigung, mit der Nase herauszugehen, wird bei dieser Arbeit sehr bald unterdrückt, denn nachdem sich das Pferd dabei einige Male am Gebisse gestoßen, während es der Schwung des Ganges im Vorwärtsgehen erhält, wird es das Genick fallen lassen und sich nach unten Luft suchen. Alle regellosen Bewegungen sowie auch die vorherrschende Belastung der Schulter sind bei dieser Arbeit den Beinen weit weniger schädlich, als wenn noch die Last des Reiters dazu kommt. Auch wird dadurch, daß die durch die Longe gesicherte Zirkelbewegung dem Galoppe weit günstiger ist als die gerade Linie, weil bei ersterer an und für sich die inwendigen Füße mehr vorgreifen sowie dadurch, daß sie durch die gebogene Richtung in etwas gebrochene Schiebkraft ein zu stürmisches Gehen sehr bald dämpft, dem Pferde sehr viel schneller begreiflich, was man von ihm will, und somit so manche unnütze Anstrengung erspart.

Jedenfalls kann ich sagen, daß ich in allen denjenigen Fällen, in welchen nicht ein gewisses natürliches Gleichgewicht oder Überfluß an Zeit diese Arbeit entbehrlich machte, dieselbe mit großem Nutzen angewendet und mir und den Pferden viel Mühe und Ärger dadurch erspart habe. Korrekter ist es zwar, daß man in diesen Fällen den Galopp so lange ausschließt, bis durch eine systematische Bearbeitung im Trabe das von Natur fehlende Gleichgewicht sicher genug begründet ist, weil darin immerhin die sicherste Garantie für die Konservierung der Beine liegt. Ich rate deshalb auch nur dann dazu, wenn man in schwierigen Fällen mit der Zeit beschränkt ist und sich deshalb den Galopp möglichst bald nutzbar machen möchte, oder wenn hervorragende Temperamentsschwierigkeiten, auffallend verhaltenes Wesen oder übergroße Heftigkeit den Galopp besonders wünschenswert erscheinen lassen, während körperliche Mißverhältnisse seine Anwendung bedenklich machen.

Ist man nun mit dieser Longenarbeit so weit, daß das Pferd sich ohne wesentliche Hilfen auf beiden Händen in einem beruhigten aber schwunghaften Naturgaloppe mit tiefer Nase zu erhalten vermag, was in den allermeisten Fällen nach acht bis vierzehn Tagen der Fall sein wird, so setzt man sich nach einer solchen Longen-Lektion hinauf, läßt aber die Longe noch eingeschnallt und einen Gehilfen mit derselben in der Hand in der Mitte des Zirkels. Meist wird man aber schon im Trabe eine sehr vorteilhafte Veränderung wahrnehmen, indem das Pferd mit tiefer Nase eine sichere Anlehnung nehmen wird; ebenso wird das Pferd, welchem das ruhige Angaloppieren aus dem Trabe ohne Reiter bereits einigermaßen geläufig geworden ist, die Hilfen dazu sich bereits besser zu deuten wissen, und wird alsdann, durch die Longe auf dem Zirkel erhalten, auch unter dem Reiter sich in seinem Naturgaloppe zurechtfinden, sofern dieser durch richtige Gewichtsverteilung und ruhige Führung sich mit ihm in Harmonie zu setzen versteht. Nachdem diese Übung mit Zuhilfenahme der Longe einige Tage fortgesetzt ist, wird man letztere versuchsweise ab und zu ausschnallen, bis man sie ganz entbehren kann. Ist dieses Stadium erreicht, so wird man besser wieder die ganze Bahn aufsuchen, da die gerade Linie der Entwicklung der Schiebkraft, welche, wie man nicht vergessen darf, unser erster Hauptzweck ist, günstiger ist als der Zirkel, welchen man andererseits wieder zu Hilfe nehmen kann, wenn man das Bedürfnis fühlt, eine momentane Mäßigung der Schiebkraft eintreten zu lassen.

So wird das beschriebene Verfahren uns auch bei weniger gut gebauten Pferden schon in den Anfängen der Bearbeitung den Galopp als Dressurmittel in die Hand geben, ohne daß wir dabei allzu große Befürchtungen wegen der Sicherheit unserer Person und der Pferdebeine zu haben brauchten. Wer jedoch Zeit hat und den denkbar sichersten Weg einschlagen will, der vermeide den Galopp, wie gesagt, so lange, bis er im Trabe sein Pferd befähigt hat, die Last auf die vier Beine gleichmäßig zu verteilen. Wann nun, vorausgesetzt daß dieser Weg betreten ist, der Moment gekommen, um mit dem Galoppe zu beginnen, dafür ist eine allgemeine Regel natürlich nicht aufzustellen. Das Prinzip, nicht eher zu galoppieren als bis das Pferd von selbst den Galopp anbietet, würde in den meisten Fällen die Dressur selbst über die unter den günstigsten Umständen gegebene Zeit hinaus ausdehnen; doch sollte man jedenfalls die Trabvorbereitung nicht eher als befriedigend betrachten, als bis man mindestens ohne erhebliche Schwierigkeiten sein Pferd anzugaloppieren vermag. Zu langsam ist ja in der Pferdedressur immer weniger fehlerhaft als zu schnell; doch darf man auch nach der ersten Richtung hin nicht zu weit gehen. Das Entscheidende für die Beurteilung der Ausbildungsstufe, auf der sich das Pferd befindet, dürfte wohl immer der Grad der Selbständigkeit sein, in der das Pferd am Zügel zu gehen vermag. In dem Worte „am Zügel" kann die Präposition nicht wörtlich genug aufgefaßt werden; geht das Pferd am Zügel, nicht mehr auf dem Zügel, so ist es auch selbständig also auch im Gleichgewichte. Ist unser Pferd durch die in den früheren Abschnitten besprochenen Lektionen dahin gekommen, daß es eine Trab-Skala vom verkürzten zum Mittel- und verstärkten Trabe und rückwärts auf einem Hufschlage am Zügel zu gehen vermag, so können wir es ruhig mit dem Galoppe versuchen, und brauchen uns nicht einschüchtern zu lassen, wenn auch zunächst das Pferd einige Ungeschicklichkeit dabei zeigen sollte. Der Grundsatz, nicht eher etwas Neues vom Pferd zu verlangen, als bis es dasselbe infolge der Vorbereitung kann, ist theoretisch wohl richtig, muß aber doch in der Praxis einigermaßen modifiziert werden. Eine gewisse Gewöhnung ist bei jeder neuen Anforderung doch nicht zu umgehen, und erst nachdem die Befangenheit der neuen Anforderung gegenüber überwunden ist, kann jener Grundsatz in sein Recht treten. Ist also unser ungünstiger geformtes Pferd so weit vorbereitet, daß es die oben erwähnte Trab-Probe zu leisten vermag, so können wir mit Sicherheit erwarten, daß es nach kurzer Gewöhnung ohne Schwierigkeiten anzugaloppieren und in einem beruhigten, aber schwunghaften Naturgaloppe zu erhalten sein wird. Mehr als einen solchen beruhigten, aber schwunghaften Naturgalopp dürfen wir einstweilen jedoch weder erwarten, noch verlangen, denn obgleich wir unser Pferd so weit vorbereitet hatten, daß es im Trabe am Zügel also im Gleichgewichte sich zu bewegen vermochte, so ist dasselbe doch noch keineswegs so begründet, daß es auch im Galoppe vorhalten sollte.

Durch unsere sorgfältige Arbeit in Trab-Lektionen vermochten wir vielmehr nur das zu erreichen, was so manches günstiger gebaute Pferd von Natur besitzt. Wenn wir nun also anfangen zu galoppieren, so dürfen wir, wie gesagt, auch nur den Naturgalopp erwarten, das heißt, einen Galopp, der mit viel Vordergewicht also auch nicht am, sondern auf dem Zügel ausgeführt wird. Auch wäre es durchaus falsch, selbst wenn das Pferd wider Erwarten jetzt bereits eine Art von Versammlung des Galopps anbieten sollte, dieselbe anzunehmen, da durch solche vorzeitige Verkürzung nur zu leicht unegale Sprünge und jener im Eingange dieses Kapitels beschriebene schleppende Galopp entstehen, wie ich es denn nicht oft genug wiederholen kann, daß nicht in der Verkürzung, sondern in der Gleichmäßigkeit und Energie der Sprünge die Schönheit des Galopps zu suchen ist. Um nun aber, zur Erreichung eines wirklich schönen versammelten Galopps, späterhin die Last energisch zurückarbeiten zu können, ist es notwendig, auch in dieser Gangart zuvörderst die Schiebkraft voll gegen die Hand zu entwickeln, uns also das Pferd fest auf die Zügel zu galoppieren. Auch diesen Ausdruck „auf die Zügel" möchte ich meine Leser bitten, recht wörtlich aufzufassen, denn in ihm liegt die Voraussetzung des fallengelassenen Genickes und der tiefen Nase. Nur in dieser Form wirkt die Schiebkraft direkt und ungebrochen durch die Wirbelsäule gegen die Hand, und gibt ihr den Hebel zum späteren Zurückarbeiten. Ein Pferd mag mit steifem Genicke und hoher Nase so fest in der Hand sein wie es will, der gegen dieselbe geäußerte Druck ist alsdann nicht Folge von Äußerungen der Schiebkraft, denn diese kommen in solcher Form nicht bis zur Hand, sondern nur bis zum Widerrist, sondern des Widerstrebens gegen den Zügel; das Pferd geht alsdann nicht „auf dem Zügel", sondern „gegen den Zügel".

Nehmen wir nunmehr an, unsere verschiedenartigen Pferde, sowohl das günstig gebaute, welches wir schon im Anfange der Bearbeitung zu galoppieren vermochten als auch das weniger gut geformte, welches die Vorbereitung an der Longe oder die korrektere durch Trab-Lektionen genossen, seien so weit, daß wir annehmen dürfen, die Schiebkraft zu einer ausreichenden Entwicklung gebracht und der Hand einen genügend festen Hebel gegeben zu haben, so ist es alsdann unsere Aufgabe, auch im Galoppe diesen Hebel zu benutzen, um nach und nach die Gewichte mehr nach rückwärts zu verlegen, bis dieselben zuvörderst auf allen vier Füßen gleichmäßig verteilt sind, das heißt, das Pferd im Gleichgewichte galoppiert. Wenn aus dem Gesagten hervorgeht, daß die Aufgabe, welche dem Galoppe gegenüber dem Bereiter zufällt, keine andere ist als wie sie die Ausbildung der anderen Gänge mit sich brachte, so liegt es nahe, daß auch die anzuwendenden Mittel in keiner Weise von denjenigen verschieden sein werden, welche überhaupt dazu dienen, die Gewichte auf die vier Füße gleichmäßig zu verteilen. Da also dasjenige, was hierüber zu sagen sein dürfte, im allgemeinen nur eine Rekapitulation früherer Ausführungen sein wird, so können wir uns hier kurz fassen, ohne dadurch der Gründlichkeit zu schaden.

Eine gleichmäßige Belastung der vier Füße kann nur dadurch erreicht werden, daß dem Skelette, das heißt, der mechanischen Grundlage der Pferdemaschine eine solche Stellung angewiesen wird, welche den von Natur mehr nach der Vorhand zu befindlichen Schwerpunkt weiter rückwärts verlegt. Dies ist nur dadurch möglich, daß einerseits Hals und Kopf gehoben und zurückgerichtet, andererseits die Kruppe durch Biegung der Hinterschenkel und Vortreten der Hinterfüße gelenkt wird. Beide Manipulationen müssen Hand in Hand gehen, und zwar derart, daß die letztere insofern Folge der ersteren ist, als jeder Zügelanzug, welcher Hals und Kopf auf- und zurückrichtet, vermöge der senkrechten Stellung der Nase die ganze Wirbelsäule hindurch belastend und durch die Belastung biegend auf die Hinterschenkel wirkt, wenn diese zuvor durch den Reiz des Schenkels respektive Spornes, wodurch eine Zusammenziehung der Bauchmuskeln herbeigeführt wird, veranlaßt sind, so weit unter den Körper zu treten, daß jene durchgehenden Anzüge wirklich belastend und dadurch biegend auf sie wirken können. Wollte man dieses so gekennzeichnete Ziel auf direktem Wege anstreben, so würde man zweifellos auf bedeutende Schwierigkeiten und entschiedenen Widerstand stoßen, indem das Pferd durch Steifen der Hinterschenkel oder durch Gegendrücken gegen das Gebiß oder durch beides unsere Absicht vereiteln würde.

Wir suchen daher auf indirektem Wege jenes Vortreten der Hinterfüße und Sichbiegen der Hinterschenkel unter der Last herbeizuführen, indem wir dem Pferde eine solche Richtung anweisen, welche es zwingt, zuvörderst wenigstens einen Hinterschenkel vorzusetzen und entsprechend zu biegen. Das Mittel hierzu gibt uns die Rippenbiegung und die in ihr möglichen Lektionen. Erst nachdem durch genügend lange Bearbeitung in diesen Lektionen jeder einzelne Hinterfuß ausreichend bearbeitet ist, dürfen wir erwarten, daß das Pferd willig sein wird, nunmehr auch beide unter jenen belastenden Anzügen zu biegen.

Um diese Theorie auch zur Vervollkommnung des Galopps anzuwenden, werden wir unser Pferd, welches auf die eine oder die andere Weise so weit vorbereitet ist, daß es in einem beruhigten aber schwungvollen Naturgaloppe mit fallengelassenem Genicke die Schiebkraft seiner Nachhand zu voller Anlehnung auf die Hand wirken läßt, zuvörderst wie wir es auch in den anderen Gängen getan, gerade richten, das heißt, mit beiden, vorherrschend aber dem auswendigen Zügel, die Vorhand so weit von der Bande abführen, daß die inwendige Schulter vor den inwendigen Hinterfuß zu stehen kommt, wobei wir der Wirbelsäule durch die mit unserem bekannten gebogenen Sitze zusammenhängenden Einwirkungen eine leichte Biegung um den inwendigen Schenkel anweisen. Indem wir hierdurch den inwendigen Hinterfuß veranlassen, nicht mehr seitwärts, sondern unterzutreten, geben wir dem Pferde die Vorbereitung zu den Wendungen und zum richtigen Galoppieren auf dem Zirkel. Dieser letztere wird es nunmehr sein, welchen wir vorzugsweise bei der Arbeit im Galoppe zu frequentieren haben werden, da er, immer vorausgesetzt daß das Pferd richtig gebogen nach ihm galoppiert, in dieser Gangart mehr wie in jeder anderen den inwendigen Hinterfuß dauernd bearbeitet, da derselbe im Galoppe an und für sich schon mehr vortritt als der auswendige. Je mehr nun diese Gymnastik den inwendigen Hinterfuß biegsam und willig macht, vom Schieben zum Tragen überzugehen, desto mehr wird sich, ohne weiters Dazutun als ein ruhiges federartiges Aushalten der Last mit der Hand, das Tempo des Galopps mäßigen, die Anlehnung eine leichtere, unser Sitz, in dem das Pferd vor uns etwas höher, hinter uns etwas tiefer wird, ein mehr zurückgelehnter und dadurch bequemerer werden. Doch werden diese Vorteile uns nur dann zufallen, wenn das Pferd wirklich richtig gebogen auf dem Zirkel galoppiert, so daß nicht nur der inwendige Hinterfuß, sondern auch der auswendige, niemals seitwärts, sondern direkt vor und gegen die Last wirken. Hierüber muß der Reiter mit allen Mitteln, den Einwirkungen der Zügel, der Schenkel respektive Sporen, vor allem aber der Gewichtsverteilung aufs Sorgsamste wachen, indem er teils die Nachhand richtig gegen die Vorhand, teils letztere vor erstere richtet. Die Erfahrung lehrt, daß die meisten rohen Pferde, wie man sagen könnte, Rechts-Travers-Pferde, ich meine geneigt sind, den rechten Hinterfuß statt unterwärts seitwärts zu setzen. Diese Eigentümlichkeit wird der Bereiter im allgemeinen nur dadurch paralysieren können, daß er auf der rechten Hand mehr schulterherein-, auf der linken dagegen mehr traversartige Einwirkungen gibt, was auf

Auch im Galopp gilt der Grundsatz der Geraderichtung: die Vorhand des Pferdes ist auf die Spur der Hinterhand zu richten.

dem Zirkel, wo die begrenzende und stützende Bande fehlt, vermehrt der Fall sein muß. Aus dieser einen Schwierigkeit entsteht jedoch meist noch eine zweite, nämlich die, daß fast immer die Biegung links korrekter und reiner wird als diejenige rechts. Dies erklärt sich sehr natürlich dadurch, daß, wie eben hervorgehoben, auf der linken Hand die Möglichkeit oder vielmehr Notwendigkeit traversartiger Einwirkungen vorlag, und die traversartige Richtung viel leichter eine reine Biegung ergibt als die schulterhereinartige. Diese Erscheinung, welche schon bei der Bearbeitung im Trabe sich gezeigt haben wird, muß der Bereiter kennen, um sich ihr gegenüber richtig zu verhalten. Ihr Auftreten veranlasse ihn nicht, den bisher eingehaltenen Weg sofort zu verlassen, er bedenke vielmehr, daß, um einen gebogenen Rohrstock gerade zu biegen, zunächst ein Verbiegen nach der entgegengesetzten Seite erforderlich wird. Dies im Auge habend, fahre er ruhig fort, durch traversartige Einwirkungen die Linksbiegung mehr zu begünstigen, und erst wenn er nach längerer Zeit das Gefühl hat, die von Natur fehlende Spannung der rechten Seite genügend ausgebildet zu haben, gehe er dazu über, auch rechts durch traversartige Einwirkungen die Sauberkeit der Biegung zu erreichen. Wie bei der Ausarbeitung des Trabes, so auch bei derjenigen des Galopps ist die gebogen-gerade Richtung die einzig sichere Quelle der Vervollkommnung, denn sie ist das einzige Mittel, um auf eine gewissermaßen zwanglose Weise die Hinterschenkel gefügig und zum Tragen willig zu machen. Eine Biegung, welcher der Charakter der Geraderichtung fehlt, das heißt, bei welcher nicht beide Hinterfüße durchaus gerade vorwärts unter die Last treten, kann naturgemäß diesen ihren Hauptzweck nicht erfüllen. Hierfür muß deshalb der Bereiter, wenn er erfolgreich arbeiten soll, ein ganz untrügliches Gefühl haben, und dieses Gefühl kann er nur erlangen durch einen weichen, den Bewegungen des Pferdes sich anschmiegenden Sitz. - Das Traversartige im Schulterherein und das Schulterhereinartige im Travers, die fließenden Übergänge von traversartigen zu Schulterherein-Einwirkungen und umgekehrt, sind es, welche die gebogen-gerade Richtung des Pferdes sicher begründen und durch die wahre Sammlung vorbereitend herbeiführen. Dies sei auch für die Ausarbeitung des Galopps die Richtschnur, welche wir im Auge haben, dann wird es zweifellos nicht ausbleiben, daß derselbe auch ohne gezwungene und krampfhafte Verkürzungsversuche, welche immer nachteilig auf die Reinheit und Frische des Ganges wirken, nach und nach gesammelter, weicher und angenehmer für Gefühl und Auge wird.

Unablässig aber erinnere man sich bei der Anwendung gebogener Lektionen, daß dieselben nur unter Voraussetzung einer zuvorigen vollen Entwicklung der Schiebkraft gegen die Hand ihren Zweck erfüllen können, denn nur dadurch erhalten die Federn der Nachhand diejenige Kraft, um unter der Belastung noch wirksam zu bleiben. Man versäume daher nicht, in der Periode, in welcher wir uns jetzt befinden, das heißt, in der wir durch Biegung den Galopp zu versammeln streben, immer von Zeit zu Zeit durch freies Fortgaloppieren auf gerader Linie die Schiebkraft wieder zu beleben und sich die nötigen Gewichte in die Hand zu legen. Versäumt man dies, so wird unfehlbar nach einiger Zeit der Moment eintreten, wo die Federn schlapp werden. Dies wird sich dem Reiter in untrüglicher Weise dadurch bemerklich machen, daß er nicht mehr die richtige Anlehnung an der Hand fühlt, indem das Pferd je nach der Formation von Hals- und Genickpartie sich entweder hinter die Zügel verkriecht oder über dem Zügel geht. Sowie der Bereiter zum Bewußtsein dieser stets auf fehlerhaftem Vorgehen seinerseits beruhenden Erscheinung gelangt, so ist es unbedingt geboten, jedes versammelnde Verfahren bis auf weiteres vollständig zu fixieren und so lange vorwärts zu reiten, bis die Schiebkraft wieder so weit belebt ist, daß das Pferd richtig in die Zügel hineingeht und sich an der Hand abstößt. Die richtige Anlehnung, beruhend auf diesem Herangehen an die Hand und Abstoßen an derselben, muß unter allen Umständen die conditio sine qua non jeder Versammlung sein. Ein Pferd, welches über oder hinter dem Zügel geht, mag es in denkbar kürzestem Galopp auf kleinstem Raume die Acht ohne Wechsel und drei Sprung links, drei Sprung rechts ausführen, ist durch Erlernung dieser Kunststücke für den praktischen Gebrauch nicht um ein Jota besser geworden, denn, wenn nicht in richtiger Anlehnung ausgeführt, geben die kompliziertesten Galopptouren nicht die geringste Garantie dafür, daß bei schnellem Reiten das Pferd nicht vollkommen aus der Hand gehen wird.

Der Galopp ist eine Gangart, welche den unerfahrenen Reiter sehr leicht zu fehlerhaften Verkürzungsbestrebungen verleitet, weil einerseits ein sehr verbreitetes Vorurteil die Verkürzung des Galopps für den Prüfstein der Dressur hält, andererseits die Mehrzahl der Pferde es sehr bald lernt, durch Verkürzung sich der eigentlichen Arbeit zu entziehen. Darum kann ich es allen angehenden Bereitern nicht oft genug zurufen, „nicht in der Verkürzung, sondern in der Schwunghaftigkeit liegt die wahre Schönheit des Galopps". Der Begriff der Schwunghaftigkeit aber ist von dem der richtigen Anlehnung unzertrennlich. Deshalb wird derjenige, welcher mehr vorwärts galoppiert für die wahre Versammlung mehr tun als derjenige, welcher sich und sein Pferd in fehlerhaft verkürzten Galopp einlullt.

Der Begriff „vorwärts reiten" ist heutzutage so sehr stereotyp geworden, daß es überflüssig erscheint, noch irgendein Wort darüber zu sagen. Dennoch kann ich mich der Befürchtung nicht entschlagen, vielleicht doch von manchem mißverstanden zu werden, denn das „Vorwärts reiten" im stallmeisterlichen Sinne ist durchaus nicht zu identifizieren mit „schnell reiten". Ein Pferd, das in meinem Sinne vorwärts geht, muß eine sichere Anlehnung „am Zügel" haben. Daß ein Pferd, welches „hinter dem Zügel" geht, nicht „am Zügel" ist, darüber wird niemand im Zweifel sein, ebensowenig ist, glaube ich, im allgemeinen der Begriff „über dem Zügel" mißzuverstehen, nur zu häufig aber stößt man auf die Verwechslung der Begriffe „gegen den Zügel" und „am Zügel". Häufig genug kann man auf den Tadel „Ihr Pferd ist nicht am Zügel" zur Antwort bekommen: „das wüßte ich denn doch nicht, ich kann ihn kaum noch erhalten". Nur zu oft wird die Belästigung der Hand ohne weiteres als das Kriterium des „Am-Zügel-seins" angesehen, während doch gerade umgekehrt das „am Zügel" gehende Pferd, selbst wenn es durch das Wirkenlassen der Schiebkraft Gewichte in die Hand legt, dieselbe doch nicht unangenehm belästigt, weil es zuvor jeden Widerstand mit dem Genicke aufgegeben hat. Der Widerstand mit dem Genicke, den das „gegen den Zügel" gehende Pferd ausübt, erzeugt ein unangenehmes, absterbendes Gefühl in Armen und Händen, das selbst die vollste „Anlehnung" nie hervorbringt. Jedes Pferd, welches „am Zügel" ist, muß mit gebogenem Halse und senkrechter Nase gehen; mag es denn einmal ausgesprochen werden; ich halte kein Pferd, welches dies nicht tut, für geritten. Ich will ganz und gar nicht bestreiten, daß es unzählige Pferde gibt, welche mit schrägen Nasen sehr gut ihren Dienst tun, aber „am Zügel" und deshalb „geritten" sind sie nicht, und, wären sie es, so würden sie ihren Dienst in einer für ihren Reiter weit angenehmeren und für die eigenen Knochen und Sehnen weniger absorbierenden Weise tun. Es gibt gar keinen Hals und kein Genick, welches den Reiter davon dispensieren könnte, die Nase senkrecht, oder doch beinahe senkrecht zu stellen. Jedes Pferd, welches sich an der Hand abgestoßen, das heißt, den Widerstand mit dem Genicke aufgegeben hat, muß unfehlbar diese Form annehmen. Je harmonischer der Bau, je günstiger das Temperament und je nerviger die Grundfaser, desto mehr wird es sich der idealen Stellung nähern, in welcher bei genau senkrechter Nase der Hals einen Viertelkreis beschreibt; je weniger jene Voraussetzungen zutreffen, desto mehr darf es von dieser idealen Stellung abweichen. Ob die Abweichungen von der senkrechten Stellung der Nase sich in den erlaubten Grenzen halten, dafür kann nur das Gefühl entscheidend sein, daß der Widerstand mit dem Genicke vollkommen aufgegeben ist, ohne doch die Fühlung mit der Hand, das heißt, die Anlehnung zu verlieren. Für die Abweichung nach oben ist der Prüfstein der, ob ein bescheiden nach aufwärts gerichteter Anzug Nachgiebigkeit findet, das heißt, die Nase der Brust nähert, für die Abweichung nach unten die ununterbrochene Fühlung mit dem Maule. Nur bei einem ganz kurzen und dicken Halse mit kurzem Genickstücke wäre die absolute Unmöglichkeit, dies zu erreichen, denkbar, dann gehört aber ein solches Tier vor die Karre, und es wäre Unsinn, daraus ein Reitpferd machen zu wollen. Was aber Reitpferd werden will, muß die Nase hergeben, davon gibt es gar keine Ausnahme. Es liegt wohl nahe, bei dieser Gelegenheit über beizäumende Hilfszügel einige Worte zu sagen, da dieselben ja dem eben in Rede stehenden Zwecke dienen sollen. Im allgemeinen muß ich vor der Benutzung aller beizäumenden Hilfszügel ohne Ausnahme warnen, weil man sich zu leicht selber damit täuscht. Der beizäumende Hilfszügel, mag er nun einen Namen haben, welchen er will, wirkt eigentlich nur dann gut, wenn er gar nicht wirkt. Was Seidler über beizäumende Hilfszügel sagt, ist jedenfalls das Beste, was über diesen Gegenstand gesagt werden kann, und möchte ich deshalb hier darauf verweisen. Danach soll der beizäumende Hilfszügel die Grenze nach oben angeben, welche das Pferd nicht überschreiten darf. Seine Funktion darf sich daher immer nur auf diejenigen Momente beschränken, in welchen das Pferd diese Grenze zu überschreiten trachtet, und haben die vortreibenden Hilfen dafür zu sorgen, daß diese Momente nach Möglichkeit abgekürzt werden, das Abstoßen an dem Hilfszügel möglichst schnell herbeigeführt wird. Ein beizäumender Hilfszügel, der fortwährend ansteht, ist das Nachteiligste, was man sich denken kann, denn, indem das Pferd sich gegen ihn stützt, spannt es die unteren Halsmuskeln, welche es loslassen sollte, fortwährend an, und ist daher ein andauernder derartiger Gebrauch eines solchen Hilfszügels ein sicheres Mittel, einen Hirschhals herauszuarbeiten. Dabei täuscht ein so gerittenes Pferd einen unerfahrenen Reiter fortwährend, indem es alle seine Lektionen statt in losgelassenem, in gespanntem Zustande ausführt, und gewöhnt sich an diese Stütze schließlich so sehr, daß es, derselben beraubt, vollständig haltungslos und steuerlos wird. Das so gearbeitete Pferd wird daher niemals selbstständig, was ja doch schließlich die Quintessenz aller Dressur ist. - Da nun aber für den nicht sehr erfahrenen Reiter die Versuchung, in diese fehlerhafte Anwendung des Hilfszügels zu verfallen, sehr nahe liegt, weil mit der Stütze desselben das Pferd manche Lektionen auszuführen vermag, die es selbständig noch nicht leisten kann, für die es daher noch nicht reif ist, so rate ich, sich aller beizäumenden Hilfszügel entweder ganz zu enthalten, oder zum wenigsten, wenn man einen solchen gebraucht, denselben zeitweise wegzulassen, um die Richtigkeit seiner Arbeit zu kontrollieren.

Um nun nach dieser kleinen Abschweifung wieder zum Galoppe zurückzukehren, so hoffe ich, daß durch das Gesagte klar geworden sein wird, was unter „vorwärts reiten" im stallmeisterischen Sinne zu verstehen ist, und wie die richtige Anlehnung „am Zügel" also mit senkrechter oder bei ungünstigeren Verhältnissen doch annähernd senkrecht gestellter Nase und zwar ohne die Stütze eines Hilfszügels stets das Kriterium aller Versammlungsbestrebungen sein muß. Sobald die Anlehnung nicht mehr ganz zweifellos ist, das Pferd anfängt, über oder hinter dem Zügel zu galoppieren, so ist es Zeit, durch richtiges Vorwärtsreiten die Korrektur der Anlehnung eintreten zu lassen. Ein Pferd, welches mit richtiger Anlehnung auf beiden Händen richtig gebogen auf dem Zirkel galoppieren kann, hat dadurch unfehlbar einen solchen Grad vorbereitender Versammlung durch Biegung des jedesmaligen inwendigen Hinterfußes erfahren, daß wir es wagen können, ohne Gefahr für die Schwunghaftigkeit und Losgelassenheit des Ganges, den Galopp nach und nach bis zu einem solchen Tempo abzukürzen, in welchem wir Konter-Wendungen und Lektionen auf zwei Hufschlägen als Mittel zur vollendeten Ausarbeitung dieser Gangart vornehmen können.

Dieses Stadium der Arbeit ist es ganz besonders, welches den minder erfahrenen Reiter leicht verführt, über der Abkürzung des Ganges die Reinheit und Energie desselben zu vernachlässigen. Was ich schon an anderer Stelle ausgesprochen habe, wiederhole ich deshalb hier, der Gang gibt uns jederzeit den sichersten Maßstab für die Richtigkeit unserer Arbeit. Solange in der Abkürzung der Gang gleichmäßig und kräftig bleibt, sind wir auf gutem Wege, sowie aber derselbe diese Eigenschaften verliert, sind wir zweifellos über dasjenige Maß der Verkürzung hinausgegangen, welches dem derzeitigen Ausbildungs- und Entwicklungszustande des Pferdes angemessen ist. Wie für alle Gänge, so gilt dies auch für den Galopp; sobald unegale, stockende Sprünge mit unterlaufen, sobald der Gang schleppend oder, statt springend, laufend wird, sind wir auf falschem Wege und müssen an schleunige Korrektur denken, um zu verhindern, daß jene Fehler Wurzel fassen und wachsen. Bei ganz normalem Verlaufe der Dressur dürfen derartige fehlerhafte Erscheinungen natürlich gar nicht zu Tage treten, doch wird selbst der wohlerfahrene Bereiter sie nicht immer ganz zu vermeiden imstande sein. Um so weniger darf der Anfänger sich über solche momentane Mißerfolge wundern. Die Reitkunst ist eine unendlich schwere Kunst, und es ist wohl noch Niemand derselben in vollem Sinne Meister geworden, bevor ihm das Alter den Scheitel gebleicht hat. Die Mittel, durch welche das Pferd seinem Bereiter einen oft fast unmerklichen Widerstand entgegensetzt und sich leise und allmählich der vollen Erfüllung der an desselben gestellten Anforderungen zu entziehen weiß, sind unglaublich vielfältig. Nur das unausgesetzte, aufmerksamste Studium der Natur des Pferdes und eine bedeutende Verfeinerung des Gefühles vermögen nach langen, arbeitsvollen Jahren das sichere und untrügliche Urteil zu geben, welches dazu gehört, um die Unebenheiten auf dem Wege der Dressur vorherzusehen und zu vermeiden. Bei jedem Pferde, welches du in Arbeit nimmst, und wäre es das denkbar normalste, mache dich auf Täuschungen, Verlegenheiten und Kämpfe gefaßt, dann wirst du, wenn sie eintreten, die gute Laune nicht verlieren, und das ist eine der größten Hauptsachen bei unserer Arbeit. Merke dir wohl, Fortschritte macht dein Pferd nur, wenn du auf gutem Fuße mit ihm stehst. Stets muß dein Umgang mit ihm, auch wenn du seine schlechten Neigungen, sein instinktives Widerstreben bekämpfst, von einer wohlwollenden Gemütlichkeit angehaucht sein. Übellaunigkeit und verbissenes, ungeduldiges Wesen machen jeden wirklichen Fortschritt in der Dressur unmöglich. Der Charakter des wahren Stallmeisters muß deshalb neben vielen anderen guten Eigenschaften auch die besitzen, daß ihm schon das Bekämpfen von Schwierigkeiten an sich ein Vergnügen ist, so daß seine Stimmung dadurch nicht nur nicht getrübt, sondern sogar gehoben wird.

Der freundliche Leser verzeihe mir diese gelegentlichen Abschweifungen. Er wird von vornherein aus dem Tone dieses Buches ersehen haben, daß ich nicht die Absicht habe, ihm eine trockene, rein wissenschaftliche Abhandlung zu geben, denn das würde mit meiner Auffassung unserer Kunst in Widerspruch stehen. Außerdem weiß ich aber auch, daß solche gelehrte, streng systematische Abhandlungen unseres Faches zwar häufig gekauft, aber selten gelesen werden, was bei einer so sehr mit dem praktischen Leben verwachsenen Kunst auch gewiß nur natürlich ist.

Um nun also wieder zur Abkürzung des Galopps zurückzukehren, so ist dieselbe natürlich wie jede Abkürzung eines Ganges, nur durch Verhalten zu erreichen. Diesem Verhalten müssen ebenso natürlich, damit dadurch nicht einfach der Galopp ausgelöst werde, vortreibende Hilfen entgegenwirken, welche den Gang erhalten. Damit nun diese verhaltenden und vortreibenden Hilfen richtig zusammenwirken, das heißt, die ersteren bis auf die Hinterschenkel, die letzteren bis zum Maule durchgehen, ist es vor allen Dingen erforderlich, das Pferd stets gerade gerichtet zu erhalten, das heißt, jedes Seitwärtstreten oder Ausfallen des einen oder anderen Hinterfußes zu verhindern, da dies das nächste Mittel ist, welches dem Pferde zu Gebote steht, sich der Biegung der Hinterschenkel zu entziehen. Um dieser Neigung des Pferdes mit Vorteil entgegenzuwirken, werden wir gut tun, in diesem Stadium der Arbeit die ganze Bahn aufzusuchen, da die feste Bande zur Fixierung der Hinterfüße eine nicht zu unterschätzende Hilfe gewährt. Damit nun aber die Vorteile der Bande wirklich voll ausgenutzt werden, werden wir an ihr dem Pferde die Schultervorstellung oder gebogen-gerade Richtung anzuweisen haben, das heißt, - da dieser Begriff nicht oft genug klar gelegt werden kann - diejenige Richtung, bei welcher die inwendige Schulter sich vor dem inwendigen Hinterfuße befindet, wobei aber durch eine angemessene Biegung der Wirbelsäule auch der auswendige Hinterfuß gezwungen wird, ohne ausfallen zu können, direkt gegen die Last zu wirken. Das Pferd zwanglos in dieser gebogen-geraden Richtung zu erhalten, ist das einzige Mittel, um ein intensives Zusammenwirken der vortreibenden und verhaltenden Hilfen zu vermitteln und dadurch die wahre Versammlung zu erzielen. Während der ganzen Bearbeitung im Trabe war diese gebogen-gerade Richtung die Grundlage und der Ausgangspunkt sämtlicher Lektionen ohne Ausnahme, durch welche wir das Gleichgewicht herzustellen strebten. Wenn schon in jener Gangart es nicht möglich war, durch ein festes Anfassen mit Hand und Schenkel, wie im Schraubstocke, das Pferd in dieser Richtung zu erhalten, so ist dies im Galoppe noch weit mehr der Fall, da derselbe dem Pferde noch weit mehr Mittel bietet, sich durch Steifen des Rückens und der Hinterbeine, durch Prellen und Abchangieren dem Schraubstocke zu entziehen. Nur die richtige Verteilung des Gewichtes in einem weichen, gebogenen Sitze mit gelegentlichen leichten Schenkel- respektive Spornhilfen vermögen es, trotz des Einhaltens der angewiesenen Richtung, dem Pferde diejenige Zwanglosigkeit zu erhalten, welche allein einen weichen und gleichmäßigen Galopp ermöglicht.

Nächst der Richtung des Pferdes ist es das Verhältnis der vortreibenden und verhaltenden Hilfen zueinander, wodurch der Erfolg der Versammlungsarbeit bedingt wird. Über dieses Verhältnis eine irgend bindende Vorschrift zu geben ist natürlich um so weniger möglich, als dasselbe bei jedem Pferde, je nach Temperament und Gehlust, verschieden sein wird. Das jedem Pferd angemessene Verhältnis der Hilfen herauszufinden ist eben eine der Hauptaufgaben des Reitertaktes und, wenn der erfahrene, fein gebildete Bereiter dasselbe mit Sicherheit treffen wird, so lasse sich der Anfänger ein gewisses Experimentieren hier nicht verdrießen. Wenn es mitunter wunderbar erscheint, wie Reiter von geringen Körperkräften ihre Pferde zu ungleich größeren Leistungen zu veranlassen vermögen wie andere mit den Gliedmaßen eines Herkules, so findet das Wunder seine Erklärung darin, daß erstere jenen Reitertakt besitzen, welcher ihnen mit Untrüglichkeit das angemessene Verhältnis der Hilfen angibt, das wir zumeist mit dem Ausdruck „ein richtiges Zusammenwirken von Hand und Schenkel" bezeichnen hören. Dieser Reitertakt, welcher lediglich durch lange, unablässige Übung zur höchsten Feinheit entwickelt werden kann, wird nur erworben auf der Grundlage eines weichen, anschmiegsamen Schulsitzes, in welchem gleichsam jeder Nerv seine Fühlfäden ausstreckt. Diesen Sitz sich als bleibendes, unveräußerliches Eigentum zu erwerben und zu erhalten, sei daher das erste und hauptsächliche Streben jedes angehenden Bereiters, dann wird auch sein Gefühl sich nach und nach zu derjenigen Feinheit entwickeln, welche ihm in allen Stadien der Arbeit das richtige Abwägen seiner Einwirkungen ermöglichen wird. Etwas Weiteres über das Verhältnis der vortreibenden und verhaltenden Hilfen zu sagen, ist nicht wohl möglich. Das Resultat muß eben das sein, daß der Galopp durch das Verhalten verkürzt wird, dabei aber durch das Vortreiben belebt und energisch bleibt.

Was nun die Einwirkungen an sich anbelangt, so ist, abgesehen davon, daß die Stärke derselben der Natur eines jeden Pferdes wohl angepaßt sein muß, die Wahl der richtigen Momente dazu von der größten Wichtigkeit. Beide Arten von Hilfen, die vortreibenden wie die verhaltenden, müssen so angebracht werden, daß sie die Biegung der Hinterschenkel befördern, die ersteren, indem sie dieselben zum Vortreten veranlassen, die letzteren, indem sie sie alsdann belasten und dadurch biegen. Ich komme hier darauf wieder zurück, was an einer früheren Stelle gesagt ist, daß die Last der Vorhand niemals der unvorbereiteten Nachhand zugeworfen werden kann und darf. Nur der durch den Sporn genügend vorgetriebene Hinterschenkel wird sich unter der Belastung biegen; sowie er nicht weit genug vorgetreten ist, wird er sich gegen dieselbe steifen. Es geht hieraus hervor, daß die vortreibenden und verhaltenden Hilfen nicht genau in denselben Momenten anzubringen sind, sondern daß die ersteren den letzteren stets um eine Idee vorausgehen müssen. Erstere müssen erfolgen, wenn sich der Hinterfuß hebt, letztere, bevor er sich niedersetzt. Um diesen allgemeinen Grundsatz auf den Galopp anzuwenden, ist es zunächst erforderlich, sich klarzumachen, daß von den drei Tempos des Galoppsprunges das zweite dasjenige ist, auf welchem der Hauptakzent liegt. Auf inwendigem Hinterfuße und auswendigem Vorderfuße tritt eine gewisse Ruhe ein, während naturgemäß die beiden anderen Tempos, in denen die Last nur von je einem Fuß gestützt wird, nur den Übergang bilden können. Es ist dies der Grund dafür, daß ein auf der Vorhand ausgeführter Galopp den auswendigen Vorderfuß ganz besonders angreift. Die Güte des Galopps hängt daher in erster Linie davon ab, daß in jedem Sprunge der inwendige Hinterfuß richtig unter die Last tritt und sich unter dieser willig biegt, um sie dann kräftig abzufedern. Das noch nicht durchgearbeitete Pferd wird fast immer bei der Abkürzung des Galopps versuchen, sich der Biegung des inwendigen Hinterfußes unter der Last dadurch zu entziehen, daß es denselben seitwärts wegsetzt, wobei dann die auf diese Weise mangelhaft gestützte Last hauptsächlich dem auswendigen Vorderfuße zufällt. Insbesondere wird dies im Rechtsgaloppe der Fall sein, da die schon früher erwähnte Neigung fast sämtlicher rohen Pferde, in allen Gängen den rechten Hinterfuß seitwärts wegzusetzen, hier ganz besonders zur Geltung kommt, worin denn auch der Hauptgrund der überwiegend häufigen Lahmheiten und Struppiertheit des linken Vorderfußes zu suchen ist.

Aus dem Gesagten geht aufs Deutlichste hervor, daß die Schultervorstellung diejenige ist, welche für die Versammlung des Galopps die meisten Vorteile bietet, da sie, vorausgesetzt, daß das Pferd sich willig in ihr hergibt, den inwendigen Hinterfuß nötigt, richtig unter die Last zu treten. Natürlich tritt dieser Vorteil aber eben nur dann ein, wenn das Pferd sich in der ihm angewiesenen Richtung und Biegung vollkommen losläßt, was mich wieder darauf zurückführt, daß ein Hineinzwängen in dieselbe vollkommen nutzlos ist. - Übrigens mache man sich wohl klar, daß eine gleichmäßige Anwendung der Schultervorstellung auf beiden Händen nur dann angebracht ist, wenn durch Natur oder Kunst das Pferd bereits vollkommen gerade gerichtet ist. Da dies aber von Natur fast nie der Fall ist, und durch die Kunst in dem Stadium, in welchem wir uns jetzt befinden, noch nicht erreicht sein kann, vielmehr ziemlich ausnahmslos sich die falsche natürliche Rechtsbiegung hier geltend machen wird, so erinnere ich an das, was ich bereits bei der Zirkelarbeit im Galoppe gesagt, daß nämlich auf der linken Hand zumeist eine mehr traversartige Richtung erforderlich sein wird, um den dann auswendigen Hinterfuß zu fixieren und dadurch die gebogen-gerade Richtung rein zu erhalten, welche eben allein ein richtiges Zusammenwirken der Hilfen ermöglicht. Aber auch, wenn man zur intensiveren Bearbeitung des inwendigen Hinterfußes auf der linken Hand ebenfalls die Schultervorstellung wählt, so lasse man nicht außer acht, das Traversartige in derselben zu erhalten, das heißt, mit Hand, Schenkel und Gewichtsverteilung den auswendigen Hinterfuß am Ausfallen zu verhindern.

Wenn wir somit bemüht sind, zur Versammlung des Galopps schon die Richtung des Pferdes so zu wählen, daß sie für die Bearbeitung des inwendigen Hinterfußes Vorteile bietet, so werden wir nicht minder darauf bedacht sein müssen, unsere aktiven Einwirkungen auf diesen Hauptzweck zu richten. Darauf bezug nehmend, daß jede Bearbeitung eines Hinterschenkels damit beginnen muß, daß der gleichseitige Schenkel respektive Sporn ihn durch den auf die Bauchmuskeln ausgeübten Reiz zum weiteren Vortreten veranlassen muß, kommen wir daher zu dem Schlusse, daß der inwendige Reiterschenkel bei dieser Arbeit der vorherrschend tätige sein muß, während dem auswendigen die Aufgabe zufällt, weiter zurückgreifend den auswendigen Hinterfuß zu überwachen, und der Neigung des Pferdes, durch Ausfallen desselben sich der gebogenen Richtung zu entziehen, entgegenzuwirken. Die Momente der Hilfe des inwendigen Schenkels gibt das Pferd dem weich und schmiegsam sitzenden Reiter selber an, indem bei dem Unterspringen der Hinterfüße eine gewisse Erweiterung des Rippengewölbes eintritt, welche sich dem sanft anliegenden Reiterschenkel deutlich fühlbar macht. Insbesondere wird der am meisten vorgreifende inwendige Hinterschenkel dies auf der inwendigen Seite bewirken und sich somit seine Hilfen von dem inwendigen Reiterschenkel in jedem Galoppsprunge gewissermaßen selber holen. Der fühlende Reiter kann deshalb gar nicht anders, als durch weiches Heranfallen des inwendigen Schenkels respektive Antippen des Spornes in jedem Sprunge das Vortreten des inwendigen Hinterfußes zu befördern.

Dieses Vortreten des inwendigen Hinterfußes unter die Last nun richtig auszunutzen, um durch durchgehende Anzüge, welche die Gewichte der Vorhand auf die Nachhand übertragen, den inwendigen Hinterschenkel belastend zu biegen, ist Sache der Zügel, und zwar wird hier, wie wir schon bei der Besprechung des Schulterherein uns klargemacht haben, die vorherrschend aktive Rolle dem auswendigen Zügel zufallen, während der inwendige die Aufgabe hat, im Vereine mit dem auswendigen Schenkel die Biegung um den inwendigen Schenkel rein zu erhalten. Auch hier wieder gibt das Pferd selber dem Reiter die Momente an, in denen er durch die nach innen und aufwärts gerichteten Anzüge des auswendigen Zügels die Vorhand auf- und zurückrichten und dadurch die Nachhand mit Erfolg belasten kann. Es sind naturgemäß die Momente, in denen das Pferd sich zum Sprunge hebt, das heißt, in denen es mit dem auswendigen Hinterfuße den Übergang von einem zum anderen Sprunge bildet. In diesem Momente angebracht, wird der Anzug seine Wirkung auf den schon erhobenen inwendigen Hinterfuß im Augenblicke des Niedersetzens äußern und ihn durch Vermehrung der selbst geholten Belastung biegen. Ebenso natürlich ergibt sich für den feinfühligen Reiter die Notwendigkeit, unmittelbar darauf das Öffnen der zusammengedrückten Federn durch Entlastung, also durch Nachgeben mit der Hand, zu befördern, und so kommen wir wieder zu dem Resultate, daß die Quintessenz alles Reitens in dem weichen, schmiegsamen Schulsitze zu suchen ist, in welchem der Reiter die Bewegung des Pferdes fühlt, und aus diesem Gefühle heraus die ihm angemessenen Hilfen gibt.

Zur vollen Wirkung werden die besprochenen Einwirkungen indessen nur dann gelangen, wenn sie von einer richtigen Gewichtsverteilung des Reiters unterstützt werden. Es kann in dieser Beziehung nur auf den Grundsatz zurückgewiesen werden, welcher bereits mehrfach hervorgehoben ist, daß nämlich der Reiter sein Gewicht so zu verteilen hat, daß es jederzeit durch Zusammenfallen der Schwerlinien in Harmonie mit dem Pferde sich befindet, damit in Wahrheit Reiter und Pferd als ein Körper zu betrachten sind. Es wird also, da der verkürzte Galopp nur dann ein versammelter genannt werden darf, wenn dabei der größere Teil der Last von den Hanken getragen wird, der Reiter seinen Oberkörper leicht zurückgeneigt halten und dabei in der durch vermehrte Biegung des inwendigen Hinterschenkels bedingte Weise, mit vorgerichteter inwendiger Hüfte, den inwendigen Bügel mehr belasten, dabei aber wohl darauf bedacht sein, in dieser Haltung mit der Bewegung des Pferdes nach vorwärts gut mitzugehen, damit in keinem Momente sein Gewicht hemmend auf dieselben einwirke, was namentlich durch die etwas vorgerichtete, auswendige Schulter befördert wird. Wenn das richtig versammelt galoppierende Pferd diese Gewichtsverteilung dem Reiter selber anweisen wird, so ist doch keineswegs gesagt, daß er in derselben wie festgebannt zu verharren hat. Es wird vielmehr die Arbeit ihm häufig Veranlassung geben, zur Korrektur sich einschleichender Fehler auf Augenblicke diese Haltung aufzugeben. Insbesondere wird er, wenn er fühlt, daß das Pferd seine Hinterschenkel zuviel belastet und biegt, so daß es die Last nicht mehr richtig abzufedern vermag, was bei Pferden, die von Natur weich und biegsam sind, wohl eintritt, aus der zurückgeneigten in eine vorgeneigte Haltung des Oberkörpers übergehen, um dadurch die Hanken mehr zu entlasten. Wenn bei diesem entlastenden Vorneigen des Oberkörpers der inwendige Sporn in den Takten wie das Pferd springt, leicht antippend, mehr nach rückwärts zu, seine Hilfen gibt, so ist dies eines der nachdrücklichsten Mittel, um das kräftige Abfedern der Hinterfüße vom Boden, den sogenannten Triller, den dieselben schlagen sollen, zu befördern. Ebenso wird, wenn das Pferd seine Hinterschenkel unter der Belastung nicht biegt, sondern gegen dieselbe steift, was zumeist dann eintreten wird, wenn der Nachhand die Last nicht stufenweise gesteigert, sondern zu plötzlich aufgebürdet wird, der Reiter nicht etwa in den so häufigen Fehler verfallen, durch noch größere Steigerung der Last die Hinterschenkel zwangsweise biegen zu wollen. Dies würde nur zur Folge haben, daß dieselben mit den starken oberen Gelenken den Widerstand fortsetzen und sich nur in den Fessel- oder allenfalls noch den Sprunggelenken biegen würden, was diesen schwächeren Partien höchst nachteilig werden dürfte. Vielmehr wird in richtiger Erkenntnis der Ursache der einsichtsvolle Bereiter auch in diesem Falle durch Vorneigen seines Oberkörpers unter Annahme eines etwas freieren Tempos die Nachhand einstweilen etwas mehr entlasten, um später in weichster und zwangslosester Weise die Last ganz allmählich wieder zuzuführen.

Auch in der seitlichen Verteilung seines Gewichtes hat der Reiter sich nur nach den Umständen zu richten und, wenn, wie wir gesehen, der richtige versammelte Galopp eine vermehrte Belastung des inwendigen Bügels oder, was dasselbe sagen will, ein vermehrtes Sitzen auf dem inwendigen Gesäßknochen mit sich bringt, so wird doch diese Gewichtsverteilung nach Erfordernis zu modifizieren sein, und unter Umständen sogar eine vermehrte Belastung des auswendigen Zügels einzutreten haben, wenn es sich darum handelt, den auswendigen Schenkel zur Fixierung des auswendigen Hinterfußes nachdrücklich zu unterstützen.

Wenn wir somit die Hauptgrundsätze zusammengestellt haben, nach welchen wir zur Versammlung des Galopps vorgehen werden, so wird doch kein nicht ganz unerfahrener Reiter erwarten, daß bei dieser Arbeit nicht zahlreiche Aufgaben sich herausstellen sollten, deren Lösung dem eigenen Takte des einzelnen überlassen bleiben muß. Um ernstliche Verlegenheiten zu vermeiden, rufe man sich auch bei dieser Arbeit, wie überhaupt immer, wenn man zu Pferde ist, sei es in einem Terrain vor einem Hindernisse, sei es in den versammelten Schullektionen in der Reitbahn, den Grundsatz ins Gedächtnis zurück: reite dein Pferd vorwärts und richte es gerade. Wer in der Versammlungsarbeit den Trieb nach vorwärts zu erhalten und Vor- und Nachhand stets richtig aufeinander einzurichten weiß, wird sich nie ernstlich festreiten, und, wenn dem Anfänger dies einmal passiert, so kann er sicher sein, gegen obigen Grundsatz gefehlt zu haben. Alsdann verliere er aber nicht den Mut, denn kein Meister fällt vom Himmel, sondern hüte sich nur, die sich herausstellenden Schwierigkeiten dem Pferde zur Last zu legen, und eigensinnig sein Stück durchsetzen zu wollen. Vielmehr gebe er ruhig die Versammlungsarbeit auf, und kehre dazu zurück, im schwunghaften Galoppe auf ganzer Bahn sich zunächst wieder sein Pferd richtig vorwärts an die Zügel zu reiten, um von diesem Ausgangspunkte mit größerer Vorsicht die Arbeit von neuem zu beginnen.

Ein stets sicht- und fühlbarer Leitfaden bleibt, wie immer, so auch in diesem Stadium der Dressur, wo es sich um Versammlung des Galopps handelt, der Gang und die Anlehnung. Solange die Galoppsprünge einander gleichmäßig folgen, und wir vermögen bei herbeigezäumter Kopfstellung wenn auch noch so wenig aufwärts gerichtete Anzüge zu machen, sind wir auf gutem Wege, sowie dies nicht mehr der Fall ist, haben wir Fehler gemacht, deren Korrektur fast ausnahmslos damit beginnen muß, daß wir wieder zu einem freieren Tempo zurückkehren. In bezug auf die Anlehnung möchte ich hierbei noch das eine ansprechen, daß, wenngleich die Versammlung des Galopps zum allergrößten Teile auf einer Aufrichtung der Vorhand beruht, dennoch, selbst bei strammstem Rücken und der kräftigsten Nachhand, die herbeigezäumte Kopfstellung die Grenze dafür angeben muß. Zur Bewältigung eines festen Rücken die sogenannte „hohe Aufrichtung" anzuwenden, das heißt, ein Herausheben von Hals und Kopf bei annähernd waagerechter Stellung der Nase, ist ein Experiment, von dem ich unter allen Umständen abrate, weil es dem Bewegungsmechanismus des Pferdes direkt entgegenläuft.

Wenn wir nun also mit Geduld und Überlegung unser Pferd so weit gebracht haben, daß es in einem gesammelten Galopptempo, in welchem wir bei jedem Sprunge den inwendigen Hinterfuß wohl unter uns fühlen, auf geraden und gebogenen Linien sich selbständig zu halten vermag, ohne im wesentlichen anderer Hilfen zu bedürfen, als die es sich bei weichem, schmiegsamen Balancesitze des Reiters selber holt, so ist es Zeit, teils der weiteren Vervollkommnung der Gangart wegen, teils, weil er für den praktischen Gebrauch erforderlich ist, zum Konter-Galopp überzugehen. Der Konter-Galopp ist schon aus dem Grunde ein äußerst wirksames Dressurmittel, weil wir in ihm auf der inwendigen Seite die Bande haben, welcher der Neigung des Pferdes, den inwendigen Hinterfuß durch Seitwärtstreten der Biegung zu entziehen, jederzeit eine Schranke setzt. Wenn wir daher im richtigen Galoppe durch die Bande in der Fixierung des auswendigen Hinterfußes unterstützt, unsere aktiven Einwirkungen mehr auf die Unterbringung und Biegung des inwendigen Hinterfußes richten mußten, so gestattet uns der Konter-Galopp, unsere Aufmerksamkeit mehr der Bearbeitung des auswendigen Hinterfußes zuzuwenden, dessen vermehrte Tätigkeit naturgemäß auch diejenigen des inwendigen Hinterfußes befördert. Im richtigen Galoppe mußten wir uns dem auswendigen Hinterfuße gegenüber auf ein überwachendes Verfahren beschränken, da, wenn wir hier zu aktiv werden, es nicht wohl möglich war, innerhalb der Grenzen der Ungezwungenheit den inwendigen Hinterfuß zu demjenigen Untertreten und Sichbiegen unter der Last zu veranlassen, welches das A und O eines versammelten Galopps ist. Im Konter-Galoppe hingegen, wo uns dies letztere durch die Bande mehr gesichert ist, steht einem aktiven Vorgehen gegen den auswendigen Hinterfuß nichts im Wege. Es gibt uns daher der Konter-Galopp die Möglichkeit zu kräftigeren Einwirkungen beiderlei Art, als wir sie im richtigen Galoppe wagen durften, ohne befürchten zu müssen, daß das Pferd sich entweder durch Seitwärtstreten des inwendigen Hinterfußes oder durch Abchangieren uns entziehe. Wenn wir daher erst im Konter-Galoppe in der Konter-Schultervor-Stellung gebogen-gerade gerichtet mit kräftigen auf den inwendigen Hinterfuß gerichteten Anzügen des auswendigen Zügels und mit dem auswendigen Sporne den auswendigen Hinterfuß energisch vortreibend, mit jedem Sprunge gewissermaßen auf die den inwendigen Hinterfuß fixierende Bande hinaufzugaloppieren vermögen, so ist wohl unschwer einzusehen, daß hierin ein höchst nachdrückliches Mittel gegeben ist, das Pferd im Galoppe in sich zusammenzuschieben. In ungleich gesteigertem Maße würde dies in allen Wendungen der Fall sein, in den Ecken sowohl wie auf dem Zirkel und in allen sonstigen Wendungen, wenn uns hier nicht das Fehlen der stützenden Bande zwänge, der Fixierung des inwendigen Hinterfußes vermehrte Aufmerksamkeit zuzuwenden. Da indessen das Pferd, um sich in einer Wendung im Konter-Galopp zu halten, an und für sich schon eine nachdrückliche Stützung der Last durch den inwendigen Hinterfuß nicht wohl entbehren kann, so ist die Fixierung desselben in diesen Konter-Wendungen nicht so schwer zu erreichen, daß man sich dabei im energischen Vortreiben des auswendigen Hinterfußes und den kräftigen die Vorhand entlastenden Anzüge des auswendigen Zügels, welche letzteren hier sogar besonders notwendig sind, stören lassen müßte.

Wenn somit der Konter-Galopp eine entschieden große Gewalt über das Pferd verleiht, so liegt auch die Gefahr zum Mißbrauch derselben für den unerfahrenen Reiter sehr nahe, und ich verweise deshalb auch hier wiederum darauf, jederzeit an Gang und Anlehnung die Richtigkeit seiner Arbeit zu prüfen. Auch möge man hier, wie bei allen Lektionen, welche eine sehr konzentrierte Tätigkeit des Pferdes verlangen, nicht außer acht lassen, die Länge der Reprisen nach der Leistungsfähigkeit des Pferdes wohl abzumessen, und dieselben stets lieber zu kurz als zu lang einzurichten, denn nichts ist mehr dazu angetan, einem Pferd Herz und Freudigkeit zu benehmen als zu lange Reprisen in sehr angreifenden Schulen. Ich darf vielleicht diese Gelegenheit benutzen, um über das Abmessen der Arbeit überhaupt ein paar Worte zu sagen, was von unglaublicher Wichtigkeit für das Resultat derselben ist. Wenn man viele Reiter sieht, deren Pferde, obgleich sie alles Mögliche gehen, dennoch durch ihr totes Maul und ihre schlaffen Bewegungen einen so traurigen, lebensmüden Eindruck machen, so liegt dies nur daran, daß sie durch unvernünftige Überbürdung den armen Tieren das Herz gebrochen haben, und wird jeder wahre Freund des edlen Pferdes weit mehr mit demjenigen Reiter sympathisieren, dessen Pferde sich nur in ihren natürlichen Gängen produzieren, dabei aber Kraft und Mut zeigen, und ein freundliches, munteres Gesicht machen. Kenntnis der Theorie, Fleiß und Geschicklichkeit tun es immer noch nicht allein in der Pferdedressur, wenn nicht wahre Liebe zu diesem so schönen und liebenswürdigen Geschöpfe und ein inniges Verständnis für seine Natur damit verbunden sind. Deshalb bitte ich jeden jungen Fachgenossen recht herzlich, sein Pferd stets sorgfältig zu beobachten, ob auch Feuer und Kraft desselben nicht schwinden, damit er nachher nicht eine tote Maschine habe, die niemandem mehr rechte Freude bereiten kann.

Um nun noch auf die Technik der Konter-Galopp-Arbeit kurz einzugehen, so wird hier, wie bei allen neuen Lektionen eine gewisse Belehrung der eigentlichen Arbeit voranzugehen haben. Wir werden dieselbe dem Pferde dann am leichtesten begreiflich machen, wenn wir den ersten Versuch eines Konter-Galoppes beim richtigen Galoppe unmittelbar anschließen. Nachdem wir den versammelten Galopp bis zu der oben geschilderten Fertigkeit ausgebildet haben, wird es dem Pferde nicht mehr schwerfallen, auch etwas engere Wendungen in demselben auszuführen, bei denen die Nachhand den größeren Teil der Last übernimmt, indem der inwendige Hinterfuß durch den aktiven inwendigen Sporn wohl unter den Schwerpunkt getrieben, der auswendige Hinterfuß aber durch den auswendigen Schenkel gehörig verwahrt wird. Nachdem also unser im Konter-Galoppe zu belehrendes Pferd im richtigen Galopp anspringt, werden wir aus der Ecke nach einer langen Bahnseite durch eine Passade zur anderen Hand übergehen und durch ein bis zwei Ecken, welche wir gut abrunden, den Galopp unverändert zu erhalten suchen, indem wir mit dem auswendigen Zügel, auswendigem Schenkel und vermehrtem Sitzen auf dem auswendigen Gesäßknochen den auswendigen Hinterfuß wohl zu fixieren bemüht sind. Gelingt uns dies, so werden wir unser Pferd anhalten und beloben, gelingt es nicht, so gehen wir ruhig wieder zur richtigen Hand über und wiederholen die Belehrung so lange, bis wir vom Pferde verstanden sind. Ist unser Pferd im versammelten Galoppe genügend vorbereitet, so ist es körperlich imstande, den Konter-Galopp zu leisten, und kann es sich dann eben nur um das Verständnis handeln; stellt es sich aber zur Evidenz heraus, daß bei der neuen Anforderung noch körperliche Schwierigkeiten im Wege stehen, so ist dies ein deutlicher Beweis, daß der versammelte Galopp noch nicht sicher genug begründet war. In diesem Falle wäre es durchaus falsch, den Konter-Galopp erzwingen zu wollen, sondern ist es dann angezeigt, so lange geduldig den versammelten Galopp auf richtiger Hand weiter zu üben, bis das Pferd in demselben selbständiger geworden. Hat unser Pferd auf beiden Händen den beschriebenen ersten Konter-Galopp-Versuch geleistet, so ist dies für die erste Lektion genug. Nach und nach steigern wir dann die Anforderungen und je geläufiger dem Pferde der Konter-Galopp wird, desto mehr benutzen wir ihn als Mittel zum Zwecke der Vervollkommnung der Gangart. In erster Linie hören wir im Verhältnisse der zunehmenden Sicherheit auf, unser Körpergewicht zur Fixierung des auswendigen Hinterfußes mitwirken zu lassen, und nehmen wieder die naturgemäße Gewichtsverteilung an, bei welcher, wie in jeder gebogenen Lektion die Senkung der inwendigen Pferdehüfte eine vermehrte Belastung des inwendigen Bügels respektive vermehrtes Sitzen auf dem inwendigen Gesäßknochen mit sich bringt. Wenn hierdurch bereits

*Bewegungsablauf
im Redopp*

wieder das richtige Belastungsverhältnis des inwendigen Hinterfußes herbeigeführt wird, so wird dasselbe noch nachdrücklicher dadurch hergestellt, daß wir die im Anfange mehr auf den auswendigen Hinterfuß gerichteten Anzüge des auswendigen Zügels nach und nach mehr dem inwendigen zuwenden, diesen dadurch belastend und biegend. Indem nunmehr die Fixierung des auswendigen Hinterfußes vom auswendigen Schenkel allein besorgt wird, der gleichzeitig durch taktmäßiges leichtes Antippen mit dem Sporne das lebhafte Vortreten des auswendigen Hinterfußes befördert, sind wir in dasselbe Stadium getreten, in welchem der Konter-Galopp von so hervorragendem Nutzen ist, indem er, wie keine andere Lektion, jenes lebhafte Unterspringen der Nachhand, das sogenannte Trillerschlagen derselben, ausbildet, welches die Grundlage für die feineren Schulen, den Redopp und die Wendungen auf der Nachhand bildet. Daß wir nun nach und nach eine Steigerung der Aufgabe eintreten lassen, indem wir uns von der ganzen Bahn auf den Zirkel begeben, von dem wir dann zu engeren Wendungen und gebogenen Linien übergehen, bedarf kaum der Erwähnung, doch sei darauf hingewiesen, daß alle Wendungen im Konter-Galoppe erst dann von Nutzen sind, wenn wir in ihnen unseren gebogenen Sitz mit der richtigen Gewichtsverteilung nach innen und die den inwendigen Hinterfuß belastenden Anzüge des auswendigen Zügels beizubehalten vermögen.

Die Stufe der Vollendung, zu welcher wir durch eine richtige Konter-Arbeit den Galopp zu erheben vermögen, berechtigt uns, unser Auge nunmehr auf das höchste Ziel zu richten, nämlich die Wendungen auf der Nachhand in dieser Gangart. Diese Wendungen auf der Nachhand, welche, enger und enger werdend, schließlich in der Pirouette gipfeln, sind das schöne Resultat einer systematischen und gediegenen Galopparbeit. Das wohlproportionierte und edle Pferd, welches bis zu dieser Höhe der Ausbildung gelangt ist, wird seinem Reiter das erhabene Gefühl geben, Herr jeder Wahlstatt zu sein, sei es die Reitbahn zur augeerfreuenden Produktion, sei es das Exerzierfeld, sei es der ernste Kampfplatz, denn nur auf der Nachhand und nur im Galoppe vermögen wir unser Pferd auf kleinstem Raume mit Sicherheit, Gewandtheit und Anstand zu tummeln. Diese Galopp-Wendungen auf der Nachhand sind nur auszuführen auf dem inwendigen Hinterfuße, welcher in dem Maße als dieselben werden, die Last mehr und mehr allein zu übernehmen hat, während den anderen drei Füßen, insbesondere dem auswendigen Hinterfuße, nur die Rolle zufällt, in kurzen Momenten jenem Träger die Last immer wieder zu übermitteln. Es liegt hiernach auf der Hand, daß nur die vollendetste Biegsamkeit des inwendigen Hinterfußes, verbunden mit einer Federkraft, welche die volle Last von Pferd und Reiter jederzeit energisch fortzuschnellen vermag, das Pferd zu diesen Wendungen befähigen und, wenn wir auch durch den Konter-Galopp bereits den Grund zu dieser Ausbildung gelegt haben, so ist es doch nicht möglich, unvermittelt von ihm zu den Wendungen auf der Nachhand überzugehen. Die zu diesen erforderliche Biegsamkeit und Federkraft des inwendigen Hinterfußes können wir auf zwanglose Weise nur durch Seiten-Lektionen im Galoppe erreichen.

Wenn wir bisher schon im richtigen wie im Konter-Galoppe unserem Pferde die gebogen-gerade Schultervor-Richtung anweisen, so steigern wir dieselbe nunmehr nach und nach zur halben Schulterherein-Stellung. Diese Stellung, welche der Neigung des unausgebildeten Pferdes zu galoppieren durchaus entgegengesetzt ist, vermag das Pferd in einem gleichmäßigen und kräftigen versammelten Galoppe nur mit einem schon sehr erheblichen Aufwande an Biegsamkeit und Kraft des inwendigen Hinterfußes innezuhalten und, wenn schon eine wohldurchgeführte Bearbeitung in den bisherigen Lektionen, namentlich im Konter-Galoppe, dem überhaupt kräftigen und begabten Pferde die Befähigung dazu allerdings verliehen haben wird, so ist es doch durchaus geboten, in der Steigerung der Schulterherein-Stellung nur Zoll für Zoll vorzugehen. Was den Sitz und die Hilfen bei dieser Lektion anbelangt, so verweise ich in dieser Beziehung auf das Kapitel, in welchem die Plié-Arbeit ausführlich besprochen ist, und hebe nur das auch an dieser Stelle ganz besonders hervor, daß die Schulterherein-Stellung nur bei durchaus reiner Biegung von Nutzen ist, und daß diese letztere wieder hauptsächlich von der richtigen Fixierung des auswendigen Hinterfußes abhängig ist. Ich möchte daher den Grundsatz, daß eine Steigerung der Seitenstellung auf Kosten der Biegung durchaus zwecklos ist, an dieser Stelle um so mehr einschärfen als die Schwierigkeit des Plié-Galoppes das Pferd sehr leicht verleitet, in Verbiegungen eine Ausflucht zu suchen.

Man begnüge sich daher namentlich bei nicht sehr wohlproportionierten und kräftigen Pferden mit einer mäßigen Seitenstellung und gehe selbst bei solchen über die halbe Plié-Stellung nicht hinaus. Daß man in einer so schwierigen Lektion die Länge der Reprisen mit Diskretion abzumessen hat, bedarf für den verständigen Bereiter keiner Erwähnung, und empfehle ich, aus dem Plié-Galoppe, mit beiden Schenkeln das Pferd gerade vorschiebend zum Zirkel auf einem Hufschlage überzugehen, oder, wenn man sich im Plié-Galoppe einer Ecke nähert, das Pferd, als wolle man zum Travers übergehen, gerade vorzuschieben, und aus der Ecke heraus auf einem Hufschlage weiter zu galoppieren.

Glaubt man nun durch den Plié-Galopp die Biegsamkeit und Geschmeidigkeit des ganzen Pferdes und insbesondere die federartige Funktion des inwendigen Hinterfußes genügend gefördert zu haben, so kann man aus einer Ecke heraus den ersten Versuch eines Travers-Galoppes wagen, und zwar aus der Plié-Stellung in denselben übergehend. Die Travers-Stellung wird durch die Galoppbewegung sehr erleichtert, und ist deshalb das Pferd namentlich auf der rechten Hand im allgemeinen gern bereit, eine solche anzunehmen. Der Laien-Reiter wundert sich daher häufig, den Travers-Galopp als eine höhere Schule nennen zu hören, und denkt, eine solche zu exekutieren, wenn er im Galoppe sein Pferd mit der Kruppe hineinstellt. Der Fachmann weiß die Schwierigkeiten eines richtigen Travers-Galoppes wohl zu würdigen und wagt sich an eine

Der Travers-Galopp gilt als die wichtigste Lektion zur Vorbereitung der Pirouette

Travers-Stellung erst, nachdem er sein Pferd durch alle besprochenen Stufen der Galopparbeit sorgsam zu einer solchen vorbereitet hat. Gerade darin, daß das Pferd von Natur zum Hereinstellen der Kruppe im Galoppe geneigt ist, sind die Schwierigkeiten des Travers-Galoppes begründet, wie jeder wohl einsehen wird, der diesen Ausführungen bis hierher gefolgt ist. Bei der Seitenstellung, welche das ungebildete Pferd annimmt, fehlt die Rippenbiegung, und der inwendige Hinterfuß wird, weil es ihm an Biegsamkeit fehlt, seitwärts vom auswendigen weggesetzt, das Wesen eines wahren Travers-Galoppes dagegen besteht in einer durchaus reinen Biegung der Wirbelsäule, deren Grad mit dem Grade der Seitenstellung vollkommen harmonieren muß, und hiermit zusammenhängend darin, daß der inwendige Hinterfuß unter den Schwerpunkt vor, also an den auswendigen herangesetzt wird. Ich habe stets den Grundsatz verfochten, daß alle Schulen der wahren, klassischen Reitkunst entweder direkt oder indirekt einen praktischen Nutzen haben, und trete, wo ich kann, der leider so verbreiteten irrtümlichen Anschauung entgegen, welche in der Schulreiterei eine Art des Reitens sieht, die nur dazu dient, das Pferd in künstlichen Stellungen und Bewegungen zu produzieren.

Der Travers-Galopp nun ist eine von denjenigen Lektionen der Schule, welche direkt einen praktischen Zweck haben, da er nur dazu dient, das Pferd zu den Wendungen auf der Nachhand vorzubereiten und zu befähigen. Diesen Zweck kann es natürlich nur dann erfüllen, wenn ihm die oben angeführten Eigenschaften beiwohnen, denn eine Wendung auf der Nachhand ist nur dann möglich, wenn im Momente des Wendens der inwendige Hinterfuß sich unter dem Schwerpunkte befindet; ein Seitwärts-Galopp aber, bei dem in jedem Sprunge der inwendige Hinterfuß unter den Schwerpunkt tritt, ist nur bei gebogener Wirbelsäule denkbar, denn bei ungebogener Wirbelsäule würde dadurch das Pferd gezwungen sein, statt seitwärts, gerade vorwärts zu galoppieren. Das Gesagte wird hoffentlich dazu beigetragen haben, einem jeden klar zumachen, daß ein richtiger Travers-Galopp nur aus einem richtigen Plié-Galopp entstehen kann, ebenso, wie in den anderen Gängen ein korrektes Travers nur auf einer sorgfältigen Ausarbeitung des Schulterherein aufgebaut werden konnte. Aus diesem Grunde habe ich auch empfohlen, den Übergang zum Travers-Galopp in der beschriebenen Art aus dem Plié-Galoppe zu bewerkstelligen, weil man auf diese Weise am besten die Eigenschaft des letzteren in den ersteren hinüberzunehmen vermag. Im übrigen kann ich auch hier wiederum auf das Kapital vom Travers verweisen und möchte nur ganz besonders darauf aufmerksam machen, daß, wenn der inwendige Hinterfuß, durch den inwendigen Schenkel, respektive Sporn, jederzeit zum Vortreten angehalten, seine Schuldigkeit tut, ein fließender, gleichmäßiger Gang nur dann denkbar ist, wenn beide Zügel, insbesondere der inwendige die Vorhand stets, namentlich in den Wendungen, fleißig seitwärts fortführen.

Aus dem Travers-Galoppe werden wir unser Pferd zum Konter-Travers- oder Renvers-Galoppe hinüberführen, und in letzterem das Mittel finden, der Gangart die höchste Vollendung zu geben, denn der Umstand, daß wir hier die Bande hinter uns haben, gestattet uns kräftige rückwärtige Einwirkungen der Zügel, welche die durch Belastung herbeigeführte Biegung der Nachhand immer mehr steigern und den Sprung immer erhabener machen. Wenn ich aber schon beim Konter-Galoppe davor warnen mußte, mit der durch ihn dem Reiter verliehenen Gewalt Mißbrauch zu treiben, so muß ich das hier in noch erhöhtem Maße tun. Schnell, in einem Augenblicke, ist, wenn die Leistungsfähigkeit des Pferdes überschritten wird, eine Widersetzlichkeit da und, wenn dann nicht eine sehr reife Erfahrung dem Reiter zur Seite steht, so fällt das ganze, mit so viel Sorgfalt und Überlegung aufgeführte Gebäude wie ein Kartenhaus zusammen. Vor allen Dingen rufe auch hier der Reiter sich immer wieder jenen Fundamental-Grundsatz ins Gedächtnis zurück: „reite dein Pferd vorwärts und richte es gerade" oder mit anderen Worten: „führe die Vorhand der Nachhand stets gut voran." Sowie diese Regel vernachlässigt wird und das Zurückbleiben der Vorhand dem Pferde gestattet, den inwendigen Hinterfuß seitwärts wegzusetzen, so ist es demselben als die größte Gutmütigkeit anzusprechen, wenn es diese Gelegenheit nicht benutzt, um sich der Gewalt des Reiters zu entziehen. Die größte Mehrzahl der Pferde wird sich eine solche Gelegenheit nicht entgehen lassen, und um so bereitwilliger dieselbe wahrnehmen, je mehr es durch über seine Leistungsfähigkeit hinausgehende Anforderungen des Reiters sich je nach dem Temperamente entweder in verdrossenem oder gereiztem Zustande befindet. In jeder anderen Beziehung darf ich auch für den Renvers-Galopp, um Wiederholungen zu vermeiden, auf das Kapitel vom Renvers verweisen.

Je harmonischer nun ein Pferd gebaut, je kräftiger seine Nachhand, je lebhafter und dabei williger sein Temperament, desto erhabener wird nun im Travers- und Renvers-Galoppe sein Gang werden, bis endlich die Bewegungen der Vor- und Nachhand wahrnehmbar voneinander getrennt, das heißt, aus den drei Tempos vier geworden sind, sich also der Travers- und Renvers-Galopp zum Redopp und Konter-Redopp gesteigert hat. Auch diese Lektion der höheren Schule wird vielfach mißverstanden, und ein gewisser schleppender Galopp mancher Pferde dafür gehalten. Von diesem fehlerhaften, schleppenden Galoppe, dessen ich in diesem Kapitel gelegentlich Erwähnung getan, und dem der verständige Bereiter entschieden entgegentreten wird, unterscheidet sich der Redopp sehr erheblich durch das energische, trillerartige Unterspringen der Nachhand, während die Vorhand sanft niedergelassen wird, gleichsam als wollten die Vorderfüße den Boden kaum berühren. Es ist eine Gangart, deren nur bevorzugte Pferde-Individuen fähig sind. Bei diesen entwickelt er sich aus dem Travers- und Renvers- Galoppe ohne besonders darauf hinzielendes Dazutun des Reiters. Aus anderen, minder begünstigten Pferden par force diese Gangart herausholen zu wollen, wäre töricht, denn das Erreichte würde immer nur mangelhaft bleiben und würde der Gesamtentwicklung jedenfalls schaden.

Um nun schließlich das Werk unserer Galopp-Arbeit zu krönen, wenden wir uns endlich den Wendungen auf der Nachhand zu. Schon die Travers-Arbeit gab uns durch die Ecken fortwährend Gelegenheit, dieselben vorzubereiten, und ist es wohl selbstverständlich, daß wir schon bei zunehmender Sicherheit des Travers- und Renvers-Galoppes die ganze Bahn gelegentlich durch eine Wendung respektive Übergang auf den Zirkel unterbrochen haben werden. Nunmehr, um die Wendungen auf der Nachhand bis zur möglichen Vollkommenheit auszubilden, begeben wir uns im Travers-Galoppe respektive Redopp auf den Zirkel, den wir nach und nach verkleinern. Diese Lektion ist sehr geeignet, die Erhebung der Vorhand noch mehr zu fördern und die Nachhand zur vollen Übernahme der Last anzuhalten, da sie uns ihrer Natur nach kräftige, rückwärtige Anzüge gestattet. Diesen belastenden Anzügen haben natürlich die Schenkel jederzeit die entsprechende Gegenwirkung zu leisten, insbesondere muß der inwendige Sporn durch rechtzeitige Hilfen den inwendigen Hinterfuß anhalten, sich die zu übernehmende Last stets willig zu holen. Außerdem hat aber auch hier der Reiter mit besonderer Sorgfalt darauf zu achten, daß die Vorhand der Nachhand stets fleißig vorangeführt werde, da es nur dadurch möglich ist, die Biegung korrekt und den Gang fließend zu erhalten. Je vollkommener nun der Travers-Galopp war, das heißt, je mehr er zum Redopp wurde, desto mehr werden wir die Verkleinerung des Zirkels steigern können, bis wir schließlich zur Pirouette kommen, bei welcher der inwendige Hinterfuß in dem Mittelpunkt arbeitet, um den die Vorhand sich durch die Redopp-Sprünge herumdreht. Die Zahl der Sprünge, welche das Pferd zu einer Pirouette gebraucht, hängt von dessen Kraft, Gewandtheit und Lebhaftigkeit ab. Je weniger es sind, desto schöner ist die Pirouette und gibt es einzelne, hervorragend begabte Pferde, welche mit wachsender Übung dahin kommen, die Pirouette in einem Sprunge oder Schwunge zu leisten, während die Zahl derjenigen, welche in zwei Sprüngen herumkommen, schon größer, obgleich auch diese Schule nicht jeden Pferdes Sache ist. Ich möchte diese Gelegenheit benutzen, um überhaupt ein für allemal auszusprechen, daß, wenngleich die Pferdedressur von den ersten Anfängen bis zu ihrer höchsten Vollendung ein systematisches Ganzes ist, bei welchem durchaus logisch eines aus dem anderen folgt, man dennoch nicht glauben darf, daß jedes Pferd mit der Zeit bis zu den höchsten Schulen ausgebildet werden kann. Hier setzt die Natur sehr bestimmte Grenzen, deren Überschreitung sich stets empfindlich rächt. Der erfahrene Bereiter fühlt diese Grenze bei jedem Pferde sehr bald heraus, dem unerfahrenen kann ich nur dringend raten, lieber zu bescheiden in den Erwartungen und Anforderungen zu sein als darin zu weit zu gehen, denn leider treibt im allgemeinen die Neigung zum letzteren Fehler. Das Systematische und Logische der Pferdedressur bringt es mit sich, daß bei ruhiger, sachgemäßer Arbeit das Pferd selber die folgenden Schulen gelegentlich gewissermaßen andeutet, und deshalb kann man als Norm festhalten, daß die Anforderungen so lange einer Steigerung fähig sind, als man ein gewisses Entgegenkommen des Pferdes fühlt.

Um nun zur Pirouette zurückzukehren, so wird wohl jedem klar sein, daß dieselbe auch in nur annähernder Vollkommenheit nur von demjenigen Pferde geleistet werden kann, welches Kraft und Energie genug besaß, um den Travers-Galopp zum Redopp zu steigern, da natürlich

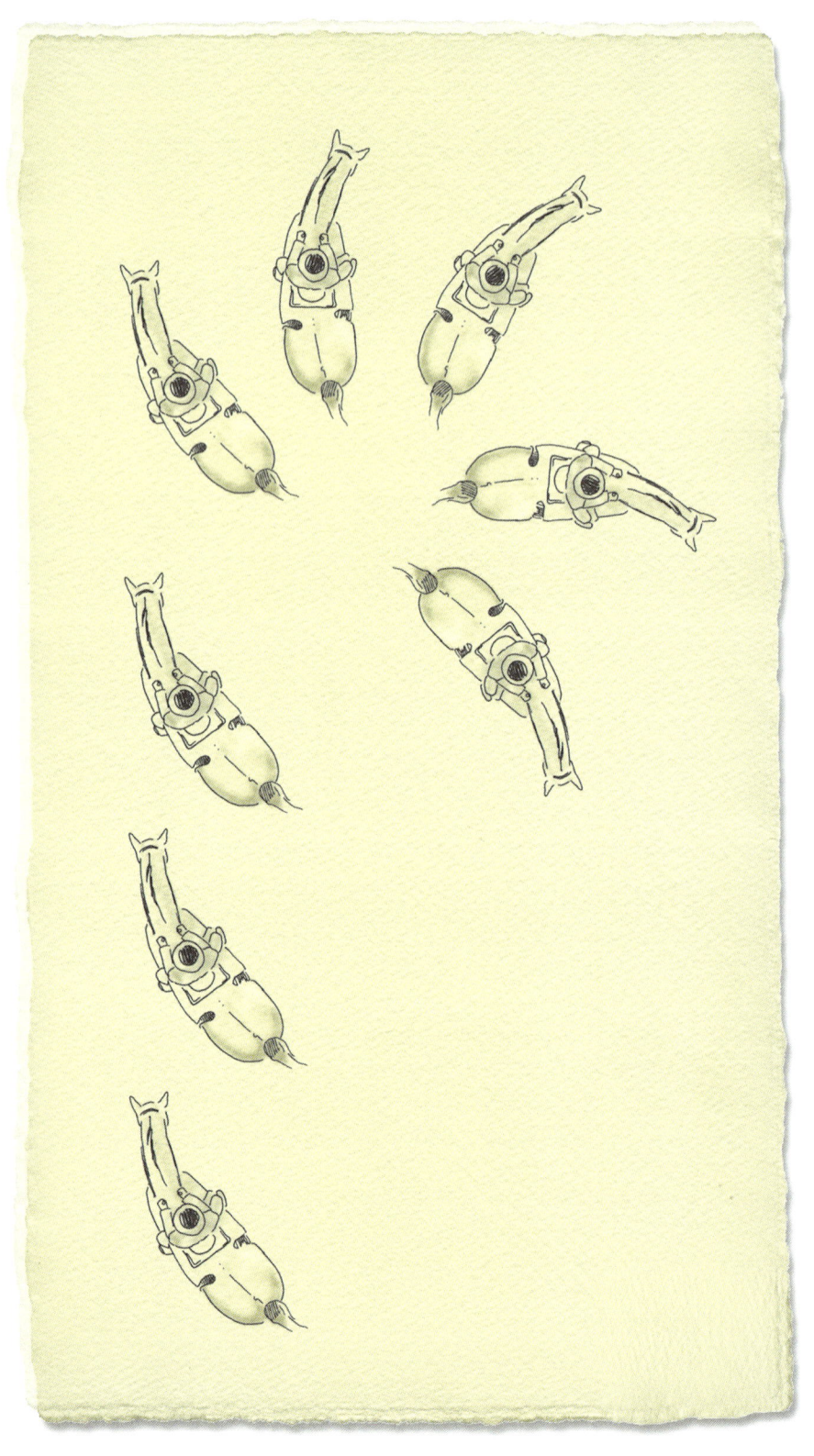

Die Vorbereitung zur Pirouette: Wendungen im Travers-Galopp

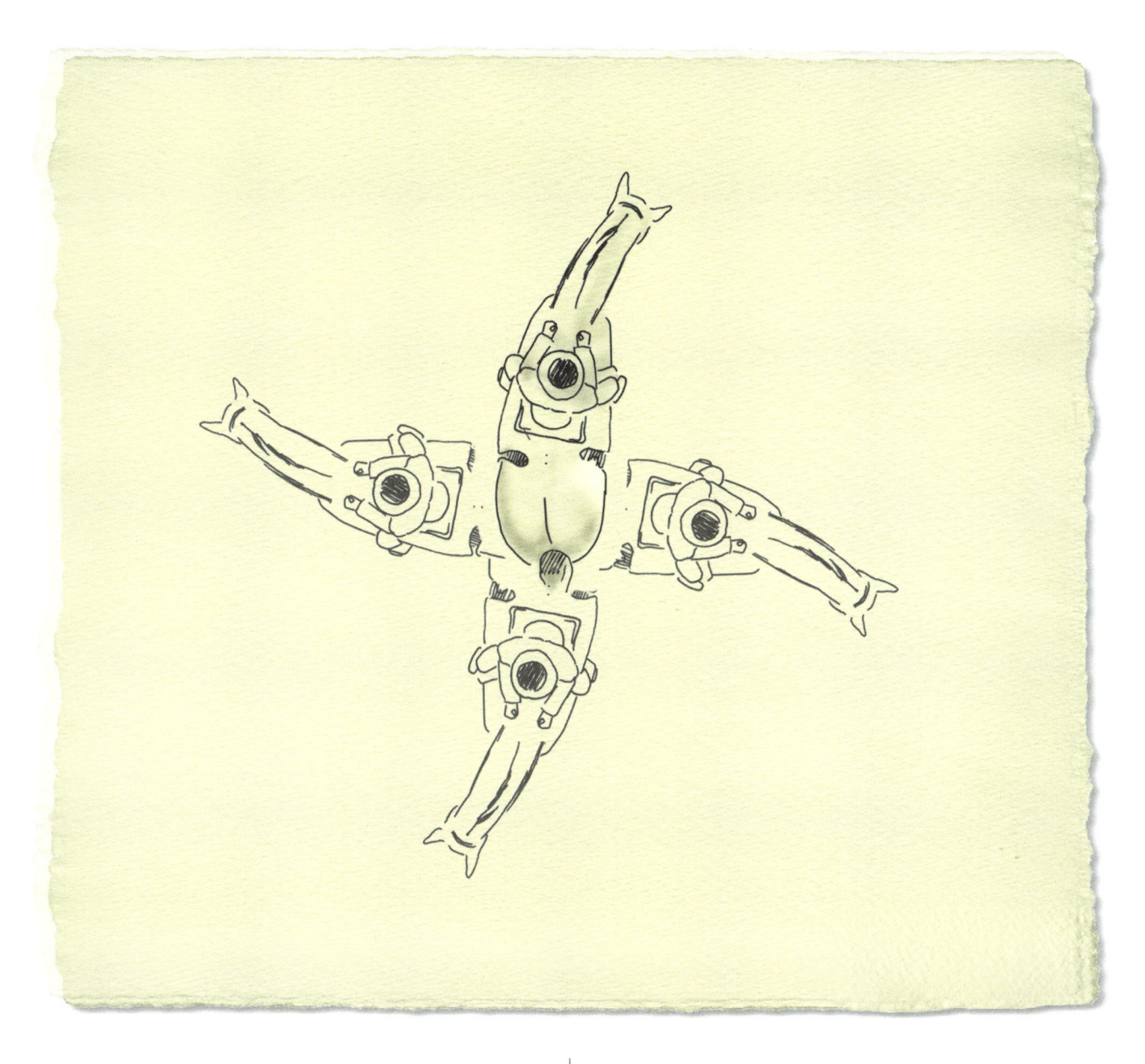

Die Galopp-Pirouette - die Zahl der Sprünge hängt von der Kraft und Gewandtheit des Pferdes ab. Je weniger, desto schöner die Pirouette.

zur Pirouette eine entschiedene Erhebung der Vorhand auf der Nachhand unerläßlich ist. Bei minder begabten Pferden wird man sich damit begnügen müssen, in der Verkleinerung des Zirkels so weit vorzugehen, daß der inwendige Hinterfuß einen möglichst kleinen Kreis beschreibt. Hierbei mache ich noch darauf aufmerksam, daß, je mehr diese Verkleinerung des Zirkels gesteigert wird, desto mehr das Pferd die Neigung haben wird, sich durch Ausfallen mit der Nachhand der engen Biegung zu entziehen, daß daher der auswendige Schenkel hierbei wohl auf der Hut sein muß, den auswendigen Hinterfuß zu verwahren.

Nachdem wir nun diese Verkleinerung des Zirkels bis zu einer gewissen Sicherheit ausgebildet, benutzen wir das Erreichte, um gelegentlich an verschiedenen Stellen der Bahn die gerade Linie je nach der Leistungsfähigkeit des Pferdes durch Travers-Galopp- oder Redopp-Volten, durch viertel, halbe und ganze Pirouetten, respektive die entsprechenden annähernden Wendungen auf der Nachhand zu unterbrechen, und wären somit bei der Vollendung unserer Galopp-Arbeit angelangt, wenn wir nicht noch die Changements im Galoppe etwas auszubilden und abzuschleifen hätten. Die sogenannten fliegenden Changements sind ebenfalls nicht jeden Pferdes Sache, da eine gewisse Gewandtheit und Lebhaftigkeit dazu gehört, um dieselben mit Anstand und ohne Nachteil auszuführen. Wollte man ein plumpes, phlegmatisches Pferd dazu zwingen, so würde es sich die Knochen kaputt schlagen, und doch kein elegantes Changement zustande bringen.

Der fliegende Galoppwechsel

Auch hierbei wird dem aufmerksamen Reiter das Pferd sehr wohl angeben, wie weit er zu gehen hat. Das begabte wird ihm, wenn er bei den Übergängen von einem Fuß zum anderen Sitz und Führung wechselt, sehr bald, je kräftiger, biegsamer und feinfühliger es durch die Gymnastik geworden ist, das fliegende Changement anbieten.

Ich rate, die fliegenden Changements nicht zum Gegenstande besonderer Übung zu machen, sondern nur im Laufe der Arbeit die sich ergebenden Wechselungen mit zunehmender Gewandtheit und Sicherheit nach und nach behender auszuführen, wodurch dann mit der Zeit, da wo sie überhaupt angebracht sind, die fliegenden Changements sich mit Sicherheit ausbilden werden.

Um es nicht zu oft zu wiederholen, habe ich in den letzten Stadien der Galopparbeit nicht mehr auf den so oft ausgesprochenen Grundsatz hingewiesen, daß Gang und Anlehnung stets die Norm sein müssen, woran wir die Richtigkeit unseres Vorgehens zu prüfen haben. Ich kann jedoch nicht umhin, zum Schluß dieses Kapitels auf die Gefahr hin, langweilig zu werden, aufs Eindringlichste zu ermahnen, jederzeit, sowie man eine Ungleichmäßigkeit des Ganges oder Unkorrektheit der Anlehnung fühlt, zu freieren, energischen Tempos überzugehen, um die Schiebkraft frisch zu beleben. Wenn ein richtiges Vorwärtsarbeiten überhaupt die Seele der Reitkunst ist, so ist es dies noch ganz besonders in der spezifisch schwunghaften Gangart, dem Galoppe.

Vom Piaffé und der Passage

Wenn wir auf alle diejenigen Lektionen einen Rückblick tun, durch welche wir bisher danach strebten, die Vorhand zu entlasten, die Nachhand mehr zu belasten, so waren dieselben alle so beschaffen, daß sie eine vorherrschende Biegung eines Hinterschenkels verlangten. Nachdem wir durch diese Lektionen jeden Hinterschenkel für sich an stärkere Biegungen gewöhnt und darin geübt haben, dürfen wir uns denjenigen Schulen zuwenden, welche auf vermehrter Biegung beider Hanken gleichzeitig beruhen. Schon der bisherige Verlauf der Dressur wird uns Gelegenheit gegeben haben, für einzelne Momente eine stärkere Belastung auf beide Hanken gleichzeitig zu übertragen, und zwar hauptsächlich in den ganzen Paraden und dem darauf folgenden Aushalten des Pferdes in einer gesammelten Stellung sowie in den Übungen im Rückwärtstreten. Wenn ich mich nicht veranlaßt gesehen habe, auf diese Lektionen näher einzugehen, so geschah es, weil ich dieselben weniger für Gegenstände besonderer Übung als vielmehr als Prüfsteine er erlangten Biegsamkeit der Hanken betrachte. Da demzufolge die Leichtigkeit, mit welcher das Pferd diese Lektionen regelrecht auszuführen vermag, uns mit als Maßstab dafür dienen kann, inwieweit es für die nun folgenden längeren Bewegungen mit verstärkter Biegung beider Hanken vorbereitet ist, so mögen denselben an dieser Stelle einige Worte gewidmet sein.

Die ganze Parade ist um so vollkommener, je mehr das Pferd in derselben die ganze Last auf die wohl untergeschobenen und gebogenen Hinterschenkel aufnimmt, während es dabei in vollkommen aufgerichteter und herbeigezäumter Stellung von Hals und Kopf in leichter Anlehnung am Zügel steht, und je länger es der Reiter in dieser gesammelten Stellung auszuhalten vermag, nachdem es den Zustand der Ruhe gefunden. Hiernach dürfte es wohl einleuchtend sein, daß die ganze Parade in ihrer Perfektion nur vom vollkommen gerichteten Schulpferde geleistet werden kann, während wir in dem in Rede stehenden Stadium der Dressur, wo es sich überhaupt erst um den Übergang zu Lektionen mit stärkerer Biegung beider Hanken handelt, uns noch mit einer mehr oder weniger unvollkommenen Ausführung derselben begnügen müssen. Die Parade wird sich um so mehr der vollkommenen nähern, je sorgfältiger das Pferd in gebogenen Lektionen vorbereitet war, und je feiner der Reiter das Verhältnis der verhaltenden und vortreibenden Hilfen in derselben abzuwägen versteht, damit Hankenbiegung, Aufrichtung und Beizäumung in voller Harmonie miteinander seien. Dem Reiter gibt das Gefühl der Anlehnung den untrüglichen

Maßstab für die Güte seiner Parade, denn trieb er die Hinterschenkel zuviel unter, so wird er nicht imstande sein, das Pferd in der Beizäumung zu erhalten, tat er es zu wenig, so wird es nicht die genügende Aufrichtung nehmen und wird die Hand teilweise mit den Gewichten der Vorhand belasten. Abgesehen aber von diesem Verhältnisse der Einwirkung zueinander, wird die Parade auch nur dann wohlgelingen, wenn der Reiter die Momente der Einwirkung infolge seines feinen Gefühles richtig zu wählen versteht, das heißt, wenn er in den letzten Tritten oder Sprüngen die sich erhebenden Hinterfüße durch seine Spornstiche zu weiterem Vortreten zu animieren und darauf beim Niedersetzen durch wohlabgemessene, durchgehende Anzüge zu belasten weiß. Je vollkommener infolge der zunehmenden Biegsamkeit der Hanken die Paraden werden, desto mehr wird das Pferd imstande sein, auch regelrecht rückwärtszutreten, nachdem es erst durch ein belehrendes Verfahren für diese seiner Natur zuwiderlaufende Bewegung gewonnen ist. Ich wende das Zurücktreten als Dressurmittel gar nicht an, weil es eben nicht naturgemäß ist, lehre es aber den Pferden, weil sie es für den praktischen Gebrauch unter Umständen nötig haben. Als Dressurmittel angewendet kann es nur dann von Nutzen sein, wenn es in der größten Perfektion ausgeführt wird, das heißt, wenn es in kurzen, ganz regelmäßigen Tritten mit wohlgebogenen Hanken und vor allem reinster Anlehnung geschieht.

Nachdem also unsere Arbeit in gebogenen Lektionen das Resultat ergeben, daß unser Pferd eine Parade mit vorherrschender Belastung der Hanken aus jeder der bisher geübten Gangarten in guter Haltung ausführen, in der Paradestellung noch einen Augenblick zu verbleiben und, wenn man will, einige Tritte regelrecht zurückzutreten vermag, so dürfen wir annehmen, daß es auch für die schwierigeren Schulen mit vermehrter Biegung beider Hanken genügend vorbereitet ist.

Diese Schulen zerfallen in die trabartigen und die sprungartigen; erstere sind das Piaffé und die Passage, letztere die sogenannten Schulsprünge. Man pflegt gemeinhin zwischen natürlichen und künstlichen Bewegungen des Pferdes zu unterscheiden und die eben genannten Schulen insbesondere den künstlichen Bewegungen zuzurechnen. Diese übliche Unterscheidung pflegt oft die irrige Auffassung nach sich zu ziehen, als wenn die sogenannten künstlichen Bewegungen des Pferdes unnatürlich wären. Daß dem nicht so ist, davon mag uns die Beobachtung des Pferdes im freien Zustande überzeugen. Das edle und kräftige Pferd zeigt uns im Wohlbefinden und Vollgefühl seiner Freiheit aus eigenem Antriebe die Passage wie alle Schulsprünge, und liefert uns damit den Beweis von der Natürlichkeit dieser Schulen. Es ist eben das Charakteristische der echten Reitkunst, und unterscheidet die wahre, klassische Schule von dem Zerrbilde, welches der Zirkus dem Publikum zeigt, daß, während hier eine Abrichtung des Pferdes in Stellung, Bewegung und Taschenspielerstücken produziert wird, welche gänzlich außerhalb der Natur dieses edlen Tieres liegen und es zu seiner eigentlichen Bestimmung, dem Gebrauch als Reit- oder Zugtier, in keiner Weise geschickter machen, daß, sage ich, die wahre Schule nichts anderes will, als die natürlichen Gaben des Pferdes aufs Höchstmögliche auszubilden und dem Willen des Menschen dienstbar zu machen. In der richtigen Erkenntnis, daß die Nachhand des Pferdes der Motor aller seiner Leistungen ist, hat die Schule keinen anderen Endzweck als diesen Motor zu kräftigen und unbedingt in die Gewalt des Reiters zu bringen. Alle ihre Lektionen dienen diesem Endzweck, indem keine schließlich etwas anderes anstrebt als die Nachhand biegsam und federkräftig zu machen. Das Mittel hierzu findet sie nur in der richtigen Verteilung der Gewichte, und zur Handhabung derselben hat sie keine anderen Werkzeuge als die Zügel vorne und die Schenkel mit den Sporen hinten. Mit diesen Werkzeugen wird der schulgemäße Bereiter, wenn ihm die nötige Zeit zu systematischem Vorgehen gewährt wird, jedes Pferd zu der ihm angemessenen Vollkommenheit der Ausbildung bringen und, wenn er zu seiner oder des Pferdes Erleichterung noch andere Werkzeuge wie Longe, Peitsche und Pilaren benutzt, so beruht deren Anwendung doch stets auf demselben Prinzipe, welches die Arbeit im Sattel leitet, nämlich dem richtigen Verteilen der Gewichte durch ein zweckentsprechendes Zusammenwirken verhaltender und vortreibender Hilfen.

Ich habe mich im Verlaufe dieser Abhandlung bemüht, darzutun, und gebe mich der Hoffnung hin, daß diejenigen Leser, welche mir mit Wohlwollen bis hierher gefolgt sind, und mich ebenso bis zum Ende begleiten wollen, die Überzeugung, wenn sie dieselbe nicht schon hatten, gewonnen haben werden, daß das Ganze der Pferdedressur oder, um mich dieses Ausdruckes zu bedienen, die Schule ein logisch geordnetes System einer Pferdegymnastik ist, und daß, wennschon die Individualität Modifikationen in der Reihenfolge der Übungen nicht nur gestattet, sondern oft sogar gebietet, dennoch Abweichungen von der einem jeden Individuum angemessenen Reihenfolge, welche zu erkennen und festzustellen Sache des erfahrenen Bereiters ist, ohne Schaden nicht gestattet sind. Im Gegensatz hierzu vermag der Zirkus-Abrichter, dessen Verfahren keine Gymnastik ist, sondern im wesentlichen auf einer Einwirkung auf die Sinne des Pferdes beruht, jedes seiner Kunststücke nach Belieben herauszugreifen, um es seinem Schüler beizubringen. Wenn also der Zirkusreiter seinen spanischen Tritt und seine sonstigen sogenannten Hohen Schulen auch dem rohen Pferde lehren kann, weil es diese Kunststücke weder am Zügel noch mit Hankenbiegung auszuführen braucht, so können wir ihm diesen Ruhm gern lassen, indem wir uns vergegenwärtigen, daß die Zwecke, welche er verfolgt, ganz andere sind als die unserigen, da er nur dem Publikum etwas zeigen, wir aber unsere Pferde für den Gebrauch vorbereiten wollen.

Der schulgemäße Bereiter kann aus diesem Grunde Lektionen, welche eine stärkere Biegung beider Hanken gleichzeitig erfordert, nicht eher unternehmen als nachdem er einerseits die Vorhand seines Pferdes so gerichtet hat, daß es ihm möglich ist, durch die Anzüge seiner Hand die Gewichte derselben auf die Nachhand zu übertragen und, nachdem er andererseits in gebogenen Lektionen jeden Hinterschenkel für sich in stärkeren Biegungen geübt hat. Bei den trabartigen Lektionen der höheren Schule, dem Piaffé und der Passage, wird ihm diese Vorbereitung im Trabe genügen, während sie für die Schulsprünge auch in der sprungartigen Gangart, dem Galoppe, erfolgt sein muß. Wie ich im Kapitel vom Galoppe erwähnt habe, haben deshalb die alten Meister vielfach ihre Pferde im Trabe bis zum Piaffé durchgebildet, ehe sie anfingen, dieselben zu galoppieren, und ist dieses Verfahren, wenn man in der Zeit ganz unbeschränkt ist, jedenfalls korrekt und zu empfehlen. Da wir Heutigen aber in dieser Beziehung meist nur allzu eingeengt sind und eine gewisse Ausbildung im Galoppe für den Gebrauch doch unumgänglich notwendig ist, so werden wir in der Regel gezwungen sein, erst diese eintreten zu lassen, bevor wir uns an eine höhere Ausbildung des Trabes machen dürfen. Der notwendige Grad der Ausbildung im Galoppe wird im allgemeinen als erreicht betrachtet werden dürfen, wenn wir unser Pferd bis zum Konter-Galoppe gebracht und diesen zur Vervollkommnung der Gangart genügend ausgebildet haben. Dies wäre überhaupt vielleicht der Abschnitt, bei welchem wir, wenn wir doch ein logisch zusammengehöriges Ganzes der Übersichtlichkeit halber in zwei Teile trennen wollen, die Grenze zwischen niederer und höherer Schule ziehen dürften. Nach Erreichung dieser Stufe würden wir dann die Ausbildung des Trabes durch Piaffé und Passage vollenden, würden dann den Galopp durch Lektionen auf zwei Hufschlägen bis zu den Wendungen auf der Nachhand vervollkommnen, um dann das Werk durch die sprungartigen, höheren Schulen zu krönen.

Obgleich mithin in der Praxis die im vorigen Kapitel besprochene Galopparbeit meist nicht von Anfang bis Ende zusammenhängend durchgeführt werden wird, indem der zweite Teil derselben schon zur höheren Schule gehört, welche wir am besten mit ihren trabartigen Lektionen, Piaffé und Passage, eröffnen, so habe ich doch vorgezogen, die Ausbildung des Galopps bis zur höchsten Vollendung ohne Unterbrechung abzuhandeln, um den logischen Zusammenhang möglichst nicht zu verwischen.

Um nun nach dieser Einleitung uns dem Piaffé und der Passage eingehend zuzuwenden, wird es zunächst notwendig sein, uns das ideale Bild dieser Bewegungen zu fixieren. Denn, wenn schon das, was ich bereits für den Galopp hervorhob, hier in vielleicht noch höherem Maße der Fall ist, daß nämlich nur einzelne hervorragend begabte Pferde in der Hand eines erfahrenen und geschickten Bereiters diese schönen Schulen in normaler Weise erlernen und nur sehr wenige dem Ideale auch nur nahe kommen, so ist es dennoch notwendig, daß der Bereiter das normale Bild bei seiner Arbeit stets vor Augen habe, damit nicht schließlich gar eine Karikatur zum Vorschein komme. Das Piaffé ist, wie jedem bekannt ist, eine trabartige Bewegung auf der Stelle mit erhabener Aktion und in getragener Kadenz, bei welcher die Beine, sich in ihren Gelenken biegend, gerade auf- und abwärts arbeiten. Da das Pferd diese Schule richtig nur dann auszuführen vermag, wenn der größere Teil der Gesamtlast von den Hinterschenkeln getragen wird, so daß die Vorderschenkel dieselbe nur leicht zu stützen brauchen, so ist bei erhaben aufgerichteter Vorhand die Kruppe durch starke Biegung sämtlicher Gelenke der Nachhand gesenkt, die die Verbindung zwischen Vorhand und Nachhand vermittelnden Rückenmuskeln infolge der starken Biegung der letzteren angespannt, so daß die Lendenpartie sich aufwärts wölbend hervortritt. Je energischer nun einerseits unter dem also gerichteten Pferde die Füße vom Boden abstoßen und je höher sie sich über denselben erheben, je geringer dabei aber andererseits die Bewegungen des Rumpfes sind, desto vollkommener ist das Piaffé, denn desto mehr beweist es die Biegsamkeit und Federkraft der Gelenke der Nachhand. Beim ganz idealen Piaffé erhebt das Pferd den Vorderfuß so hoch, daß der Vorarm waagerecht steht, den Hinterfuß, daß der Huf desselben die halbe Schienbein-

Die Piaffé - trabartige Bewegung auf der Stelle mit getragener Kadenz. Bei der idealen Piaffé hebt das Pferd den Vorderarm in die Waagerechte und den Hinterfuß auf halbe Schienbeinhöhe.

höhe des ruhenden Fußes erreicht, während der Rumpf nur eine sanfte und doch kräftige Auf- und Abwärtsbewegung macht. Dabei muß das Pferd mit wohlaufgerichtetem Halse und senkrechter Nase bei jedem Tritte sich am Zügel ankauen, mit jedem Tritte das Streben nach vorwärts bekundend, und doch nur durch den leisen Druck des Gebisses auf der Stelle verhalten. Die alten Meister pflegten, wie schon im Kapitel vom Sitze erwähnt wurde, ihren Reitunterricht damit zu beginnen, daß sie ihren Schüler auf ein in den Pilaren gut piaffierendes Pferd setzten, ohne ihm die Zügel in die Hand zu geben, und ihn nun anwiesen, mit auf die Hüften gestützten Armen sich weich und unbefangen den Bewegungen des Pferdes zu überlassen. In der Tat gibt es kein Mittel, wodurch man jenen schmiegsamen, feinfühligen Sitz, welcher die Grundlage alles guten, naturgemäßen Reitens bildet, dem jungen Eleven von vornherein auf eine so ungezwungene Weise beizubringen vermöchte wie dieses, denn die Auf- und Abwärtsbewegungen des gut piaffierenden Pferdes sind bei aller Energie so sanft, daß die Verbindung des Gesäßes mit dem Sattel oder der Decke in keinem Augenblicke gelockert wird. Bei dem jedesmaligen Niedersetzen eines Hinterfußes und dem damit verbundenen Senken der gleichseitigen Hüfte, senkt sich die gleichseitige Hüfte des Reiters mit und läßt den natürlich hängenden Schenkel desselben weich an den Bauch des Pferdes fallen, während auf dieser Basis der Oberkörper des Schülers, entsprechend der Gewichtsverteilung des Pferdes, eine sanfte Neigung nach rückwärts annehmen wird. Wenn der unbefangene Schüler auf dem gut piaffierenden Pferde sich diesen Wirkungen der Bewegung und der daraus hervorgehenden Richtung seines Körpers sehr bald unwillkürlich hingeben und darin wohl fühlen wird, wird dies natürlich in um so geringerem Grade der Fall sein, je weniger vollkommen das Piaffé ist. Die gewöhnlichsten Mängel desselben entstehen nun aus einer unrichtigen Belastung der Nachhand, welche entweder zu stark oder zu schwach sein kann. Ist die Belastung der Nachhand zu stark, das heißt, sind die Hinterfüße bei übertriebener Biegung der Gelenke zu weit unter die Last getreten, so werden sie nicht mehr imstande sein, sich energisch vom Boden zu erheben, weil durch die Überbelastung die Federn der Hinterschenkel unterdrückt sind, wie jede mechanische Feder unter einer zu großen Last aufhört zu funktionieren. Das so gerichtete Pferd wird zwar die Vorderschenkel vielleicht hoch erheben, die Bewegungen der Hinterschenkel aber werden auf den Beschauer den Eindruck machen als wenn die Füße derselben am Boden klebten, oder in tiefem Lehme steckten, aus dem sie sich nicht loszumachen vermögen. Der Reiter wird bei diesem fehlerhaften Piaffé ein mattes, lasches Gefühl unter seinem Gesäße verspüren, und wird der Leser jetzt verstehen, was mit dem Ausdrucke gemeint ist, die Bewegungen des Rumpfes müssen sanft und dabei doch kräftig sein. Es werden zu dieser Überlastung der Hinterschenkel insbesondere diejenigen Pferde geneigt sein, welche bei einer von Natur biegsamen Nachhand angeborene oder anerzogene Schwierigkeiten in der Vorhand haben, namentlich diejenigen, welche zu einer falschen Aufrichtung mit herausgedrücktem Unterhalse und festgehaltenem Genicke Anlage haben. Wenn es wohl auf der Hand liegt, daß ein derartiges Piaffé den Zweck dieser Schule vollständig verfehlt, da es, dauernd angewendet, die Federn der Nachhand also die Motoren aller Bewegung, nicht nur nicht stärkt, was das Piaffé soll, sondern ganz entschieden schwächt, so wird der einsichtsvolle Bereiter diesem Übel, wo er Neigung dazu verspürt, vorzubeugen oder doch es schon im Entstehen energisch zu bekämpfen wissen. Die Mittel dazu, wenngleich ihre Anwendung in der Praxis oft auf große Schwierigkeiten stößt, sind in der Theorie unschwer zu finden, da es offenbar nur darauf ankommen kann, Hals und Kopf tiefer zu richten, und die dadurch entlasteten Hinterschenkel vom Schwerpunkte mehr zu entfernen. Es wird also auch hier dasselbe Anwendung finden, was ich bei der Versammlung des Galopps zu erwähnen mehrfach Gelegenheit hatte, daß eine jede unverhältnismäßige Belastung der Nachhand, die sich stets durch Fehler in der Anlehnung äußert, hier also dadurch, daß das Pferd nicht am, sondern über dem Zügel tritt, nur durch energisches Vorwärtsreiten an den Zügel heran korrigiert werden kann. So wird es auch in unserem Falle ratsam sein, sobald wie wir die besprochene fehlerhafte Erscheinung merken, zuvörderst in rücksichtslosem Vorwärtsreiten, wobei der Schenkel respektive Sporn das Pferd zum Abstoßen an der gegenhaltenden Hand bringt, die richtige Anlehnung wiederherzustellen und durch Entfaltung der Schiebkraft die unterdrückten Federn der Nachhand wieder zu beleben. Sammelt man dann sein Pferd wieder zum Piaffé, so wird man, belehrt durch die vorhergegangene Erfahrung, von vorneherein darauf bedacht sein, es dabei wohl am Zügel zu erhalten, und wird zu diesem Zwecke wohl tun, ihm nicht zu gestatten, ganz auf der Stelle zu treten, wozu ein derartig beanlagtes

Die Hinterhand ist zu weit unter den Schwerpunkt getreten. Das Vorderbein kommt zwar sehr hoch, die Hinterbeine aber werden kaum gehoben.

Pferd stets gern bereit sein wird, sondern es im Piaffieren unausgesetzt an die Hand heran vorzutreiben, auch wohl, wenn dies nicht gelingt, gelegentlich das Piaffé zu unterbrechen und das Pferd ganz energisch mit den Sporen vorzudrücken, um es zum Abstoßen an der Hand zu bringen. Wenn es erreicht ist, daß das Pferd sein Piaffé am Zügel ausführt, so wird auch die Überlastung der Nachhand und die Unterdrückung ihrer Federn damit behoben sein; um aber das Abfedern der Hinterfüße noch mehr zu befördern, wird man sein Gewicht mehr nach vorne verteilen, und durch weiter wie gewöhnlich rückwärts angebrachte feine Spornhilfen die Hinterschenkel animieren. In der Hauptsache bleibt es, wie immer, so auch hier, die richtige Verteilung der Gewichte, oder mit anderen Worten die zweckentsprechende Richtung des Skelettes, worauf ein ordentliches Funktionieren des Muskelapparates beruht; und die Mittel dazu, um so die Gewichte zu verteilen, wie es der Zweck erheischt, sind einzig und allein ein richtiges Zusammenwirken vortreibender und verhaltender Hilfen. Auch bei der Bearbeitung des Pferdes in den Pilaren, welches uns in diesem Kapitel ebenfalls beschäftigen wird, liegt in dieser richtigen Verteilung der Gewichte der ganze Erfolg. Wenn wir deshalb bei unserem Pferde den oben beschriebenen Fehler bemerken, so wird auch hier die Korrektur durch solche Mittel erreicht werden, welche Hals und Kopf tiefer richten, und dadurch die Hinterfüße vom Schwerpunkte mehr entfernen. Wir werden also unser Pferd etwas mehr und tiefer ausbinden, und die Pilaren-Zügel etwas tiefer und kürzer einschnallen, damit es gezwungen sei, sich im Piaffieren am Gebisse, respektive an der Halfter abzukauen, und nicht Raum genug habe, um über dem Zügel sein Piaffé ausführen zu können. Dabei werden wir die animierenden Hilfen mit Gerte und Peitsche so anzubringen haben, daß die Hinterfüße dadurch nicht zu weiterem Untertreten veranlaßt, sondern vielmehr daran verhindert und zu lebhafterem Abfedern animiert werden. Wir werden deshalb die Gerte nicht von hinten nach vorne, sondern von vorne nach hinten an die Hinterschenkel fallen lassen, oder sie unten an den Bauch legen. Die Hauptsache ist und bleibt aber auch bei dieser Art der Arbeit, daß das Pferd sein Piaffé am Zügel ausführe, wie ich denn auf diesen Begriff überall und immer wieder zurückkommen muß.

Der dem eben beschriebenen entgegengesetzte Fehler entsteht, wenn im Piaffé die Nachhand zu wenig belastet ist und dadurch die Freiheit hat, von ihren Kräften einen ungeregelten und rüden Gebrauch zu machen. Die alsdann nicht oder doch nicht genügend in ihren Gelenken gebogenen Hinterschenkel stoßen sich dabei in einer unelastischen Weise vom Boden ab, so daß die Kruppe, welche beim richtigen Piaffé in einer sanften, wenig merklichen Auf- und Abwärtsbewegung sich befindet, in heftige Schwingungen versetzt wird, wodurch der Reiter unsanfte, ihn nach vorne schleudernde Stöße verspürt. Bei dieser fehlerhaften Bewegung, bei welcher die Tragkräfte der Nachhand zu wenig in Anspruch genommen sind, ist die Vorhand zu wenig entlastet als daß erhabenere Tritte der Vorderschenkel möglich wären, welche damit beschäftigt, die ihnen von der Nachhand zugeworfene Last aufzufangen, nicht frei und ungezwungen arbeiten können. Wie stets und unter allen Umständen, so werden auch in diesem Falle die Fehler des Ganges sich durch Mängel in der Anlehnung fühlbar machen, und zwar wird das Pferd, welches in dieser Weise mit steifer und hoher Nachhand auf den Schultern piaffiert, sich dabei hinter dem Zügel verhalten, in dem richtigen Instinkte, daß das Herangehen an denselben das Steifen der Nachhand sehr bald unmöglich machen würde. Die Korrektur dieses fehlerhaften Piaffierens besteht deshalb auch hier wieder lediglich in der Regulierung der Anlehnung durch richtiges Vorwärtsarbeiten. Auch hier wird deshalb der einsichtsvolle Bereiter, sofern er sein Pferd nur im Sattel bearbeitet, die Arbeit auf der Stelle, sowie eine Neigung zu derartigem Verhalten spürt, bis auf weiteres vollständig einstellen, und mit ganz energischen Mitteln, eventuell der Bahnpeitsche in der Hand eines verständigen Gehilfen, sich sein Pferd an die Hand respektive auch auf die Hand treiben. In der Regel wird zuvörderst das letztere eintreten, und wird das Pferd, sobald es sich zum Vorgehen aus diesem Piaffé entschlossen hat, in einer diesem entsprechenden Art von Passage oder schwebenden Trabbewegungen sein ganzes Gewicht auf die Hand werfen, um auf diese Weise doch die Möglichkeit zu behalten, die Nachhand durch Steifen der Biegung zu entziehen. In diesem Manöver störe es der Reiter einstweilen gar nicht, denn gerade dadurch gibt es ihm die Möglichkeit, nach und nach mit durchgehenden Anzügen ihm doch an die Hinterschenkel zu kommen und dieselben zu biegen. Allerdings muß das Vorgehen hierbei ein sehr allmähliches sein, da während der ganzen Arbeit der Trieb nach Vorwärts mit besonderer Vorsorge rege erhalten werden muß, wenn der Erfolg nicht sofort wieder in Frage gestellt werden soll. Bei sorgfältiger Beachtung dieser Hauptrücksicht jedoch wird es den durchgehenden Anzügen nach und nach gelingen, die Gewichte der Vorhand auf die Nachhand zu übertragen, und dadurch die Hinterschenkel, welche stets zum Vortreten wohl angehalten werden müssen, zu biegen, wodurch dann die bisher mit dem Gewichte der Gesamtmasse beschwerte Hand mehr und mehr entlastet, und so allmählich die richtige Anlehnung am Zügel hergestellt wird. Aber auch, nachdem dies erreicht ist, wird man wohl tun, lange Zeit hindurch sein Pferd bei dieser Piaffé-Arbeit immer noch im Vorgehen zu erhalten, um zum wirklichen Piaffé auf der Stelle nur ganz allmählich zu gelangen, nachdem die auf den Trieb nach vorwärts basierte Anlehnung recht sicher begründet ist. Je sorgfältiger nun das Pferd vorher in Trab-Lektionen bearbeitet und in verstärkten Biegungen der inwendigen Hanke durch die Schulen auf zwei Hufschlägen geübt war, desto sicherer und eher wird es, auch wenn es in der Befangenheit der neuen Aufgabe gegenüber und in dem der Kreatur innewohnenden instinktiven Widerstreben zunächst in den beschriebenen Fehler verfallen sein sollte, dennoch zu einem geordneten Piaffé mit richtiger Anlehnung gelangen, und wird man deshalb wohl tun, diese Grundlage aller weiteren Ausbildung, die Trab-Lektionen immer wieder zu befestigen.

Bei der Bearbeitung in den Pilaren kann offenbar ebenfalls die Korrektur des beschriebenen fehlerhaften Piaffierens nur durch Vortreiben an die Halfter heran bewerkstelligt werden. Doch, wie denn überhaupt die große Schwierigkeit dieser Arbeit, wie jeder Arbeit außerhalb des Sattels darin liegt, daß das eigene Gefühl uns nicht beim Abmessen unserer Einwirkungen zu Hilfe kommt, so ist es auch in diesem speziellen Falle nicht leicht, wenn einerseits ein energisches Vortreiben geboten ist, doch andererseits darin Maß zu halten. Wie ja aber stets die Bearbeitung in den Pilaren mit einer solchen unter dem Reiter verbunden werden wird, so wird man ja auch in dieser Schwierigkeit Gelegenheit haben, durch ein zweckentsprechendes Verfahren bei letzterer der ersteren zu Hilfe kommen.

Nachdem ich somit die beiden am häufigsten vorkommenden fehlerhaften Erscheinungen bei der Piaffé-Arbeit besprochen, welche auf einer unrichtigen Verteilung der Gewichte beruhen, habe ich noch derjenigen Abweichungen vom Normalen Erwähnung zu tun, welche den Besuchern des Zirkus am besten bekannt sein werden, und welche auch bei richtiger Verteilung der Gewichte auf die Vorder- und Hinterschenkel nicht ausgeschlossen sind.

Will nämlich das übrigens im Profile wohlgerichtete Pferd sich der vollen Biegung der Hinterschenkel im Piaffé entziehen, so liegt ihm dazu dasjenige Mittel am nächsten, mit welchem wir auch im Laufe der bisherigen Arbeit schon öfter als uns lieb war, Bekanntschaft zu machen hatten, nämlich das Seitwärtsausweichen mit denselben. Wenn man sich klarmacht, welche höchst intensive Arbeit des gesamten Bewegungsapparates ein korrektes Piaffé in sich schließt, bei welchem bei energischster Tätigkeit der Beine der Rumpf doch nur verhältnismäßig geringe Auf- und Abwärtsbewegungen macht, so darf man sich nicht wundern, wenn das nicht sehr kräftige oder nicht sehr gründlich durchgebogene Pferd sich diese Arbeit zu erleichtern trachtet. Nun liegt es aber auf der Hand, daß die Bewegung auf der Stelle ungemein erleichtert ist, wenn es dem Pferde gelingt, den Rumpf in regelmäßige Pendelschwingungen zu versetzen, welche den

Die vorderhandlastige Piaffé.

Der Hinterfuß weicht seitwärts aus. Das Pferd entzieht sich der vollen Biegung.

die am häufigsten vorkommende und übrigens minder nachteilige, da bei ihr doch der zu Boden gesetzte Fuß sich unter der Last biegt, wenngleich diese Biegung dadurch, daß die Last nicht gerade, sondern schräg auf ihn fällt, keine ganz reine ist, und der erhobene Fuß sich ein gut Teil der Biegung seiner Gelenke durch die Seitwärtsbewegung erspart. Pferde von wenig Nerv und namentlich einer gewissen Schwäche in Rücken und Nachhand werden zu diesem wiegenden Piaffé geneigt sein, und je größer diese Kraftlosigkeit, desto geringer wird natürlich die Aussicht, solchen Pferden eine korrekte Piaffé-Bewegung zu geben. Die durch andauernde Gymnastik herbeigeführte Stärkung der Muskulatur und ein sehr ruhiger Sitz, bei dem man sich der wechselnden Schenkelhilfen ganz enthält, und nur durch die durchgehenden Anzüge der Hand und gleichzeitige Attacken beider Schenkel respektive Sporen die Tätigkeit auffrischt und erhält, müssen das ihrige dazu tun, um den Fehler, soviel es die Natur erlaubt, zu beseitigen.

Die andere Art eines hin- und herschwingenden Piaffierens, bei welcher der zu Boden kommende Fuß seitwärts weggesetzt wird, ist der größte Fehler, der bei dieser Lektion überhaupt vorkommen kann, da hierbei von einer eigentlichen Hankenbiegung gar nicht mehr die Rede sein kann, weil der niedergesetzte Fuß nicht mehr unter die Last tritt, sondern seitwärts derselben. Eine Erscheinung, welche hiermit im Zusammenhange steht, und meist bei dieser fehlerhaften Art des Piaffierens auftritt, ist die, daß der zu erhebende Hinterfuß mit einem kurzen Nachtritte nochmals den Boden berührt, weil der niederzusetzende Fuß, da er so weit seitwärts der Last tritt, sich zum Stützen derselben nicht ausreichend erweist. Pferde, welche von Natur sich durch schleppende, schwankende und matte Bewegungen der Nachhand unangenehm hervortun, werden es hauptsächlich sein, welche zu diesem schlechten Piaffé Disposition zeigen, und wird deshalb bei solchen natürlichen Mängeln ein jedes Korrekturverfahren immer nur auf sehr relative Erfolge zu rechnen haben. In freistehenden Pilaren wird sich zur Beseitigung des Fehlers kaum etwas tun lassen, eher wird dies möglich sein, wenn man einen einzelnen an der Bande stehenden Pilar zur Verfügung hat, indem man das Pferd abwechselnd bald von der einen, bald von der anderen Seite hineinschnallt und den jedesmaligen inwendigen Hinterfuß bei jedem Niedersetzen an den auswendigen herantreibt, welcher seinerseits durch die Bande fixiert ist. Am nachdrücklichsten wird man jedoch durch die Arbeit im Sattel zur Abstellung des Fehlers wirken können, indem man das

Beinen einen großen Teil der Arbeit abnehmen, die dazu gehört, die Maschine in Gang zu setzen und darin zu erhalten. Diese Pendelschwingungen des Rumpfes sind natürlich nur durch Seitwärts-Ausweichen je eines Hinterschenkels zu erreichen, und so schlägt das Pferd zwei Fliegen mit einer Klappe, indem es nicht nur die Bewegung überhaupt bedeutend erleichtert, sondern außerdem die Hanken der vollen Biegung entzieht. Solche Schwingungen des Rumpfes sind nun auf zweierlei Art ins Werk zu setzen, nämlich dadurch, daß entweder der erhobene oder der zu Boden gesetzte Hinterfuß seitwärts abweicht, und beide Arten kommen denn auch in der Tat vor. Die erstere Art, bei welcher der erhobene Hinterfuß statt gerade nach aufwärts angezogen zu werden, eine Seitwärtsbewegung nach außen macht, durch welche er den Körper nach der entgegengesetzten Seite hinüberwirkt, wodurch eben bei dem regelmäßigen Wechsel der Füße die erwähnten Pendelschwingungen des Rumpfes entstehen, welche die Bewegung auf der Stelle offenbar so sehr erleichtern, ist

Pferd an der Bande in einer halben Schulterherein-Stellung piaffieren läßt, und nun bei verhältnismäßiger Gewichtsverteilung nach innen bei jedem Niedersetzen den inwendigen Hinterfuß mit dem auswendigen Sporne unter die Last und an den durch die Bande fixierten auswendigen herantreibt. Selbstverständlich muß man bei jedem derartigen Betreben, Fehler zu verbessern, welche in körperlichen Unvollkommenheiten des Pferdes ihren Grund haben, vorsichtig und allmählich zu Werke gehen, um nicht durch Überschreiten der von Natur gesetzten Grenzen das Pferd zu Widersetzlichkeiten zu zwingen.

Was die Tätigkeit der Vorderbeine bei beiden beschriebenen Abarten des Piaffierens anbelangt, so liegt es auf der Hand, daß dieselben die schaukelnde Bewegung des Körpers mitmachen müssen, und daher in einer die Gesundheit der Knochen im höchsten Grade gefährdenden Weise durcheinander treten. Wenn trotz alledem die Kunstreiter das wiegende Piaffé nicht nur gerne vom Pferd aufnehmen, sondern sogar durch Hin- und Herwerfen des Gewichtes und sehr markierte wechselnde Schenkelhilfen noch weiter ausbilden, so hat dies seinen Grund darin, daß dasselbe erstens, wie gesagt, weit leichter für das Pferd auszuführen ist, und zweitens für das Auge des Laien insofern etwas Bestechendes hat, als dabei scheinbar ein großes Maß energischer und feuriger Tätigkeit entwickelt werden kann. Überhaupt unterliegt es ja keinem Zweifel, daß das beste Schulpferd unter dem durchgebildetsten Reiter mit seinen korrekten Schulen das Zirkus-Publikum vollständig kalt lassen würde. Von diesem Gesichtspunkte aus hat die Zirkusschule ihre vollkommene Berechtigung, ist jedoch von der wahren Schule, welche nichts weiter will als die höchste Entwicklung der Hankenbiegung des unter allen Umständen am Zügel stehenden Pferdes, grundverschieden. Erstere beruht auf Baucherschen Abrichtungskünsten, letztere auf einem Systeme gymnastischer Übungen.

Was die Passage anbelangt, so ergeben sich sowohl das ideale Bild derselben als auch die gewöhnlichsten Abweichungen von diesem, nach dem Gesagten eigentlich von selbst, wenn wir uns vergegenwärtigen, daß diese Schule durch genau geregeltes Vorgehen aus dem Piaffé entsteht. Auf das genau Regelmäßige dieses Vorgehens ist ganz besonders Gewicht zu legen, denn gerade darauf beruht der Unterschied zwischen Piaffé und Passage, indem bei ersterem nur die Tragkraft, bei letzterer dagegen auch die Schiebkraft der Nachhand in geordnete Tätigkeit versetzt ist. Das Einsetzen der Schiebkraft macht deshalb dem fühlenden Reiter den Übergang vom Piaffé zur Passage, so allmählich derselbe beim vollkommen durchgebildeten Pferde auch werden kann, dennoch deutlich bemerkbar. Zwischen einem Piaffé, bei welchem ich dem Pferde zu seiner Erleichterung gestatte, oder aus

Zu der Tragkraft der Hinterhand in der Piaffé kommt in der Passage die Schubkraft dazu.

Bewegungsablauf in der Passage

anderen Gründen es anhalte, etwas vorzutreten, und zwischen der Passage ist ein großer Unterschied, denn bei letzterer wird das Vorgehen durch die geordnete Schiebkraft erzeugt, während es bei ersterem nur dadurch entsteht, daß die Tragkraft noch nicht voll und ganz ausgebeutet wird. Während man deshalb in einer guten Passage eine Bahnseite, ich möchte sagen jedesmal mit derselben Anzahl von Tritten zurücklegen wird, nachdem man dem Pferde ein bestimmtes Tempo derselben angewiesen, wird dies im Piaffé nicht mit derselben Sicherheit möglich sein. Auch für die Einwirkungen des Reiters, welche sich aus den Schwingungen ergeben, die demselben durch die Bewegungen des Pferdes mitgeteilt werden, ergibt sich durch das Einsetzen der Schiebkraft eine nicht zu übersehende Modifikation. Während nämlich im Piaffé die Berührung des Reiterschenkels mit dem Leibe des Pferdes durch die Senkung der gleichseitigen Hüfte desselben in den Momenten erfolgte, wo der zugehörige Hinterfuß sich niedersetzte, so daß er sich vom Sporne die Hilfe zum erneuten Abfedern holte, in seiner Biegung unter der Last dagegen durch die Anzüge der Hand erhalten wurde, wird beim Einsetzen der Schiebkraft durch das zum Fortbewegen der Masse erfolgende Strecken der Gelenke die Hüfte dieser Seite gehoben. Dadurch wird dem Reiter in diesem Momente ein vermehrter Impuls nach der anderen Seite gegeben, und damit auf dieser letzteren sein Schenkel in die verstärkte Berührung mit dem Pferdeleibe gebracht. Dieses ist aber der Moment, in welchem sich der nicht schiebende Hinterfuß vom Boden erhoben hat, so daß sich dieser, in der Passage wie in jeder fortschreitenden Bewegung vom gleichseitigen Reiterschenkel die Hilfe zum weiteren Vor- und Untertreten holt. Beim Piaffé fällt der Schenkel des Reiters an den Bauch des Pferdes in den Momenten des Niedersetzens, in der Passage in den Momenten des Erhebens des gleichseitigen Hinterfußes.

Wie nun der gewöhnliche Trab des Pferdes der verschiedensten Abstufungen fähig ist, vom versammelten Schultrabe bis zum verstärktesten Tempo, ohne daß dabei beim durchgebildeten Pferde, dessen Anlehnung genau geregelt ist, ein Wechsel des Taktes eintreten darf, ebenso ist es auch mit dem schwebenden Trabe der Fall, und je sicherer einerseits das Pferd in der Vorhand gerichtet ist, so daß jeder Anzug genau mit der beabsichtigten Wirkung bis zur Nachhand durchgeht, je geschickter und williger andererseits durch sorgfältige Gymnastik die Nachhand geworden ist, jedes beliebige Gewicht aufzunehmen respektive vorwärtszuschieben, mit anderen Worten je mehr die vollkommene Ausbildung des Pferdes es dem

Reiter gestattet, Schiebkraft und Tragkraft der Nachhand genau nach seinem Willen zu regeln und abzuwägen, desto genauer wird er imstande sein, der Passage jedes ihm beliebige Tempo anzuweisen, dieselbe ganz nach seiner Wahl bis zum Piaffé zu verkürzen respektive bis zu einem so freien schwebenden Trabe zu verstärken, daß das Pferd über den Boden gleichsam zu fliegen scheint. Immer jedoch, auch im freiesten Tempo der Passage, muß der Gang den Charakter des Schwebenden beibehalten, welches nur durch eine gewisse Anspannung der Rückenmuskeln erreicht wird. Sobald diese Anspannung und mit ihr das Schwebende der Gangart aufhört, ist dieselbe nicht mehr Passage, sondern wird zum gewöhnlichen Trabe.

Es ist also die Passage eine trabartige, schwebende Bewegung, welche um so vollkommener und schöner ist, je kräftiger und energischer das Pferd vom Boden abfedert, je erhabener es die Schenkel hebt, je kadenzierter und gleichmäßiger die Tritte sind und je gerader die Beine genau auf- und abwärts arbeiten, so daß der Rumpf nicht die geringsten Seitwärtsschwankungen macht. Die Bezeichnung einer schwebenden Gangart ist für die Passage eigentlich wörtlich zu nehmen, denn bei jedem Tritte des Pferdes kommt ein für das geübte Auge wahrnehmbarer Moment vor, in welchem kein Fuß eine feste Stütze am Boden hat, nämlich derjenige, wo die beiden stützenden Füße die Last vom Boden abfedern. Dieser Moment ist es, welcher der Gangart den Charakter des Feurigen und Energischen ganz besonders aufprägt, wodurch sich eine gute Passage ebenso auszeichnen muß, wie ein guter versammelter Galopp, und er ist es daher auch, welcher sich ganz besonders zur bildlichen Darstellung eignet. Die Passage kann mit einer gewissen Berechtigung eine trabartige Schule über der Erde genannt werden. – Was die Richtung des Pferdes in der Passage anbelangt, so ist es offenbar, daß in dem Maße als dieselbe verkürzt, die Tragkraft der Nachhand also mehr, die Schiebkraft weniger in Anspruch genommen wird, daß in diesem Maße die Vorhand erhabener, die Kruppe gesenkter, die Hinterschenkel in ihren Gelenken mehr gebogen und unter die Last geschoben sein müssen, während, je freier die Passage ist, je mehr also die Schiebkraft, je weniger die Tragkraft wirkt, desto mehr dem Skelette die Richtung des Gleichgewichtes angewiesen wird. Wenn zu der schwebenden Bewegung, wie schon gesagt, eine gewisse Anspannung der Rückenmuskeln nötig ist, wie sie auch beim piaffierenden Pferde durch die Wölbung der Nierenpartie wahrnehmbar war, so darf daraus doch keineswegs der Schluß gezogen werden, daß die Passage eine Gangart sei, in welcher sich das Pferd steift und festhält. Im Gegenteil wird derjenige, welcher ein gut passagierendes Pferd vor sich sieht, den Eindruck empfangen, daß diese Schule eine im höchsten Grade losgelassene und lösende Arbeit ist, was aus der Biegung aller Gelenke und dem Abkauen des Pferdes bei jedem Tritte zur Genüge hervorgeht. Es ist deshalb auch das Gefühl dieser Bewegung für den Reiter ein im hohen Grade angenehmes, weich und elastisch, und ebenso wie das Piaffé im höchsten Maße geneigt, dem Schüler einen weichen, schmiegsamen Sitz und damit auch ein richtiges Gefühl für die Bewegungen des Pferdes zu verleihen.

Nachdem wir uns somit ein Bild der normalen Passage ausgemalt haben, wenden wir uns wiederum den in der Praxis am häufigsten vorkommenden Abweichungen von denselben zu, und können uns dabei insofern kurz fassen als dieselben durchaus im Zusammenhange mit den fehlerhaften Arten des Piaffierens stehen, aus denen sie sich ganz folgerecht entwickeln.

Aus demjenigen Piaffé, bei welchem durch Überlastung der Nachhand das Pferd seine Hinterfüße nicht vom Boden los bekam, entsteht eine Passage, bei welcher die unterdrückten Federn der Nachhand nicht funktionieren, das Pferd daher, statt mit den Hinterfüßen vom Boden abzufedern, schreitende Bewegungen mit denselben ausführt. Der Reiter hat bei dieser Abart der Passage nicht mehr das Gefühl einer trabartigen Gangart, welches eben speziell durch das Abfedern der Hinterfüße erzeugt wird, und welches bei der richtigen Schule, wenngleich energisch, dennoch so weich und elastisch sein muß, daß niemals auch nur im geringsten das Gesäß im Sattel gelockert werden darf. Auch bei dieser schreitenden Passage, ebenso wie bei dem korrespondierenden Piaffé, werden wir stets Fehler in der Anlehnung beobachten können, und zwar wird das Pferd dieselbe ebenfalls in der Regel über den Zügeln ausführen, das heißt, nicht richtig vorwärts gehen. Ebenso, wie bei jenem Piaffé, wird daher auch hier die Korrektur durch energisches Vorwärtsreiten zu bewerkstelligen sein, wobei der Sporn das Pferd zum Abstoßen an der gegenhaltenden Hand bringt. Bei der Passage als vorwärtsgehender Bewegung, wird diese Korrektur sehr viel leichter zu bewerkstelligen sein als beim Piaffé. Während wir dieses bis auf weiteres ganz aufgeben mußten, um erst im Vorwärtsreiten die Anlehnung zu regulieren und durch Wirkenlassen der Schiebkraft die Federn der Nachhand wieder zu beleben, haben wir hier wenigstens nicht nötig, unsere Schule ganz zu unterbrechen, deren Tempo wir nur angemessen zu verstärken haben. Wenn nun zwar naturgemäß das freiere Tempo die schreitenden Bewegungen der Nachhand in trabartige verwandelt, so dürfen wir doch nicht glauben, damit allein unser Korrekturverfahren vollendet zu haben, bei welchem es sich vielmehr darum handelt, die federnden Bewegungen der Hinterschenkel aus der freieren auch in die verkürztere Passage mit hinüberzunehmen. Dies wird selbstverständlich nur sehr allmählich und nach längerer Befestigung im freieren Tempo zu bewerkstelligen sein, und bleibt die Grundbedingung zur Erreichung des Zieles immer die, daß das Pferd richtig am Zügel arbeitet. Die richtige Anlehnung gibt uns hier wie überall die Grenze, wie weit wir in der Versammlung gehen dürfen.

Die an zweiter Stelle besprochene Abart des Piaffierens, bei welcher infolge zu geringer Belastung der Nachhand das Pferd mit geringer Aktion der Vorderschenkel und nicht genügend gebogenen Hinterschenkeln hinter den Zügeln Tritte ausführte, welche dem Reiter harte, vornüberschleudernde Stöße versetzen, erzeugt, wie dort schon besprochen, eine Passage bei welcher das Pferd die Stütze für die noch ungebogene Nachhand auf dem Zügel sucht. Diese an sich ja fehlerhafte Erscheinung ist weit ungefährlicher und leichter zu korrigieren als die zuvor behandelte, da das Pferd hier ja die Mittel zur Korrektur dem Reiter in die Hand legt.

Das wiegende Piaffé beiderlei Art erzeugt eine ganz analoge Passage, welche wir um so kürzer erledigen können, als die Korrektur derselben ebenfalls ganz analog der des Piaffierens zu erfolgen hat, so daß ich, um mich nicht zu oft zu wiederholen, auf das dort Gesagte verweise, dessen Anwendung auf die vorschreitende Bewegung der Passage keiner weiteren Besprechung bedarf. Da nun aber die wiegende Passage dasjenige ist, was uns im Zirkus unter der Bezeichnung „spanischer Tritt" gezeigt wird, so wollen wir noch in wenigen Worten auf diese unkorrekte Bewegung eingehen, welche, wie das entsprechende Piaffé, der Kunstreiter gern vom Pferde annimmt und durch seine Einwirkungen noch prononcierter ausbildet, weil sie das unerfahrene Auge täuscht. Diesem erscheint sie als größere Kunst- und Kraftleistung, während doch in Wirklichkeit, wie schon beim Piaffé besprochen, die Pendelschwingungen dem Pferde die halbe Arbeit abnehmen. Aber auch diese wiegende Passage genügt dem Kunstreiter noch nicht, um den vollen Beifall seines Publikums zu ernten; er macht sie dadurch noch blendender, daß er durch Touchieren mit der Gerte à la Baucher die Vorderschenkel, welche in der korrekten Schule sich in allen Gelenken gebogen erheben, zum Strecken anhält, was dann im Ganzen für den Laien, der die Natur des Pferdes nicht kennt und daher auch für die Unnatur kein Auge hat, ein recht animierendes Bild abgibt. Der Kunstreiter bedarf solcher Mittel, um sein Publikum zu amüsieren, und steht deshalb auch vollkommen gerechtfertigt da. Auch weiß er die wahre Dressur sehr wohl zu schätzen, deren Produkte er nur mit den ihm unentbehrlichen pikanten Zutaten versieht, um sie für den Laien genießbar zu machen. Einsichtsvolle Zirkus-Direktoren werden deshalb auch immer sehr froh sein, einen schulmäßig gebildeten Bereiter zu finden, welcher ihren Schulpferden die Grundlage einer korrekten Dressur zu geben vermag, welche dann mit den unerläßlichen Schnörkeln zu versehen, für den routinierten Abrichter eine leichte Arbeit ist. Auf diese Weise gewinnen sie dann eine Produktion, welche ebensowohl den Beifall des Laien findet, wie ihr die Anerkennung der Kenner nicht fehlen wird, welche denn doch keiner Art von Künstlern gleichgültig sein kann. Wo dagegen eine schulmäßige Arbeit ganz fehlt, die Schulpferde vielmehr nur nach Baucherscher Manier abgerichtet werden, der „spanische Tritt" zum Beispiel nur aus dem sogenannten Marschieren entwickelt wird, sehen wir dann die bekannten Zerrbilder von Pferden, welche ihre Lektionen über oder hinter dem Zügel ausführen, während die Nachhand in unregelmäßigen, schlaffen Bewegungen nachschleppt.

Um nun zum Schlusse noch einer abnormen Erscheinung Erwähnung zu tun, welche dem Bereiter bei

In der wiegenden Passage täuscht die Aktion der Vorderbeine. Die Hinterhand greift nicht unter den Schwerpunkt, die Hinterbeine weichen seitwärts aus.

der Passagearbeit oft sehr viel zu schaffen macht, dürfen wir der sprungartigen Bewegungen oder Hopfer der Nachhand nicht vergessen, welche manche Pferde statt der regelmäßigen Tritte gern ab und zu einlegen, um sich die Arbeit zu erleichtern. Ähnlich wie bei dem wiegenden Piaffé mit Seitwärtssetsen des stützenden Hinterfußes das Pferd diesem gern durch einen kurzen Nachtritt des sich erhebenden Hinterfußes zu Hilfe kam, ebenso wird es auch in der Passage leicht geneigt sein, die Arbeit, welche in jedem Tritte von einem Hinterfuße verlangt wird, auf beide zu verteilen, in manchen Tritten also die Last, statt nur durch zwei, durch drei Füße zu stützen. Zu diesem Zwecke macht es mit der Nachhand eine Bewegung, wie in einem kurzen Galoppsprunge, wobei der Fuß, welcher eigentlich zum Stützen dran ist, etwas vortritt. Diese sehr unschöne Erscheinung wird sich namentlich bei solchen Pferden zeigen, denen eine gewisse Schwäche oder Schmerzhaftigkeit in der Nachhand anhaftet, wenn man die Gangart zu sehr verkürzt, und ist dann nur dadurch zu beseitigen, daß man ein freieres Tempo mit einer recht sicheren Anlehnung am Zügel wählt. Zu einem höheren Grade von Versammlung wird man bei solchen Pferden entweder gar nicht oder erst dann schreiten können, wenn durch längere Gymnastik eine genügende Kräftigung der Muskulatur erfolgt ist. Indessen kommt dieser Fehler auch bei solchen Pferden vor, welche eine ausreichend kräftige Nachhand besitzen, und entsteht dann entweder aus Nachlässigkeit und Trägheit, oder aus übergroßem Eifer. Im ersteren Falle muß der Sporn zu energischer Tätigkeit im Biegen und Untersetzen der Hinterschenkel anhalten, im letzteren können nur ein sehr ruhiger Sitz und sanfte, vorsichtige Einwirkungen das Übel beseitigen.

Indem ich hiermit die Beschreibung des Piaffierens und der Passage so, wie sich diese schönen Schulen im normalen Bilde darstellen sowie der häufigsten Abweichungen von demselben beschließe, wende ich mich der Art und Weise zu, wie das Pferd zu diesen Lektionen ausgebildet wird. Bevor wir jedoch näher auf dieses Thema eingehen, möchte ich ganz ausdrücklich hervorheben, daß der Grundsatz, nach welchem in einer wirklich systematischen Gymnastik, als welche wir eine korrekte Pferdedressur von ihren ersten Anfängen bis zu ihrer höchsten Vollendung zu betrachten haben, jede Übung sowohl vorbereitet sein muß, daß sie der Schüler sozusagen schon kann, wenn damit begonnen wird, daß, sage ich, dieser Grundsatz, ebenso wie er für die Lektionen der niederen Schule zutreffend war, auch in denjenigen der höheren Schule, wenn wir doch diesen Unterschied machen wollen, seine Gültigkeit nicht verlieren darf. Von einem Pferde, welches der Bereiter in den verschiedenen Trablektionen wirklich sorgfältig und gewissenhaft nach richtigen Prinzipien durchgearbeitet hat, darf man in gewissem Sinne behaupten, es kann passagieren, denn es wird unfehlbar, sofern ihm nicht die Natur die Fähigkeit zu einer solchen Kraftleistung vollkommen versagt hat, bei steter Steigerung der Versammlung schwebende Tritte anbieten, die sich nach und nach bei fortgesetzter Übung zur geordneten Passage ausbilden. Ebenso kann ein Pferd, dessen Passage bis zur relativ höchsten Vollkommenheit ausgebildet ist, piaffieren, immer unter der oben angeführten Voraussetzung betreffs seiner natürlichen Begabung, denn die fortgesetzte Versammlung der Passage führt dahin, daß man das Pferd schließlich für einige Tritte auf der Stelle verhalten kann, aus denen die Übung mit der Zeit das Piaffé bildet. Wer durch einen weichen durchaus zwanglosen Balancesitz befähigt ist, jede Bewegung des Pferdes zu fühlen und sich ihr anzuschmiegen, wem der Begriff des losgelassenen Genickes und damit zusammenhängend der richtigen Anlehnung vollkommen klar ist, welche ihm den Hebel zur beliebigen Verteilung der Gewichte in die Hand gibt, wer endlich in das so einfache Geheimnis von der gebogen-geraden Richtung des Pferdes, auf welcher alle Lektionen auf zwei Hufschlägen beruhen, eingedrungen ist, dem fallen die höheren Schulen bei geduldiger, ausdauernder Arbeit gewissermaßen als Lohn seines Fleißes zu, wenigstens bei dem von Natur kräftigen und gewandten Pferde. Ich glaube, es kann ohne Anmaßung behauptet werden, daß derjenige, welcher die Kapitel von den Biegungen des Pferdes und von den Lektionen auf zwei Hufschlägen, speziell vom Schulterherein aufmerksam gelesen und Sinn und Wesen derselben erfaßt hat, kaum noch eine Belehrung über Passage und Piaffé bedürfen wird, denn die Arbeit im Sinne dieser Kapitel führt ganz sicher zur Passage, deren Ausbildung sich nachher gewissermaßen von selbst macht, und die ihrerseits wiederum den Keim des Piaffierens enthält.

Wenn nun also, wie gesagt, eine auf der unverrückbaren Basis einer richtigen Anlehnung und durch das Mittel reiner, korrekter Rippenbiegung gewonnene Versammlung des Trabes unbedingt zu schwebenden Tritten führt, so möchte ich doch auf das Nachdrücklichste vor einer vorzeitigen Annahme solcher Tritte warnen, da beinahe nichts sich nachher in so störender Weise für die Gesamtdressur geltend macht als vorzeitig dem Pferde bewilligte oder gar noch begünstigte schwebende Tritte. Es gibt eine große Anzahl von Pferden, namentlich solche mit einem gewissen Rückenzwange, welche sehr bald im Laufe der Versammlungsarbeit schwebende Tritte anbieten werden, und denen man mit größter Leichtigkeit eine Art von Passage entlocken kann, und doch sind gerade dies diejenigen, welchen man, wenn überhaupt jemals, so doch am allerspätesten, diese Gangart gestatten darf. Der ältere, erfahrene Bereiter, der einsehen gelernt hat, daß nicht in künstlichen Gangarten, sondern in der Annehmlichkeit des Pferdes für den praktischen Gebrauch der wahre Wert der Reitkunst liegt, der ferner durch lange, gewissenhafte Ausübung seines Berufes seinen Charakter derart gebildet hat, daß er sich durch Regungen der Eitelkeit von dem zum wirklichen Endziele der Dressur führenden Wege nicht mehr ablenken läßt, wird die eben erwähnte Gefahr leicht vermeiden, der junge Anfänger aber bedarf der eindringlichen Warnung, wenn er nicht zuzeiten der Versuchung erliegen soll. Ihm sei es daher hierdurch eingeschärft, je mißtrauischer er gegen schwebende Tritte ist, die das Pferd gelegentlich anbietet, und je länger er die Annahme derselben hinausschiebt, desto sicherer wird er zur wahren Passage gelangen, die dann die Gesamtdressur nicht nur nicht beeinträchtigen, sondern im Gegenteil wesentlich fördern wird.

Der wahre Zeitpunkt zum Beginn der Passage-Arbeit ist dann eingetreten, wenn das Pferd, nachdem es dahin gelangt ist, in dem seiner Individualität angemessenen versammelten Trabe auf einem wie auf zwei Hufschlägen in jeder beliebigen Biegung sich fließend und in reinem Takte zu bewegen, bei einer Steigerung der Sammlung auf gerader Linie schwebende Tritte anbietet. Nur, wenn die Trablektionen vollkommen sicher und zwanglos vom Pferde geleistet werden, ist dasselbe für die Passage genügend vorbereitet und kann mit Vorteil in dieser Schule gearbeitet werden. Die Tritte, welche es alsdann bei noch vermehrter Versammlung anbietet, sind frei von krampfhafter Spannung und können unbedenklich angenommen werden, diejenigen aber, welche es während der Trabarbeit ab und zu zeigt, bevor die Sicherheit in den Lektionen dieser Gangart fest begründet ist, haben nur den Wert, daß sie die Fähigkeit des Pferdes zu schwebenden Tritten beweisen. Sie entstehen jedoch lediglich dadurch, daß das Pferd sich noch irgendwo, meist im Rücken, steift, haben daher immer etwas Verhaltendes an sich, und müssen unter allen Umständen unterdrückt werden. Da diese gespannten Tritte den Beweis liefern, daß die Versammlung auf Kosten der Losgelassenheit gesteigert war, so kann die Beseitigung derselben und die Wiederherstellung der Reinheit des Ganges nur dadurch erfolgen, daß einstweilen durch richtiges Vorwärtsreiten das Pferd erst wieder zum vollkommenen Loslassen gebracht wird, auf welcher Basis dann die Versammlung, und zwar allmählicher, wie früher, wieder eingeleitet werden kann. Die Reinheit der Trablektionen bleibt jederzeit das Kriterium für die Richtigkeit der Passage-Arbeit, und kann es deshalb nicht genug empfohlen werden, auch wenn diese Arbeit mit voller Berechtigung begonnen worden ist, sich dies stets zu vergegenwärtigen und, sowie sich im Verlaufe derselben gespannte Tritte einschleichen, welche die Gleichmäßigkeit des Trabtempos unterbrechen, dieselben sofort auf die angegebene Art und Weise zu unterdrücken, bevor man sich der Passage wieder zuwenden darf.

Die Antipathie gegen die Passage, welche man bei sehr verständigen praktischen Reitern häufig findet, und welche sie dadurch begründen, daß dieselbe ein verhaltener Gang sei, durch den das Pferd das willige Sichhergeben und Vorwärtsgehen verlerne, ist zwar durchaus ungerechtfertigt, wenn diese schöne Schule erst nach der richtigen Vorbereitung begonnen und mit weiser Vorsicht und Mäßigung angewendet wird. Da dies aber leider selten der Fall ist, vielmehr dem Pferde meistens zu früh schwebende Tritte gestattet respektive beigebracht werden, von denen dann überdies noch ein viel zu häufiger und unpassender Gebrauch gemacht wird, so ist bedauernswerter Weise nicht zu leugnen, daß die Gegner der Passage in der Praxis meistenteils recht haben. Man kann fast jedem Pferde in einer verhältnismäßig sehr kurzen Zeit eine Art von Passage beibringen, und zwar nicht etwa nach Baucherscher Manier, sondern durch Arbeit im Sattel, und gehört weiter nichts dazu, als daß man nebst einigem Gefühle und Reitertakte die Fähigkeit besitzt, des Pferdes Vorhand eventuell durch künstliche Hilfsmittel so zu formen, daß die Anzüge bis auf die Nachhand durchgehen, welche letztere man stets wohl gegen erstere gerichtet erhält, vorausgesetzt, daß man selber den Schweiß bei der Arbeit nicht scheut und daß das Pferd nicht ganz stockroh und ganz ungehorsam ist. Auch gibt es in der Praxis Fälle, auf welche wir im Verlaufe dieses Kapitels noch eingehen werden, in denen es bei älteren Pferden, deren mangelhafte Dressur nach Möglichkeit ergänzt werden soll, ganz angezeigt ist, die Passage von vornherein als künstliches Mittel anzuwenden, um eine gewisse Energie und Gleichmäßigkeit der Trab-Aktion zu erzielen. Beim jungen, unverdorbenen Pferde, bei welchem eine korrekte Dressur nach dem Systeme, welches wir in diesem Werke entwickelt haben, noch uneingeschränkt möglich ist, wird der gewissenhafte

Bereiter nur in ganz vereinzelten Fällen schon im ersten, meistens wohl im zweiten, und bei nicht wenigen Exemplaren sogar erst im dritten Jahre und noch später dahin gelangen, mit Vorteil auf die Passage-Arbeit einzugehen. Ich hoffe, daß dies denjenigen meiner Leser, welche auf der Basis praktischer Erfahrungen meinen Ausführungen gefolgt sind, nicht übertrieben erscheinen wird, und diese werden auch ein Verständnis für die Berechtigung der alten Meister haben, zur Fertigstellung eines Schulpferdes einen Zeitraum von fünf Jahren zu beanspruchen, was den meisten der heutigen Reiter höchst lächerlich erscheint.

Daß die Passage, nach gehöriger Vorbereitung und in richtiger Weise angewendet, von wesentlichen Vorteilen für die Ausbildung des Pferdes sein muß, wird niemandem zweifelhaft sein, der sich ein richtiges Bild von dieser Schule zu machen vermag, da nicht allein die Muskulatur des Rückens und der Nachhand wesentlich dadurch gekräftigt und geschmeidig gemacht, sondern auch die Richtung der Vorhand ungemein durch diese Arbeit vervollkommnet und befestigt werden muß, während Gehorsam und Aufmerksamkeit auf die Hilfen notwendigerweise durch sie gewinnen müssen, drei Vorteile, die für den praktischen Gebrauch wohl die wesentlichsten sind. Ich kann es nicht oft genug wiederholen, daß alle Lektionen, welche die Reitkunst lehrt, Piaffé und Passage ebenso wie die Schulen auf zwei Hufschlägen, nichts anderes sein sollen als Mittel zur Ausbildung des Pferdes, um es mit Annehmlichkeit und Vorteil im praktischen Leben gebrauchen zu können. Eine Ausnahme hiervon macht gewissermaßen das Schulpferd, bei welchem die Schulen an sich Endzwecke sind, weil es der Lehrer des jungen Bereiter-Eleven sein soll, um seinem Auge das normale Bild der verschiedenen Schulen vorzuführen, ihm das richtige Gefühl derselben zu geben, ihm den weichen schmiegsamen Sitz zu verleihen, ihn an ein genaueres, feines Abwägen seiner Einwirkungen zu gewöhnen. Möge es mir gestattet sein, an dieser Stelle dem leider mehr und mehr vom Erdboden verschwindenden Schulpferde wenige Worte zu widmen, und meinem lebhaften Bedauern, welches gewiß allgemein geteilt werden wird, darüber Ausdruck zu geben, daß selbst an den größten fürstlichen Marställen, welche nicht nur die Möglichkeit, sondern ich möchte beinahe sagen, die Verpflichtung hätten, Pflanzstätten der Reitkunst in ihrer höchsten Vollkommenheit zu sein, die Reitschulen teils schon ganz eingegangen sind, teils ihrer Auflösung entgegengehen. Mit Unrecht ist man der Ansicht, daß die Schule für den praktischen Bedarf entbehrlich ist, und die fürstlichen Marställe können sie am wenigsten entbehren, denn, wenn hohe fürstliche Herren mit der angemessenen Würde zu Pferde erscheinen sollen, so können sie dies nur auf Pferden, die bis zur denkbar höchsten Vollkommenheit schulmäßig ausgebildet sind. Ich hoffe, nicht so mißverstanden zu werden, als dächte ich mir, daß das Leibreitpferd eines hohen Herrn notwendigerweise passagieren, piaffieren und Schulsprünge machen muß, aber die Hankenbiegung muß bei demselben so fest begründet sein, daß man gewissermaßen sagen kann, das Pferd kann diese Lektionen, wenngleich man aus Rücksicht auf die Bequemlichkeit des hohen Reiters dieselben nicht bis zu vollkommener Sicherheit ausbilden wird. Sehr häufig wird man zur Begründung einer solchen Hankenbiegung die Lektionen der höheren Schule gar nicht entbehren können, hat aber hier dieselben lediglich als Mittel zum Zwecke zu betrachten, und muß jedenfalls die Rücksicht beobachten, daß man in Zeiten des Gebrauches alle diejenigen Lektionen vollkommen unterläßt, welche infolge mißverstandener Hilfen zur Unzeit vom Pferde gezeigt, den Reiter irgendwie in Verlegenheit setzen können, wie Piaffé, Passage, Pesade und dergleichen. Jedenfalls ist ein solcher Grad von Ausbildung selbst dem begabtesten Pferde nur durch einen schulmäßig gebildeten Bereiter zu geben, und wo wollen die fürstlichen Marställe derartige Leute hernehmen, wenn sie sich dieselben nicht selber ausbilden. Man ist ziemlich allgemein an den Marställen dahin gekommen, das Personal aus den Armeen zu ergänzen, weil diese ja immer eine große Anzahl erfahrener Reiter ausbilden. Sosehr dies an und für sich auch praktisch ist, nicht allein, weil eben die Betreffenden eine gewisse Kenntnis und Erfahrung im Zureiten von Pferden mitbringen, sondern auch, weil die Disziplin derartiger größerer Institute nur durch militärisch erzogene Personen aufrechterhalten werden kann, ist es doch aber natürlich, daß da einesteils die Reitkunst keineswegs der ausschließliche Beruf des Soldaten ist, und derselbe andrerseits sich mit einer weit geringeren Dressur bei seinem Pferde begnügen kann, als für die Reitpferde hoher und vornehmer Personen erforderlich ist, der Militärstand Bereiter von so vollkommener akademischer Durchbildung, wie sie die Marställe gebrauchen, nur so ausnahmsweise hervorbringt, daß selbst für den verhältnismäßig geringen Bedarf der letzteren solche in ausreichender Anzahl nicht vorhanden sind, ganz abgesehen davon, daß die etwa vorhandenen nicht immer geneigt sind, die Armee zu verlassen. Es bleibt daher den Marställen durchaus nichts anderes übrig, als die Ausbildung der von ihnen aus der Armee entnommenen Bereiter mit eigenen Mitteln so zu vervollkommnen, und dazu können sie die Schule nun und nimmermehr entbehren. Wenn also schon das eigene Bedürfnis gegen das Eingehen der Reitschulen an den großen Marställen spricht, so sollten dieselben auch schon deshalb erhalten bleiben respektive wieder ins Leben gerufen werden, weil sie berufen sind, auch in weiteren Kreisen Passion und Verständnis für eine feinere Reiterei zu verbreiten, vor allem durch Ausbildung junger Leute für das Stallmeisterfach, und schließlich auch deshalb, weil eine wohl organisierte und dirigierte Reitschule doch ein sehr schöner Schmuck eines fürstlichen Hofhaltes ist, und wohl geeignet, den Glanz eines solchen bei festlichen Gelegenheiten zu erhöhen.

Bedenkt man nun überdies, daß an großen Marställen derartige Reitschulen bei sachgemäßer Organisation doch wohl kaum als bloßer Luxus betrachtet werden dürfen, da die auf denselben durch die Schüler unter Aufsicht des Lehrers ausgebildeten Pferde im praktischen Dienste stets Verwendung finden werden, während die den Stamm bildende geringere Anzahl wirklicher Schulpferde sich durch die Ausbildung des Personals doch wohl ausreichend bezahlt machen dürfte, so erscheint es höchst merkwürdig, wie eine solche Dekadenz der Marstall-Reitschulen eintreten konnte. Die Gründe hiervon sind zunächst darin zu suchen, daß zu der Zeit, als der englische Renn- und Parforcejagd-Sport sich überall verbreitete, die alten Reitmeister es nicht verstanden haben, demgegenüber die richtige Stellung einzunehmen, da sie sich in allerdings erklärlicher übler Laune noch mehr wie bisher in die Reitbahn zurückzogen, statt dem Vorwurfe der Nutzlosigkeit ihrer Arbeit dadurch zu begegnen, daß sie durch Leistungen auf allen Gebieten praktischer Reiterei, auch im Jagdfelde, den Beweis von den Vorteilen einer systematischen Dressur lieferten. Später aber als sich infolge dieser Verhältnisse der Mangel gediegener Bereiter und gut gerittener Pferde überall fühlbar machte, und man hier und da wohl Lust hatte, etwas für die Reitschulen zu tun, fehlte es an Personen, welche befähigt waren, die Direktion solcher Institute mit Vorteil zu führen, respektive geneigt, dieselbe zu übernehmen. Dies ist denn auch zur Zeit wohl der Hauptgrund des bedauerlichen Mangels an akademischen Reitschulen, und ist es deshalb nur lebhaft zu wünschen, daß es den Leitern der großen Marställe gelingen möchte, geeignete Persönlichkeiten ausfindig zu machen und zu gewinnen, wodurch sie sich ein außerordentliches Verdienst um die Reitkunst erwerben würden.

Doch kehren wir nunmehr von dieser Abschweifung zu unseren rein sachlichen Erörterungen zurück und nehmen wir, um zunächst den normalen Verlauf der Arbeit zu besprechen, an, unser Pferd habe den im Obigen gekennzeichneten Grad der Dressur erreicht, um unbedenklich die Passage-Arbeit mit ihm beginnen zu können. Nach unserem Übereinkommen war dieser Dressurgrad erst dann als erreicht zu betrachten, wenn das Pferd, nach einer Reprise gebogener Lektionen im versammelten Trabe geradeaus gestellt und noch stärker gesammelt, einige schwebende Tritte anbot. Diese vor der Hand nur wenigen schwebenden Tritten geben nun offenbar die Basis, auf welcher ganz naturgemäß durch fortgesetzte Übung eine geordnete Passage aufzubauen ist, und zwar mit keinen anderen Mitteln als mit einem weichen Balancesitz und einem richtigen Urteile über die Leistungsfähigkeit des Pferdes. Der erstere ist die Haupt- und Grundbedingung, ohne welche eine Arbeit in schulmäßigen Gängen überhaupt nicht, und in einem so kadenzierten Gange, wie Passage und Piaffé, dessen Takt durch jede unrichtige Bewegung des Reiters so leicht zu unterbrechen ist, am allerwenigsten möglich. Denn ein in Passage oder Piaffé im wörtlichen Sinne schwebendes Pferd darf man wohl einer Goldwaage vergleichen, welche so genau gearbeitet ist, daß ihr Gleichgewicht durch das Gewicht eines Haares zu stören ist. Die einzige Möglichkeit, den Takt eines so subtilen Ganges nicht zu unterbrechen, liegt daher darin, daß sich der Reiter den Bewegungen des Pferdes auf das Vollkommenste anschmiegt, so daß in keinem Momente irgendein Teil der Berührungsflächen zwischen Reiter und Pferd, insonderheit das Gesäß gelockert werden darf, was nicht etwa durch Anklammern, sondern durch weiches Ruhen erreicht werden muß. Aus diesem weichen Anschmiegen ergeben sich dann auch ganz von selbst die Hilfen, welche den Gang unterhalten, indem das jedesmalige Vortreten eines Hinterfußes durch die damit verbundene Erweiterung des Rippengewölbes den gleichseitigen Schenkel dem Bauche des Pferdes noch mehr nähert. Wenn durch dieses sich aus dem Gange des Pferdes ergebende abwechselnde Anlegen der Schenkel der jedesmalige Hinterfuß die Aufforderung zum weiteren Untertreten erhält, so wird durch die in denselben Momenten erfolgenden Zügelanzüge, welche sich ebenfalls aus der Bewegung ergeben, die Belastung und dadurch Biegung des vortretenden Hinterschenkels noch durch die Gewichte der Vorhand vermehrt, während gleichzeitig die Erhebung des diagonalen Vorderfußes dadurch befördert wird, daß vorherrschend der Zügel dieser Seite durch die Hebung derselben in Wirkung tritt. Obgleich nun offenbar bei dem noch nicht sicher passagierenden Pferde der Reiter, aus diesem passiven Verhalten heraustretend, zu aktiveren

Die systematische Dressur des jungen Pferdes
Vom Piaffé und der Passage

Durch das abwechselnde Anlegen des Schenckels erhält der jeweilige Hinterfuß die Aufforderung noch weiter unter das Gewicht zu treten. Das Vorderbein wird durch die Anhebung der Zügelhand unterstützt.

Hilfen wird übergehen müssen, so wird dies doch immer auf der Basis des weichen Balancesitzes und in den durch die Bewegung gegebenen Momenten zu geschehen haben, indem die belastenden Zügelanzüge nach Bedürfnis verstärkt werden, während das gleichzeitige Anlegen des betreffenden Schenkels zu einem mehr oder weniger starken Drucke, eventuell zu einer leichten Berührung mit dem Sporne gesteigert wird.

Wenn dies die mechanischen Mittel sind, wie sie sich im normalen Bilde darstellen, um die schwebenden Tritte, welche die sorgfältige Trabarbeit uns geschaffen, zur Passage aneinanderzureihen, so würden dieselben doch gar mehr erreichen, ohne durch Überlegung und Einsicht geregelt zu sein. Hier kommt es nun in erster Linie darauf an, die derzeitige Leistungsfähigkeit des Pferdes sicher herauszufühlen, und ihr die Anforderungen wohl anzumessen. Wie überall in der Dressur, so kann auch hier nicht eindringlich genug zum Maßhalten ermahnt werden, denn nichts beeinträchtigt den Erfolg so sehr als Überbürdung, welche Unempfindlichkeit und Unlust erzeugt. Um potenzierte Leistungen vom Pferde zu erzielen, ist zwar offenbar eine gewisse energische Einwirkung des Reiters unumgänglich notwendig, doch muß dieselbe, so möchte man sagen, mehr mit seelischen als mit physischen Mitteln bewirkt werden. In physischer Beziehung ist es am allerwenigsten die Stärke der Einwirkungen, welche die Leistungen erhöht, sondern es ist, wie wir bereits an einer anderen Stelle aussprachen, das richtige Zusammenwirken derselben und ihre Anbringung in den richtigen Momenten. Ein paar rüde Sporen setzen das Pferd in Furcht und veranlassen es vielleicht momentan zu größerer Kraftanstrengung, da sie aber den Takt des Ganges unterbrechen, so kommt die Kraftanstrengung diesem keineswegs ungeteilt zugute; der feine Spornstich dagegen, in dem Momente angebracht, wo das Pferd den Hinterfuß erhebt, befördert das Vortreten desselben, ohne den Gang zu unterbrechen. Der in diesem selben Momente angebrachte Zügelanzug veranlaßt durch die vermehrte Belastung den Hinterfuß, im letzten Augenblicke noch etwas weiter unterzutreten und sich unter der Last zu biegen, während er gleichzeitig die Aktion des erhobenen Vorderschenkels durch die Entlastung erhöht, er unterbricht aber nicht nur nicht die Kadenz des Ganges, sondern macht sie vielmehr genauer und markierter. Das harte Zurückreißen der Vorhand dagegen setzt vielleicht momentan das Pferd hinten herunter, da aber dessen Hinterschenkel schmerzhaft dadurch affiziert werden, so wird es sie nachher naturgemäß zu schonen bestrebt sein. Der starke Druck der Schenkel, der dem Pferde die Rippen zusammenpreßt, wird dasselbe nur zu gezwungenen, unnatürlichen Stellungen und Bewegungen mit eingeklemmtem Schweife veranlassen, während das weiche Anlegen des Schenkels mit drohender Sporenhaltung das Pferd, welches den Sporn kennt und respektiert, zu einem willigen und elastischen Gebrauche seiner Kräfte veranlaßt. Die mit Aufbietung aller Armkräfte gegenhaltende Hand kann vielleicht das Pferd in einer beigezäumten Stellung erhalten, wobei es aber mit festgehaltenem Genicke und daher totem Maule gegen das Gebiß drückt, während die weich und ohne Kraftaufwand hineinfassende Hand in harmonischer Zusammenwirkung mit vortreibenden Hilfen es zum bereitwilligen Loslassen des Genickes und Abkauen veranlaßt. Daß die Bearbeitung des Pferdes in gewissen Stadien die Aufbietung aller Körperkräfte vom Reiter verlangt, soll keineswegs geleugnet werden, und ist auch im Verlaufe dieses Werkes gelegentlich zur Sprache gekommen; das Pferd aber, welches diejenige Stufe der Ausbildung erreicht hat, deren Besprechung uns gegenwärtig beschäftigt, bedarf einer solchen Handhabung nicht mehr, und es ist ein zwar sehr verbreitetes aber dadurch unberechtigtes Vorurteil, daß man erhabene Tritte durch einen kräftigen Schenkel herausdrücken kann.

Wenn aber, Dank der Natur des Pferdes, eine überlegene Körperkraft, welche nicht jedem gegeben ist, zu seiner Dressur keineswegs erforderlich ist, während das richtige Gefühl, welches auf dem weichen, guten Sitze beruht und daher bis zu einem gewissen Grade zu erwerben ist, eine weit wichtigere Rolle spielt, so ist doch ein richtiges Verständnis für die seelischen Eigenschaften und Äußerungen des Pferdes und darauf beruhend eine zweckentsprechende Einwirkung auf dieselben unerläßlich, und zwar um so unerläßlicher, je weiter wir in der Ausbildung vorschreiten. Die richtige Beurteilung des Temperamentes, das detaillierte Durchschauen des Charakters des betreffenden Pferde-Individuums ist für den Erfolg ebenso unerläßlich, wie die richtige Beurteilung seiner körperlichen Verhältnisse. Alle diese allgemeinen Bemerkungen sind an jeder Stelle eines Werkes über Pferdedressur voll berechtigt, ganz besonders aber, wenn es sich bei dem durch einen höheren Grad von Dressur verfeinerten Pferde um die Entwicklung schulgemäßer Bewegungen handelt.

Um speziell bei unserer Passage zu bleiben, so ist es für die Ausarbeitung dieser Schule ganz besonders wichtig, das Temperament des Pferdes richtig zu beurteilen, weil sich die Arbeit wesentlich danach modifiziert. Mit ganz besonderer Vorsicht ist die Passage bei denjenigen anzuwenden, welche etwas Lauriges oder Verhaltenes in ihrem Temperamente haben. Solche Pferde, die überhaupt zu verkürzten Gängen sich gern bereit zeigen, werden, zumal wenn ein strammer Rücken ihnen schwebende Tritte erleichtert, sich der Passage, sobald sie dieselbe kennengelernt, gern bedienen, um ihrer Laurigkeit zu frönen, indem sie mit festgehaltenem Rücken sich hinter oder über dem Zügel zu verhalten suchen. Schon der Beginn der Passage-Arbeit wird bei derartigen Pferden sehr hinausgeschoben werden müssen, da sie nur zu geneigt sein werden, den abgekürzten losgelassenen Trab, der ihnen, wenn sie ehrlich darin arbeiten sollen, sehr unbequem ist, durch schwebende Tritte der beschriebenen Art zu unterbrechen. Um diesem Übel entgegenzuwirken, muß jeder nicht beabsichtigte schwebende Tritt mit größter Konsequenz unterdrückt werden, und zwar durch ganz energisches Vortreiben zur Regulierung der Anlehnung. Hier muß noch mehr, wie in jedem anderen Falle, Gewicht darauf gelegt werden, daß der fleißige, fließende Trab in allen Tempos durch die Passage nicht leide, und muß derselbe daher sowohl vor Beginn als auch im Verlaufe der Passage-Arbeit immer wieder mit ganz besonderem Fleiße und Sorgfalt geübt werden. Die Passage selbst aber muß bei solchen Pferden in einer Art und Weise exekutiert werden, daß sie dieselbe keineswegs als eine Erholung ansehen können, indem sie mit allen Mitteln angehalten werden müssen, auf das Kräftigste und Energischste in dieser Lektion zu arbeiten. Derartige Fälle sind es ganz besonders, in denen das über die Anwendung sozusagen seelischer Einwirkungen Ausgesprochene zur Geltung kommt, denn weit weniger die Stärke der Hilfen als vielmehr ihre unwiderstehliche Lebhaftigkeit, gewissermaßen die dominierende Energie des Reiters sind es, welche solche Pferde veranlassen, ihre Kräfte wirklich voll und ganz zu gebrauchen. Zunächst wird hier ein entschlosseneres und freieres Tempo der Passage zu wählen und in diesem das Pferd unter allen Umständen zu einer richtigen und entschlossenen Anlehnung anzuhalten sein. Ist es die Neigung des Pferdes, sich über dem Zügel zu verhalten, so muß es eventuell durch den Sporndruck zum Abstoßen an der Hand gebracht werden, verkriecht es sich dagegen hinter dem Zügel, so muß es durch kurze Sporenstöße, durch die Gerte, unter Umständen sogar durch die Bahnpeitsche in der Hand eines Gehilfen herangebracht werden, wenn auch durch Anwendung dieser Mittel das Tempo des Ganges momentan unterbrochen wird. Ist die Anlehnung aber hergestellt, so müssen jene aus der Bewegung sich ergebenden Anzüge der Hand kräftiger als gewöhnlich ausgeführt werden, während vortreibende Hilfen für Erhaltung der ersteren ununterbrochen Sorge zu tragen haben, damit diese Anzüge, durch den Rücken durchgehend und die Gelenke der Nachhand biegend, den ersteren gewissermaßen durchkneten und erweichen. Aus dem Gesagten geht schon hervor, daß, nachdem das Stadium der Belehrung vorüber, die Reprisen der Passage hier etwas länger als bei dem gut gearteten Pferde ausfallen werden, weil die angestrebten Erfolge in wenigen Tritten nicht zu erreichen sind, denn der Reiter muß, wenn die Reprise von Nutzen gewesen sein soll, das Gefühl eines vollkommen durchgearbeiteten Rückens gewinnen. In solcher Weise angewandt, wird die Passage gerade bei dieser Art von Pferden, für die sie bei unsachgemäßer Behandlung äußerst nachteilig sein kann, für die Gesamtausbildung von ganz außerordentlichem Nutzen sein können, was am besten dadurch bewiesen wird, daß nach einer erfolgreichen Reprise in der Passage das Pferd sich williger als vorher, zu einem fließenden versammelten Trabe hergeben wird.

Nächst dem verhaltenen bedingt das heftige Temperament ganz besondere Modifikationen in der Passage-Arbeit, doch ist bei zweckentsprechender Behandlung diese Schule hier ebenso, wie bei ersterem, mit Vorteil anwendbar. Während bei dem laurigen Pferde der Beginn der Arbeit länger als bei dem normalen Temperamente hinausgeschoben werden mußte, wird es beim heftigen sich mitunter empfehlen, früher als gewöhnlich die Passage anzuwenden, weil das Kadenzierte und Getragene dieser Bewegung die Heftigkeit mäßigt, und das Pferd zu geduldiger Unterwerfung bringt. Die Arbeit an sich wird durch die Heftigkeit keineswegs erschwert, sondern im Gegenteile erleichtert, denn da hier das Temperament das Pferd vorwärts und in die Zügel hineintreibt, so erspart es dem Reiter sehr viel vortreibende Hilfen und gestattet ihm verhältnismäßig früh die durchgehenden Anzüge, welche, richtig angewendet, sehr bald ein Pferd in das Schweben bringen. Wie schon in dem Kapitel vom Galoppe besprochen wurde, ist indessen die Heftigkeit keineswegs immer ausschließlich Temperamentssache, sondern es wird die bloße Lebhaftigkeit durch ungünstige Körperverhältnisse häufig zur Heftigkeit gesteigert. Insbesondere ist es ein weicher Rücken, nächstdem ein stark entwickelter Unterhals bei breiten Ganaschen und am meisten die leider nur zu häufig vorkommende Verbindung beider Übel, welche oft den erwähnten Einfluß auf das Temperament ausüben. Wenn nun zwar auch bei dieser Art heftiger Pferde die Passage sehr wohl mit Vorteil angewendet werden kann, so muß doch hier mit ganz besonderer Sorgfalt auf eine zweckentsprechende Richtung von Hals und Kopf gehalten werden. Nur bei verhältnismäßig tiefgestellter Nase, wobei der Hals oben lang wird, während der Unterhals verschwindet, läßt ein solches Pferd das Genick ordentlich los, und nur in dieser Richtung sind die durchgehenden Anzüge, auf denen die Entwicklung der Passage hauptsächlich beruht, in derartigen Fällen unschädlich. Sobald die Nase zu hoch steht, wird nicht nur ein weicher Rücken durch diese Anzüge zu empfindlich berührt, sondern auch ein von Natur schon stark entwickelter Unterhals immer mehr herausgearbeitet und der Raum für die Ganaschen dadurch immer mehr beengt, so daß durch den hierdurch erzeugten Schmerz die Heftigkeit, statt vermindert zu werden, nur gesteigert werden kann.

Da bei heftigen Pferden durch die Passage eine Beruhigung herbeigeführt werden soll, so liegt es auf der Hand, daß dieser Zweck, nachdem das Stadium der Belehrung vorüber ist, nur durch längere Reprisen erreicht werden kann, und daß hier ein möglichst gesammeltes und kadenziertes Tempo gewählt werden muß. Wie schon gesagt, erleichtert die Heftigkeit des Temperamentes die Arbeit an sich sehr, und da in einem solchen Pferde der Trieb nach vorwärts durch seinen Geist immer rege erhalten wird, so ist es auch möglich, den Gang sehr abzukürzen, ohne befürchten zu müssen, daß derselbe matt und schlaff wird, respektive ohne zur Auffrischung starker Hilfen zu bedürfen, die den Takt unterbrechen. Hier wird nun mehr wie je, der weiche, anschmiegsame Sitz am Platze sein, und der Reiter, indem die aus der Bewegung sich ergebenden Hilfen vollkommen genügen, um den Gang energisch zu erhalten, seine Aufmerksamkeit einer subtilen Führung zuwenden können, um durch allmählich gesteigertes Verhalten mit weicher Hand das Tempo so weit abkürzen, als es die körperliche Leistungsfähigkeit des Pferdes erlaubt, wofür Anlehnung und Gleichmäßigkeit der Tritte jederzeit das untrügliche Kriterium abgeben.

Mit ganz besonderem Nutzen wird die Passage bei derjenigen Art heftiger Pferde anzuwenden sein, welche infolge ihres Temperamentes, vielleicht in Verbindung mit ungünstigen Körperformationen, zu übereilten, zackligen Tritten geneigt sind. Derartige Pferde werden häufig nur durch die Passage für einen ruhigen gleichmäßigen

Trab definitiv zu gewinnen sein, und das sind dann die Fälle, in denen, wie schon angedeutet, eine verhältnismäßig frühe Anwendung dieser Schule zu empfehlen ist. Da dann aber bei solchen Pferden sich die schwebenden Tritte aus der Versammlung des Trabes nicht ergeben können, was bei ihrer Eigentümlichkeit überhaupt sehr schwer, wenn nicht unmöglich sein würde, so ist hier ein ganz besonderes Belehrungsverfahren erforderlich, welches wir um so mehr einer näheren Besprechung unterwerfen wollen, als dasselbe überhaupt in allen Fällen die Erlernung der Passage ungeheuer erleichtern und beschleunigen wird und daher stets angewendet werden kann, sobald man nach gewissenhafter Prüfung zu der Überzeugung gelangt ist, mit seinem Pferde die Passage-Arbeit einleiten zu dürfen. Ich habe die Besprechung dieses Verfahrens jedoch deshalb bis zu diesem Momente aufgeschoben, weil das normale Bild des Dressurganges das oben entwickelte ist, daß sich nämlich lediglich durch die Versammlung des Trabes die Passage herausbildet, was auch bei dem wohlgebildeten, kräftigen und gutgearteten Pferde bei systematischer Arbeit unbedingt der Fall sein wird, wenn man die nötige Zeit darauf verwenden kann. Da aber die eben genannten Bedingungen doch nur in den seltensten Fällen erfüllt werden, trotzdem aber die Arbeit in schulmäßigen Gängen, wenn sie durch die im Bisherigen besprochenen Rücksichten und Erwägungen geleitet wird, für die Gesamtausbildung des Pferdes von so außerordentlichem Nutzen sein kann, so empfehle ich das zu besprechende Belehrungsverfahren, welches bei der überwiegenden Mehrzahl aller Pferde, die überhaupt zum Reitdienste geeignet sind, zum Ziele führt, und dabei keine andern Mittel braucht als Zügel, Schenkel und richtige Gewichtsverteilung.

Dieses Verfahren beruht im wesentlichen darauf, daß man das Pferd in eine trabartige Bewegung versetzt, in welcher dasselbe mit gut untergeschobener Nachhand und kurzen, federnden Tritten sehr wenig Terrain gewinnt, und daß man in dieser Bewegung, welche wir Piaffé-Schritt nennen wollen, durch fortgesetzte Übung und allmähliche Steigerung der Einwirkung die Tritte nach und nach erhabener, energischer und kadenzierter macht, bis das Pferd, ins Schweben kommend, die ersten passageartigen Tritte zeigt. Die Aufgabe, ein Pferd in diesen Piaffé-Schritt zu versetzen, ist auch wieder eine von denjenigen, welche weit weniger durch physische Kraftmittel als durch Lebhaftigkeit und Energie des Geistes gelöst werden. Der Piaffé-Schritt muß, wenn richtig ausgeführt, die Passage gewissermaßen schon in sich enthalten, so kräftig und lebhaft müssen die wohl unter die Last tretenden Hinterfüße vom Boden abfedern, so daß in der höchsten Vollkommenheit dieser Bewegung der Eindruck der ist, als müßte das Pferd, wenn ihm etwas mehr Freiheit gelassen wird, wie zu einer Erleichterung, zu schwebenden Tritten seine Zuflucht nehmen. Dieser Piaffé-Schritt ist daher auch an sich schon eine sehr nützliche Lektion - wenn er auch nicht als Mittel zur Ausbildung der Passage benutzt wird - und wird in der ganz großen Periode der Dressur, in welcher es sich um Hankenbiegung handelt, in den Pausen zwischen anderen Übungen also etwa den Trab-Lektionen auf zwei Hufschlägen oder auch den Übungen zur Versammlung des Galopps, mit außerordentlichem Vorteile angewendet werden, so daß man später, wenn der Moment zum Beginne der Passage-Arbeit gekommen ist, nicht mehr in der Lage ist, diesen Gang ausbilden zu müssen, sondern, möchte ich sagen, ihn dem Pferde gestatten zu dürfen.

Um nun ein Pferd in diesen Piaffé-Schritt zu bringen, nehme man es im Schritte in einer halben Plié-Stellung an die Bande, so daß durch diese der auswendige und durch die Plié der inwendige Hinterfuß fixiert ist. In dieser Stellung veranlasse man das Pferd durch kurz aufeinander folgende Arrêts, deren Zahl und Stärke sich nach dem Temperamente richten muß, zu lebhaftem Unterschieben der Nachhand. Bei denjenigen Pferden, von denen ausgehend wir dieses Verfahren zu besprechen anfingen, also den heftigen, mit übereilten, hastigen Bewegungen, wird es nur eines kurzen Hineinsitzens bei weichem Verhalten mit der Hand bedürfen, um den beabsichtigten Erfolg zu erzielen, während in dem Maße als das Pferd unempfindlicher und phlegmatischer ist, die Bewegungen desselben von Natur länger und schleppender sind, die Einwirkungen kräftiger, lebhafter und häufiger wiederholt eintreten müssen, bevor das gewünschte kurze Untertreten der Hinterfüße erfolgt. In keinem Falle darf man erwarten, durch starken Schenkeldruck und rüde Spornstöße bei heftigem Zurückreißen der Vorhand das Beabsichtigte zu erreichen, denn es würde dadurch zwar wohl ein momentanes Unterkriechen der Nachhand erzielt, nicht aber dieses lebhafte, gewissermaßen trippelnde Untertreten, bei welchem die Federn der Nachhand nicht unterdrückt, sondern nur so weit zusammengedrückt werden, um das lebhafte Bestreben zu haben, sich wieder zu öffnen. Dieser Erfolg wird vielmehr erzielt durch eine häufige Wiederholung kurzer, lebhafter Einwirkungen mit Hand und Schenkel, respektive Sporn und Gerte, bei geöffnetem Sitze und leicht zurückgeneigtem Oberkörper, so daß man sich das Pferd gewissermaßen zwischen die gelüfteten Knie hineinschiebt, während die Verhaltungen der Hand nicht etwa mit straff anstehendem Zügel, sondern mit lockerem, dabei aber kurzgefaßtem Zügel und leichter Hand geschehen, so daß das Pferd lebhaft auf dem Gebisse kaut. Je mehr nun das Pferd durch Bearbeitung in gebogenen Lektionen schon an stärkere Biegungen der Nachhand gewöhnt ist, desto williger wird es sich zu dieser einleitenden Versammlung zeigen, und namentlich jene kurzen Tritte der Hinterfüße um so eher hergeben, während das weniger vorbereitete oft lange Zeit nur durch ungeregelte Sprünge auf die Einwirkungen reagieren wird, in denen es teils durch Hintenhinausschnellen, teils durch Ausweichen nach dem Inneren der Bahn sich der Biegung der Hinterschenkel wieder zu entziehen sucht. Übrigens sei man aber bei dieser einleitenden Versammlung wohl darauf bedacht, das Streben nach vorwärts dabei recht rege zu erhalten, denn nur auf der Basis dieses Strebens nach vorwärts ist überhaupt eine Versammlung möglich. Sobald nun das Pferd diese kurzen, sammelnden Hilfen in der Art willig annimmt, daß es auf dieselben in kurzen, lebhaften Tritten die Nachhand wohl unterschiebt, lasse man es aus dieser Versammlung in denselben kurzen, lebhaften Tritten etwas vorgehen, wobei man, um die Federn der Nachhand etwas zu entlasten, den Oberkörper leicht vornüberneigt, und im übrigen sich in weichem, losen Sitze der Bewegung anschmiegend, durch vortreibende Hilfen mit Schenkel und Sporn sowie durch weiche Anzüge mit der Hand, welche in dem Takte der Tritte angebracht werden und in ihrer Stärke der jedesmaligen Eigenart des Pferdes wohl angepaßt sein müssen, die Bewegungen unterhält. Wie bei allem, was dem Pferde noch neu ist und von ihm gelernt werden soll, nichts dem Begriffsvermögen mehr zu Hilfe kommt als häufiges Wiederholen kurzer Reprisen, welche die Aufmerksamkeit und den guten Willen des Pferdes rege erhalten, so wird es auch bei unserer jetzigen Aufgabe zu empfehlen sein, mit wenigen Tritten, welche das Pferd aus der einleitenden Versammlung heraus munter und willig ausführt, sich zu begnügen und ihm durch Parieren und Loben zu erkennen zu geben, daß es das Gewünschte getan hat, um dann wieder mit Lebhaftigkeit zu einer neuen Versammlung überzugehen. Wiederholt man diese Übung in den Pausen zwischen anderen Lektionen nicht öfter als je drei bis viermal hintereinander, und begnügt sich dabei vorläufig noch hauptsächlich mit dem willigen Eingehen auf die Aufforderung, so wird nach wenigen Tagen das Pferd nicht nur aufmerksam und bereitwillig die Hilfen zur Versammlung annehmen, sondern auch mit gutem Humor einige kurze,

Halbe Plié-Stellung (oben) - der Reiter verlagert sein Gewicht nach hinten und gibt Arrêts zum Unterschieben der Hinterhand (Mitte). Aus dieser Versammlung entläßt der Reiter mit etwas vorgeneigtem Oberkörper das Pferd in passageartige Tritte (unten).

federnde Tritte derselben folgen lassen. Hat man so dem Pferde die ersten Tritte abgewonnen, so handelt es sich darum, die Reihe derselben zu verlängern, bis geordnete Piaffé-Schritt-Reprisen entstehen, deren Länge einerseits durch die Rücksicht bestimmt wird, daß nicht durch Überbürdung die Lebhaftigkeit und Federkraft des Pferdes gelähmt werden dürfen, die aber andererseits stets mit möglichst guten, lebhaften Tritten schließen müssen. Wenn man, um diesen Anforderungen zu genügen, gut tun wird, die Reprisen immer noch recht kurz einzurichten, so wird es dennoch nicht zu vermeiden sein, daß man bei der Steigerung der Anforderungen gelegentlich einmal dahin kommt, ein Nachlassen in der Lebhaftigkeit und Energie der Tritte zu fühlen. In diesem Falle darf man sich nicht bedenken, sofort den Gang durch eine energische Versammlung zu unterbrechen und, nachdem in dieser die Nachhand wieder tätig untergetreten, mit wenigen guten Tritten die Reprise zu beschließen. Überhaupt kommt es bei diesen Übungen vorläufig weniger darauf an, daß die Bewegung eine wohlkadenzierte und taktmäßige sei als vielmehr, daß die ausgeführten Tritte durchaus energisch und federnd sind. Erst, wenn dieses Abfedern durch fortgesetzte Übung nach und nach so kräftig geworden ist, daß durch die damit verbundene Anspannung der Rückenmuskeln die Tritte anfangen schwebend zu werden, bildet sich ein bestimmter Takt des Ganges heraus, und dies ist dann auch der Moment, wo der Reiter, der bisher sich mit Hand und Schenkel sehr aktiver Einwirkungen bedienen mußte, zu jenem mehr passiven Verhalten übergehen kann, bei welchem die Bewegung, welche sich dann schon mehr durch sich selbst unterhält, die Hilfen selber angibt, während sofort wieder zu aktiven Einwirkungen zurückgegriffen werden muß, sobald der Gang aufhört zu schweben, weil die Tritte nicht mehr federnd genug sind. Es ist wohl selbstverständlich, daß, wenn schon dieser Moment, wo die Tritte anfangen schwebend zu werden, bei einem Pferde sehr früh, bei dem anderen sehr spät eintritt, so doch bei jedem eine längere Zeit geduldiger Übung erforderlich ist, die den Erfolg, welcher nicht ausbleiben kann, nicht forcieren will, sondern geduldig abwarten. Das Wichtigste ist das richtige Herausfühlen des beschriebenen Momentes, in dem das Pferd die erforderliche Anspannung der Rückenmuskeln eintreten läßt, um dann sofort in weichem Anschmiegen sich der Bewegung hinzugeben. Beschließt man dann nach zwei, drei schwebenden Tritten die Reprise, um das Pferd zu beloben und es nach der einleitenden Versammlung wieder in den Piaffé-Schritt zu versetzen, aus dem dann wieder sich ein paar schwebende Tritte ergeben müssen; läßt man diese Übungen mit Trab-Lektionen stets im richtigen Verhältnisse abwechseln, in denen man vor allem bemüht ist, durch richtiges Vorwärtsreiten die Anlehnung mit losgelassenem Genicke stets korrekt zu erhalten, so wird das Pferd mit jedem Tage deutlicher zeigen, daß es begriffen hat, was man will, und wird immer williger darauf eingehen. Die einleitende Reprise im Piaffé-Schritte wird von selbst immer kürzer, die Reihe der schwebenden Tritte immer länger werden, bis man dahin gelangt, daß das Pferd auf die versammelnde Aufforderung sofort mit passageartigen Tritten antwortet.

Es bedarf wohl keiner näheren Erörterung, daß dieser Erfolg desto eher, sicherer und leichter eintreten wird, je sorgfältiger die Vorbereitung war, je fester begründet die allein zweckmäßige Richtung der Vorhand und je nachhaltiger der damit geschaffene Hebel zur Biegung der Hanken bereits benutzt war. Das bis zur Passage systematisch vorgearbeitete Pferd kann dieselbe, wie im Früheren bereits ausgesprochen, und wird dies, auf die beschriebene Art von dem Willen des Reiters in Kenntnis gesetzt, in überraschender Weise an den Tag legen. Je weniger gründlich dagegen die Vorbereitung war, je frühzeitiger man aus besonderen Gründen anfing, die Passage-Arbeit einzuleiten, desto mehr wird sich das Pferd gegen dieselbe sträuben, und zwar noch desto hartnäckiger und länger, je mehr Energie des Charakters und Strafftheit der Grundfaser es auszeichnen. In den Kämpfen, die man bei solcher Arbeit dann zu bestehen hat, vergegenwärtige man sich immer wieder unseren bekannten Fundamental-Grundsatz „reite Dein Pferd vorwärts und richte es gerade", dessen Befolgung die Mittel bietet, um allen Widersetzlichkeiten des Pferdes die Spitze abzubrechen, und es schließlich doch dem Willen des Reiters unterzuordnen.

Wer die ersten Kapitel dieses Werkes mit Aufmerksamkeit gelesen hat, dem wird der Sinn jenes Grundsatzes wohl genügend klar geworden sein, daß ich mir jetzt weitere Worte zur Anwendung desselben auf unseren gegenwärtigen Fall sparen kann. Ich rufe daher nur in das Gedächtnis zurück daß jede Versammlung darauf beruht, daß der richtige Trieb nach vorwärts sicher im Pferde begründet, und daß die Nachhand unter allen Umständen wohl auf die Vorhand eingerichtet ist. Bei allen noch so ungeregelten Sprüngen, welche übrigens, solange sie nur vorwärts gehen, durchaus unschädlich sind, muß es der geschickte Bereiter verstehen, durch wohlangebrachte Zügel- und Schenkelhilfen, vor allem aber durch richtige Verteilung seines Gewichtes, bald die Nachhand auf die

Vorhand, bald die Vorhand vor die Nachhand zu richten, damit jederzeit die Kraftäußerungen der Nachhand direkt und ungeschwächt gegen die Hand des Reiters wirken, diese damit in den Stand setzend, die Gewichte der Vorhand durch Belastung biegend auf die Hinterhand wirken zu lassen.

Indem wir mit dieser Mahnung unsere Besprechung der zu passageartigen Tritten führenden Arbeit im Piaffé-Schritt abbrechen wollen, wenden wir uns nunmehr der Aufgabe zu, wie diese Tritte, seien sie nun auf dem streng korrekten Wege nur allein durch die Versammlung des Trabes oder mit Zuhilfenahme des beschriebenen Verfahrens gewonnen, weiter ausgebildet und ausgebeutet werden. Bei dieser Aufgabe wird es sich zunächst darum handeln, vor allen Dingen das der jedesmaligen Individualität angemessenste Tempo, gewissermaßen das Arbeitstempo festzustellen, welches dasjenige ist, in welchem sich das Pferd mit den wenigsten Hilfen zu erhalten vermag. In diesem Tempo werde zuvörderst das Pferd einfach auf dem Wege geduldiger Übung so weit gefestigt, daß es in demselben ohne erhebliche Anstrengung und nur durch die bekannten aus der Bewegung sich ergebenden Hilfen des Reiters unterstützt, längere Reprisen einer recht losgelassenen Passage zu leisten vermag. Gelingt dies an der Bande entlang auf beiden Händen mit genügender Sicherheit, so gilt es, zunächst dasselbe auch auf dem Zirkel zu erreichen. Beim Beginne dieser Passage-Übungen auf dem Zirkel darf man sich nicht wundern, wenn fast jedes Pferd dabei zunächst mehr oder weniger Unsicherheit zeigt, weil hier das Fehlen der Bande sowie die gebogene Richtung des Zirkels die Aufgabe erschweren. Sein Hauptaugenmerk hat hier wiederum der Reiter darauf zu richten, das nach dem Zirkel gebogene Pferd gerade zu erhalten, denn sowie ein Hinterfuß nicht mehr direkt unter, sondern seitwärts der Last tritt, wird die schwebende Bewegung aufhören und erst durch Geraderichten und einen respektive mehrere Arrêts wieder hergestellt werden müssen. Im übrigen ist auch diese Aufgabe des Passagierens auf dem Zirkel Sache einer ruhigen Übung, und wird gerade diese Übung dann außerordentlich dazu beitragen, die Sicherheit des Ganges zu erhöhen, kleine Unebenheiten desselben abzuschleifen, ihn für das Auge gefälliger und für das Gefühl angenehmer zu machen. Ist nun das Pferd dahin gelangt, zusammenhängende längere Reprisen in seinem, sozusagen natürlichen Passage-Tempo auf der ganzen Bahn, dem Zirkel und einfachen Changementslinien, welche nach dem Zirkel keinerlei nennenswerte Schwierigkeiten mehr bieten werden, zu leisten, so kann man daran denken, den Gang nach Möglichkeit zu vervollkommnen, das heißt, die Tritte erhabener, kadenzierter und kräftiger zu machen. Hierzu wird nun das nächste Mittel das sein, zuvörderst aus dem natürlichen ein freies Tempo der Passage zu entwickeln, um in demselben die Energie der Nachhand und die Freiheit der Schultern nach Möglichkeit zu entfalten und zu vervollkommnen. Eine solche freie Passage, bei welcher dann das Pferd buchstäblich über den Boden schwebt, indem es denselben kaum zu berühren scheint, erfordert allerdings, wenn das Pferd in ihr mit Aufbietung aller Kräfte arbeiten soll, natürlich nach Maßgabe des Temperamentes, durchgreifendere Einwirkungen des Reiters, lebhaftere Spornhilfen und kräftigere Zügelanzüge. Diese stärkeren Hilfen, welche den Takt eines so subtilen Ganges, wie eine solche fliegende Passage, nicht nur nicht unterbrechen, sondern sogar noch genauer und markierter machen sollen, müssen natürlich präzise in den richtigen Momenten erfolgen, und können daher nur von einem sicher ruhenden, weichen Sitze aus dem mit der erforderlichen unfehlbaren Genauigkeit gegeben werden. Ebenso, wie bei der Ausarbeitung des gewöhnlichen Trabes es notwendig war, erst in einem freien Tempo das Pferd zu einer vollen Entfaltung der Schiebkraft und Schulterfreiheit zu veranlassen, bevor man mit Vorteil daran gehen konnte, den Trab zu versammeln, ebenso soll auch die fliegende Passage ein Mittel sein, um von ihr aus den Gang bis zur Grenze der Leistungsfähigkeit des Pferdes zu sammeln, ohne daß Federkraft und Energie der Tritte verlorengehen, indem dieselbe den Reiter in den Stand setzt, den in ihr entwickelten Schwung zu benutzen und mit kräftigeren durchgehenden Anzügen das Tempo abzukürzen, dabei aber die schönsten Tritte herauszuholen, deren das Pferd fähig ist.

Bei diesen Übungen zur Vervollkommnung der Passage vergesse man jedoch nie, wie anstrengend dieselben für das Pferd sind, und sei deshalb wohl darauf bedacht, in ihrer Anwendung Maß zu halten, denn durch ein Übertreiben in solchen Kraftleistungen wird gerade der dem beabsichtigten entgegengesetzten Erfolg erreicht, und das Pferd statt aufmerksamer, kräftiger und feuriger, im Gegenteil stumpfer und lederner werden. Bei einem auf genauer Beobachtung des Pferdes beruhenden bescheidenen Gebrauche dagegen werden diese Übungen nicht verfehlen, allmählich ihren vervollkommnenden Einfluß auch auf das natürliche Tempo der Passage auszuüben, in welchem nach wie vor die Hauptarbeit stattfinden muß. Wie nun in allen anderen Gängen, so werden auch hier die Lektionen auf zwei Hufschlägen das nächste und sicherste

Mittel abgeben, um die Hankenbiegung immer mehr zu vervollkommnen und auf zwanglose Weise die Versammlung schließlich bis zum Piaffé zu steigern. Die Grundsätze für die Arbeit auf zwei Hufschlägen und der innere Zusammenhang der einzelnen dahin gehörigen Lektionen sind in dem betreffenden Abschnitte so ausführlich besprochen worden, daß ich mich hier wohl mit einem Hinweise darauf begnügen kann, da das dort entwickelte System dieser Arbeit für die Passage, wie für alle Gänge seine volle Gültigkeit behält. Die Hauptschwierigkeit für die Anwendung dieser Lektionen in der Passage liegt nur in dem Umstande, den ich schon bei der Zirkelarbeit erwähnte, daß nämlich das Pferd sich unmöglich im Schweben erhalten kann, sowie ein Hinterfuß seitwärts der Last, statt direkt unter dieselbe tritt. Daß allerdings diese Schwierigkeit eine sehr erhebliche ist, ist wohl nicht schwer einzusehen. Es wäre daher offenbare Torheit, Lektionen auf zwei Hufschlägen in der Passage anwenden zu wollen, bevor die Sicherheit des Ganges so fest begründet ist, daß der Reiter mit seiner ganzen Aufmerksamkeit die Erhaltung der gebogen-geraden Richtung des Pferdes überwachen kann. Auch dann erfordert aber die Aufgabe einen außerordentlich feinen Gehorsam auf die Hilfen mit Zügeln, Schenkel, Sporen und Gewicht auf seiten des Pferdes, auf seiten des Reiters aber die unbedingteste Sicherheit im weichen, anschmiegenden Sitze und darauf beruhend das vollendetste Gefühl für die leiseste Bewegung des Pferdes. Aber auch, wenn diese Bedingungen vollkommen erfüllt sind, ist die Aufgabe immerhin noch eine sehr schwierige, und wird es zunächst gar oft vorkommen, daß das Pferd aus dem Schweben herauskommt, worauf es am besten ist, es mehr auf einen Hufschlag zu richten und durch die mehrerwähnten Arrêts erst den Gang wieder herzustellen, bevor man die Lektion wieder aufnimmt, denn je stärker die Richtung auf zwei Hufschlägen, desto größer ist natürlich die Gefahr, daß ein Hinterfuß ausweicht und damit die schwebende Bewegung unterbrochen wird.

Je sicherer nun nach und nach das Pferd im Passagieren auf zwei Hufschlägen wird, und je erfolgreicher die Übungen im Versammeln der Passage aus dem freien Tempo gewesen sind, desto mehr wird es möglich werden, den Gang abzukürzen, ohne seine Kadenziertheit und Energie einzubüßen, bis man schließlich dahin gelangt, bei einer gesteigerten Versammlung auf gerader Linie das Pferd für einige Tritte auf der Stelle verhalten zu können, und somit den Übergang zum Piaffé gefunden hat. Wie nun aus diesen ersten Piaffé-Tritten nach und nach sich geordnete Piaffé-Reprisen entwickeln, indem die einleitende Passage immer kürzer und die Zahl der Piaffé-Tritte immer größer wird, das bedarf eigentlich keiner besonderen Beschreibung, da es sich in keiner Weise von unserem überall durchgeführten Verfahren unterscheidet, welches auf einer ganz allmählichen Steigerung der Anforderungen und der häufigen Wiederholung kurzer Reprisen, welche stets mit einem guten Eindrucke und einer Belobung des Pferdes schließen müssen, beruht. Eine Rücksicht jedoch darf man in diesem Stadium der Versammlung auch nicht für einen Augenblick außer acht lassen, daß nämlich das Piaffé nur dann für die Gesamtausbildung des Pferdes von Nutzen ist, wenn es vollkommen am Zügel und mit so entschiedenem Triebe nach vorwärts ausgeführt wird, daß das leiseste Nachgeben der Hand genügt, um eine entsprechende Vorwärtsbewegung zu erzielen. Bei Pferden, welche Neigung haben, ihre Kräfte zu verhalten, liegt die Gefahr nur zu nahe, daß sie das Piaffé sowie sie es erst begriffen haben, hierzu benutzen, indem sie hinter oder über dem Zügel treten, was zumeist auch für die Aktion der Bewegung die im Eingange dieses Kapitels besprochenen nachteiligen Folgen haben wird. Ich rate daher, bei diesen Piaffé-Übungen nicht nur anfangs im Stadium der Einübung, sondern auch später, wenn bereits eine gewisse Sicherheit erworben ist, immer von Zeit zu Zeit einige Tritte etwas vorwärts piaffieren zu lassen, und auf das Genaueste über der guten Anlehnung zu wachen. Bei Pferden von verhaltenem Charakter muß man mit noch größerer Vorsicht zu Werke gehen und wird gut tun, lange Zeit bei diesen Piaffé-Übungen immer etwas im Vorgehen zu bleiben, und auch späterhin immer nur für wenige Tritte und mit äußerster Wachsamkeit ganz auf der Stelle zu arbeiten.

Anfänglich wird man beim Piaffé, ebenso wie früher bei der Passage, sich den Vorteil der Bande zu Nutze machen, welche den auswendigen Hinterfuß fixiert, denn auch für diese Schule gilt die Regel, daß die Bewegung nur dann kräftig und regelmäßig sein kann, wenn die Nachhand wohl auf die Vorhand eingerichtet ist. Man verlasse deshalb die Bande erst dann, wenn die Bewegung an sich dem Pferde keinerlei Schwierigkeiten mehr macht und, wenn man dann auf der Mittellinie der Bahn sein Pferd zum Piaffé versammelt, so lasse man es dabei zunächst immer noch etwas vorgehen, weil dabei die Gefahr des Ausweichens eines Hinterfußes doch immer noch geringer ist als auf der Stelle. Allmählich, wenn das Pferd dahin gelangt ist, die Mittellinie der Bahn herunter und recht gerade gerichtet, wohl am Zügel zu piaffieren,

Die systematische Dressur des jungen Pferdes
VOM PIAFFÉ UND DER PASSAGE

kann man es dann zunächst für einige Tritte und nach und nach zu ganzen Reprisen auf der Stelle verhalten, und ist damit zu einer Stufe der Ausbildung gelangt, die, zweckmäßig ausgebeutet, einen hohen Grad von Annehmlichkeit im Gebrauche verbürgt, denn diese Schule ist nur möglich, wenn einerseits die Vorhand so vollkommen gerichtet ist, daß der leiseste Anzug elektrisch durch das ganze Pferd bis in das unterste Gelenk der Nachhand geht, wenn andererseits die Hankenbiegung aufs Höchste vervollkommnet, und in dieser Vervollkommnung vollständig unter der Herrschaft des Reiters ist.

Somit haben wir wiederum zunächst den normalen Gang der Dressur besprochen, bei dem die Versammlung der Passage zum Piaffé führt. Aber auch diese Schule, wie die Passage, kann in besonderen Fällen mit Vorteil schon sehr viel früher angewendet werden, als es möglich ist, sie auf dem normalen Wege zu erreichen. Insbesondere sind es die Pferde von phlegmatischem Temperamente und schleppenden Bewegungen, denen das Piaffé von außerordentlichem Nutzen ist, und bei denen man häufig erst, wenn sie durch Piaffé-Übungen belebt und gewandter gemacht sind, fleißige Trabtritte und einen fließenden Galopp erzielt. Für solche Fälle haben uns nun die alten Meister eine vortreffliche Erfindung hinterlassen, die wohl angewendet, außerordentlichen Nutzen schaffen kann, nämlich die Pilaren.

Ich kann nicht annehmen, daß dieses Werk von Leuten gelesen werden wird, die einer Erklärung der Pilaren und ihrer Einrichtung bedürften, und darf dies deshalb als bekannt voraussetzen. Obgleich der Leser wohl im Verlaufe unserer Besprechungen überall gemerkt haben wird, daß nach der Überzeugung des Verfassers die korrekteste und sicherste Dressur im allgemeinen diejenige ist, welche sich keiner anderen Mittel bedient als dem Reiter, wenn er

An die Arbeit zwischen den Pilaren führt man das Pferd heran, indem man erst die Hinterhand nach rechts und links bewegt. Ist das Pferd daran gewöhnt, kann man es zum Unterschieben der Nachhand und zur Arbeit auf der Stelle bemühen.

im Sattel sitzt, zu Gebote stehen, so möchte ich doch zu Gunsten der Pilaren eine Ausnahme machen und dieselben nicht nur für die oben angezeigten Fälle empfehlen, sondern sogar so weit gehen, zu behaupten, daß eine diskrete Benutzung derselben für jedes Pferd von nicht unerheblichem Nutzen sein kann. Selbstverständlich darf man sich nicht der Hoffnung hingeben, in den Pilaren ein Pferd durcharbeiten zu können, denn dazu gehört unter allen Umständen die Vorwärtsbewegung; dennoch vermag eine fachgemäße Benutzung der Pilaren neben der Arbeit im Sattel die letztere außerordentlich zu erleichtern und zu fördern, weil sie es möglich macht, in einem verhältnismäßig sehr frühen Stadium der Dressur eine so durchgreifende Gymnastik, wie das Piaffé, anzuwenden. Es ist daher wohl jedem Reiter von Fach zu raten, sich in jungen Jahren schon so viel als möglich mit Pilarenarbeit zu beschäftigen, um sich eine gewisse Meisterschaft in derselben zu erwerben, die ihm im Alter manchen harten Stoß im Sattel ersparen wird. Wer die Pilaren richtig zu benutzen versteht und einen weichen, schmiegsamen Sitz hat, der kann bis in sein hohes Alter hinein in unserem Berufe tätig sein, ohne zu Aufsetzzaum und spanischem Reiter seine Zuflucht nehmen zu müssen, die, wie dem Leser an anderer Stelle nicht verhehlt wurde, der Verfasser für schädliche und naturwidrige Dressur-Werkzeuge hält. Die Pilaren sind von sämtlichen toten Dressurapparaten deshalb das Beste, weil die eigentliche Bearbeitung des Pferdes in denselben ausschließlich von hinten erfolgt, so daß die Pilarenarbeit, obgleich sie sich auf der Stelle abspielt, dennoch den Trieb nach vorwärts, diese Basis jeder Dressur mehr zu entwickeln vermag, wie irgendeine andere Arbeit außerhalb des Sattels. Das Zusammenwirken vortreibender und verhaltender Hilfen, worauf ja überhaupt jede wirkliche Bearbeitung des Pferdes beruht - wozu man alles das, was in das System Baucher gehört, nicht rechnen darf - ist in den Pilaren weit vollkommener zu bewerkstelligen als im Laufzeuge, weil bei ersteren die vortreibenden Hilfen mit weit größerer Präzision gegeben werden können, während das Verhalten zwar auf die denkbar bestimmteste Weise, dennoch aber mit einem Werkzeuge geschieht, welches weder das Maul, noch die Nase des Pferdes malträtiert. Die Pilaren sind aber auch das unschädlichste tote Dressurwerkzeug, wenigstens bin ich überzeugt, daß durch Aufsetzzaum und spanischen Reiter sehr viel mehr Pferde zerbrochen werden als durch sie. Instinktiv entschließt sich der Unkundige schon sehr viel schwerer zur Anwendung der Pilaren als zu der jener Instrumente; wenn er es aber tut, so wird er aller Voraussicht nach so bald mit seiner Kunst am Ende sein, daß er sehr viel Unheil nicht anrichten kann und, wenngleich ja die Pilaren eine große Mißhandlung des Pferdes gestatten, so gehört doch dazu, an einer angebundenen wehrlosen Kreatur seine Wut auszulassen, eine solche Bestialität, daß sie, Gott sei Dank, zu den Ausnahmen gehört. Im Laufzeuge dagegen kann es sich ereignen, daß der Unverständige das arme Pferd so lange in unnatürlicher gezwungener Aufrichtung herumlaufen läßt, bis er es all seiner natürlichen Kräfte definitiv beraubt hat, ohne sich im geringsten seines Frevels bewußt zu sein.

Um nun nach diesen einleitenden Bemerkungen zu der eigentlichen Technik der Pilarenarbeit überzugehen, und zwar zunächst nur, insofern es sich dabei um Erzielung eines geordneten Piaffierens handelt, so kommt es vorerst darauf an, festzustellen, welchen Grad von Entwicklung, respektive welche Stufe der Dressur ein Pferd erreicht haben muß, um es mit Vorteil in die Pilaren nehmen zu können. Bei Beantwortung dieser Frage muß man berücksichtigen, daß das Pferd in den Pilaren ohne die Last des Reiters arbeiten soll, so daß weder die Entwicklung noch die Dressur desselben so vorgeschritten zu sein brauchen, wie es zu jeder Arbeit auf der Stelle unter dem Reiter, insbesondere zum Piaffé notwendig ist. Dennoch möchte ich nicht raten, ein zu junges Pferd in die Pilaren zu nehmen, aus Besorgnis, daß die noch weichen Knochen desselben irgendwelchen Schaden leiden möchten. Ebenso wenig möchte es zu empfehlen sein, mit einem ganz rohen Pferde diese Arbeit zu unternehmen, welches weder im Genicke durchlässig ist, noch irgendwelche Anleitung zur Hankenbiegung genossen hat. Offenbar wird der Erfolg in den Pilaren desto schneller und sicherer eintreten, je weiter das Pferd bereits in der Dressur vorgeschritten war, je mehr es bereits gelernt hat, auf jenes Zusammenwirken vortreibender und verhaltender Hilfen sich in sich zusammenzuschieben. Als dringend wünschenswert möchte ich aber bezeichnen, daß das Pferd, nachdem es im freien Trabe respektive Galoppe zur vollen Entwicklung der Schiebkraft gegen die Hand gelangt ist, doch bereits gelernt hat, den ersten sammelnden Hilfen durch angemessene Aufrichtung der Vorhand und Unterschieben der Nachhand zu entsprechen.

Was sodann die Theorie anbelangt, welche der Pilarenarbeit zugrunde liegt, so ist dieselbe eine sehr einfache. Um nämlich dahin zu gelangen, daß das Pferd trabartig auf der Stelle tritt, was es natürlich nicht tun würde, wenn man es von vornherein einfach mit der Peitsche vorwärts an die Halfter treiben würde, sucht man zunächst die innerhalb der Pilaren überhaupt mögliche Platzveränderung zu benutzen, um eine geordnete Bewegung des Pferdes zu erzielen. Die einzig denkbare Platzveränderung des an die Pilarenzügel herangestellten Pferdes ist nun aber die, daß sich die Nachhand rechts respektive links bewegt, während die Vorderfüße diese Bewegung fast ganz auf der Stelle mitmachen. Dieses Hin- und Hertreten der Nachhand, wozu das Pferd sich leicht entschließen wird, sucht man nun zu ordnen, indem man anstrebt, daß dasselbe nach beiden Seiten hin gleich weit und in gleichmäßigen, anfangs schreitenden, später trabartigen Tritten erfolge, wobei man unablässig bemüht ist, durch leichte vortreibende Hilfen das Pferd wohl an den Pilarenzügeln zu erhalten und zum Unterschieben der Nachhand zu veranlassen, insbesondere den jedesmaligen auswendigen Hinterfuß durch rechtzeitige Berührungen mit der Gerte zu regelmäßigem Übertreten über den inwendigen zu bringen. Je mehr nun durch geduldige Übung nach und nach dieses Hin- und Hertreten sich ordnet, je mehr sich dabei das Pferd zusammenschiebt und je korrekter die Tritte werden, desto mehr verkleinert man unter steten vortreibenden Hilfen die Bogen der Nachhand, bis dieselben schließlich ganz verschwinden und das Pferd auf der Stelle tritt. Hiermit ist das Stadium der Belehrung gewissermaßen beendigt und beginnt nun die eigentliche Gymnastik, welche die noch wenig akzentuierten Trabtritte auf der Stelle nach und nach zum Piaffé vervollkommnet.

So einfach nun aber auch die Theorie ist, so mannigfach sind die Schwierigkeiten, welche die Praxis mit sich bringt. Für jedes mögliche Vorkommnis hier Verhaltensregeln zu geben, wäre absolut unmöglich, und muß es in der Hauptsache der Beobachtung und Erfindungsgabe des einzelnen überlassen bleiben, sich in den verschiedenen Situationen zu helfen. Ich beschränke mich daher darauf, die wichtigsten Grundsätze und Regeln zu besprechen, welche derjenige unter allen Umständen im Auge haben muß, welcher mit Vorteil ein Pferd in den Pilaren bearbeiten will. Zuerst und ganz besonders fordere ich jeden, der dies unternimmt, auf, vor Beginn seiner Arbeit sich erst in die Seele der Kreatur zu versetzen, welche zwischen zwei Pfählen festgebunden, den Menschen mit zwei Peitschen bewaffnet stehen sieht, unfähig, dem Instinkte zur Vorwärtsbewegung nachzugeben und ahnungslos, was von ihr verlangt wird. Wer sich diese Situation des Tieres recht klarmacht, der wird gewiß die Hauptfehler, welche begangen zu werden pflegen, vermeiden, denn er wird Geduld und Nachsicht üben. Hieran knüpfe ich die Mahnung, welche ich schon bei mehreren Gelegenheiten ausgesprochen habe, bei denen es sich um Belehrungen des Pferdes handelte: ganz kurze Reprisen, die mit guten Eindrücken schließen und Beloben des Pferdes nach denselben, den Erfolg nicht erzwingen wollen, sondern geduldig abwarten, sich von ihm überraschen lassen, und wenn er eintritt, ihn nicht gleich auf das Äußerste ausbeuten wollen, sondern vielmehr das Entgegenkommen des Pferdes durch Aufhören belohnen. Man sei nicht karg mit der Sprache, und bemühe sich, das Pferd stets in gemütlicher Stimmung zu erhalten. Wie bei der Arbeit im Sattel so lange nichts verloren ist, als es gelingt, das Pferd im Vorwärtsgehen zu erhalten, so ist in den Pilaren der Haupt- und Fundamentalgrundsatz der, unter keinen Umständen die Bewegung aufhören zu lassen. Solange das Pferd sich bewegt, ist Aussicht vorhanden, daß die Bewegung sich regelt, bedenklich wird die Sache erst dann, wenn es sich feststellt und lauert oder alles über sich ergehen läßt. Eine große Unterstützung ist ein verständiger Gehilfe, welcher mit der in das Kinnstück geschnallten Longe in der Hand vor dem Pferde steht und namentlich in den ersten Stadien die Arbeit außerordentlich zu fördern vermag. An und für sich ist es schon eine große Beruhigung, gewissermaßen ein Trost für das Pferd, den Menschen vor sich zu sehen, und es wird sich daher gern bereit zeigen, den Hilfen desselben Folge zu leisten. Diese werden sich allerdings im wesentlichen darauf beschränken, daß er das Pferd mit weicher Hand vorwärts an die Zügel heran vorzieht sowie, daß er beim Hin- und Hertreten der Vorhand, soweit es eben die Anlehnung an den Pilarenzügel erlaubt, nach der entgegengesetzten Seite hinüberführt als nach welcher die Nachhand sich bewegen soll. Wie es aber bei jeder Dressur außerhalb des Sattels von außerordentlicher Wichtigkeit ist, auch Auge und Ohr des Pferdes zur Belehrung desselben richtig zu benutzen, so kann auch in dieser Beziehung der Gehilfe in jedem Stadium der Arbeit von großem Nutzen sein, vorausgesetzt, daß er selber mit Passion bei der Sache ist, und daß er sich mit dem die Peitsche führenden und daher hinter dem Pferde befindlichen Bereiter versteht.

Wie bei der Arbeit im Sattel, so hat auch derjenige in den Pilaren nur dasjenige einen wirklichen Dressurwert, was das Pferd mit richtiger Anlehnung, hier also an das Halfter, ausführt; auch das ist ein Grundsatz, den man sich nicht oft genug klarmachen kann. Das maschinenmäßige Trampeln hinter den Pilarenzügeln, wie man es häufig sieht, hat nicht nur keinen Nutzen, sondern ist im Gegenteil schädlich, weil es sich in der Folge leicht zu einer Unart ausbildet, deren sich das Pferd auch beim Reiten bedient, um sich hinter den Zügel zu verkriechen. Ebensowenig richtig, wenngleich für den Anfang immerhin vorzuziehen, ist es, wenn das Pferd sich mit aller Gewalt in die Pilarenzügel hineinlegt. Dieser Fehler muß sich zwar nach und nach verlieren, je leichter dem Pferde die Hankenbiegung wird, doch ist es in solchem Falle manchmal ganz angezeigt, die Pilarenzügel in die Trensenringe, statt in die Halfter zu schnallen. Was nun die Länge der Pilarenzügel anbelangt, so ist es ratsam, dieselben im Anfange so kurz zu schnallen, daß das Pferd, wenn es herantritt, nicht weiter als mit den Schultern in die Höhe der Pilaren kommt, damit es nicht zu viel Platz zu Widersetzlichkeiten finde, späterhin aber, wenn das Stadium der Belehrung vorüber ist und die eigentliche Gymnastik anfängt, nach und nach länger werden zu lassen, damit es mehr Freiheit habe, um die Vorhand aufzurichten. Die Höhe, in welcher man die Zügel in die Pilaren schnallt, muß sich natürlich, außer nach Größe und Bau des Pferdes, auch danach richten, ob man mehr aufrichtend oder beizäumend wirken will. Da das Pferd an die Pilarenzügel, seien diese in Halfter oder Trense geschnallt, herantritt, so sind diese bei der Arbeit die einzig wirksamen, ein Ausschnallen des Pferdes am Gurte oder Sattel daher eigentlich überflüssig, dennoch aber zu empfehlen, weil dadurch das Pferd von vorneherein in aufmerksamer Stimmung und schneller bereit ist, sich zu sammeln. Wenn man bei Pferden, die von einem sehr straffen Rücken einen sehr oppositionellen Gebrauch machen, Aufsetzzügel anwendet, so muß dies mit der Überlegung geschehen, daß die Aufrichtung durch die Hankenbiegung nach und nach kommen muß; dieselben müssen daher so lang geschnallt sein, daß sie nur die Grenze angeben, über welche das Pferd nicht nach unten kommen soll.

Was schließlich den Gebrauch der Peitsche anbelangt, so wiederhole ich hier das, was ich schon für die Hilfen des Reiters gesagt habe, daß nämlich der Erfolg keineswegs im Verhältnisse zu der Stärke derselben steht, daß vielmehr feine Hilfen, im rechten Momente angebracht, bei weitem die wirksamsten sind; der rechte Moment ist hier aber der, in welchem der zu befördernde Fuß sich hebt.*

Man kann sich die Aufmerksamkeit des Pferdes auf die Peitsche bei der Pilarenarbeit außerordentlich verfeinern, man kann das Pferd aber auch bis zur Gefühllosigkeit dagegen abstumpfen. Deshalb rate ich selbst bei dem phlegmatischen Pferde, mit wirklichem Schlagen äußerst sparsam zu sein, und vielmehr durch die eigene Lebhaftigkeit sowie durch die akzentuierte Art der Hilfen belebend auf ein solches Individuum zu wirken.

Indem ich mich auf diese wenigen Worte über die Pilaren beschränke, sage ich jedem, der diese schwierige Arbeit unternehmen will, voraus, daß er sehr oft auf Schwierigkeiten stoßen wird, und daß eine wirkliche Meisterschaft darin nur durch viele Erfahrungen zu erlangen ist. Wer nicht das Bewußtsein hat, sich selbst unter allen Umständen beherrschen zu können und Geduld zu besitzen, wage sich gar nicht daran. Liebe zum Pferde, unausgesetzte Beobachtung seiner Affekte und Nachdenken müssen das Beste dabei tun, außerdem aber stete Befolgung des Grundsatzes: lieber zu wenig und zu langsam als zu viel und zu schnell.

Wenn es sich in der Folge, sobald das Pferd auf dieser Stufe der Ausbildung angelangt ist, darum handelt, das Pferd zum Piaffé unter dem Reiter und auf dessen Hilfen hinüberzuführen, so kann man sich zu diesem Zwecke zunächst in den Pilaren auf dasselbe hinaufsetzen, und es zunächst mehr auf die Peitschenhilfen eines Gehilfen als auf die eigenen piaffieren, nach und nach aber die letzteren mehr verschwinden und die ersteren mehr in Wirksamkeit treten lassen. Zu der eigentlichen Bearbeitung des Pferdes im Piaffé wird man sich jedoch sodann an die Bande begeben und von da ab das im Früheren beschriebene Verfahren beobachten.

Nachdem wir somit unser Pferd im Piaffé, sei es nur im Sattel durch Versammlung der Passage, sei es mit Benutzung der Pilaren, durchgearbeitet haben, werden wir so weit sein, unser Werk durch die Wendungen auf der Nachhand aus der Passage, die sogenannten Doublés, zu krönen, wozu das Pferd nicht nur gelernt haben mußte, in der Passage überzutreten, sondern auch im Piaffé vollständig zwischen den Schenkeln zu balancieren. Nur bei der vollkommensten Sicherheit in diesen Schulen und bei einem so verfeinerten Gehorsame auf Hand und Schenkel,

---

Es darf hierin kein Widerspruch dagegen erblickt werden, daß bei dem Piaffé der Hinterfuß im Momente des Niedersetzens die Hilfe des Reiterschenkels erhält. Der Reiter fixiert durch die leichte Neigung seines Oberkörpers nach rückwärts die Hinterfüße des piaffierenden Pferdes unter der Last, während anderseits auch die Zügelanzüge, indem sie die Federn der Hanken zusammendrücken, und dadurch die Neigung derselben, sich wieder zu strecken, stets rege bewahren, durch ihre zurückrichtende Wirkung die Last über den Hinterfüßen erhalten. In den Pilaren, wo beide Einwirkungen fehlen, müssen die Hinterfüße durch die Hilfen der Gerte zum Untertreten unter die Last angehalten werden.

wie sie diese bedingt, ist ein Doublé überhaupt denkbar, wenn aber diese Bedingungen erfüllt sind, so trifft das zu, was überhaupt desto mehr gelten kann, je weiter wir in der Schule vorschreiten, daß nämlich die Vorbereitung lange und schwierig, die Lektion selbst nachher mehr Sache ruhiger Belehrung und Übung ist.

Was die Ausführung der Doublés, welche man schließlich auch noch zu halben und ganzen Pirouetten steigern kann, anbelangt, so muß man bei der Annäherung an den Wendepunkt die Passage bis zum Piaffé sammeln und in diesem die Vorhand Tritt für Tritt um die Nachhand herumführen. Das Gelingen hängt hauptsächlich von der Fixierung des auswendigen Hinterfußes ab, der deshalb mit dem auswendigen Sporne wohl überdacht werden muß, denn sobald es diesem gelingt, auszufallen, hören unbedingt auch die schwebenden Tritte auf.

Somit schließe ich dieses Kapitel, indem ich wiederholt darauf hinweise, daß man zwar fast jedes Pferd zu einer Art von Passage und sogar auch von Piaffé bringen kann, daß aber nur sehr wenige Pferde geboren werden, welche diese schönen Schulen in der normalen Art und Weise ausführen lernen, wie sie das Schulpferd zeigen soll.

Hinterhandwendung in der Passage: Doublé

Nachdem wir im Piaffé unser Pferd in einer zwar verstärkten Biegung beider Hanken geübt haben, welche jedoch insofern gemildert war, als dieselben sich in der Aufnahme der Last abwechselten und, wenngleich sie bereits den größeren Teil davon zu tragen und abzufedern hatten, dennoch von den Vorderschenkeln dabei leicht unterstützt wurden, dürfen wir uns folgerecht nunmehr denjenigen Schulen zuwenden, bei denen beide Hanken in vollkommen gleicher Tätigkeit die gesamte Gewichtsmasse tragen und abfedern müssen. Diese Schulen, welche gemeinhin Schulen über der Erde genannt werden, repräsentieren die positiv höchste Vollendung der Dressur, denn eine weitere Zurückverlegung des Schwerpunktes, als zu ihnen erforderlich ist, ist undenkbar, weil die Last dadurch hintenüber geworfen würde. Wie der natürliche Sprung des Pferdes am besten aus dem Galoppe entwickelt wird, welcher selber eine Reihenfolge von Sprüngen ist, so entstehen auch die sprungartigen höheren Schulen aus dem vervollkommneten Galoppe, den das Pferd mit vorherrschender Belastung der Hanken ausführt.

Nachdem wir durch Lektionen auf zwei Hufschlägen die Hankenbiegung im Galoppe so weit vervollkommnet hatten, daß derselbe zum Redopp wurde, in welchem bereits auf Momente die gesamte Last von den Hanken allein aufgenommen wurde, ist der Weg zu den Schulen über der Erde geöffnet; bevor wir denselben aber betreten, wollen wir uns wohl klarmachen, welche Leistung wir vom Pferde zu verlangen im Begriffe stehen, und prüfen, ob die Natur ihm auch wohl die dazu nötigen Kräfte verliehen hat, damit wir nicht etwa, indem wir etwas Unmögliches unternehmen, den Erfolg einer langen, sorgfältigen Arbeit in Frage stellen. Hierzu werden wir uns nun wieder zunächst das Bild der betreffenden Schulen fixieren müssen, welche ja wohl ein jeder auf alten Gemälden dargestellt gesehen hat, wenige aber nur in der Wirklichkeit. Jeder Sprung, sei es nun der natürliche, den das Pferd anwendet, um ein Hindernis zu überwinden, sei es der aus der vollkommensten Hankenbiegung hervorgehende Schulsprung, beginnt naturgemäß mit einer Erhebung der Vorhand auf den unter die Last geschobenen Hinterfüßen. Während nun bei dem natürlichen Sprunge dieses Erheben der Vorhand, das darauffolgende Strecken im Sprunge und schließlich das Landen nach demselben so ineinanderfließen, daß sie für das Auge schwer voneinander zu trennen sind, heben sie sich im Schulsprunge, der eine wohl kadenzierte Bewegung ist, genau voneinander ab. Was nun die Erhebung der Vorhand zum Schulsprunge anbelangt, so bildet die-

VON DEN SCHULSPRÜNGEN

selbe auch schon für sich eine besondere Schule unter dem Namen Pesade oder Levade. In dieser Schule tragen die in ihren Gelenken, insbesondere aber dem Kniegelenke wohlgebogenen Hinterschenkel, deren Füße daher bis unter den Schwerpunkt getreten sein müssen, die gesamte Last von Pferd und Reiter. Der Rumpf erhebt sich in einem Winkel von etwa 30° über den Erdboden, während das Pferd mit wohlgerichteter Vorhand in leichter Anlehnung sicher am Zügel steht. Die Vorderschenkel sind naturgemäß, um nicht das Vordergewicht zu vermehren, im Fußwurzelgelenke gebogen, die Schienbeine an die Vorarme gelegt. In dieser Stellung wird das Pferd nach Maßgabe seines natürlichen Ebenmaßes, der Kraft seiner Nachhand und seiner Durchbildung mehr oder weniger lange zu balancieren vermögen, um sich bei dem Nachgeben der Hand sanft auf die Vorderfüße niederzulassen. Die Fähigkeit des Pferdes zur Pesade beruht in allererster Linie auf der Biegsamkeit des Kniegelenkes und der vollständigen Herrschaft des Reiters über dieselbe. Nur durch die starke Biegung des Kniegelenkes ist ein Aushalten in der Pesade überhaupt denkbar, ohne sie, etwa nur auf den gebogenen Sprunggelenken, ist es unmöglich, die dazu nötige Senkung der Kruppe zu erzielen. Nur bei vollkommen gesenkter Kruppe fällt der Schwerpunkt so weit zurück, daß ein dauerndes Balancieren auf den Hinterfüßen ausführbar wird, wozu nur das richtige Sitzen auf den Hanken dem Pferde die mechanische Sicherheit gibt. Durch diese starke Biegung des Kniegelenkes tritt das Hüftgelenk sehr nach hinten heraus, und dieses spitze Heraustreten der Kruppe, welches uns auf den alten Bildern stets sehr markiert entgegentritt und in den von alten Meistern hinterlassenen Beschreibungen immer mit Nachdruck hervorgehoben wird, ist denn auch ganz besonders charakteristisch für die schulmäßige Erhebung der Vorhand etwas durchbiegen, und dadurch dem Reiter einen sicheren und bequemen Sitz gewähren. Was diesen Sitz des Reiters anbelangt, so wird derselbe durch die Rücksicht bestimmt, sich dem Gleichgewichte des balancierenden Pferdes genau anzupassen, was der Fall sein wird, wenn unserem, bei früheren Gelegenheiten mehrfach betontem Grundsatze, die Schwerlinien von Reiter und Pferd zusammenfallen. Während also auf dem steigenden Pferde, wo es darauf ankommt, durch Vermehren des Vordergewichtes das Senken der Vorhand herbeizuführen, der Reiter sich vornüber neigen wird, würde er durch gleiches Verhalten dem pesadierenden Pferde das Balancieren auf der Nachhand unmöglich machen. Hier wird er vielmehr seinen Oberkörper leicht zurückzuneigen

Die Entwicklung der Levade

haben, um seine Gewichtsverteilung mit der des Pferdes in Einklang zu bringen. Auch hier, wie bei allen Schulen des durchbildeten Pferdes, wird es sich bestätigen, daß es dem unbefangenen Reiter selber die richtige Haltung anweisen wird, während der Bereiter durch eigene richtige Gewichtsverteilung dazu beitragen muß, die des Pferdes herbeizuführen. Ebenso wie die Gewichtsverteilung erfordert auch die Führung des Pferdes in der Pesade Aufmerksamkeit und Subtilität. Das Pferd soll in der Pesade am Zügel stehen, es soll also nicht etwa die fehlende Stütze der Vorhand am Zügel suchen, noch weniger aber sich hinter dem Zügel verkriechen. Wenn der Reiter sein Pferd zur Pesade heben will, so wird er, während die Schenkel und Sporen die Hinterfüße zum Vortreten animieren, durch einen leicht aufwärtsgerichteten Anzug die Gewichte der Vorhand im wörtlichen Sinne heben und auf die sich unter ihnen biegenden Hinterschenkel übertragen. Wenn also bei dem Erheben die Hand mit den Gewichten der Vorhand belastet ist, so wird sie doch in dem Maße erleichtert werden, als das Pferd sich der Gewichtsverteilung der Pesade nähert, in welcher sie dann nur die leichte Fühlung mit dem Maule zu erhalten hat, solange das Pferd balanciert, ihm dagegen zu Hilfe kommt, sobald es die Balance zu verlieren beginnt und zwar durch Annehmen, wenn das Vordergewicht, durch Nachgeben mit leicht vortreibendem Drucke der Schenkel, wenn das Hintergewicht zu stark wird. Letzteres sind dann auch die Hilfen, welche das Senken der Vorhand nach der Pesade herbeiführen, welches dadurch sanft und allmählich wird, daß die Hand es wohl überwacht, in jedem Momente die Gewichte gleichsam und zurückhaltend. Das Kriterium dafür, ob die Pesade richtig am Zügel ausgeführt war, ist das, ob das Pferd nach derselben sofort zum Vorgehen in gesammelter Haltung willig ist, was nicht der Fall sein wird, wenn die Erhebung hinter dem Zügel geschah. Zu einer solchen Erhebung hinter dem Zügel, welche der größte Fehler ist, der überhaupt hierbei vorkommen kann, werden ganz besonders die Pferde von verhaltenem Temperamente geneigt sein. Wie man bei solchen Pferden jede versammelnde Arbeit mit größerer Vorsicht als gewöhnlich zu betreiben hatte, so wird man ganz besonders bei dem Heben der Vorhand mit äußerster Sorgsamkeit darüber zu wachen haben, daß dasselbe wohl am Zügel geschehe, da es sonst nur zu gern vom Pferde zum Verkriechen und Verhalten benutzt wird. Jeder Neigung hierzu werde sofort durch energische vortreibende Hilfen nachdrücklich entgegengearbeitet, und auch nach jeder mit Anlehnung ausgeführten Erhebung werde ein solches Pferd gut am Zügel zu Piaffé-Tritten im Vorgehen angehalten. Dies ist überhaupt bei jedem Pferde als Prüfung respektive Berichtigung der Anlehnung mit Vorteil anzuwenden, denn, sobald noch etwas Verhaltenes im Pferde war, wird es sich hierbei zeigen, indem das Pferd sich den Piaffé-Tritten durch Erhebungen hinter dem Zügel zu entziehen sucht, was ihm durch vortreibende Hilfen, eventuell kräftiges Vorstoßen mit beiden Sporen, benommen werden muß. Pferde von derartigem Temperamente eignen sich deshalb nicht zu vollkommenen Schulpferden, obgleich man zur Vollendung ihrer Ausbildung, sofern die körperlichen Bedingungen dazu vorhanden sind, die Lektionen der höheren Schule sehr wohl anwenden kann, denn man wird bei ihnen nie dahin gelangen, kräftige und daher mehr oder weniger sichtbare Hilfen ganz entbehren zu können, welche den Eindruck einer schulmäßigen Produktion unter allen Umständen sehr stören. Weit eher werden Pferde von heftigem Temperamente, wenn dasselbe nicht in körperlicher Unvollkommenheit seinen Hauptgrund hat, zu derartigen Zwecken verwendbar sein, weil hier in der Sicherheit, Ruhe und Weichheit des Sitzes und der daraus hervorgehenden Subtilität der Führung das Mittel liegt, sie in geordneter Weise vorzuführen. Zur Ausbildung des jungen Bereiters dagegen werden auch Pferde der ersteren Gattung mit großem Vorteile verwendet werden können, weil sie eben sozusagen nie mehr tun als sie müssen, und ihn auf die Notwendigkeit einer richtigen Anlehnung gerade bei den gesammelteren Schulen so recht eigentlich hinführen.

Aus der schulgemäßen Erhebung der Vorhand entsteht nun der Schulsprung, wenn durch eine lebhafte Hilfe mit den Sporen, respektive der Peitsche, sofern die Arbeit ohne Reiter in den Pilaren geschieht, das Pferd veranlaßt wird, die auf den gebogenen Hanken ruhende gesamte Gewichtsmasse durch die Federkraft der ersteren, vom Boden abzuschnellen und sich so in schulgemäßer Haltung und wohl am Zügel mit allen vier Füßen „über die Erde" zu erheben. Je nach der Kraft und Energie, die dem Pferde innewohnt, wird die Aktion der Nachhand im Schulsprunge nun verschieden ausfallen. Erheben sich dabei die Hinterfüße nur wenig über den Erdboden, so haben wir die Courbette, vermag es dagegen die Last so kräftig abzustoßen, daß sich die Kruppe mehr der waagerechten Linie des Widerristes nähert, so erhalten wir die Croupade, welche um so vollkommener ist, je genauer waagerecht in ihr der Rumpf des Pferdes über der Erde schwebt. Glauben wir schließlich von unserem Pferde eine noch höhere Kraftleistung erwarten zu können, so suchen wir es durch eine entsprechende Hilfe mit Peitsche, Gerte oder Sporen dahin zu bringen, daß es in dem waagerechten Sprunge mit den Hinterschenkeln streicht. Traut sich das Pferd die hierzu nötige Kraft nicht zu und entspricht der Aufforderung zum Streichen nur insoweit, daß es die Eisen zeigt, so haben wir die Ballotade, wird dagegen das Streichen vollkommen ausgeführt, die Kapriole, den schwierigsten und vollendetesten aller Schulsprünge, die Krone der höheren Schule.*

Das Zu-Boden-Kommen aus allen diesen Sprüngen geschieht gleichermaßen auf die Hinterfüße, indem die Hanken die Last elastisch federnd aufnehmen, während unmittelbar darauf die Vorderschenkel die Vorhand stützen müssen, um die folgende Bewegung, welcher Art dieselbe auch sei, zu vermitteln. Wollte man die Sache etwa noch weiter treiben, so würde die nächste Stufe die sein, daß das Pferd der Vorderfüße gar nicht mehr bedarf, um die Last zu stützen, respektive zur neuen Bewegung auf die Nachhand zu übertragen. Wir kämen dann dahin, unser Pferd eine Reihe tretender, galoppartiger oder schließlich sprungartiger Bewegungen nur auf der Nachhand balancierend ausführen zu lassen. Ich weiß jedoch nicht, ob wir damit nicht über die Grenzen hinausgehen würden, innerhalb derer das Naturgemäße liegt, denn die natürliche Bestimmung der Vorderschenkel in jeder Bewegung, welcher Art dieselbe auch sei, ist stets die oben angeführte, nämlich die Vorhand zu stützen, respektive die Last wieder auf die Nachhand zu übertragen. Bei einzelnen Pferden von hervorragendem Ebenmaße, großer Energie und außerordentlich kräftiger Nachhand ist es allerdings möglich, derartige Bewegungen allein auf der Nachhand zu erzielen, etwa eine Pirouette in mehreren Sprüngen, ohne mit den Vorderfüßen die Erde zu berühren, auch wohl einige Courbetten hintereinander nur auf der Nachhand, im allgemeinen aber, wie gesagt, würden wir, glaube ich, mit einem Streben nach solchen Schulen über das Ziel hinausschießen, und ziehe ich dieselben daher nicht mehr mit in den Rahmen unserer Betrachtungen, sondern kehre zu den Schulsprüngen zurück, wie sie sich nach der vorhergehenden Beschreibung darstellen.

Die waagerechte Richtung des Rumpfes, das charakteristische Merkmal des schönen Sprunges, insofern derselbe über die Courbette hinausgeht, wird natürlich um so

Wenn im folgenden, der Einfachheit halber, immer nur von der horizontalen Richtung des Rumpfes in den höheren Schulsprüngen die Rede sein wird, so versteht man darunter nur eine entschiedene Annäherung zur horizontalen. Wirklich waagerecht wird sich im allgemeinen nur die Kapriole gestalten, bei welcher der Schwung des Streichens die Kruppe hebt.

Courbette

Croupade

Ballotade

Kapriole

leichter erreicht werden, je weniger hoch die einleitende Erhebung der Vorhand war. Je höher deshalb der Sprung bei waagerechter Richtung des Rumpfes, desto vollkommener ist er, und desto mehr beweist er die Kraft und Energie des Pferdes. Wenngleich nun in dieser Beziehung der Reiter es in der Hand hat, zu regulieren, indem er einmal die Hilfe zum Sprunge je nach Ermessen früher oder später geben kann, während er andererseits auf das Heben der Nachhand einzuwirken imstande ist, so muß er es doch teilweise dem Instinkte des Pferdes für die eigene Leistungsfähigkeit überlassen, sich die Höhe des Sprunges zu wählen, denn je mehr eine Lektion die volle Kraft und Energie des Pferdes in Anspruch nimmt, desto behutsamer muß man es vermeiden, in seinen Anforderungen zu weit zu gehen. Jedenfalls darf die Hilfe zum Sprunge nicht gegeben werden, solange die Hand noch mit den Gewichten der Vorhand belastet ist, sondern muß der Moment abgewartet werden, wo die Erleichterung der Hand eintritt, indem sich das Pferd der Gewichtsrichtung der Levade zu nähern beginnt.

Wie schon die Erhebung der Vorhand nur dann eine schulmäßige genannt werden durfte, wenn sie vollkommen in Haltung und wohl am Zügel ausgeführt wurde, so ist es in unverminderter Weise mit dem Sprunge der Fall. Zwar ist nun hier die Gefahr eines Hinter-dem-Zügel-Bleibens durch die energische Bewegung des Sprunges wohl ausgeschlossen, desto mehr ist aber zu befürchten, daß das Pferd aus der Haltung komme, indem es durch ein gewisses Aufwärtsschnellen mit Hals und Kopf die Erhebung der Nachhand zu unterstützen sucht. Dieser Erscheinung wird nun in dem Stadium der Belehrung, solange das Pferd in seiner Befangenheit noch unnötige Anstrengungen macht, der Bereiter ganz entgegenwirken weder können noch dürfen. Mit zunehmender Sicherheit wird sie bei dem wohldurchgebogenen und gerichteten Pferde mehr und mehr zu unterdrücken sein. Hauptsächlich und in erster Linie wird aber die richtige Anlehnung im Sprunge davon abhängen, daß die Federkraft der Nachhand gerade und ungeschwächt gegen die Last und somit gegen die Hand wirke. Der Grund zu dieser korrekten Wirkung der Federkraft muß schon bei der einleitenden Erhebung der Vorhand gelegt sein, denn sobald bei derselben ein Fuß weiter vortritt und somit mehr belastet ist als der andere, ist eine gleichmäßige Wirkung der Federn unmöglich. Abgesehen davon, daß alsdann überhaupt die Kräfte nicht zur vollkommenen Entfaltung kommen können, weil ihnen die zweckentsprechende Richtung fehlt, wird auch ein so eingeleiteter Sprung schief werden, und dadurch notwendigerweise die Anlehnung stören. Schon bei der Pesade wird dieser Übelstand zur Geltung kommen, denn da nur sehr wenige Pferde vollkommen gleich entwickelte Hinterschenkel besitzen, so werden die meisten geneigt sein, den schwächeren zu schonen, den stärkeren also mehr zu belasten, indem sie ihn weiter vorsetzen. Nur wenn diese ungleichmäßige Veranlagung von vorneherein erkannt, und im Verlaufe der ganzen bis hierher führenden Dressur berücksichtigt war, indem man sich bemühte, durch zweckentsprechende Übungen das schwächste Glied nach und nach zu stärken, kann es mit der Zeit gelingen, den erwähnten Fehler, welcher auch selbst dann beim Beginne der Schulen über der Erde sich unter allen Umständen zeigen wird, einigermaßen zu beseitigen, indem man den zurückbleibenden Schenkel mit Sporn, Gerte und Peitsche anhält, seinen Anteil der Last zu übernehmen. In der Notwendigkeit, daß hier beide Hanken gleichzeitig und in vollkommen gleicher Weise sowohl tragend wie federnd tätig sein müssen, liegt eben die Hauptschwierigkeit der Schulen über der Erde. Auch bei gut veranlagten Pferden wird man mit dieser Schwierigkeit und daraus resultierend der mangelnden Balance in der Pesade und schiefen Richtung der Sprünge mehr oder weniger lange zu kämpfen haben, bis mit dem Schwinden der Befangenheit und der zunehmenden Klarheit über die ihm gestellte Aufgabe das Pferd allmählich durch den eigenen Instinkt und die Einwirkungen des Bereiters dahin gelangt, seine Gliedmaßen in der dem Zwecke entsprechenden Weise, das heißt, vollkommen gleichmäßig zu gebrauchen. Diese ungleichmäßige Entwicklung der Hinterschenkel ist denn auch der Grund, daß unter der an und für sich schon sehr kleinen Zahl von Pferden, welche durch Temperament, körperliches Ebenmaß sowie Kraft des Rückens und besonders der Nachhand zu Springern geeignet erscheinen, nur verschwindend wenige übrigbleiben, welche dahin gelangen, wirklich korrekt und vollkommen zwischen Hand und Schenkel ihre Schulsprünge auszuführen, wenngleich es wohl gelingt, eine Art von Schulsprung aus so manchem Pferde herauszuholen.

Einen ganz besonderen Wert legten die alten Meister bei ihren Springern auf eine recht gefällige Biegung des Vorderschenkels im Fußwurzel- und Fesselgelenke. In der Tat ist diese Biegung des Vorderschenkels, welche das Pferd aus der schulgemäßen Erhebung der Vorhand in den Sprung mit hinübernimmt, ein Kriterium für die Ungezwungenheit und Losgelassenheit, mit der das Pferd seine Lektion ausführt, ebenso wie es auch im Piaffé und der Passage der Fall ist. Da nun das Anziehen der Schienbeine, wie oben bereits erwähnt, notwendig ist, um das Zurückverlegen der Gewichte zu unterstützen, so wird bei den allermeisten Pferden - wenn man anfängt sie sich heben zu lassen - eine Unterstützung mit der Gerte, welches dieses Anziehen herbeiführt, notwendig, bei der Arbeit im Sattel daher ein Gehilfe für diesen Zweck nicht zu entbehren sein; je mehr aber das Pferd begriffen hat, was es soll und demgemäß williger und ungezwungener sich hebt, desto mehr wird es dahin gelangen, ganz von selbst die Vorderschenkel zu biegen, weil diese Richtung derselben eben durch die Gleichgewichtstellung der Levade bedingt ist.

Was schließlich die Entfernung anbelangt, welche zwischen dem Punkte des Ursprunges und dem des Zu-Boden-Kommens der Hinterfüße liegt, so ist es klar, daß, ebenso wie das Piaffé eine gesteigerte Leistung ist, als die Passage, auch der Schulsprung um so vollkommener ist, je mehr diese beiden Punkte zusammenfallen. Je gerader nach aufwärts der Sprung gerichtet ist, desto mehr liefert er den Beweis von der Federkraft der Hinterschenkel, je mehr er dagegen nach vorwärts geht, desto weniger wirkt die Federkraft, desto mehr die Schiebkraft derselben. Bei dem natürlichen Sprunge des Pferdes, wenngleich derselbe ja ebenfalls auf der Federkraft der Nachhand beruht, ist stets eine Mitwirkung der Schiebkraft vorhanden, welche in dem Maße überwiegt, als das Pferd mehr weit und weniger hoch zu springen beabsichtigt, aber auch bei dem reinen Hochsprunge nie unterbleibt. Dieser Umstand bringt es mit sich, daß auch der aus der schulgemäßen Erhebung der Vorhand hervorgehende Sprung dem Pferde desto leichter werden wird, je mehr man der Federkraft der Hanken die Unterstützung der Schiebkraft gönnt, das heißt, je mehr man durch Nachgeben der Hand dem Pferde vorwärtszuspringen gestattet. Wenn bei der Arbeit in den Pilaren der Sprung von vornherein auf der Stelle erfolgen muß, so ist derselbe hier einesteils durch die fehlende Last des Reiters, anderenteils durch die feste Stütze, welche das Pferd an der Halfter nehmen kann, wesentlich erleichtert. Bei der Arbeit im Sattel hingegen wird man naturgemäß mit dem leichteren beginnen und dem Pferde zunächst gestatten, den Sprung mehr nach vorwärts zu richten und erst, wenn man dahin gelangt ist, daß der Sprung nach vorwärts gerade und wohl am Zügel ausgeführt wird, damit anfangen, den Sprung mehr zu verhalten, um nach und nach zur reinen Entwicklung der Federkraft zu gelangen.

Bevor wir uns der Art und Weise zuwenden, wie man ein Pferd in den Schulen über der Erde ausbildet, möchte ich noch der Annahme begegnen, als wenn es möglich wäre, ein Pferd zu einer bestimmten, vorher beabsichtigten Art des Sprunges auszubilden. Wohl kann man ein Pferd, welches die Fähigkeit zu einem horizontalen Schulsprunge besitzt, in einem solchen und außerdem als Courbetteur ausbilden; die Art des horizontalen Sprunges aber muß im wesentlichen der Veranlagung des Pferdes ebenso überlassen bleiben, wie die Art und Weise, wie es seinen natürlichen Sprung über ein Hindernis ausführt. Im Laufe der Dressur, möge dieselbe nun im Sattel oder in den Pilaren erfolgen, werden, bevor man noch an Schulen über der Erde denkt, mitunter Gelegenheiten vorkommen, wo das Pferd - wenn es vorne verhalten und dabei mit Sporen oder Peitsche herausgefordert wird, um es zur Aufbietung aller seiner Kräfte in versammelten Gängen anzuhalten, entweder aus einem gewissen Widerwillen gegen das Verlangte oder, weil es den Reiter nicht versteht, bevor es sich entschließt, alles was es hat, herzugeben - seiner momentanen Verzweiflung oder seinem Zorne auf irgendeine Weise Luft zu machen sucht, und dann, sofern ihm eben die Fähigkeit zu einer solchen Kraftleistung innewohnt, einen mehr aufwärts gerichteten Sprung ausführt. Solche Momente sind es, welche dem Bereiter für die Beurteilung seines Pferdes den besten Anhalt gewähren. Wiederholt sich diese Art und Weise des Pferdes, seiner Erregung Ausdruck zu geben, und vermag man bei diesen Gelegenheiten eine gewisse Gleichheit oder doch Ähnlichkeit der Sprünge zu beobachten, so beweisen solche Äußerungen von Kraft und Energie nicht nur, daß in dem Pferde ein Springer steckt, sondern sie zeigen auch bereits mehr oder weniger deutlich, zu welcher Art des Sprunges das Pferd disponiert ist. Die Beobachtung des Pferdes bei solchen Gelegenheiten gibt schließlich einen besseren Anhalt, um sich über das, was daraus zu schaffen sein wird, ein Bild zu machen als die sorgfältigste Prüfung seiner Körperverhältnisse nach den Regeln vom Exterieur. Außerdem ist es aber auch in der Praxis keineswegs so leicht wie in der Theorie, stets mit Sicherheit anzugeben, zu welcher Kategorie man jeden Sprung rechnen soll, da die Formen, in denen sich die Sprünge dem Auge darstellen, vielfach ineinander übergehen. Auch verändert sich im Laufe der Dressur der Sprung häufig vollständig, und ein Pferd, welches anfangs eine Croupade machte, kann schließlich ein Kaprioleur werden, während ein anderes, welches beim Beginne der Arbeit in der Erregung im Sprunge strich, späterhin mit Sicherheit doch nur die Ballotade oder sogar nur die Croupade leistet. Die Hauptsache ist eben zunächst die, einen horizontalen Sprung zu erzielen. Die Formen desselben muß der Bereiter annehmen, wie das Pferd sie ihm bietet, und kann dieselben nur nach und nach abzuschleifen und zu vervollkommnen suchen. Dies geschieht aber lediglich durch die zunehmende Sicherheit und Unbefangenheit des Pferdes, durch die gleichmäßige Tätigkeit beider Hanken, durch die wohlgeordnete Richtung der Vorhand und damit zusammenhängend die sichere Anlehnung am Zügel.

Um nun zunächst nochmals die Stufe der Ausbildung zu präzisieren, welche das Pferd erreicht haben muß, bevor man an die Entwicklung der Pesade und aus dieser dann eines Schulsprunges denken kann, so muß die sprungartige Gangart, der Galopp, bis zu derjenigen Vollkommenheit gelangt sein, welche wir in dem betreffenden Kapitel zur Schilderung gebracht haben, das heißt, er muß durch die verschiedenen, dort besprochenen Lektionen so erhaben geworden sein, daß er sich in vier oder, wenn man will, in zwei Tempos abspielt, jedenfalls so, daß das Pferd in jedem Galoppsprunge für Auge und Gefühl wahrnehmbar für einen Moment nur auf der Nachhand ruht. Wie aber für die Ausarbeitung des Galopps der Trab jederzeit ein Kriterium und Korrektiv abgab, so leisten, wie schon angedeutet, für die Lektionen über der Erde, die schulmäßigen Trabbewegungen denselben Dienst, und ist deshalb unbedingt erforderlich, daß das Pferd vollkommene Sicherheit im Piaffé gewonnen habe. Wenn diese Stufe der Ausbildung erreicht ist, so wird der Reiter die Hanken bereits so in der Gewalt haben, daß es ihm jederzeit möglich ist, den Galopp für einige Sprünge auf der Stelle zu verhalten. Selbstredend ist dies nur aus einem wirklich guten, versammelten Galoppe möglich, bei welchem das Pferd auf das Lebhafteste mit der Nachhand unterspringt, jenen bewußten Triller dabei schlagend, und auch dann muß zu diesen Sprüngen auf der Stelle der Sporn mit angemessener Lebhaftigkeit die Hinterschenkel animieren. Zu diesem Verhalten des Galopps auf der Stelle wird sich der Schluß einer kurzen, recht animierten Reprise ganz besonders eignen, und wird es alsdann ohne erhebliche Schwierigkeiten gelingen, im letzten Sprunge auf der wohlangeregten Nachhand die Vorhand etwas höher wie gewöhnlich, zu einer sogenannten Falkade zu heben, womit dann der Übergang zu der späteren schulgemäßen Erhebung der Vorhand gefunden ist. Je williger sich nun das Pferd nach und nach aus dem Galoppe zu diesen Sprüngen auf der Stelle und der beschließenden Falkade versammeln läßt, desto mehr werden wir die einleitende Galopp-Reprise nach und nach verkürzen können, bis wir schließlich dahin gelangen, aus dem Halten das Pferd zu einigen Galoppsprüngen auf der Stelle zu animieren und in dem letzten derselben zu einer Falkade zu heben. Bei dieser Übung werden wir nun allmählich dadurch, daß wir die gebogene Stellung des Galopps auflösen und das Pferd mehr gerade richten sowie durch gleichmäßiges Animieren beider Hinterschenkel, anstreben, daß das Pferd mit beiden Hinterfüßen gleich weit unterspringt, und demgemäß auch die Vorderschenkel in gleicher Weise hebt und niedersetzt. Die auf diese Weise entstehenden flachen, lebhaften Sprünge, welche man sehr bezeichnend mit dem Ausdrucke terre à terre zu benennen pflegt, bahnen, wenn sie trotz aller Animiertheit wohlgeordnet, das heißt, zwischen Hand und Schenkel ausgeführt werden, den sicheren Weg zu den Schulen über der Erde und zunächst zur Pesade, da man eine Reihe derartiger terre à terre-Sprünge nur mit einer stärkeren Hebung der Vorhand zu beschließen braucht, um die Anfänge derselben zu erhalten. Indem man sodann mit zunehmender Sicherheit die Zahl der terre à terre-Sprünge verringert und dieselben nur noch benutzt, um auf leichte, ungezwungene Weise den Hanken die nötige Biegung zu geben und die Hinterfüße unter den Schwerpunkt zu bringen, sucht man allmählich die Erhebung der Vorhand bis zur Gleichgewichtsstellung zu steigern, und in dieser das Pferd möglichst lange auszuhalten. In dieser Periode wird dem Bereiter der Beistand eines verständigen Gehilfen von großem Nutzen sein, welcher, in einer Hand eine Gerte, in

Falkade

Terre à terre

der anderen eine Dressurpeitsche führend, nicht nur zur Fixierung des inwendigen Hinterfußes mit beitragen kann, während die des auswendigen durch die Bande erfolgt, an welcher selbstverständlich diese ersten Übungen stattfinden müssen, sondern auch durch angemessene Gertenhilfen und einen richtigen Gebrauch seiner Stimme die Erhebung der Vorhand, das Aushalten in derselben sowie das richtige Beugen der Vorderschenkel zu befördern vermag. Es ist wohl selbstverständlich, daß diese Übungen abwechselnd auf der rechten und linken Hand stattfinden müssen, um jeder Ungleichmäßigkeit in der Tätigkeit der Hanken vorzubeugen sowie, daß in diesem Stadium der Belehrung die üblichen Regeln beobachtet werden, das heißt, vor allem kurze Übungen mit gutem Abschlusse und Freigebigkeit mit dem Lobe. Die meisten überhaupt dazu geeigneten Pferde werden, sowie sie erst begriffen haben, was sie sollen, sich bald sehr gern zur Erhebung der Vorhand bereit zeigen, und dies ist dann das Zeichen, daß mit großer Vorsicht operiert werden muß, damit die Sache nicht gefährlich werde. In dieser Periode darf keine nicht beabsichtigte Erhebung der Vorhand mehr geduldet werden, sondern muß das Pferd, sobald es zu einer solchen Miene macht, wohl vorwärts an die Zügel gestellt und zu einer energischen Piaffé-Reprise im Vorgehen angehalten werden. Überhaupt werden jetzt in den Pausen zwischen zwei Übungen im Heben der Vorhand einige Piaffé-Tritte von sehr wohltätigem Einflusse sein, indem sie die Anlehnung und den Gehorsam befestigen und die Hanken geschmeidig erhalten. Mit derartigen Übungen wird man ruhig fortfahren, bis man mit Sicherheit fühlt, daß man vom Pferde vollkommen verstanden ist, worauf man anfangen kann, die einleitenden terre à terre-Sprünge ganz fortzulassen und das Pferd aus dem Halten gleich zur Pesade zu heben, nachdem man zuvor mit den Sporen die Hinterfüße zum ruhigen Untertreten unter die Last animiert hat. Erst in diesem Stadium wird die Pesade zu ihrer richtigen Entwicklung gelangen, indem nunmehr das Pferd sich mit Ruhe und Bewußtsein hebt, wodurch es die Gleichgewichtsstellung leichter finden und in derselben sich länger erhalten lernt. Nicht früher als bis man an der Bande auf beiden Händen sein Pferd mit Ruhe und Sicherheit zur Pesade zu heben und in derselben zu erhalten vermag, darf man die Mitte der Bahn aufsuchen. Hier wird nun die Hauptschwierigkeit darin bestehen, daß zunächst durch die mangelnde Stütze der Bande das Pferd eine gewisse Befangenheit zeigen und geneigt sein wird, mit dem einen oder anderen Hinterfuße auszufallen. Dieser Schwierigkeit wird man am besten dadurch vorbeugen, daß man vor jeder Pesade auf der Stelle, wo man dieselbe beabsichtigt, durch einige Piaffé-Tritte den Gehorsam auf den Sporn und die gleichmäßige Tätigkeit beider Hanken anregt und belebt.

Um einen guten Springer zu erhalten, kann man nicht genug Wert auf die Ausbildung einer in jeder Beziehung tadellosen Pesade legen, denn nur aus einer korrekten und vor allen Dingen geraden Erhebung der Vorhand kann ein gerader, schöner Sprung entstehen. Man wolle daher ja nicht zu früh aus der Pesade den Sprung entwickeln, sondern befestige das Pferd zuvor in jener nach Möglichkeit an der Bande, sowohl wie an jeder Stelle der Bahn. Erst wenn das Pferd mit vollkommener Sicherheit wohl am Zügel und zwischen den beiden Sporen, wie zwischen zwei Gewichten balanciert, seine Pesade ausführt, darf man hoffen einen guten Sprung zu erzielen. Um nun die ersten Versuche und Übungen im Springen vorzunehmen, wird man zunächst wieder die stützende Bande aufsuchen. Hier wird man nun nach einer wohlgelungenen Pesade die Vorhand nochmals und zwar weniger hochheben, und in dem Momente, indem man die besprochene Erleichterung in der Hand fühlt, durch eine lebhafte Hilfe mit beiden Sporen die Nachhand zum Abspringen zu bringen suchen, während gleichzeitig die Hand die Vorhand auszuhalten strebt, damit der Sprung nur durch die Kraft der Hanken erfolge. Wenn nun auch die ersten Versuche noch so unvollkommen und ungeordnet ausfallen, so karge man doch nicht mit dem Lobe, damit das Pferd vor allen Dingen zu dem Gefühle gelangt, daß die im Anfange notwendigerweise etwas kräftige Sporenhilfe durchaus keine Strafe sein, sondern es nur zu einer beabsichtigten Leistung anregen soll. Erst, wenn das Pferd die starke Sporenhilfe mit einer gewissen Ruhe hinnimmt, werden die Sprünge anfangen, etwas geordnetere Formen anzunehmen. In der Regel werden nun, wenn diese Beruhigung eingetreten, die Sprünge, welche in dem anfänglichen Zustande der Erregung mehr oder weniger hoch ausfielen, jetzt flacher werden und mehr und mehr die Gestalt der Courbette annehmen. Mit dieser begnüge man sich dann auch zuvörderst und suche sie durch ruhige Übung immer mehr zu vervollkommnen und zu befestigen. Man vergesse jedoch nie, daß auch die Courbette schon einen erheblichen Aufwand von Kraft und Energie vom Pferde verlangt; man begnüge sich daher im Anfange mit wenigen Sprüngen und suche durch allmähliche, systematische Steigerung zu geordneten, etwas längeren Reprisen zu gelangen. Die Sporenhilfen, welche das Pferd zum Abspringen auffordern, werden nun nach und nach immer leichter und feiner werden können, bis sie schließlich beim feinfühligen und temperamentvollen Pferde durch bloße Schenkelhilfen ersetzt werden.

Nachdem durch längere Übung im Courbettieren das Pferd eine gewisse Sicherheit im Springen überhaupt erhalten, und nachdem dadurch nicht nur Haltung und Gehorsam, sondern auch die Trag- und Federkraft der Hanken erheblich vervollkommnet ist, können wir dann daran gehen, durch Verstärkung der zum Abspringen animierenden Hilfen den Sprung zu erhöhen und zur horizontalen Richtung des Rumpfes zu gelangen. Diese horizontale Richtung des Rumpfes ist zunächst dasjenige, worauf es ankommt, und kann nur dadurch erreicht werden, daß der Bereiter die Höhe der einleitenden Erhebung und die Stärke der animierenden Sporenhilfen durch sein Gefühl und das Eingehen auf den ihm entgegenkommenden Instinkt des Pferdes wohl abzuwägen versteht, und übrigens sich stets dessen erinnert, daß im Stadium der Belehrung, wie immer, nur Genügsamkeit und Nachsicht zum Ziele führen. Wenn daher auch anfangs bei der bedeutenden Kraftanstrengung, welche das Pferd macht, die Haltung und mit ihr die Anlehnung mehr oder weniger verlorengeht, so übersehe man dies so lange, bis das Pferd begriffen hat was es soll, und damit die Befangenheit verliert. Ist dies erreicht, so wird mit zunehmender Sicherheit auch das Herauskommen aus Haltung und Anlehnung nach und nach aufhören. Wenn ich nun im Obigen gesagt habe, daß die Formen des Sprunges im wesentlichen der Wahl des Pferdes überlassen bleiben müssen, so möchte ich dazu für die Praxis noch einige Erläuterungen hinzufügen. Zunächst werden, wenn man beginnt, das Pferd zu horizontalen Sprüngen anzuhalten, dieselben ganz verschiedenartig ausfallen, und bald die ungefähre Gestalt der Croupade, bald der Ballotade, bald der Kapriole annehmen. Nach und nach aber, wenn erst eine gewisse Beruhigung eingetreten, werden die Sprünge eine bestimmte, regelmäßig wiederkehrende Form erhalten, und zwar entweder der Croupade oder Ballotade; denn die Fälle, wo ein Pferd so starke Prädisposition zur Kapriole hat, daß es auf die bloße Hilfe zum Sprunge dieselbe von vorneherein wählt und beibehält, ohne zum Streichen besonders aufgefordert zu sein, kommen nur höchst vereinzelt vor. Besitzt nun aber das Pferd alle geistigen und körperlichen Eigenschaften eines Kaprioleurs und hat man im Laufe der Dressur wiederholt kapriolartige Sprünge zu beobachten Gelegenheit gehabt, so kann man versuchen, einen Kaprioleur daraus zu machen. Hierzu wird man, nachdem das Pferd zuvörderst gelernt hat, überhaupt einen horizontalen Sprung mit Sicherheit auszuführen, ihm in demselben eine Hilfe zu applizieren haben, welche das Streichen herbeiführt. Am besten wird man sich hierzu eines Gehilfen bedienen, welcher in dem Momente, wo das Pferd im horizontalen Sprunge über der Erde schwebt, durch eine wohlangebrachte Peitschenhilfe die Hinterschenkel zum Streichen bringt. Hat man aber einen Gehilfen nicht zur Disposition, so muß man versuchen, dasselbe zu erreichen, indem man in dem Momente des horizontalen Sprunges mit der unter der Hand nach rückwärts gehaltenen Gerte der Kruppe einen angemessenen kräftigen Schlag versetzt. In dem Maße nun als das Pferd, nachdem es durch das Lob des Reiters darüber belehrt ist, daß jene Peitschen- respektive Gertenhilfe keine Strafe sein, sondern es wiederum nur zu einer geforderten Kraftleistung anregen sollte, sich entgegenkommend zeigt, das heißt, auf je leichtere Hilfen es nach und nach im Sprunge streicht, desto sicherer kann man hoffen, es zu einem guten Kaprioleur auszubilden. Zeigt sich aber das Pferd dauernd widerwillig und kann nur durch starke Peitschen- oder Gertenschläge zum Streichen gebracht werden, so liegt darin der Beweis, daß ihm doch die zur Kapriole erforderliche Kraft und Energie nicht innewohnt. Alsdann wird man gut tun, den unternommenen Versuch möglichst bald aufzugeben, um sich nicht durch ein Hinausgehen über die von der Natur gezogenen Grenzen auch das zu verderben, was man bereits erreicht hatte, und wird sich dann mit der Croupade oder Ballotade definitiv begnügen. dagegen darf man dasjenige Pferd, welches die Kapriole mit gutem Humor annimmt, nicht dadurch in Verwirrung setzen, daß man etwa bald eine Croupade oder Ballotade, bald aber eine Kapriole von ihm verlangt, sondern muß dahin streben, ein für allemal seinem Sprunge die letzte Gestalt zu geben, und muß durch geduldige Übung dahin zu gelangen suchen, daß die besondere Aufforderung zum Streichen allmählich ganz wegbleiben kann und das Pferd auf die bloße Hilfe zum Sprunge ohne weiteres die Kapriole ausführt.

Wie in allen Lektionen der Hohen Schule, so ist ganz besonders bei der Kapriole der weiche, schmiegsame Sitz von äußerster Wichtigkeit. Wir werden sehen, daß Reiter, denen dieser Sitz nicht eigen ist, welche vielmehr durch Anklemmen der Knie und Steifen des Rückgrates ihrem Sitze Sicherheit zu verleihen suchen, selbst, wenn sie auf einen fertigen Kaprioleur gesetzt werden, fast regelmäßig durch die Gewalt des Streichens im Sprunge vornüber geschleudert werden, während der schulmäßige Reiter, welcher sich den Bewegungen des Pferdes anzuschmiegen und in den Hüften weich nachzugeben versteht, ohne irgendwelche Kraftanstrengung seinen Sitz in der Kapriole so sicher behauptet, daß auch nicht im mindesten die Fühlung des Gesäßes mit dem Sattel verlorengeht. Wenn dies aber schon auf einem fertigen Kaprioleur von solcher Wichtigkeit ist, so muß es natürlich noch viel mehr der Fall sein, wenn es sich um die Ausbildung eines Pferdes zu diesem Sprunge handelt, denn es ist nicht möglich, daß das Pferd diesen oder überhaupt irgendeinen Sprung ausführen lerne, wenn der Reiter ein fremder, störender Körper auf ihm ist.

Ebenso wie bei der Pesade wird man auch bei der Ausbildung der Sprünge die Übungen längere Zeit an der Bande, und zwar ebenfalls auf beiden Händen abwechselnd vorzunehmen haben, ehe man ohne Nachteil die freie Bahn aufsuchen darf. Ferner kann man sich nicht genug vergegenwärtigen, daß ohne eine tadellose Pesade ein korrekter Sprung unmöglich ist; man wird deshalb wohl tun, die Übungen im Springen stets durch eine solche einzuleiten und zu beschließen. Sodann aber sei man stets dessen eingedenk, daß nur auf der Basis des unbedingtesten Gehorsames gegen den Sporn und der reinsten Anlehnung Schulen über der Erde denkbar sind, welche den Namen „Schulen" verdienen; man versäume daher nicht, zwischendurch in Reprisen eines energischen, wohl an die Zügel arbeitenden Piaffierens beide Grundbedingnisse immer wieder aufzurichten und zu befestigen. Das im Sprunge zu gewinnende Terrain anbelangend, habe ich mich im Obigen bereits dahin ausgesprochen, daß, während man anfangs dem Pferde gestatten wird, mehr vorwärts zu springen, allmählich die Vorhand mehr und mehr verhalten werden kann, bis schließlich im Sprunge auf der Stelle die reine Federkraft der Nachhand zur Wirkung kommt. Je mehr nun den Reiter die zunehmende Sicherheit des Pferdes, vereint mit der wachsenden Stählung der Muskeln, befähigt, die zu überspringenden Distanzen genau zu bestimmen, desto mehr wird er in der Lage sein, die Sprünge genau in demselben Tempo und in derselben Weite sich folgen lassen, und somit geordnete Reprisen im Schulsprunge zu bilden, nicht nur an der Bande entlang, sondern auch auf freien geraden Linien, wobei nur das zu beobachten ist, daß die Wendungen in wohlkadenzierten Schultritten auf der Nachhand auszuführen sind, da das Pferd im Sprunge nicht zu wenden vermag. Daß hierbei ein weises Abmessen der Länge solcher Reprisen nach der Leistungsfähigkeit des Pferdes, welche in der Energie der Bewegungen und der Ruhe des Atems ihren Maßstab hat, unerläßlich ist, bedarf nach allem in dieser Beziehung schon Gesagten wohl kaum noch einer Erwähnung.

Wenn nun das Pferd auf diese Weise dahin gelangt ist, geordnete Reprisen in seinem Schulsprunge gerade gerichtet und auf einem Hufschlage mit Sicherheit auszuführen, so würde die nächste und letzte überhaupt erreichbare Stufe der Ausbildung die sein, daß es lernt, in gebogen-gerader Richtung und auf zwei Hufschlägen zu springen. Daß die Natur an und für sich das Pferd zu einer solchen Leistung befähigt, geht daraus hervor, daß sie das Knie- und Hüftgelenk, welche beide, wie wir wissen die Hauptmotoren des Sprunges sind als Kugelgelenke gebildet hat. Indessen gehört zu einem oder gar zu einer Reihenfolge solcher Sprünge in gebogen-gerader Richtung und auf zwei Hufschlägen, dabei in vollkommener Haltung zwischen Hand und Schenkel, ein solches Maß von Kraft, Energie, Gelenkigkeit und Gelehrigkeit, daß es unter Tausenden von Pferden kaum eines geben wird, welches diesen Gipfel aller Dressur zu erreichen vermöchte. Die Schwierigkeit der Aufgabe macht es zur Notwendigkeit, sich nur dann daran zu wagen, wenn die Voraufgabe, das heißt, die Sprünge in gerader Richtung auf einem Hufschlage, mit vollkommenster Leichtigkeit geleistet wird. Ist dies der Fall, so wird man zunächst damit beginnen, in der Levade dem Pferde zunächst einen geringen und dann allmählich sich steigernden Grad von Biegung der Wirbelsäule zu geben, und aus dieser gebogenen Erhebung dann zuvörderst auf einem Hufschlage den Sprung entwickeln. Nach einleuchtenden mechanischen Gesetzen ist eine solche gebogene Erhebung nur dann denkbar, wenn in derselben infolge vollkommen gleichmäßig verlaufender Biegung der Wirbelsäule die Nachhand, ebensoviel, wie die Vorhand hineingestellt ist. Nur dann ist eine Gleichgewichtsstellung in der Levade denkbar, während, wenn die Biegung nur in der Vorhand stattfindet, offenbar nach der gebogenen Seite hin die Balance verlorengehen muß. Wie also die gebogenen Schulen über der Erde überhaupt die Krone der ganzen Ausbildung sind, so sehen wir hieraus, daß sie auch nur dann denkbar sind, wenn die Biegung der Wirbelsäule so fest begründet ist, daß der Reiter jeden beliebigen Grad derselben mit ebenso großer Sicherheit zu nehmen in der Lage ist als er einen Rohrstock mit seinen Händen zu biegen vermag. Der Begriff der geraden Richtung in der Biegung, das heißt, der gleichmäßigen Verteilung der Last auf die stützenden Füße und der direkten und durch sein Seitwärtsabweichen eines Hinterfußes geschwächten Wirkung der Vorhand gegen die Nachhand kommt hier noch einmal ganz und voll zur Geltung. Das begabteste Pferd der Erde wird eine gebogene Levade und einen gebogenen Sprung nur dann zu leisten vermögen, wenn es nach den Grundsätzen, die wir mit dem Ausdrucke „gebogen-gerade Richtung" zusammenfallen, mit unwandelbarer Konsequenz von Anfang an erzogen ist, wenn ihm diese Richtung so vollkommen zur zweiten Natur geworden ist, daß es in dieselbe ohne jeden Zwang jederzeit eingeht, sobald der Reiter den entsprechenden Sitz annimmt. Mit einem Pferde, bei dem noch ab und zu eine Neigung zum Ausfallen des auswendigen Hinterfußes zu bekämpfen ist, wäre es Torheit, Schulen wie die in Rede stehenden unternehmen zu wollen.

Ist nun das Pferd dahin gelangt, die Levade und demnächst den Sprung mit Biegung, aber noch auf einem Hufschlage auszuführen, so wird man es schließlich auch zu diesen Schulen auf zwei Hufschlägen richten. Wiewohl nun auch bei diesen künstlichsten und schwierigsten Bewegungen des Pferdes die Plié-Stellung ebenso wie die Travers-Stellung denkbar ist, so wird man sich im allgemeinen mit letzterer zu begnügen haben, da ein Sprung, wenigstens ein horizontaler Sprung gegen die Biegung doch wohl außerhalb der natürlichen Grenzen der Leistungsfähigkeit des Pferdes liegt. Den niedrigeren Schulsprung dagegen, die Courbette, wird das begabte und wohldurchbildete Schulpferd mit der Zeit so vollkommen beherrschen lernen, daß es in ihm ebenso wie im Galoppe Lektionen auf zwei Hufschlägen in der Plié- wie in der Travers-Stellung auszuführen vermag.- Für den Reiter liegt die Hauptschwierigkeit bei allen sprungartigen Schulen auf zwei Hufschlägen darin, daß eine Reihenfolge solcher Sprünge nur dann möglich ist, wenn in jedem Momente die gebogen-gerade Richtung vollkommen rein erhalten bleibt, und wenn in dieser gebogen-geraden Richtung, welche die ungeschwächte Wirkung der Nachhand gegen die Vorhand verbürgt, jene auf diese stets so eingerichtet ist, daß sie die Last in der vorwärts-seitwärtigen Richtung fortzuschnellen vermag. Es wird aber der Reiter diesen Bedingungen nur dann genügen können, wenn er durch die vollkommenste Herrschaft über das Pferd die Vorhand zwischen den beiden Zügeln, die Nachhand zwischen den beiden Sporen so sicher balanciert, daß er die Seitwärtsführung der einen wie der anderen im Sprunge genau auf den Zoll zu bestimmen imstande ist, während andererseits der auf dem vollendet schmiegsamen Sitze beruhende, aufs Äußerste verfeinerte Takt ihn befähigt, das erforderliche Maß der Seitwärtsführung mit Sicherheit herauszufühlen.

Ein weiteres Eingehen auf diese Lektionen auf zwei Hufschlägen im Sprunge halte ich für unnötig und unfruchtbar. Das wesentlichste war mir, zu zeigen, wie ein unwandelbares Fortschreiten auf einem der Natur angemessenen Wege schließlich in ungekünstelter, logischer Weise auf den denkbar höchsten Gipfel der Dressur führt, vorausgesetzt, daß das betreffende Dressurobjekt die zur Erreichung desselben unerläßlichen körperlichen und intellektuellen Naturgaben besitzt. Wer nach naturgemäßen Grundsätzen in der Bearbeitung seines Pferdes systematisch vorschreitet, ohne in ungeduldiger Hast Stufen der zu erklimmenden Leiter überspringen zu wollen, dem wird das Pferd mit Sicherheit angeben, bis zu welchem Grade der Ausbildung es seiner natürlichen Veranlagung gemäß gebracht werden kann, indem es, genügend vorbereitet, stets, wenn man es dazu auffordert, die folgende Übung wenigstens andeutungsweise anbieten wird. Hat nun jemand das seltene Glück, ein Pferd in die Hände zu bekommen, dessen Gaben sich bis auf die höchsten Stufen der Dressur ausreichend erweisen, so wird er auf diesen Höhen eines genaueren Wegweisers als wir ihn im Obigen zu geben versuchten, entraten können. Er wird in diesen Stadien sein eigenes Gefühl und das des Pferdes so sehr verfeinert und einen solchen Grad von Harmonie zwischen sich und dem Pferde herbeigeführt haben, daß er im wesentlichen nur die Natur seines Schülers aufmerksam zu belauschen hat, um sicher zu sein, daß dieser ihm willig und gern folgen respektive entgegenkommen wird.

Bevor wir nun dieses Kapitel, und damit überhaupt die technische Besprechung einer naturgemäßen Pferdedressur abschließen, erübrigt noch, das Verfahren zu erörtern, mittels dessen ein Pferd zwischen den Pilaren zu den sprungartigen hohen Schulen ausgebildet werden kann. Die Pilarenarbeit hat, wie bereits hervorgehoben wurde, den großen Vorteil, daß bei ihr dem Pferde die Last des Reiters erspart bleibt, ein Vorteil, welcher durchaus nicht zu gering angeschlagen werden darf. Außerdem geben die Pilaren demjenigen Bereiter, welcher es versteht, durch kluge, der Natur des Pferdes wohl angepaßte Behandlung, dasselbe auf die Bahnen des Gehorsams zu führen und darauf zu erhalten, durch den unüberwindlichen Widerstand, den sie leisten, einerseits eine außerordentliche Gewalt über das Pferd, während sie andererseits diesem durch die feste Stütze, die sie ihm gewähren, die Anfangsgründe der verschiedenen Lektionen wesentlich erleichtern. Bei der Dressur des Schulpferdes sind daher die Pilaren, wenngleich auch hier zu entbehren, doch von so großem Nutzen, daß d e r Schulreiter ein Tor wäre, welcher sie verschmähen wollte, wenn Zeit und Lokalität ihm ihren Gebrauch gestatten.

Die Ausbildung eines Pferdes in den sprungartigen Hohen Schulen spielt sich nun zwischen den Pilaren nach genau denselben Grundsätzen ab wie im Sattel. Der Beginn des Verfahrens setzt zunächst dort wie hier unbedingt voraus, daß das Pferd im Piaffé vollkommene Sicherheit besitze, in den Pilaren aber ist dies um so mehr erforderlich, als hier das Piaffé das einzige Mittel ist, um diese Anlehnung jederzeit zu berichtigen und den Gehorsam stets unbedingt zu erhalten. Auch bis zu dem Stadium der Sicherheit im Piaffé wird die Pilarenarbeit nicht verlaufen sein, ohne daß ab und zu das Pferd energische Versuche gemacht haben sollte, sich dem Zwange gewaltsam zu entziehen. Zum mindesten aber wird es vielfach vorgekommen sein, daß dasselbe anfänglich aus Unverständnis des Verlangten, späterhin aber auch wohl aus Unlust, sich gleich zu der geordneten Arbeit des Piaffé herzugeben, mit ungeordneten Sprüngen auf die vortreibenden und animierenden Hilfen respondierte. Die Beobachtung des Pferdes bei solchen Gelegenheiten wird bereits dem Bereiter einen Anhalt zu seiner Beurteilung bieten in bezug darauf, ob und inwieweit dasselbe die Veranlagung zu sprungartigen Hohen Schulen besitzt, ganz ebenso, wie dies bei der Bearbeitung im Sattel der Fall war. Glaubt er nun in seinem Pferde die nötige Begabung gefunden zu haben, so wird er damit beginnen, nach einer einleitenden Reprise eines energischen Piaffierens, bei welchem das Pferd genau gerade zwischen beiden Pilaren und an beide Zügel vollkommen gleichmäßig heran arbeiten muß, durch recht lebhaft animierende Hilfen dasselbe zu einigen flach galoppierenden Sprüngen auf der Stelle zu veranlassen. Diese galoppierenden Sprünge, bei denen das Pferd anfangs bald mit den rechten, bald mit den linken Füßen vorgreifen und häufig abchangieren, auch das Hinterteil bald rechts, bald links herumwerfen wird, werden nun, wenn die Befangenheit schwindet und die Hilfen in geordneter Weise gegeben werden können, nach und nach, wie bei der Arbeit im Sattel, die Gestalt des terre à terre annehmen. Bei diesen Lektionen in solchen flachen Sprüngen, welche mit Piaffé-Übungen sachgemäß abwechseln müssen, richte nun der Bereiter seine Aufmerksamkeit stets darauf, daß dabei das Pferd gerade zwischen beiden Pilaren gerichtet sei. In dieser geraden Richtung desselben liegt die Grundbedingung einer richtigen Pesade und später eines geordneten Schulsprunges, und versuche man deshalb nicht eher weiterzugehen als bis diese gerade Richtung in den terre à terre-Sprüngen sicher begründet ist. Ist dies erreicht, so kann man daran gehen, eine solche tterre à terre-Reprise mit einer etwas höheren Erhebung der Vorhand zu beschließen. Zu diesem Zwecke begibt sich der Bereiter mit Gerte und Dressurpeitsche vor das Pferd, während ein verständiger Gehilfe mit der Bahnpeitsche seine bisherige Stelle hinter demselben einnimmt. Zunächst muß nun das Pferd daran gewöhnt werden, auf den Zuruf des jetzt vor ihm befindlichen Dresseurs, welcher durch sachgemäße Hilfen des Gehilfen unterstützt werden muß, ebenfalls seine flachen terre à terre-Sprünge gerade zwischen den Pilaren auszuführen. Ist es hierin befestigt, so kann der Bereiter versuchen, durch lebhaften Zuruf mit entsprechender, aufwärts gerichteter Longen- und einer angemessenen Gertenhilfe unterhalb der Brust, während der Gehilfe die Nachhand etwas energischer vortreibt, das Pferd dazu zu animieren, daß es im letzten terre à terre-Sprunge die Vorhand etwas höher erhebe. Die Befolgung der bei jedem belehrenden Verfahren anempfohlenen Regeln, das heißt, Geduld, Genügsamkeit, Belohnung jedes Entgegenkommens, vor allem aber kurze Übungen, die mit einem guten Eindrucke abschließen, wird hier wie überall zum Ziele führen und das Pferd bald dahin bringen, daß es sich willig im letzten terre à terre-Sprunge hebt. Je mehr das Pferd hierin geübt wird, desto kürzer kann die einleitende terre à terre-Reprise werden, bis sie schließlich ganz wegfällt und das Pferd dahin gelangt, aus dem Stillstehen sich auf eine entsprechende Hilfe zu sammeln und auf den lebhaften Zuruf des Bereiters „levez" oder „hoch" sich ruhig zu heben. Von dem Momente an, wo das Pferd einigermaßen zu begreifen scheint, um was es sich handelt, wird bei diesen Übungen der Bereiter dahin wirken, daß die Vorderschenkel in der Levade die richtige Lage gewinnen, indem er, wenn es not tut, durch einen Schlag auf die Schienbeine das Pferd zum Anziehen derselben veranlaßt. Je mehr sich so nach und nach die geordnete Pesade entwickelt, und je williger das Pferd sich zu derselben hergibt, desto mehr wird der Bereiter seine Aufmerksamkeit darauf richten, daß es in der Erhebung vollkommen gerade zwischen beiden Pilaren gerichtet, oder mit anderen Worten, daß in derselben die Last auf beiden Hanken absolut verteilt sei, da, wie wir wissen, nur aus einer solchen Levade ein guter Sprung entstehen kann. Zu diesem Zwecke, das heißt, um die Nachhand mehr beherrschen zu können, wird der Bereiter nach und nach seinen Platz wieder hinter dem Pferde einnehmen, während der Gehilfe ihn vorne unterstützt, an welchen Platzwechsel das Pferd natürlich wieder mit Geduld gewöhnt werden muß. Je korrekter und gerader das Pferd

Terre à terre zwischen den Pilaren

sich zur Pesade heben, je länger und sicherer es in derselben balancieren lernt, desto leichter wird es ihm demnächst werden, aus derselben sich zum Sprunge abzuschnellen, weshalb denn die auf Befestigung der Pesade verwendete Zeit keineswegs verloren ist, sondern sich reichlich wieder einbringen läßt.

Ist nun aber eine genügende Sicherheit in der Pesade erreicht, und glaubt der Bereiter in der Nachhand seines Pferdes die zum Schulsprunge erforderlichen Kräfte zu wissen, so möge er immerhin daran gehen, diesen zu entwickeln. Zu diesem Zwecke nehme er seinen Platz rückwärts-seitwärts des Pferdes ein, und zwar, wenn eine Neigung zum Ausfallen eines Hinterfußes vorhanden ist, auf der Seite dieses Hinterfußes. Von diesem Platze aus lasse, stets unterstützt durch den vor dem Pferde befindlichen Gehilfen, nach einer energischen Piaffé-Reprise und einer darauf folgenden wohlgelungenen Pesade, das Pferd sich nochmals heben, und appliziere ihm, kurz bevor die Gleichgewichtsstellung der Pesade erreicht ist, eine lebhafte, elektrisierende Peitschenhilfe an der Nachhand mit entsprechendem anfeuernden Zuruf, wodurch das Pferd vielleicht nach einigen mißlungenen Versuchen veranlaßt werden wird, die auf den Hanken ruhende Last mit den Hinterfüßen mehr oder weniger geschickt und kräftig abzufedern. Es würde zu bloßer Wiederholung des gelegentlich der Entwicklung des Schulsprunges unter dem Reiter Gefragten führen, wenn ich das weitere Verfahren

Pesade zwischen den Pilaren

*Kapriole zwischen
den Pilaren*

zwischen den Pilaren detailliert erörtern wollte, da es demjenigen im Sattel vollkommen analog ist. Es sei daher nur kurz hervorgehoben, wie zunächst in der Regel der niedrigere Schulsprung, die Courbette, sich ergeben wird, wie ferner - sobald eine Reihe von Courbetten auf leichte Hilfen ohne Schwierigkeiten ausgeführt - durch Verstärkung der Peitschenhilfe der horizontale Sprung entwickelt wird, eventuell indem die Höhe der Erhebung durch niedrigeres Einschnallen der Pilarenzügel verringert wird, wie endlich, wo die Naturanlage zur Kapriole hinzuführen scheint, durch eine lebhafte von vorne nach hinten gerichtete Peitschenhilfe das Pferd zum Streichen im horizontalen Sprunge gebracht wird. Es sei sodann wiederholt darauf hingewiesen, wie die Unebenheiten und Unkorrektheiten, welche naturgemäß im Anfange sich bemerkbar machen werden, nicht gewaltsam unterdrückt werden können, sondern, wie deren Beseitigung von der zunehmenden Unbefangenheit und Sicherheit bei angemessenen Einwirkungen mit Bestimmtheit erwartet werden darf, immer in der Voraussetzung, daß die Natur mit ihren Gaben nicht zu karg gewesen ist. Es sei schließlich die Mahnung gestattet, unablässig dahin zu streben, die Stärke der Hilfen nach Möglichkeit zu reduzieren, nicht nur, damit man dieselben jederzeit mit Leichtigkeit steigern könne, sondern vielmehr noch in Erwägung des Grundsatzes, daß in der ganzen Dressur von ihren ersten Anfängen bis zu ihrer höchsten Vollendung dauernden Wert nur dasjenige hat, was das Pferd leicht, gewissermaßen selbstständig ausführen lernt, während eine Leistung dem Reiter nicht mit Sicherheit zu Gebote steht, solange sie nur durch eine forcierte Extase erzielt werden kann.

Hat man nun in dieser Weise sein Pferd dahin gebracht, daß es eine Reihe von Courbetten und eine seinen Kräften entsprechende Zahl horizontaler Sprünge, welcher Art dieselben auch seien, mit Sicherheit ausgeführt, so wird es Zeit sein, dasselbe in den Pilaren zu besteigen und es hier seine Lektionen zunächst mehr auf die Hilfen des oder der zu Fuß befindlichen Gehilfen, sodann aber vorherrschend und endlich ausschließlich auf die eigenen Einwirkungen mit Hand und Schenkel ausführen zu lassen. Ist hierin eine genügende Sicherheit erreicht, so verlasse man die Pilaren, um die Übung zunächst an der Bande fortzusetzen, worauf sich dann das Übrige, die Arbeit auf der freien geraden Linie, das Aneinanderreihen der Sprünge zu geordneten Reprisen auf geraden Linien, endlich die Ausbildung der Lektionen über der Erde in gebogen-gerader Richtung und schließlich auf zwei Hufschlägen in der bereits beschriebenen Weise abspielt.

SCHLUSS

Nachdem wir somit die Dressur des Pferdes so weit geführt haben als sie nach menschlichem Verstande naturgemäß geführt werden kann, sei zum Schlusse mit Nachdruck darauf hingewiesen, daß dieselbe von Anfang bis zu Ende nach denselben unumstößlichen Regeln mit logischer, man möchte sagen mathematischer Bestimmtheit verläuft. Derjenige also, welcher glaubt, daß das Jagdpferd, das Kampagnepferd und das Schulpferd nach ganz verschießenartigen, sich untereinander ausschließenden Grundsätzen bearbeitet werden müssen, zeigt durch diese Annahme nur, daß er in das Wesen der Pferdedressur keineswegs eingedrungen ist. Jede Bearbeitung des Pferdes, welche bezweckt, es mir zu irgendwelchem Gebrauche handlich und bequem zu machen, sei dieser Gebrauch nun welcher Art immer er wolle, auf der Steeplechase-Bahn oder hinter den Hunden, vor der Front, auf der Promenade oder im Karussell, ja schließlich auch vor dem Wagen, muß damit beginnen, daß ich mir durch die bekannte zweckmäßige Formung von Hals und Kopf einen sicheren Hebel in die Hand lege, durch welchen ich eine zuverlässige Einwirkung auf die vordrängende Gewichtsmasse ausüben kann. Diese Formung der Vorhand mit herangestellter Nase, welche die richtige Wirkung der Zügelanzüge verbürgt, kann nur im energischen Vorwärtsreiten wirklich fest begründet werden, indem ich durch volle Entwicklung der Schiebkraft gegen die Hand dieser die Möglichkeit gebe, gegenzuhalten und das Nachgeben im Genicke herbeizuführen. Es gibt gar keinen Gebrauch des Pferdes, für welchen ich diese Grundlage aller Dressur entbehren könnte, denn ohne sie kann es dem geschickten Reiter oder auch Fahrer vielleicht gelingen, sich mit dem Pferd durchzulavieren, von einer wirklichen Herrschaft über dasselbe kann aber gar nicht die Rede sein. Auch die Rennbahn, namentlich aber die Steeplechase-Bahn macht hiervon keine Ausnahme, denn ohne diese Grundlage ist das Rennpferd nicht nur steuerlos, sondern es fehlt ihm auch der geordnete Gebrauch seiner Kräfte, die es dann teilweise im Widerstreben gegen die Hand des Reiters vergeudet und somit dem vorliegenden Zwecke, der vollen Entwicklung der Schiebkraft, entzieht, welcher dann das sichere Objekt mangelt, gegen welches sie wirken kann. Alle Rennreiter, welche ihr schönes Metier nicht nur aus Eitelkeit, sondern aus wirklicher Passion und daher mit Ernst betreiben, fühlen diese Wahrheit sehr wohl, und wenngleich viele von ihnen jeden Verdacht dressurartiger Bestrebungen prinzipiell mit Entrüstung zurückweisen, sehen wir sie doch stets sich bemühen, ihre Pferde in jene allein richtige Form zu bringen.

Den Hebel nun, welchen die richtig geformte Vorhand mir in die Hand gibt, benutze ich, um die Gewichte meinem Zwecke gemäß zu verteilen, und nenne dasjenige Pferd vollkommen durchgearbeitet, bei dem ich dies ganz nach Belieben kann, das also jederzeit ebensowohl bereit ist, im langen Jagdgaloppe mit tiefer Nase eine volle Anlehnung an meiner Hand zu nehmen und seine ganze Schiebkraft gegen dieselbe wirken zu lassen, als aus dieser Stellung durch Aufrichtung der Vorhand und entsprechende Senkung der Kruppe zur gleichmäßigen Verteilung der Last auf seine vier Füße also zur Gleichgewichtsrichtung überzugehen, als auch durch noch gesteigerte Aufrichtung bei vermehrter Biegung der Hinterschenkel den größeren Teil der Last auf diese zu nehmen sowie schließlich, die gesamte Gewichtsmasse auf den gebogenen Hanken nicht nur zu tragen, sondern sogar vom Boden abzufedern. Ich gebe zu, daß es unter Tausenden von Pferden kaum eines gibt, dem die Natur die zu solcher Vollkommenheit der Ausbildung unbedingt erforderlichen Gaben verliehen, und daß selbst dann diese Vollkommenheit nur durch jahrelange systematische Arbeit und nur durch einen wirklichen Meister der Reitkunst erreicht werden kann, dennoch aber ist eine solche Durchbildung eines Pferdes möglich und muß stets das Ideal sein, welches wir bei unseren Bestrebungen im Auge haben müssen. An diesem Ideale nun können wir so recht den roten Faden betrachten, welcher durch die gesamte Dressur sich durchzieht, und welcher in nichts anderem besteht als zweckentsprechender Verteilung der Gewichte vermittels jenen Hebels, den Hals und Kopf dem Reiter in die Hand geben, während zu dem Gebrauche dieses Hebels die durch Schenkel respektive Sporen geregelte Plazierung der Hinterfüße genau im richtigen Verhältnisse stehen muß. Da nun aber die Bedingungen zur Erreichung der beschriebenen Vollkommenheit natürlich nur äußerst selten erfüllt sind, da wir weder immer unter Tausenden von Pferden wählen, noch immer jahrelang auf die Dressur verwenden können, während auch die wirklichen Meister der Reitkunst nicht allzu dicht gesät sind, so werden wir uns hier, wie so oft im Leben, mit Stückwerk begnügen müssen. Der praktische Mann wird daher die Dressur seines Pferdes nur bis zu derjenigen Stufe führen, welche für seinen Gebrauchszweck erforderlich ist. Will er sich also ein Pferd zum ausschließlichen Gebrauche der Jagd vorbereiten, so wird er sich damit begnügen, nachdem durch die bekannte Formung von Hals und Kopf der mehrerwähnte Hebel geschaffen, denselben zur Zurückverlegung der Gewichte nur in beschränktem Maße zu gebrauchen, damit das Pferd lerne, aus der vorherrschend zur Anwendung kommenden Richtung auf die Schultern erforderlichenfalls vorübergehend zur Gleichgewichtsrichtung überzugehen, so daß der Reiter imstande ist, ihm vor den Sprüngen die nötige Sammlung zu geben, und zu Wendungen und Paraden eben nicht zuviel Platz braucht. Es wird daher der Bereiter, welcher sein Pferd zum Jagdgebrauche vorzubereiten hat, sich in bezug auf dessen Dressur darauf beschränken können, nachdem es gelernt hat, auf geraden Linien in freien, schwungvollen Gängen, namentlich einem ruhigen, geräumigen Naturgaloppe, mit herangestellter Nase eine volle Anlehnung an die Hand zu nehmen, ihm durch die Schulter-vor-Stellung, durch einfache Wendungen, hauptsächlich aber durch richtige Arbeit auf dem Zirkel auf einem Hufschlage, den jedesmaligen inwendigen Hinterfuß so weit in der Biegung zu üben, daß es ihm möglich wird, zu Sammlungen auf gerader Linie sowie zu geordneten Paraden beide Hinterfüße mehr zu belasten, ohne daß das Pferd durch Herausheben aus der Stellung sich vorne Luft macht und damit momentan der Herrschaft entzieht. Dahingegen kann der Soldat, welcher sein Pferd im Gliede oder vor der Front gebrauchen will, den an ihn gestellten Anforderungen nicht genügen, wenn er sein Pferd nicht vollkommen in das Gleichgewicht gerichtet hat. Hier, wo es sich darum handelt, bestimmt vorgeschriebene Linien und genaue Tempos in allen Gangarten einzuhalten, während die Aufmerksamkeit durch andere Dinge von dem Pferde vielfach oder beinahe meistens abgelenkt wird, wo ferner der Reiter plötzlich auf Kommando oder Signal aus schnellen Gangarten sein Pferd wenden und parieren muß, während ihm zu allen diesen Anforderungen nur die linke Hand zu Gebote steht, brauchen wir einen höheren Grad von Dressur. Das Pferd, welches der Soldat im Gliede und vor der Front mit Sicherheit und Annehmlichkeit reiten soll, muß eine ihm angewiesene Linie zwischen den Zügeln und Schenkeln, wie zwischen zwei Barrieren, genau verfolgen, es muß in allen Gängen jedes Tempo, in das es versetzt wird, sozusagen selbständig innehalten, ohne einerseits die Hand mehr zu belästigen, noch andererseits stärkere vortreibende Hilfen zu gebrauchen als mit einem tadellosen Sitze, einer unbedingten Freiheit und Beweglichkeit des Körpers und ebensolchen Unbefangenheit des Geistes vereinbar ist, und muß dabei stets so vollkommen in Haltung sein, daß jeder Anzug bis auf die Hinterbeine durchgeht, welche jederzeit bereit sein müssen, die Last aufzunehmen. Diese Stufe der Ausbildung ist beim Durchschnittspferde in kurzer Zeit nicht zu erreichen, sondern bedarf bereits einer längeren, systematischen Gymnastik. Der dazu erforderliche Grad von Aufrichtung der Vorhand und Biegsamkeit der Hinterschenkel ist in zwangloser und daher unschädlicher Weise nur zu erreichen durch geduldige, sorgfältige Arbeit in gebogenen Lektionen und auf zwei Hufschlägen, wenngleich mit den Einschränkungen, welche in den betreffenden Kapiteln gelegentlich hervorgehoben sind.

Endlich bedarf der hohe fürstliche Herr, welcher entweder auf der Promenade sich dem Publikum oder bei Inspizierungen und Paraden den Truppen zu Rosse zeigt, eines Pferdes, welches die soeben erwähnten Eigenschaften des guten Kampagnepferdes in noch erhöhtem Maße besitzt. Es ist die Pflicht aller derjenigen, welche einen Fürsten zu bedienen haben, alles aufzubieten, damit die Würde des äußeren Auftretens in keiner Weise leide. Insbesondere muß die Erscheinung zu Pferde durchaus tadellos sein, und darf die vornehme Sicherheit und Ruhe niemals und in keiner Weise beeinträchtigt werden. Wenn es aus diesem Grunde für jeden jungen Prinzen von äußerster Wichtigkeit ist, durch fleißige Übung sich eine möglichst große Fertigkeit im Reiten zu erwerben, so ist es andererseits Obliegenheit eines fürstlichen Stallmeisters, nicht allein bei dem Ankaufe der Pferde die richtige Auswahl zu treffen, sondern auch durch die sorgfältigste Dressur denselben einen solchen Grad von Haltung und Gehorsam zu geben, daß sie nicht allein auf den Gedanken folgsam sind, sondern auch sich selbst und ihren Reiter in der denkbar vorteilhaftesten Weise präsentieren. Diesen Bedingungen jedoch vermag auch das gut veranlagte Pferd nur dann zu entsprechen, wenn es nicht nur in das Gleichgewicht gerichtet ist, sondern darüber hinaus eine sorgfältige Hankenarbeit durchgemacht hat. Wenn nun der Galopp als die Hauptgangart des Fürstenpferdes zur denkbar größten Vollkommenheit entwickelt sein muß, so wird dies doch nur auf der Basis der sorgfältigsten Trabarbeit möglich sein, und daher die Benutzung der Lektionen auf zwei Hufschlägen in ihrem ganzen Umfange, vielfach die Versammlung bis zum Piaffé unentbehrlich sein, während dann auf dieser Basis der Galopp bis zum Redoppe und den Wendungen auf dem inwendigen Hinterfuße, unter Umständen bis zum terre à terre und der Pesade ausgearbeitet werden muß.

Einen noch höheren als den eben gekennzeichneten Dressurgrad verlangt unsere heutige Zeit in der Praxis nicht, und das, was darüber hinaus in der Reitkunst erreichbar ist, gehört in die akademische Atmosphäre der Reitschule, welche an ihren Schulpferden zeigen soll, welcher Grad von Ausbildung des Pferdes durch eine naturgemäße Gymnastik gewonnen werden kann. Wie in jeder Kunst und Wissenschaft der Trieb gerechtfertigt ist, bis an die äußersten Grenzen, die dem menschlichen Geiste erreichbar sind, vorzudringen, so auch in der Reitkunst. So wie wir nur dasjenige gelten lassen wollen, was in dem gewöhnlichen Kreislaufe des täglichen Lebens notwendig gebraucht wird, so beseitigen wir einen großen Teil aller Künste und Wissenschaften. Ich habe schon an anderer Stelle hervorgehoben und wiederhole es hier, wie sehr der Verfall der akademischen Reitschulen zu bedauern ist, und möchte nochmals der Hoffnung Ausdruck geben, daß der fühlbare Mangel an tüchtigen Bereitern bald dahin führen möge, ein derartiges Institut neu zu beleben, an welchem der junge Mann, indem ihm der volle Umfang der Kunst, welcher er sich gewidmet hat, entgegentritt, in den Geist und das Wesen derselben eindringen lernt, um gewiß später allen Anforderungen, die das praktische Leben an ihn stellen kann, gewachsen zu sein.

Ein Umstand ist es vor allem, der der Reitkunst in der allgemeinen Meinung schadet, nämlich die Folgen der leider so sehr verbreiteten Auffassung, daß das Pferd durch die Dressur zur Maschine werden muß, welche zum beliebigen Gebrauche aufgezogen und nachher wieder in die Ecke gestellt werden kann. Hat sich jemand ein Pferd von einem renommierten Bereiter zureiten lassen, so ist es geradezu unglaublich, was für Wunder er von dem Tiere erwartet. Nicht genug, daß er entrüstet ist, wenn dieses so gut zugeritten sein sollende Pferd anfangs seine vielleicht höchst verkehrten Einwirkungen nicht versteht und, nachdem mit der Zeit eine gewisse Einigkeit zwischen beiden Parteien eingetreten, sich einbildet, die Dressur ganz bedeutend verbessert zu haben, sondern es scheint ihm auch höchst befremdend, wenn das Tier, welches vielleicht noch niemals Soldaten gesehen, unter der Einwirkung dieser ihm ganz neuen Erscheinung nicht so angenehm geht, wie in der Reitbahn. Dabei tut er nicht das geringste, um die in das Tier hinein gesteckte Dressur zu erhalten, läßt es vielleicht wochenlang von einem rohen, unverständigen Reitknechte bewegen, welcher ganz nach Belieben damit herumwirtschaftet, und ist, wenn er sich dann wieder einmal hinaufsetzt, außer sich, wenn das Tier sich die eine oder die andere Untugend angewöhnt hat. Sehr bald ist dann über den armen Bereiter, dessen Arbeit vielleicht die vollste Anerkennung jedes Sachverständigen gefunden hätte, der Stab gebrochen und ihm Ehre und Reputation abgeschnitten. - Aber auch die Fachleute selber beherzigen lange nicht genug die Wahrheit, daß das Pferd trotz aller

Dressur ein lebendiges Wesen bleibt. Wenn in Erkenntnis dieser Wahrheit jeder Bereiter sich immer wieder klarmachte, daß die vorzüglichste Dressur eine sorgfältige Einübung und Gewöhnung des Pferdes für seinen respektiven Beruf nicht entbehrlich macht, und daß ohne letztere die erstere nie recht zur Geltung kommen kann, so würde der Wert einer guten Dressur sehr bald ganz anders gewürdigt werden. Schon der Umstand wird vielfach lange nicht genug erkannt, daß durch die Arbeit in der Bahn, je feiner und sorgfältiger dieselbe ist, desto mehr vorherrschend die Trag- und Federkraft der Nachhand entwickelt wird. Sehr natürlich ist es doch nun, daß ein solches Tier, wenn es ohne weitere Vorbereitung dem Besitzer übergeben wird, der nun damit draußen vergnügt umhertummeln will, sich sehr bald den Vorwurf des „Nichtvorwärtsgehens" zuziehen wird. Hätte der Bereiter dasselbe Pferd noch vierzehn Tage länger behalten und diese vierzehn Tage dazu benutzt, im Freien auf langen geraden Linien mit tief gestellter Nase und gewölbterem Rücken in flotten Gängen die Schiebkraft wieder gehörig zu beleben, so hätte sich das für den praktischen Gebrauch wünschenswerte Verhältnis zwischen Schieb-, Trag- und Federkraft herausgestellt, und der Besitzer hätte sich wundervoll auf dem Pferde gefühlt.

Doch das Thema von der Einübung und Gewöhnung des Pferdes, von der Ausbeutung der Vorteile und Annehmlichkeiten der Dressur für den Gebrauch ist ein viel zu weites und wichtiges, als daß es im Rahmen einiger beiläufiger Bemerkungen erledigt werden könnte. Sollte dieses Buch das Glück haben, den Beifall des Reiterpublikums zu finden, und ich die Überzeugung gewinnen können, daß meine Anschauungsweise der ars equestris, wenn auch nicht allen, so doch vielen sympathisch ist, so möchte ich mir vorbehalten, dem „Gymnasium des Pferdes" dermaleinst eine Fortsetzung folgen zu lassen, welche den Titel führen soll „Das dressierte Pferd im praktischen Leben".

Ein herzliches Dankeschön

„Hätte sich das kräftige, lebende Bild nicht tief in jeden Beschauer eingeprägt, wie hätten die untergeordneten und oft stümperhaften Pferdemaler jener Zeit wohl den Ausdruck festhalten und wiedergeben können!"
Gustav Steinbrecht

Kurz gesagt, auch die Illustration dieses Buches ist nicht perfekt. Doch diese Arbeit und die Gestaltung des „Gymnasium des Pferdes" hat mir sehr viel Freude bereitet und wäre ohne Hilfe nicht möglich gewesen. Darum ein Dankeschön an *Katja (!), Christiane, Maria, Ute, Frank* und *Theo* für die Strapazierung ihrer Geduld.

Ein Dankeschön an *Bent Branderup*, der Lücken in seinem Terminkalender fand und mir sein kritisches Auge schenkte.

Ein Dankeschön an *H.J. Schmidtke*, ohne dessen verlegerischen Mut dieses Buch erst gar nicht entstanden wäre.

Ein Dankeschön an das Deutsche Pferdemuseum in Verden, insbesondere an *Frau Mackensen*, für die Recherche und die Bereitstellung der Originale.

Und nicht zuletzt an *Bumerang xx*, meinem vierbeinigen Freund, ohne den ich den „alten Steinbrecht" nicht in die Hand genommen hätte.

Nicola van Ravenstein
Völkersen, November 1998

Das Buchprogramm für anspruchsvolle Reiter

Rassen

Martin Haller
Lipizzaner
Auf den Spuren der ältesten Kulturpferderasse
80 Seiten, durchgehend farbige Abbildungen
Gebunden, Großformat
ISBN 978-3-86127-384-4

Dr. Geipert/Slawik
Legendäre Pferde der Berber
Araber, Araber-Berber und Berber
96 Seiten, durchgehend farbige Abbildungen
Gebunden, Großformat
ISBN 978-3-86127-432-2

Ulrich Wulf
Tirols blonde Pferde
Haflinger – ein Rasseporträt
80 Seiten, durchgehend farbige Abbildungen
Gebunden, Großformat
ISBN 978-3-86127-441-4

Ulrich Schmelzer
Fjordpferde
Die Falben der Wikinger
96 Seiten, durchgehend farbige Abbildungen
Gebunden, Großformat
ISBN 978-3-86127-433-9

Bollhorn/Holstein
Pferde der nordischen Götter
Islandpferde – ein Rasseporträt
96 Seiten, durchgehend farbige Abbildungen
Gebunden, Großformat
ISBN 978-3-86127-434-6

AUSBILDUNG

Michael Kunz
Dressurlektionen von A bis L
Fehler erkennen – Fehler korrigieren
128 Seiten, durchgehend farbige Abbildungen
Gebunden, Format 17 cm x 24 cm
ISBN 978-3-86127-428-5

Michael Kunz
Dressurlektionen von M bis Grand prix
Fehler erkennen – Fehler korrigieren
160 Seiten, durchgehend farbige Abbildungen
Gebunden, Format 17 cm x 24 cm
ISBN 978-3-86127-409-4

Bent Branderup
Akademische Reitkunst + DVD Teil I
Eine Reitlehre für anspruchsvolle Freizeitreiter
80 Seiten, durchgehend farbige Abbildungen
Gebunden, Großformat
ISBN 978-3-86127-394-3

Bent Branderup
Akademische Reitkunst Teil I
Bodenarbeit, Anlongieren, Einreiten
DVD, 80 Minuten
ISBN 978-3-86127-616-6

Bent Branderup
Akademische Reitkunst Teil II
Seitengänge und Galopparbeit
DVD, 47 Minuten
ISBN 978-3-86127-617-3

Bent Branderup
Akademische Reitkunst Teil III
Piaffe, Passage und Schulsprünge
DVD, 47 Minuten
ISBN 978-3-86127-618-0

Bent Branderup
Barockes Reiten nach F.R. de la Guérinière
Über die Ausbildung des Pferdes
128 Seiten, durchgehend farbige Abbildungen
Gebunden, Großformat
ISBN 978-3-86127-424-7

Branderup/Kern
Renaissance Reiten nach Antoine de Pluvinel
Die Ausbildung des Pferdes an der Hand
nach klassisch-iberischen Grundsätzen
96 Seiten, durchgehend farbige Abbildungen
Gebunden, Großformat
ISBN 978-3-86127-381-3

Egon von Neindorff
Die reine Lehre der klassischen Reitkunst
272 Seiten, durchgehend farbige Abbildungen
Gebunden, Großformat
ISBN 978-3-86127-400-1

Philippe Karl
Irrwege der modernen Dressur
Die Suche nach einer „Klassischen" Alternative
160 Seiten, durchgehend farbige Abbildungen
Gebunden, Großformat
ISBN 978-3-86127-413-1

Horst Becker
Das athletische Pferd
Stärken fördern – Schwächen korrigieren
144 Seiten, durchgehend farbige Abbildungen
Gebunden, Format 17 cm x 24 cm
ISBN 978-3-86127-442-1

Dr. med. vet. Erich Kotzab
**Über die Biegung und
Versammlung des Pferdes**
144 Seiten, durchgehend farbige Abbildungen
Gebunden, Format 17 cm x 24 cm
ISBN 978-3-86127-436-0

Oliver Hilberger
Gymnastizierende Arbeit an der Hand
Schritt für Schritt zu
Losgelassenheit und Selbstvertrauen
160 Seiten, durchgehend farbige Abbildungen
Gebunden, Format 17 cm x 24 cm
ISBN 978-3-86127-449-0

Dirk Willem Rosie
Dressurpferde in Bewegung
Alles, was Sieger ausmacht
128 Seiten, durchgehend farbige Abbildungen
Gebunden, Großformat
ISBN 978-3-86127-426-1

Haltung und Ausrüstung
Dr. Irgang/Lübker
Pferdefütterung nach Maß
Gesundheit erhalten – Leistung fördern
144 Seiten, farbige Abbildungen
Gebunden, Format 17 cm x 24 cm
ISBN 978-3-86127-450-6

Christoph Rieser
Gutes für den Pferderücken
Sättel richtig anpassen
144 Seiten, durchgehend farbige Abbildungen
Gebunden, Format 17 cm x 24 cm
ISBN 978-3-86127-453-7

Gesundheit
Anke Rüsbüldt
Mein Pferd ist krank - was tun?
Das neue Handbuch der Pferdekrankheiten
144 Seiten, durchgehend farbige Abbildungen
Gebunden, Format 17 cm x 24 cm
ISBN 978-3-86127-454-4

Dr. Birgit Janssen
Arthrose bei Pferden
Vorbeugen – Erkennen – Behandeln
80 Seiten, durchgehend farbige Abbildungen
Gebunden, Format 17 cm x 24 cm
ISBN 978-3-86127-566-4

Tindall/Bell
Shiatsu für Pferde
Hilfe bei Muskelproblemen und Verspannungen
144 Seiten, durchgehend farbige Abbildungen
Gebunden, Format 17 cm x 24 cm
ISBN 978-3-86127-415-5

Fahren
Hans A. Krasensky
Kutschen
80 Seiten, durchgehend farbige Abbildungen
Gebunden, Großformat
ISBN 978-3-86127-399-8

Sport
Hans A. Krasensky
Wörterbuch Gespannfahren
224 Seiten, durchgehend farbige Abbildungen
Gebunden, Sonderformat
ISBN 978-3-86127-446-9

Renate Neu
Pferde fahren lernen
Eine klassische Fahrlehre
Von den Anfängen bis zur Vollendung
128 Seiten, durchgehend farbige Abbildungen
ISBN 978-3-86127-388-2

Heinrich Freiherr von Senden
Pferde richtig einfahren mit der Doppellonge
144 Seiten, durchgehend farbige Abbildungen
Gebunden, Format 17 cm x 24 cm
ISBN 978-3-86127-455-1